spot

context is all

SPOT 32

六格格的宴席

作　　者：金澤宜、黃震遐
編　　輯：李清瑞
美術設計：林姿伶
封面插畫：林姿伶
內頁排版：宸遠彩藝
出　　版：英屬蓋曼群島商網路與書股份有限公司臺灣分公司
發　　行：大塊文化出版股份有限公司
105022 台北市松山區南京東路四段 25 號 11 樓
www.locuspublishing.com
locus@locuspublishing.com
讀者服務專線：0800-006-689
電話：02-87123898
傳真：02-87123897
郵政劃撥帳號：18955675
戶名：大塊文化出版股份有限公司
法律顧問：董安丹律師、顧慕堯律師

總 經 銷：大和書報圖書股份有限公司
新北市新莊區五工五路 2 號
電話：02-89902588
傳真：02-22901658

初版一刷：2022 年 9 月
定　　價：630 元
I S B N：978-626-7063-17-0

國家圖書館出版品預行編目 (CIP) 資料

六格格的宴席 / 金澤宜, 黃震遐著 . -- 初版 . -- 臺北市 : 英屬蓋曼群島商網路與書股份有限公司臺灣分公司出版 : 大塊文化出版股份有限公司發行 , 2022.09
面；　公分 . -- (Spot ; 32)
ISBN 978-626-7063-17-0(平裝)

1.CST: 飲食風俗 2.CST: 文化史

538.7　　111010548

六格格的宴席

金澤宜、黃震遐 著

寫給

愛食、愛做來食、愛從食參透歷史，了解世界的朋友：

祝你們

口舌心腦永遠唯食、好奇、充滿疑問和憧憬；

不怕踩出舒適區，闖新探異；不求糖漿、不怕要啃要嚼，

願意用辨別甜酸苦辣鹹葷素香臭紅藍黃白黑青濃淡

的銳覺理解一切，挑戰一切。

目錄

食譜目次（按漢字字母次序及筆順排序，號碼指章碼）

古代食譜

推薦序

食之味：千古文明，四海文化，盡在口中

中央研究院院士　曾志朗

開卷有益，更有味！是我在閱讀《六格格的宴席》時，經常忍不住對周遭的朋友大為讚歎的話。寫書的兩位作者是我的老朋友，受邀的賓客我很熟悉，每道菜餚我也不陌生，但烹製出的這場歷史宴席卻是讓旁觀的我拍案叫絕、垂涎三尺！

這本書的初稿最早由作者從香港傳電子檔案過來，好朋友終於把我催促了幾十年的書完成，我當然要先睹為快。一打開電腦，看到書名我不由自主笑出聲來。格格，是我給這位鑲黃旗的滿清後裔金澤宜的暱稱。有一次她做了慈禧最愛的著名點心豌豆黃和芸豆卷，我剛好路過香港在她家，得以躬逢其盛。看到那兩盤宮廷點心優雅細緻的外型，我不由分說，各抓一塊，小心翼翼放進嘴裡。哇，入口即化，前者清爽，後者混著棗香。真的好好吃，比北京頤和園裡仿饍大廚所做的更好吃！我意猶未盡，一邊伸手再拿，一邊迫不及待問澤宜，手藝如何能達到如此絕妙境界。她俏皮的回我說：「祖傳家教，外加自我研磨！」我忽然意會祖傳之義，脫口就叫了「格格」，至今不變！這不是戲謔，其實是敬意。

格格對烹飪的用心，幾十年來始終如一。古今中外的名菜，只要她想做，就一定非得打聽到當今做那道菜

最有名的大廚是誰？在哪裡？然後就會去拜訪，談話投機了，跟著就拜師。把絕技活全學通了，才會離開。我見證過一次她學做壽司料理的過程，真是妙極了！

十五年前，我應邀在日本金澤工業大學講學，並和該校的老師合作有關高齡人認知退化的研究。第一天的歡迎會，他們帶我到金澤市郊一家「太平壽司」，廚師是一流中的一流，在當地很有名氣。我很喜歡那家壽司，隔天傍晚就自己叫車去，和廚師聊得很愉快，吃完回旅館泡了溫泉，肚子又餓了，又叫車去吃壽司當宵夜，一進門把師傅嚇了一大跳。聊天中，他說他的老師是日本壽司四大名師之一，在金澤市區開了一家店，天天座無虛席。我去了幾次，老師傅親臨吧台，手抓生魚，指捏醋飯，雙掌飛動，握壓壽司成型，小盤呈在我的桌前，我也敬禮合十，大拇指扣著食指和中指，拿起壽司，不沾醬，不加山葵，放進口裡，新鮮的生魚帶著溫潤的脂肪，混著米飯的甜Q，超好吃！

我把這段故事加油添醬告訴格格，六個月後，格格壽司宴完完全全傳承金澤。我吃得開心，問格格如何說服金澤大師傅，願意收她為徒？旁邊黃醫師忙著品嘗海膽手卷，不忘告狀說：「她去金澤住了兩個月，天天上門求師，不知道是師傅受不了了，還是把師傅感動了，真的教她做壽司！我在香港天天吃她預放在冰箱的飯菜，現在要補回來！」左手一個鮭魚壽司，右手握一個劍魚卵手卷，笑得好不開心。哎，這一對食痴！

格格和震遐是我的鎮「港」之寶，每次我到香港總要安排一天和他們吃頓飯，常常也會介紹不同朋友跟他們認識。格格和震遐都好客，尤其格格很講究，總會詳細盤問我客人的背景和喜好，不過我是一個大而化之的人，老是回答她，只要是妳挑的餐廳，一定都好吃！但有一回，她真是把我嚇到了。那次她帶我和一位香港大學心理系教授去吃晚飯，這一頓飯，不是在一家餐廳，而是跑了六家餐廳！每到一家，她只點一道那家餐廳的名菜，還指名要哪位大廚；跑了六家，吃了六樣菜，而且她還考慮到六道菜的次序，因為口感必須相融，可見事前她費了多少心思！真服了她！

想起這些食記，我目不轉睛盯著螢幕上看震遐醫師和格格如何宴請古今中外的名人饕客。要做出什麼菜？當地有什麼食材？文化、宗教的禁忌不能不考慮，烹飪的技術當然要講究。食物的營養是現代人關心之事，其調配要參照專業的知識。此外，對客人生活背景的了解，更是重中之重！誰有能耐把這些宴席的生活智慧配合端出的菜餚，整理成科普思緒的饗宴呢？當然非才子醫師黃震遐莫屬了！

在神經科學研究領域中，我研究「先天性失讀症」的兒童，而震遐研究「後天性失讀症」的病患。我們互切互磋，成為因科研領域互補的好朋友！他博覽好學，對文史、書畫和音樂的功力深厚，又是歷史地圖的收藏家，還自己發明了一套漢字輸入系統，研發出二十一個「中文字母」，只要幾筆畫就能完成幾十萬漢字的搜尋。在神經醫學的尖端研究上，他更是前沿的大醫生。也唯有他，才能解出達文西〈最後的晚餐〉是什麼肉和什麼菜；也唯有他的飽學，才能告訴我們諸葛亮人在四川，卻沒有麻辣可吃。還有，為楊貴妃準備什麼菜，才能保持「環肥」之美，但又得幫她想想如何加速〈霓裳羽衣〉節奏，方能運動減肥！還有為蘇東坡、岳飛、鄭和（娘惹菜）、董小苑、莎士比亞、吳爾芙等大咖文人武士所調配的食譜，看美食圖就讓人食指大動，讀震遐「講古」的旁白，更是長知識，體認文明的滋味！

最後，我必須向出版這本書的大塊文化表示最高的敬意。郝董事長明義兄和編輯慧眼獨識，理解書中除了吃之外，還有字字珠璣的寶藏。我從他向我殷殷催稿的短函中，看出他懂這本「口福象徵人類文明的著作，欣賞書中所談世界各地『民以食為天』的極致」，才讓我們得以用心品嘗千古文明中的食之味！

格格、震遐，請曾志朗食什麼好呢？

序

這本書其實是醞釀了許多年。

朋友來我們家食飯，多年來都叫澤宜和大家分享一些菜的做法。但澤宜總覺得如負千斤，無法下筆。如非做到十分滿意，總是想再上層樓，得到更佳成果，才和大家說。費蘭．阿德里亞（Ferran Adrià）在他那部幾公斤重的巨作中，寫到後面，有時會說：「現在對前面說的做法和配方都不滿意了，要改成這樣才行。」大師可以這樣寫，我輩怎能？於是一拖再拖。

我們旅行習慣是去到一國就必買其烹調書一本。讀多了，知道有些工序，很難用字完滿形容，必須靠看來領會。而且初學者和廚藝較熟的要求不同。正是廣東人常說的，順得哥情失嫂意，一書難顧不同讀者要求。

而且，西方有句話，魔鬼全在細節中。烹飪正是如此。

蛋黃不除去那條臍帶，那碗酒釀會有腥味，柿子澀味來自菓蒂連繫，都比較簡單。但即使基本工序，每道菜細說起來都未必可以三言兩語，像日本烹飪書便會花幾頁教怎樣煮飯，才煮得好。

幸好，近年來，烹調網誌和視頻多不勝數，解決了學習基本工序的問題。

而更複雜的食品處理和配對都要按自己的材料、裝置、時令，一再試驗才能得到最佳效果。所有烹飪書食譜到自己手上仍是要按自己的實際情境再調校。茱莉亞．柴爾德（Julia Child）不願見煮過她書中食譜每道一次即著文的網紅，便是此故。

所以這本書的食譜，只是總結自己一些心得，覺得值得寫下的才記錄。有些自己很喜歡食的，如無比古人更多意見，就沒寫下。像四十多年前在美國紐奧良一塊美金，咖啡一杯、法式鬆餅 beignet 三件，真是下午茶的上品。但自己做法跟網上的大同小異，就自然不寫。

有些菜，大家都經常做，就也不寫，只是和大家分享如何製造視覺效果，增加食品的魅力，使每一頓簡單早餐、家常薄飯，都可以成為盼望及樂趣。

至於震遐，以前兩本書，談音樂，談書畫，都是試圖觀微見宏。這本書也是一樣想從一口很小的井中，觀天，從味蕾和嗅蕾看世界。芬蘭教科書常常打破學科的樊籬，把不同的學識放在一起。這本書也是抱著這種意圖。正如日本的茶道告訴我們一杯茶裡有很多哲理，一碗一碟也可以讓我們參透世上人間許多事。

書中提的都是家宴或便飯小聚的菜餚，讀者都可以做和用。

書中邀請的客人，我們要求是必須和食有關，自然也必須是願意在家中見到的。王莽、慈禧和史達林都有不少和食相關的故事，但他們自然會和我們話不投機。莊周說食的著作，頗深奧。怕我們和他的討論一般讀者沒興趣知道。武則天很值得邀請，但她和食似乎拉不上太大關係。以前書寫過的音樂家，酒的故事多，食的故事不夠多，所以也請不到來了。張騫很想請，但漢代已經有了許愼和諸葛亮，只好留以後再請了。

我們兩人都是唯食貓，喜歡食。去每一城鎮，參觀市場，野貓式逛街覓食，都是必定節目：在東京曾為試一家餅店，排隊苦等半天；為去一家小店試食，在西班牙鄉間步行一小時；也因為在莫斯科食了非常美味的 khachapuri 餡餅，所需要的芝士必須新鮮，自己難做得滿意，終於刻意去格魯吉亞（喬治亞）重溫舊味；台中那位老先生一絲不苟地守護出一條又一條完美無瑕的油條；格塔里亞（Getaria）侍應不管我們多少央求，不肯為我們添加菜，認為我們點的已經夠食，對食物的專注、尊重和珍愛都是我們一一難忘的課。

每道菜，你都可以當作只是充饑飽腹，或者只是炫耀自己食得起的道具，浪費得起的身份象徵。你可以去刺身店，大聲抱怨為什麼沒有熟的菜餚點，正如我們某年在西安去了唐代古墓聽到一位遊客咤喊這是什麼玩意兒，或者某教授對眾人說台北的故宮博物館沒啥值得看的。

但你也可以當每道菜都是一件稍現即失的精品。明白為什麼我們曾經食過一家湘菜小館，廚師做的菜，未見他人做得到：每道菜都辣而個性迥異顯然。正如我們有年看過的梵谷和德國梵谷派合展一樣，驚訝地發現梵谷每一抹似無特別的色彩原來都是那麼難仿效畫出。

你也可以細味品嘗每一道菜的畫風，每一口菜的芬香，汁味的濃和淡，口感的粗和細，層次的深和淺。

然後你也可以做每一道菜的時候，記得你是一位藝術家，在做一件藝術品，享受，嘗試，不斷攀登，永不滿足。然後放那件藝術品在能夠顯出它魅力的盛器上，讓它和你享受那一剎那的光輝。然後和你的家人和朋友說那道菜的故事，和你從那道菜中悟出的人生世道。

第一章　請原始人食什麼好？

1 牙齒決定的饍食

假如有緣分遇上一位原始人的話，請他食什麼好呢？

如果他是來自距今五百萬至兩千多萬年前的南方古猿類，他還算不上是人類，只可能是我們的老祖宗。說可能，是因為年代實在太遙遠了，考古學家到現在仍說不準，究竟現代的人類是來自南方古猿類，還是南方古猿類和我們都是源由更古老的地猿，南方古猿類因此只是我們的親戚爺爺而已。

無論如何，既然另一位初祖仍未現身，就先看我們可以請南方古猿類食什麼吧。

怎麼可能知道？原來，找得到他的牙齒看看就有機會知道。你我都知道，門牙是用來切斷食物，犬牙用來撕裂食物，後面的臼齒全都是扁平，主要用來研磨和咀嚼食物。食硬的蘋果、帶殼的蝦，就要會用嘴前面的門牙使力咬。

南方古猿類的臼齒比較大，門牙相對於體重就和專食葉子的猴子及專食果子的大猩猩一樣，都是比較小。要是送上要用力咬的蘋果就保證會臉露難色。他會擔心像震遐那年在札幌食蟹時咬崩門牙的出洋相。他也不會太想食葷，肉除非已是半腐爛，需要有尖峰的牙齒撕裂才能生食，而他的臼齒都太平坦。但是，蟲蛹、蚱蜢、壁虎、蝗蟲這些高蛋白質的薄皮食物就很適合。

他也不太能食蔬菜，因為葉和幹，也同樣需要他缺乏的帶峰臼齒。不過，給他試少許，他大概會試，因為他比猩猩更勇於嘗新，下巴骨比我們的都要大，表示咬嚼過不少要用力和受力的東西，牙齒的裂痕和凹陷，都顯示他是嘗試過比較粗糙的或難以嚼爛的食物[1]。他咬食物的肌肉也比我們強很多。人類是要到開始煮食，多食較軟食物後，咬肌的基因才退役，咬的強度和咬肌都轉弱。

但是，可以相信，老前輩應該會能夠喜歡食，享受食。他的嗅覺和味覺系統都已齊全，使他能夠辨別什麼好食，什麼不好食。他不會像鯨魚那樣，食而不知味，終生活在海洋裡都從無一天能夠享受海鮮味。可憐的鯨魚、海豚，除了知道鹹味，其他甜、酸、苦、鮮味都完全感覺不到。他也可以對著傲視四周的獅子、老虎說：「你真可憐，你沒有甜味感覺，一生都無法享受到香甜的棗、清甜的甘蔗汁。到了找不到肉食的季節或地方，就只好等餓死了！」

2 欣賞食，才能進步

能夠嘗得出，因此會欣賞甜味，使老前輩從果實的碳水化合物取得精力。嘗到酸味，告訴他這水果含有猿猴和人類不再能夠自我生產、因此需要進食的維他命C，更告訴他這落下地、腐爛的水果含有乳酸和醋酸，少有害的細菌，適合食。知道如何嘗得出鹹味使老前輩維持身上必須有的鹽。大多數苦的食物都是含有毒素的，只有少數才例外。嘗得出苦，可以避開許多有毒的植物。具有嘗到鮮味的能力，使他在沒有果實可摘、穀草可食的時候，試食含有蛋白質的昆蟲和肉類。也因為有那麼多種辨別甜酸苦辣鮮味的能力，老前輩會爬高山，越江河，讓他的味覺、嗅覺帶他向新的領域，新的天地。

換言之，這位老前輩如果駕到，前盤可以來盤花，葡萄、草莓之類的軟皮水果，容易咬碎薄殼的栗子。老前輩大概仍未有正式人類消化澱粉的能力，那至少都要到尼安德塔人和丹尼索瓦人之後才出現。所以，小米粥也好，米飯也好，番薯、薯仔（馬鈴薯）、蓮藕、芋頭都不適合請他食[2]，免得他不舒服。

正餐就要找來一位廣東廚師，供應給他許多富有蛋白質而美味的昆蟲菜餚，什麼和味龍蝨、蠶蛹釀百花、精燉禾蟲都可以保證他食得大快朵頤。如果他想換口味，找位越南師傅，來個青檸炒蟋蟀、或者香炸蛋黃蚱蜢都可能適合他胃口。要是他想更異國風味的，還可以考慮泰國普吉式醬炒紅蟻和檸檬葉炸蠶。

唯一問題是他那時候還沒有掌握到用火，所以加熱過的菜餚他都可能覺得味道太陌生。不過，有科學家研究過黑猩猩對食物的喜好，竟然發現，不會煮食的黑猩猩嘗了煮好的菜後，有得選擇時樂得捨棄牠平常生食習慣，而食煮好的紅蘿蔔、番薯、薯仔或肉[3]！大猩猩如此，想我們這位南方古猿類老前輩也不會抗拒香噴噴的昆蟲大餐吧？

3 來盤昆蟲大餐好不好？

聽起來，食蟲太恐怖了？

其實有一年，震遐去普吉開會，有幾位同事給當地人請去食飯。餐室燈光暗，看不清楚端上來的是什麼。總之，食時，又香又可口，有脆，有軟。食完才知道是一席全蟲宴！在世界各地熱帶地區，昆蟲其實是常見食品。而且這不是因為貧窮，或者糧食短缺，而是因為昆蟲種類豐富，可以提供不同味道和食法[4]。亞里斯多德（Aristotle）在《動物志》（History of Animals）中曾教人蟬什麼時候食最好。十九世紀時，你可以在巴黎上流餐館叫客金龜子湯，或者來一盤牛油炸金龜子幼蟲（larves de hanneton sauteés）。曾經是世界最好餐廳的NOMA，大廚的菜式包括黑蟻拌蝦壽司、玉米餅托蟻醬烤墨西哥豆。英國有家餐廳的烤孜然粉蟲鷹嘴豆泥好評如潮，另一家的巧克力蝗蟲也大受歡迎。更重要是，蟲的營養價值很高，一百克毛蟲就可以提供七成之多每天所需要的蛋白質。食三條蠶蛹已等同食一隻蛋[5]。有些蟲更是不飽和脂肪豐富。所以，對老前輩來說，請他食蟲，絕對不是待慢。

而且，從老祖宗的角度看來，食昆蟲還可能是引致人類大腦進化的大功臣！

捲尾猴平時是食果為生的。但是在冬季沒有果實的時候，牠們就會去獵捕蚱蟬、蝸牛、毛蟲、螞蟻、甲由來食。這些蟲不是張眼就可見，而是要敲木、翻石、撥開枝葉來尋找，因此需要思維及空間觀念。毛蟲和蝎子有刺、蝸牛有殼。磨走毛蟲和蝎子的刺，敲碎蝸殼來取肉，都需要思考。因此都會為大腦的進化，造成優化壓力。人類的遠祖也許就是被飢餓迫到要捕捉昆蟲為生，大腦時空記憶和思維區域發展得比較強的就可以得到更多營養而生存下來，並且將基因傳遞給後人[6]。

當然，昆蟲能夠提供的熱量究竟也是有限的。所以，只有能找得到不是明眼可見而是更隱藏的食物的原始人，才能繼續繁殖。根菜類的蘿蔔、胡蘿蔔、山藥、木薯，莖類蔬菜的芋、薯仔，都會是不錯的選擇。但這些植物的營養部分都隱藏在地下，需要掘出來，沒有工具，靠徒手掘是有難度的。另一方面，不經過一定處理，番薯、薯仔、野生芋頭含有毒素，木薯含有砷，不經剝去外皮，舂爛、浸水、加熱之類處理工序，或連同泥土來食，是會有害的。而且，在沒有用火之前，澱粉質酶基因仍未增長前，這些植物的澱粉質都難消化，少食有益，卻不能一次多食。這種知識必然會是經過很多代的痛苦受難，幸運巧遇經驗過濾和積累才可以大功告成。而自然在這過程中，大腦記憶較好的，學習能力較強的，願意嘗新尋求突破的，能夠溝通傳達經驗的，才會有更高的生存及繁殖機會。

4 石器時代餐飲好不好？

也因為食物需要捕、挖、切和舂，老祖宗需要製造出工具。

如果距今比較近世些，只有一萬多年到兩百五十萬年前的舊石器時代原始人來到，請他食什麼好呢？這是北京猿人、龍潭洞猿人之類直立人、巧人、尼安德塔人、丹尼索瓦人及智人的時代。石器已經出現。

這時代的老祖宗就食得好很多了。石器時代的來臨，使他的饍食向前邁進一大步。他食物來源地域範圍從此四方八面上下擴展。有了石器，不只是有武器可以或投或擊而捕殺獵物。即使走到離開居住地老遠的地方，他也毋須擔憂不夠氣力把獵到的食物搬移回去。他不需要放棄那塊伴侶和孩子最愛食的部分。有了石器，他便可以切出揹得動的有用部分帶回去，留下沒那麼可食的給鳥獸。有石器，他也可以挖出更多地下的根莖食物。

如果這位石器時代老祖宗光臨，請他食不少追求健康的現代人時興推崇的仿舊石器時代餐 Paleo Diet 好不好？

這種飲食方法的信眾認為用這種方法會更健康，瘦身減肥、睡得更好、皮膚更美等等。但老祖宗一聽，肯定皺眉頭，臉露詫異。那時代是冰河時期，氣候比現在冷很多，原始人經常糧食不穩定，增加身上的脂肪儲備才是生存之道，哪兒會有一位想瘦身減肥的？至於說更健康，原始人平均壽命即使去到新石器時代也只不過是五十歲左右[7]。以現代水平看來，屬偏低。原始人是否睡得更好、皮膚更美？恐怕考古學家都無法知道。唯一方法是問這位來我們家用餐的老祖宗才行。

那麼，仿舊石器時代餐究竟合不合適我們這位原始人客人的胃口呢？

什麼是仿舊石器時代餐？

其實，現在流行至少有十多種不同版本，但基本上內容萬宗不離多食水果、瘦肉、魚、堅果、蔬菜、蛋；禁食乳製品、穀類或豆類，更是不食加工食品。

其中，什麼是加工食品，卻是各有各說，定義含糊。有的說是指現代食品工業的產品，有的說是任何石器時代人沒食過的加工食品。這樣說，肉和菜都不可加工，必須現食。甚至——在火沒有出現之前——生食。但是，如果肉切成小塊，嚼食所費的時間及精力都可大幅降低，燒熱更可改善吸收，使肉的營養價值提高。

腌肉技術又可以保存食料，克服獵物數目引起的食料不穩定性。其實，風乾、舂打、腌之類的基本加工本身無害，更會是老祖宗當年必須掌握的求生技術。對人體有害的是現代社會的過分加工，在食物中加了原來不存在的成分或比例：水解蛋白質、大豆分離蛋白粉、果糖、乳糖、代糖、酪蛋白、乳清蛋白、大豆卵磷脂等等[8]。

5 魚與熊掌會是石器時代的選擇嗎？

仿舊石器時代餐強調不食穀類和豆類食品其實就露了餡，說明這種餐食方法只是託名舊石器時代，而實為無關。考古已經證明在舊石器時代，人類已經開始食穀類、豆類食品。義大利帕格里奇洞（Grotta Paglicci）的舊石器時代遺址還找到三萬年前小麥被磨成粉的證據，中東南黎凡特區舊石器時代遺址也找到過豆類食物[9]。距今一萬九至三萬多年前，華北、華南地區已經有食小麥、黍，而華北則更食豆、山藥、栝蔞（瓜蔞）[10]。所以不給我們的舊石器時代客人食穀類和豆類食品，只會惹他生氣。

至於仿舊石器時代餐避用乳製品，卻有道理。因為目前考古推測人類普遍用乳製品，最早應該不是在舊石器時代，而是在新石器時代，離今少過一萬年前的事。這可能是因為沒有馴養牛羊之前，經常取得這些動物的奶來飲或使用會有困難。

舊石器時代餐鼓勵食水果和果實，從營養角度當然是好事。唯一要小心是楊桃，因為空肚或脫水時食很多可以損害腎臟。現代人食藥就要避食西柚（即葡萄柚），因為許多藥都會因西柚影響，造成過多吸入。柚子對藥的影響，資料較少，但似乎也像西柚。原始人當然沒有藥的問題要顧忌。

仿舊石器時代餐認為瘦肉、魚和蛋是舊石器時代人的主要蛋白質來源。

石器時代老祖宗食肉的證據最早在是兩百六十萬年前，剛開始進入石器時代期的衣索比亞。

老祖宗很早就喜歡食魚。目前最早的考古證據有足足離今近兩百萬年歷史，非洲肯亞就有原始人開過食魚宴，食魚、龜、鱷魚。那時候，現代的智人還未登場，只有我們先祖輩的直立人和巧人[11]。不過，要掌握到捕魚的技術並非容易。從紐西蘭毛利人至今仍有用的麻繩網、樹枝及骨做的魚鉤，以及石墜來捕海魚[12]，我們就可知道這一點都不簡單，牽涉到用麻織繩索；把幼樹枝固意扭彎及固定，使其成長為堅固的鉤形；用石器削骨成鉤形等步驟。所以老祖宗們大概一代又一代絞盡腦汁一步步學會，並且從能掌握到技術的少數部落學習，歷經足足百多萬年，去到離今五萬年前，才能比較普遍食到魚。木製的魚鉤當然無法保存到現在，所以我們不知道魚鉤什麼時代出現，但離今兩萬多年前居住日本和東帝汶的原始人已經學用貝殼做魚鉤。削骨成鉤可能比較難，所以要再多幾千年才在以色列出現[13]。如果說，食飯，要記得粒粒皆辛苦，對祖宗來說，食魚也應該是條條皆辛苦！

6 跟老祖宗食蟲好不好？

在沒有馴養雞鴨的時代，找蛋來食也應該不那麼容易。目前考古只能證實原始人食鳥巢在地面的鴕鳥蛋[14]及鶴鴕蛋。但鴕鳥也不會是傻到整天失蛋而不搬巢離走。因此，蛋成為穩定的重要食物來源實在可疑。

其實，那時代重要的蛋白質來源應該仍舊會包括各種各式的昆蟲。捕捉毛蟲、蝸牛，應該是容易很多的補充蛋白質方法。婦女小孩都可以幫忙去捉。如果真的要忠於石器時代餐，認為老祖宗食的才適合我們身體需要。那就沒有理由不跟我們的廣東、越南和泰國廚師學兩手昆蟲家宴菜餚才行。

其實，仿石器時代餐所以不提食蟲，原因不外是因為信奉這種餐食的人主要在歐美。但食蟲的傳統一直從遠古傳到今天，仍未斷絕。以蟲為食品的地區，目前仍舊遍布全球，一百一十三個國家，約二十億人。只是這些地區都位於熱帶或亞熱帶，多昆蟲的地方。雲南、貴州年年舉行食蟲節就是一個例。在食蟲地區，當作食品的昆蟲種類也往往進入神話，成為人類尊重的對象，像墨西哥的臭蟲、蟻和蜂便都被視為能和神靈溝通。全球有超過兩千種可以食的蟲。不過，常食的只有十幾種，主要是蚱蜢、甲蟲、毛蟲、蟻、蜂之類。由於蟲對溫室效應和地球暖化的不良影響，遠低於牛羊豬等傳統蛋白質來源，相信人類需要再回到老祖宗這種食品的日子也不會太遠[15]。

直到矛鋒出現，大型動物應該都是稀有的餐食。人們抓得到的只可能是一些小型動物。即使有了矛鋒這類武器，老祖宗要捕捉一頭野獸野禽來食，也並非易事。可能要花費不少精力才能成功獵取到一隻。雖然，禽鳥不會很肥，鼠、兔、貓、狗這些小動物也多為瘦肉，但花了好長時間追逐，費盡精力，更是冒風險才獵取到一頭野豬或野馬、野牛的話，你想，叫老祖宗只食瘦肉，不食帶脂肪部分，他會服氣嗎？這會是他的飲食習慣嗎？更有一件事要注意，四成華人下巴的臼齒比世界其他人多了一支根，是三根臼齒，而不是其他人的兩根臼齒。臼齒多了支根能承擔更大的壓力磨力，使齒主更有力嚙碎極硬的東西。考古學家推測原因可能是居住在北方的老祖宗，當時面對冰天雪地寒冷天氣，必須爭取所有的營養。所以捕獵到的動物，每一條骨頭都要啃，吸出最後一滴骨髓脂肪。

7 肉是瘦的好？

提倡食瘦肉，其實應該是現代人怕食脂肪的心理。二十世紀人大都相信餐食太多肥膩的脂肪對身體有害，因此儘量避免肥肉。然而近年來的研究都發現，紅肉、腌肉之類加工肉製品、高溫油炸產生的反式脂肪的負面影響，整體慣常飲食及烹調習慣更為重要。醫學界因此近年來也趨向鼓勵減少紅肉，而不是強調肉的肥瘦。

其實，更大的問題是：人根本食不了太多肉。如果原始時代的漁獵採集者和現代的漁獵採集者一樣，那麼他們大多數會是每天熱量六成左右都來自動物。如果成年男性只食瘦肉，蛋白質占每天熱量百分之三十五以上，他們進食的蛋白質便會遠遠超出身體的應付能力，導致蛋白質中毒及死亡。幼童、婦女尤其孕婦能應付的蛋白質量也可能會更低。

北美探險家當年以為可以見山靠山，見水靠水，見兔食兔。殊不知，滿山遍野雖然都是野兔，卻不能光是以其為糧。混身都是瘦肉的野兔，連食幾隻，食到胃脹打嗝，很快卻又餓。如是幾天，食兔飢餓症發作，人就疲倦無力，腹瀉，嗚呼歸天。因此，漁人也好，獵人也好，都不能光是食瘦肉，其他什麼都不食。探險家斯蒂芬森（Vilhjálmur Stefánsson）曾經自願做了試驗，當他光是食瘦肉兩天，蛋白質每天二五〇到二七〇克占熱量百分之四十五．三時，就開始腹瀉及作嘔[16]。但加了脂肪，兩天後就康復。有分析指現代各地漁獵採集者的饍食結構大概是蛋白質占百分之十九至三十五攝入熱量[17]。愈是小的動物就愈瘦，所以在未能製造出可以攻擊或捕捉比較大的動物前，植物占我們老祖宗饍食的比重應該會比較高。而且，嚼食骨髓脂肪的食法也會增加。

相信石器時代饍食法的人指出一般現代的漁獵採集者心血管病都比其他人少，體格也比一般人健康，壽命更是達六十八到七十八歲。但他們忘記了一件重要的事。漁獵採集者每天攝收的熱量和一般人相同。但他們每天做超過一百分鐘中至高度運動量，或走路六至九小時。與親友聯繫的社交網絡也比現代社會遠為牢固。如果沒有這些，情形就會完全不同[18]。

食肉，還帶來一個問題，如果捕獵不到肉獸肉禽，還有什麼肉可以食？

最早期的人類可能是有什麼就食什麼，所以，新鮮捕捉回來的食，死的也會食。食的對象也未必有何挑剔。因此，人食人的現象也會存在。究竟，在大自然中，動物食同類的現象普遍存在，原始人也離獸性不遠。食人，也只是屬動物同類相食的同一現象。

8 人可以食嗎？

原始人食人，考古證據廣泛可見，但當然無法知道這究竟是飢饉迫使，死後噬食，祭祀而食，還是故意捕獵而食[19]。但考古見到的骸骨，老幼男女都有，人類學的調查更證實，即使在不遠以前，把活人殺死，然後食之的廣泛現象確實存在。紐幾內亞、斐濟、所羅門群島、南美不久之前都曾經有這種行為。而且，基因研究也表示原始人類極可能是曾經像其他肉食性動物一樣，廣泛食人。起因是，二十世紀五〇年代醫學界發現紐幾內亞高原地區的法雷族人（Fore）中有一種無法醫治的腦退化病——庫魯病（Kuru）。這和其他地區可見的自發性克雅二氏症（Creutzfeldt-Jakob disease）相同，都是由一類叫做普恩蛋白的蛋白質產生異變，傳染後使腦部出現一個個洞的海綿狀態。唯一不同是自發性患者是自身出現異變，而紐幾內亞的患者，是族人食了人腦，或者身體傷口染到帶病體的人腦組織，從而得到致病的普恩蛋白。但並非所有和這異常蛋白質有接觸的人都會得病。原因是人人都有的二十三對染色體內管理普恩蛋白的基因，結構並非人人相同。結構性質會左右對變種普恩蛋白有沒有抵抗力。一旦社群中流行食人引起的腦病，具有抵抗力基因結構者存活機會較高，自然成為人口中的大多數。從世界各地的基因分布研究結果看來，各地人類明顯都經歷過克雅二氏症的競擇影響，食人廣泛為因，呼之欲出[20]。

這聽起來，很噁心。

但其實，不食人，是文明人把其他人視為同類，而非食物。然而，只要不視人為人，而為動物，就可以堂而皇之，對其殘忍無道。《水滸傳》裡武松在十字坡遇到的人肉店，固然是小說，東漢的孔融卻曾為食人事件辯護。漢末時，有位管秋陽和弟弟及另外一人一齊逃難。有一天，下大雪，糧食又盡。管秋易就和弟弟殺了同行者來食。孔融對這食人事件不僅不責備，更是說這沒有什麼不妥。既然不是朋友，殺的只不過等於是殺了會說話的鳥獸一樣[21]。換言之，只要不相識，就可以不當為人。孔融這些話說得太露骨。但事實上，人類歷史上將人非人化卻的確是屢出不窮。曹操和呂布作戰時缺糧，就給士兵「人脯」（人因乾）食[22]。南宋南渡不久，難民眾多的一一三三年時，杭州就曾出現賣人肉的現象，將人稱為「兩腳羊」，老瘦男子詞謂之「饒把火」，婦人少艾者名為「不羨羊」，小兒呼為「和骨爛」[23]。明、清時代，屈大均和紀曉嵐都有提到「菜人」[24]，把人當肉畜買賣。

這不是飢饉之下，迫不得已的食人，而是趁人落難無助時，不當人為人的食人。屈大均的詩〈菜人哀〉就說得很清楚：

芙蓉肌理烹生香，乳作餛飩人爭嘗。
兩肱先斷挂屠店，徐割股脾持作湯。
不令命絕要鮮肉，片片看人饑人腹。
男肉腥臊不可餐，女膚脂凝少汗粟。

9 食人行為離我們多遠？

如果以為這太不正常，但已屬於過去，你就錯了。食人的行為其實從未離開我們很遠，只是我們不願意想起而已。無論是西方人或華人的傳統中，始終都保留著食人餘風，只是不太顯眼而已。我們不想知道而已。

孟子和齊宣王曾經有一段著名對話，討論宣王夠不夠資格稱霸天下。孟子說聽聞宣王坐在堂上，見到拉牛經過，知道是準備用牛來祭鐘，不忍傷牛便命令改用羊。孟子認為這是仁術，足以使人民覺得宣王有愛心，從而支持他。但孟子其實也點出這種行為，本質不外是虛偽。宣王以羊替牛，只是因為沒有見到羊，和禽獸分別只是在於「見其生，不忍見其死；聞其聲，不忍食其肉。是以君子遠庖廚也」。對於殺生之事，有意眼不見，耳不聞，而已。

西方人很早便不太樂意像華人那樣，明目張膽食人肉。但是，到十七世紀時，歐洲人仍有食犯人脂膏，以及飲犯人肉釀成的酒。比起食人肉，渴飲匈奴血式的飲人血，西方更是另闢蹊徑。飲生人血，從公元二世紀羅馬人學會飲格鬥士血，一直延續到二十世紀初還有。餐飲法也有幾種，除了鮮血熱飲之外，還有煮熱飲、及人血做果醬食。當然，出師有名很重要，所以都是以養生為名：人血、人油可以使食飲者健身康體。同樣原因也用於解釋人骨磨成粉來製藥。英國皇帝查理二世（Charles II）飲來補身的「禦滴」就是人骨酒[25]。

食人肉養生聽起來帶有食療意味，於是華人歷史上不斷出現歌頌食人肉的故事。清代時，台灣有賣原住民「番心」來治療心氣病，「番膽」醫治刀傷、槍傷，以及「番烏腕」腿骨來治療腳風[26]。但最早的記錄應該是春秋時代的介子推割股奉君，割自己大腿肉給後來成為晉文公的重耳充饑，被長期稱讚為忠義的模範。而更多的當然是兒女、媳婦割肉醫治父母故事。割股療親流傳廣泛，明清時代單單是《浙江方志》上就載有四百九十九宗[27]。得到朝廷嘉許說明，對食人肉的野蠻事實不單是視而不見，更是以孝之名鼓勵。時至近代，不少人公然接受買賣血液、買賣器官，歸根到柢也是食人行為的現代版本而已。

10 想食，就是進化的動力

然而，食肉衍生一個大問題，即使牙齒可以咬肉，食生的肉容易患腸道炎。在極寒冷的氣候下，如果沒有受攻擊而死，腸胃未破，細菌繁殖得慢，死去的生物還可能比較長期適合食。一般情形下，獅子、狼、野狗，都喜歡從獵物的腹部食起，因此很早便會導致腸破屎流。腸內的細菌四散繁殖，蒼蠅和其他昆蟲會帶來更多細菌，肉也很快腐爛。生食這些肉的猩猩和人都會因此而容易患病。原始人如果只是去拾荒尋找死去的動物，找到時通常都會是已經腐爛生菌，不適合食。

狼、狗、豺狼、獅子，不怕食腐肉，因為牠們的腸胃和人類的不同。食肉進去後，食物會滯留在胃裡幾個小時，未消化掉的跟著便迅速排出體外。細菌長時間浸在胃酸裡自然必死無生。毒素則沒有機會在小腸吸收。

黑猩猩會用木枝來捉螞蟻，也會捕捉小猴子來食。但是，動物學家觀察到黑猩猩遇見已經死去的動物，即使新鮮，卻完全沒有噬咬的興趣。人與猩猩，和肉食野獸區別不同在於食物在人或猩猩的胃裡只是短暫停留半小時左右，然後在小腸大腸滯留不走。因此細菌有機可乘，可以致人以病以死[28]。

成年人的胰臟分泌出的一些酶素可以分解細菌毒素。但是，饍食蛋白低時，酶素分泌會下降，而芋頭和番薯又會抑制這些酶素，瓦解防範細菌的障礙。所以在低蛋白、高芋頭和番薯食用的情形下，生食肉的風險便會躍升。巴布亞紐幾內亞山區的豬肚病便是因此而來。當地居民在燒豬時，同時炙燒大量番薯和芋頭食。

由於炙燒溫度低，番薯和芋頭的抑制素安然無恙，便可以抑制胰臟酶素。於是不潔豬肉內的細菌毒素不受破解，引致食者腸壞死。

當然，有人提出過，在火之外，還有一種土方法是可以保存食物、防止有毒細菌、又可以增加食物的可消化程度：使食物發酵。但是，目前最早的考古證據來自北歐中石器時代，遲過人類燃火的年代。

在沒有製造出武器的時代，原始人單靠大叫大嘈、舞棍拋石，也是不可能經常嚇走剛剛獵殺完的猛獸，從而奪來新鮮的肉。因此，肉成為經常性饍食之前，人類是必須要掌握到主動捕捉生物和燃火的技能。人類是要等到大概五萬至三十萬年前，舊石器時代中後期才正式能夠掌握到控制燃燒的技術。當時已經是智人和尼安德塔人登台的時代了。

11 美味終於出現了

火對人類的進化，意義實在無可比擬。也因為這樣，各民族都會有自己的神話紀念最初的人為燃火者：華人有燧人氏的故事，歐洲有普羅米修斯（Prometheus），非洲、美洲、太平洋島嶼各民族都有他們的神話[29]。這些神話基本上可以分為兩種，一種是像燧人氏的故事，由自己觀察，而學會鑽木取火。另一種即是偷回來燃火的技術。前者比較少，有燧人氏「鑽燧取火」、非洲剛果天神巴牟伯（Bumba）教克里克里（Kerikeri）如何鑽木燃火。後者則多見，歐洲有普羅米修斯從天神盜火、北美有郊狼從有火的民族偷回、南美通常都是偷或搶回、太平洋島嶼的毛伊（Maui）在不同版本中從陰間或學或偷回。這些神話的共同性很明顯，原始人最初只有少數部落學會燃火，其他部落只好靠偷靠搶學回來。天神懲罰盜火行為的故事見於各大洋洲，應該是反應盜火行為帶來的戰爭及戰敗者受罰的記憶。而神話內容也透露燃火的知識，有些地區是靠觀察大自然中樹枝磨擦出火，從而洞悟出燃火技術。有些地區則先有山火或閃電引起野火，原始人先設法保留火種，之後才慢慢悟出燃火技術。

透過火的加熱，肉不僅是更香，更好食，也更安全及容易消化。《韓非子．五蠹》說：「民食果蓏蜯蛤，而傷害腹胃，民多疾病。有聖人做，鑽燧取火，以化腥臊，而民悅之，使王天下。」應該是從更早時代傳下來的實際經驗總結。熟的植物可以增加近三成可吸收的熱量，有些現代偏食信徒只食生而不食熟。不少研究發現同樣份量的穀和蔬菜，生食者的身體質量指數ＢＭＩ會比熟食者的體重會低三至四度，也就是說如果是身高五英尺三英寸、一百六十公分的話，生食者體重會低了五、六公斤。經常生食的婦女經期會斷斷續續，或停經。穀類、豆類、根莖食品內的抗解澱粉質經過加熱，便會變為更容易消化及吸收。香蕉、薯仔生食，只有一半澱粉質可以被迴腸吸收，煮熟後就幾乎全都可以吸收。此外，煮熟的植物從硬變軟，減少咬嚼所需的體力支出，在消化道內進入迴腸的移動速度也會增快。同樣收穫後，能煮熟食物的原始人體力會更好，無論是長途跋涉，移居至更好的地區、追捕獵物、搜索食物、抵受嚴酷的氣候、或是生育繁殖，很明顯都會大為進步[30]。人類的大腦可是一件保養極其昂貴的器官，發育同運作都需要消耗大量熱能，占用全身百分之二十至二十五新陳代謝。所以，有火煮熟食物增加食物效能之外，大腦便更有機會突飛猛進地優化，使人類超群絕倫，成為萬物之靈。

火當然除了可以為人類提供熟食，同時也有助獲取食物。除了用火趕走猛獸，從而從其搶來剛捕殺的肉食，還可以在夜晚山洞裡，用火把捕鳥[31]。寒冷時以火取暖，也應該可以減少熱量的需要。但火是否一定要用木來燃燒？那也未必，在中東地區和北非，木柴欠缺。但動物糞便可以當作燃料。所以，原始人一旦掌握到這技術，就連樹木稀少的地區都可以進入及居住。考古證實，古埃及北蘇丹地區就應該是這樣建立文明的[32]。

請我們這位石器時代老祖宗食，用他的木器、石器也可以做得到的烹飪美食，叉燒、燒鵝，應該會適合他的胃口。水果當然也會是很好的餐後品。前盤來個溫泉蛋也應該合適。正如前面所說，蛋在他的年代也不會是經常食得到，所以請他食蛋絕非薄待他。我們不知道當年溫泉多普遍，但直立人、巧人最早出現的非洲地區都是多火山和溫泉的。有些舊石器時代西藏高原遺址的洞穴附近的確是有溫泉的。如果他把採集回來的蛋放進溫泉水中，蛋不但可以更美味，營養價值也會高過生食很多！異想天開一

Recipe

溫泉蛋

- 1 公升水煮滾後，加入 200 毫升室溫水。
- 雞蛋直接從冰箱取出，放入水中。
- 15 分鐘比較熟、14 分鐘流心。
- 接著放入冰水 1 分鐘。

下，溫泉蛋會不會是人類最早的熟食品，即使在沒有火的年代已經嘗過了？

最早提溏心蛋做法應是明代宋詡：「烹水烹熱浴冷水中取脫去殼。欲餹心作沸湯入卵少[33]。」

基於防範沙門氏菌食物中毒原因，一般西方政府衛生機構都建議雞蛋要煮熟才食，溫泉蛋、溏心蛋、水波蛋都最好不食。但實際上，許多烹調菜餚、甜品都用不熟的蛋白、蛋黃。衛生機構也未就各種烹調方法過程進行足夠研究。目前來說，如果雞蛋並非散賣，殼沒有破又不骯髒，又正當儲藏於冰箱低溫，蛋白和蛋黃本身應該安全[34]。日本溫泉蛋食得比較多，但因此引起食物中毒案件報告罕見。當然，處理雞蛋前後，都應該洗乾淨手及用具。攝氏七十度（華氏一百六十度）幾乎立即可以消滅沙門氏菌。以上溫泉蛋所用水溫度達攝氏八十度（華氏一百七十六度）。

如果不用冰水急凍，蛋黃蛋白會繼續凝聚，固體化。

Recipe

溏心蛋

- 室溫蛋，水滾後放入 5 分鐘。
- 然後放入冰水 1 分鐘。

第二章　請伊尹食什麼好？

1 為什麼不請易牙？

為什麼不請易牙，而只是請伊尹呢？

易牙不是更有名氣嗎？

華夏古代大名鼎鼎的廚師有三人：彭祖、伊尹和易牙。彭祖的廚藝美味到堯帝要封一座城給他。這應該是古今中外廚師中，最昂貴的小費或酬金吧？

民間相傳江蘇省的徐州市，舊名彭城，就是彭祖當年的封地所在處。是否如此，有待歷史學家證實。但該地以前的確有座彭祖廟，文革時被拆。廟殿的楹聯：「烹飪高牆難易進，當求炮術傳世後；調理真諦珍饈出，還需青鳥行路前。」倒真的是道出了做大廚之不易[1]。然而，彭祖的烹調名氣早就給他的另一項成就掩蓋掉。因為傳說他會養生，二百七十歲時樣子仍舊像五、六十歲而已，一般人只當他是長壽的象徵，完全忘記了他原來是一位廚藝湛深的大廚！

易牙是春秋戰國年代齊桓公的廚師。他沒有寫過食譜。但是明代的韓奕和周履靖都先後寫了以他為名的食譜《易牙遺意》和《續易牙遺意》來表示敬仰。他的名氣可不是靠公關吹牛而來，他的舌覺、味覺，連孔子、孟子、荀子都願意作證人。我們曾經見過品酒師，一嘗便可以說出酒是來自哪一年、哪一園、哪一種葡萄。易牙時代，酒還沒有那麼多樣化的種類，但水的質素會影響菜餚的味道。孔子說山東的澠水和淄河在臨淄一帶匯合，易牙一嘗就能夠鑑別出來。孟子同樣讚許易牙說，「至於味，天下期於易牙」，而另一位大儒——荀子，也絕無猶疑，講到味道就要推舉易牙，講音樂這就要推舉師曠。也因為那麼多名人都異口同聲稱讚，歷代廚師雖然主要拜灶君，但正如俗曲〈十女誇夫〉中嫁廚師的四姐唱說：

世上不如造廚漢，菜刀菜勺來抖威。五碗四盤全會做，大小飯菜緊相隨。
我尊易牙一個祖，俺的祖師賴及誰？食飯也在屋中坐，雨不淋來風不吹。
哪像五姐旋羅漢，一堆木頭圍一堆。

難怪不少廚師拜他為廚神。瀋陽、高雄更是有易牙廟。

可惜易牙雖然廚藝出神入化，人品卻是糟糕透頂。

齊桓公對食是極度貪新厭舊之人。不知道究竟是因為什麼山珍海味都食厭了，於是異想天開；還是發牙癢，開玩笑？總之，他有一天對易牙說了句「唯有人肉未嘗過」。怎知易牙一話不說，就殺了自己的長子，蒸熟給桓公食。齊桓公雖然沒有稱讚易牙煮的人肉鮮美無比，卻應該是深為感動，所以才公開說出「易牙烹其子以慊寡人」，易牙為了滿足我，竟煮了他的兒子給我食！

2 易牙為何要改行？

當然，猶大族的亞伯拉罕也是聽了上帝吩咐，準備殺他的兒子來祭上帝。和易牙唯一不同的是《聖經》接著記載上帝阻止了他，說這不過是考考你的忠誠而已*。如果只是單這一件事，或許易牙只是像亞伯拉罕那樣愚忠到兒親不如上帝親，和後人的爹親娘親不如最高領袖親，毫無二致。

古代殺兒的風俗除了棄養之外只有兩種原因，一是像中東地帶的猶太、迦南、南美的瑪雅、阿兹特克、希穆人，出於對神靈恐懼，所以要祭神來獲取恩澤，賜免災禍。另一則是像史書所傳說的越東、楚南、西羌民族的殺長子而食，稱為「宜弟」的風俗。一般解釋是因為長子可能是妻子婚嫁之前為他人懷孕而來，所以要殺。

有學者指古代時易和狄同音，易牙可能來自北方少數民族狄人，真名其實是狄牙。狄人可能也有「宜弟」的風俗。但如是，則易牙不會早不殺遲不殺，偏要等，等到齊桓公開口說要食人肉才殺。因此，易牙應該既不是為了要祭神，也不是因為懷疑兒子不是自己的子嗣，才把他殺掉。蒸為菜餚，而只是為了討好齊桓公。齊桓公也只是表示對人肉的味道好奇，沒有像猶太聖經的上帝，指明要亞伯拉罕獻上他的獨子。很明顯，易牙可以為人肉找到其他來源，根本毋須殺死自己的親生兒子。有此超越齊桓公要求和期望的行為，除了要表示絕對且超越想像的忠貞不渝之外，很難想得出任何其他理由。而有此表態，原因也似乎不外是

* 《可蘭經》也有類似的故事。

為了完成政治野心，不惜手段，犧牲一切。

也因為這種超越正常的越規行為，齊桓公會感動到在討論大臣的任命時對管仲說，「易牙都肯殺他的兒子給我食」，對他的忠心耿耿，「猶尚可疑邪」，還有什麼可以懷疑的呢？

當然，管仲的話還是有影響力的。管仲對易牙有戒心，齊桓公也不能不在乎。所以管仲死後，曾經把易牙趕出宮去。但是，易牙的廚藝太精湛。走了之後，齊桓公竟是食不甘味，連執政都無法專心。迫不得已，又召了他回來。

於是，易牙終於從御廚晉升為齊桓公手下的執政三公之一。跟著，他又說服齊桓公在原有太子之外，再立他支持的王子為太子，導致桓公死後，兩太子爭權的亂局無可避免。

只是他機關算盡仍差一步，支持的太子失勢，被殺身亡，迫他支持又一名王子。這大概也以失敗收場，使他的最後下場無人得知。

3 世上最古老廚藝理論文章

那麼伊尹呢？

伊尹的故事有點像猶太聖經《塔納赫》（תנ״ך）和基督教《舊約》中摩西的故事。埃及法老王要殺盡所有以色列男嬰，摩西的母親於是在他出生幾天後，把他放進一個莎草紙箱內，然後再藏箱在尼羅河的蘆葦中。

結果給一位埃及公主發現，帶回宮中養大。伊尹則是生於伊水，被採桑的婦女發現棄於桑中，送到有莘國王後，被廚師養大。

伊尹長大之後，貌不驚人。春秋時代的晏子說他矮小、頭髮蓬亂、紅鬍子。紅髮紅鬚是因為有 MC1R 基因。北歐、西歐人比較多紅髮紅鬚，華夏歷史上有紅鬚的記載見於西域，契骨、欽察、苗族人。另外，《晉書》說五胡十六國其中之一的漢趙國開國皇帝匈奴人劉淵「鬚長三尺餘，當心有赤毫毛三根，長三尺六寸」。因此，伊尹的祖先也極有可能也是來自中亞地區。

雖然伊尹貌不驚人又可能是屬於少數族裔，他的烹飪和見識都可能極為出色。所以他成年後被派為公主出嫁到商族的隨從。到了商族之地後，他煮了鵠羹，盛在玉鼎，獻給商族首領成湯食，並且乘機會用烹調的理論，向他解釋興國大業如何可以成功完成。

之後，他輔助成湯滅夏，建立商朝。成湯死後，伊尹繼續做商朝的最高行政大臣，輔助成湯的兒子和孫子執政。他逝世後不僅以天子的規格行葬，更是受到商朝歷代以先王同級別的祭品祭祀。地位之崇高，歷史上無一大臣可比[2]。

但是撇開他在政治上的豐功偉績不說，單只從烹調的角度看，戰國末年時代寫的《呂氏春秋．本味篇》所記載他和成湯論政的對白，無論是真的或是偽託，都可以說是世人的第一篇烹飪理論以及美食清單：

夫三群之蟲，水居者腥，肉玃者臊，草食者羶，臭惡猶美，皆有所以。凡味之本，水最為始。五味三材，九沸九變，火為之紀。時疾時徐，滅腥去臊除羶，必以其勝，無失其理。調和之事，必以甘酸苦辛鹹，先後多少，其齊甚微，皆有自起。鼎中之變，精妙微纖，口弗能言，志不能喻。若射御之微，陰陽之化，四時之數。故久而不弊，熟而不爛，甘而不噥，酸而不酷，鹹而不減，辛而不烈，澹而不薄，肥而不膑。

這段文字的大意是：「換言之，三類動物中，水中的腥，捕食肉的臊，食草的膻。雖然聞起來臭，味道卻仍然好，是有理可循。味道關鍵從水開始。首先水要五種味道三種材料，煮滾九次變九次。用火正當調節，時快時慢，把腥味、臊味、膻味去掉，又保留優美的本質。調味用的甘、酸、苦、辛、鹹，先下後下的次序和份量，都很微妙，且有本身的原由。廚器內的變化精妙微纖，像射箭、駕馬車的調控、陰陽四季的轉化，都不容易三言兩語說得清清楚楚。但這樣，才可以煮起來久而不壞，熟而不爛，甜酸不過份、鹹不變苦、辛而不過辣，淡而口感不薄，肥而食完不膩。」

之後，他更列出什麼肉、魚、蔬菜、調味用料、糧食、水、以及果實才算頂級。其中，他提到東海之鮞。鮞是什麼？漢代的《說文解字》解釋說是「魚子也。一曰：魚之美者」，如果是魚子，就可能是華人食海產魚子的最早記載。但是，當時沒有凍藏技術，位在山東的商族可能會嘗得到海魚及魚子。然而，據學者目前的分析，伊尹的古國——有莘國，應該是在內陸的河南。來自有莘國的伊尹又如何有親身經驗知道東海的魚子，或海魚好食呢？在那遠古時代，難道已經有了一個鹽腌魚子的供應鏈將魚子從臨海運到內陸賣？

4 廚房出來的政府

令人百思不解的問題是，成湯為什麼會相信一名來自異鄉他國，更有可能屬少數民族的廚師具有治國能力，將他提拔為治理國家的大臣？

成湯和伊尹兩人最初的接觸經過，傳世的古籍和出土文物有幾種互相抵觸的版本，而現代學術界也就此爭論不息。原因可能就是因為無論古人今人都同樣覺得難以明白。

真相最可能是在商周年代，廚師的地位並非低微，但伊尹升遷治國大臣的經過也並不是一帆風順，毫無挫折。

中外歷史中，似乎只有伊尹和易牙兩人，以廚師出身而晉身政壇，升到一人之下、眾人之上的至高地位。今天的廚師更是只和飲食有關，和政治毫無瓜葛。即使憑廚藝名氣，對時事發言，通常也只能圍繞飲食問題。但是在遠古時代，廚師的地位卻可能完全不同，因此造成伊尹有機會游說成湯的機會。

宰相是華人古代政府最高執政官員的稱呼。名稱和廚師的宰割相近，應該不是偶然，而是因為古代的廚師和政治關係密切。從戰國時寫的《大戴禮記．保傅》便可看出，「太子有過，史必書之……過書，而宰徹去饍……。失度則史書之，工誦之，三公進而讀之，宰夫減其饍，是天子不得為非也」。很明顯，太子和天子有過失，廚師都有行政權力去處罰他們，不供應饍食！孔子亦曾向弟子解釋古代，天子死了，太子要聽冢宰三年[3]。冢宰就是官員之首。周朝時，皇家各種相關飲食和醫療衛生的事務都是由大宰、中宰、宰夫統籌負責。從名稱看來，就可以知道大宰、中宰、宰夫有可能是從廚師的古舊名稱——庖宰——分化出來的。到後來，大宰的工作範圍逐漸擴大，周朝曾經以大宰之名發出對國家財政管理的規管指令，《大宰九式》。之後，太宰及宰相的名稱就絡繹出現。

我們沒有夏商時的詳細資料。但那時代人口少很多。商初時，全國人口歷史學家估計只有四百萬人左右，和現代中等城市差不多，而首都也只是十萬人不到。執政系統可能沒有那麼多繁複等級。在沒有現代財政金融、教育、福利、交通、工商業等等部門工作的遠古時代，只有應付人間威脅的軍事，應付上天罰獎的祭祀，以及保證糧食安全才重要。族長和長老可以統管軍事行動，巫師要保證災禍遠離，而庖宰要管理領導層的飲食安全及材料。庖宰一人可以兼任衛生、農業兩大部門工作，負責搜獲飲食材料、宰殺動物、烹調、食品衛生等等工作。而選擇有益、剔除有毒、決定食物如何處理，適當與否進食，這些決定都可以左右一族人的生死盛衰。因此，身為庖宰的伊尹可以得到尊重及信任，可以和成湯進行對話。

5 如果你只用商代的調味劑

在他的時代，腥、臊、羶，都是大問題。調味很大的作用便是對付這煩惱。現代人累積知識，幸運得多。明白這三種討厭氣味的原因就容易應付很多。魚腥是因為魚死後，肉內的氧化三甲胺被細菌搬走了氧原子換為腥的三甲胺。日本刺身的魚片不腥，除了新鮮之外，更是廚師學會替魚放血，從而減少了血腥味。洗魚可沖走皮上的氧化三甲胺。酸性調味品更可減少腥味化學品氣體。河魚的泥味雖然有辦法減少，但是泥味是因為魚來自富有細菌、真菌，以及藍綠藻的水域環境。魚吸收的恐怕不只是難聞之味，而兼有對人體有害的藍綠藻毒素[4]。

但如果找現代的名廚去到伊尹當年，只用他那時代有的調味品應付腥、臊、羶三大問題，相信他們都會一一面有難色，甚至敗下陣來，宣布投降。

那時，比較可以肯定的只有鹽、梅、蜂蜜和酒。鹽提供鹹味、梅酸味、甜味靠蜂蜜。考古在銅鼎中見到獸骨旁有梅核，證實魚羹、肉羹靠鹽和梅來調味。但有座商朝晚期墓中見到數十粒花椒，放墓主頭旁[5]，意義就比較含糊，既可以表示墓主愛食辛味，也可能當時仍然只當香料用。所以花椒在伊尹的時代極可能仍未被用來提供辛味。古代任何材料或方法製造成的酸汁，都叫醯。伊尹有沒有用過就不清楚。周代文獻有提到醯，但不見於甲骨文或金文，因此可能是晚於他的時代才出現。然而，甲骨文中有醬及鹵兩字，所以伊尹也可能曾用過某種醬汁作烹調，只是我們不知道其內容實質，更不知道甲骨文的醬是否包括醯。至於漢代才出現的醋字，本來意思是回謝，後來才改朝換代替取了醯原來意思[6]。

周代調味就多很多，有薑、桂皮、蔥、紫蘇、韭，從大麥、粟等穀物製成的飴糖、以及一些現代少用作調味的薤（蕎頭、蕗蕎）、苴蓴（蘘荷）、蓼[7]，除了蓼之外，都不見於甲骨文、金文中，在商代已否出現在烹調中則未能確實。

現代常用的其他調味品：大蒜、胡椒、辣椒、八角、丁香、月桂葉、肉桂、陳皮、小茴香、檸檬葉、薄荷、香草、豆蔻、九層塔、百里香等等都一一尚未登場。大蒜要漢代才引入。之前只有小蒜。胡椒到唐代才大規模進入。

伊尹和成湯生活在夏商交替的公元前十六世紀。這也是中東巴比倫的年代。考古學家蒲德侯（Jean Bottéro）發現幾塊載有世上最早食譜的巴比倫泥板。看其中這一塊所述就可以和伊尹的菜餚及調味有個比較。如果你想試，也可以根據耶魯大學的仿擬食譜做[8]：

羊腿肉。準備好水。加肥脂，猛火燒。加鹽、啤酒、蔥、芝麻葉、香菜、波斯蔥、孜然、紅菜頭。然後將韭蔥、和蒜一齊舂爛，加入。上灑香菜、波斯蔥、埃及蔥（kurrat）。

這道菜現代伊拉克還食，只是以白蘿蔔代替了紅菜頭。應該是世上最長壽的菜餚了。當時中東調味用蔥、芝麻葉、香菜、波斯蔥、孜然、紅菜頭、韭蔥和蒜。下那麼多，相信那羊膻不會輕。

6 商代人的黃粱夢

請這位商朝的開國大臣食什麼好呢？

商代的人主食是黍和粟（大黃米和小米）。大家都聽過黃粱夢的故事：有位盧生進京趕考，沒有考到。有天，在旅店裡和一位老翁聊天完上床睡覺。夢中，考到進士，官至宰相，之後遭同僚陷害入獄、流放。多年之後，再受封為燕國公，最終享盡榮華富貴，老死家中。一覺醒來，發現店裡的黃粱飯還沒蒸熟。這故事有兩個傳世版本。在另一版本上，黃粱一夢的黃粱寫成是黍（Panicum miliaceum），說明作者當時視黍和黃粱為同物異名。黍脫了殼現代叫黃米，除了可以做飯，還可以做黃米糕、黃米粿、黃米饃饃。但如果在歐美澳洲，要買來食，通常要去健康食物店才有。至於粟，學名叫 Setaria italica var. germanica，去完皮就是小米，又叫黃小米。小米的優質品種古代叫粱。那麼黃粱又會不會其實是粟不是黍？有種已經消失的植物的確叫黃粱，說是粟的一種。但黃米和黃小米一般人未必容易分得開。古代人可能也分不清楚究竟是黍的黃米，還是粟的黃小米，說黃粱，也可能只是一名數物，亂叫一通。更何況，蘆粟、不是粟，是高粱。高粱雖叫粱，當然也不是粟。

無論如何，伊尹應該是食慣了黃粱和小米粥飯。請他食這些，估計都不會引起太大興趣。但他未必食過小米麵條，食得到，這位大廚可能會有點驚喜。

二〇〇五年，考古學家在青海地區喇家村挖掘出世界上最古老的麵條，足足有四千年之久！成分分析發現是用小米做成。報告起始受到不少人質疑，因為按道理，小米缺乏麵筋蛋白，用一般製造麵條的方法做出麵條，是絕無可能。但是後來發現，原來小米雖然只有澱粉質，卻仍舊是可以用別方法做麵條。現在河南、河北、山西其實都有用木製工具把小米擠壓出木床底下的圓眼，形成圓形小米麵條，叫小米餄餎[9]。當然，你也會想到，這是現代人做餄餎的方法，古代人哪裡有木床？但是，六世紀後魏的《齊民要術》已經教了，只要把牛角鑽幾個洞，就可以完成任務了。

餄餎除了小米，用高粱、蕎麥、玉米也可以做。餄餎也就是明末抗清名醫兼書法家傅山特別喜歡食的「河漏」，每次去到山西平定，朋友都會請他食。不過，逯耀東和他夫人三十多年前去西安時食了說，蕎麥餄餎不見得怎麼好食。究竟是否用料、配料或做法出問題就不清楚。所以，雖然只要買得到一具餄餎床子，或者弄隻牛角來就應該可以請伊尹嘗試一下了，我們還是不要顯醜試了。

7 想食天鵝肉嗎？

商代時送飯似乎只有一種菜餚格式：熬或者炖成的羹。平民百姓和貴族都是食羹，只不過，老百姓也許只能食得到蔬菜做的，貴族才食肉羹。羹和飯相信也不能亂放，商朝的規矩沒有記載清楚，但周朝是指明必須飯放左，羹放右。

肉羹最初只是帶汁的肉，如果沒有調味，便難逃帶有腥、臊、膻味。伊尹能夠烹調及辟除異味，煮出的羹自然特別美味。和成湯見面的次數也因此應該會不少。他極可能就是利用這些機會對成湯提出自己的政治見解。他用烹調的原理，來解釋如何執政，也成為之後數百年的政治理論主軸。用烹調之理譬喻執政方法屢見於文。像晏子用保羹的烹調理論來教齊景公如何治國，或是老子提出「治大國若烹小鮮」都是例子。

但是，伊尹用這種理論來說服成湯，過程也未必完全順利，了無阻礙。成湯似乎起初不為所動，所以才會產生韓非子有伊尹對成湯說了七十次而不聽的記載[10]。

長沙馬王堆出土竹簡中有個殘缺不全的神話故事〈赤鵠之集湯之屋〉說，成湯射了隻天鵝，吩咐小臣為他烹調為羹。怎知成湯的妻子也要食，小臣迫於無奈，給她食了，自己也分了一份食。成湯回來勃然大怒，使小臣不得不慌張逃亡去夏。這神話明顯和古籍中成湯射伊尹，迫他去夏當間諜的論述有關連。實際情況可能是成湯悟性遲頓，多次挫折之後，伊尹曾經失望而去了夏族地區。但夏族領袖無能無德，使他重返商族。由於此行，他對夏族的實況和民心都有實際瞭解。於是最終可以使成湯折服，委以重任。後人為了要保存成湯英明神武形象，才編出成湯設計給伊尹去夏當間諜，或者伊尹犯錯才去夏的故事。

當然，怎麼可以班門弄斧，請他食羹？更當然不可以請他食他的名菜——鵠羹。鵠也就是天鵝。現代人，說男生追慕女伴時想食天鵝肉，是譏笑缺乏自知之明。但從孟子到司馬相如，都說古代人要彎弓射鵠，該俱因為想食天鵝肉。箭靶中心古代叫鵠，大概是因為練習射箭時都以射天鵝食為目的。天鵝肉可能真的很美味，所以西方人也喜歡。俄國歷代沙皇貴族認為天鵝屁股肉乃是天下極品，無其不成盛宴。英國的伊莉莎白一世（Elizabeth I）和她的父親亨利八世（Henry VIII）也都以天鵝肉為上饌。亨利八世和法國的弗朗索瓦一世（François I）於一五二〇年舉行的高峯會議，史稱「金衣之會」（Camp du Drap d'Or），國宴席上便有天鵝肉。現在存世還有他女兒伊莉莎白一世年代的烤天鵝食譜：燙熱拆骨，再煮半熟，加夠胡椒、鹽、薑、然後塗油，放在深的黑麥糊及牛油餡餅棺內*，合好烤透。烤夠後，氣孔填溶牛油，如同牛肉餡餅上[11]。

但時至今日，現代人都覺得天鵝可愛，不捨得食。當年要射隻天鵝都非同常舉，今天要找隻天鵝來食，就更是談何容易呀！

---

* 餡餅皮當年的英文字是 coffin，和棺木同字。

8 除了羹還有什麼可以？

想來想去，也許還可以請他試試金針菇和牛肉卷以及粉蒸肉。

金針菇和牛肉卷是簡單小食，用牛肉捲起菇，煎到金黃色，淋上薄芡。芡的用料，薑、蔥、蜂蜜、酒、上湯都是他時代已有的材料。唯一是那時仍未有大蒜和醬油。醬油要等到北魏才出現。當時叫醬清。到宋代時才有醬油這名稱[12]。商代時，鹹味就只好靠下鹽了。至於金針菇，周朝時代開始成書的《爾雅》上已經有幾個食用菌的詞出現，茵芝、中馗菌、出隧蘧蔬[13]。因此，商人可能都已經食菇，唐代的《四時纂要》上有提到用腐木植菌。有些人說這是華人最早種植金針菇的記錄。但多篇分析指出只能說是可食的菌，而無法確定是哪一種[14]。

粉蒸肉的用料是大米、糯米、五花肉、調味料。大米在公元六千多年前，已經在中土種植，只是北地種黍粟（黃米和小米），南地種大米而已。伊尹沒有提到大米，好食的飯，他只推薦玄山的黍、不周的粟、陽山的一種叫穄的低黏性黍（現代稱為糜子），以及南海的黑黍。大米當時可能還沒有傳到他居住的地區。但他應該不會拒絕嘗試。

Recipe

粉蒸肉

- 五花肉 1 公斤，切片。
- 調味料：南乳、腐乳各 1 塊連汁，酒釀 3 湯匙，紹酒 3 湯匙，生抽 2 湯匙，老抽半湯匙、鹽 1 茶匙、冰糖 1 茶匙、薑汁半湯匙、獨頭蒜 2 個、紅葱頭 3 個。
- 調味料用油炒熟後只留油用。
- 肉加豆瓣辣醬 2 湯匙，調味汁內腌過夜。
- 糯米、大米各 250 克舂碎。加花椒 1 茶匙、八角 4 粒、桂皮少少，炒香。
- 加 3 杯水煮半熟後，在碗中鋪層米，插入肉，再鋪層米，合蒸 3 ½ 小時，上桌前加裝飾。

Recipe

XO 醬

- 紅椒 500 克、紅蔥頭 500 克、大蒜 500 克。
- 瑤柱（即干貝）350 克，已發好，蒸軟。
- 蝦仔 250 克、鹹魚 8 寸 1 條。
- 沙茶 1 瓶、油 1500 毫升。
- 指天椒。
- 鹽 3 茶匙。
- 溫油。

糯米只是大米基因突變之後，黏性增加的品種。因此出現日期無法確定，也不能說在他的時代尚未出現。伊尹說最好食的肉是猩猩的唇、貛貛的腳掌、雋觾的尾巴肉、述蕩的腕部肉、旄牛的尾和大象的鼻子。除了旄牛，也就是犛牛的尾，去西藏可能買得到，其他今天都恐怕是無法找來食的了，大象雖然古代曾經被人捕捉來食，現在已是受保護動物。貛貛是什麼，學術界有爭論；述蕩只是神話故事《山海經》中的雙頭動物；雋觾據說是一種燕子，現在卻也沒有人知道是什麼樣子的。但商代權貴常食的是大型動物，牛、羊、豬和狗。所以五花肉也應該不是問題。

蒸肉用的陶甑，六、七千多年前就已經出現。所以伊尹對於蒸肉應該也不會覺得詫異。儘管這稻米和肉一起蒸的烹調方法，伊尹年代所在地區不興，南乳、冰糖、辣醬也沒有，只能用豆、酒、飴糖、花椒代替。他應該也不會反對嘗嘗現代版。

除了粉蒸肉之外，滷肉飯和周代八珍的淳熬、淳母有點像。似乎也是一個可以考慮的選擇。淳熬、淳母都是用煎肉醬澆在飯上，然後再淋一層動物油脂。分別是淳熬用稻米，淳母用黃米或小米。

前些日子，無意中在百貨公司超市看到，芬蘭出產用Omega3 飼養的豬肉，心血來潮想用它來做粉蒸豬肉。美中不足是正宗的四州郫縣豆瓣醬剛用完，只能用A貨代替，炒米粉是自製的。還好朋友食得開心。

不過，未上菜前，最重要還是要請教他對家庭自做的調味料指導一下，究竟，這是他的專長。

第三章　請克麗奧佩脫拉食什麼好？

1 世上最豪華的餐宴

我們向來害怕主人喜歡炫耀，唯恐天下不知道他銀子花不光，請客時滿桌都是食不完的盤碟，造成極度浪費。如果他要顯示夠時髦，品酒，那更慘。只顧請飲價高連城的紅酒，卻不理會是否和菜餚匹配。酒菜味道兩敗俱傷下作客，不便不飲，不便不食，悽情真是無以為名。

要炫示自己有錢，當然有很多方法。飲食方面，香港人曾經選魚翅撈飯、美國人可以挑美鈔五千大元的漢堡包。唐代韋涉，更是裝腔作勢，食的飯，煮前要用烏羽選米，每天廚餘都過萬錢[1]。但這種飲食，奢靡之外，卻往往未必是精。金融危機未爆發之前，黑石公司（Blackstone Group）的史蒂芬．施瓦茨曼（Stephen Schwarzman）在二〇〇七年就曾趾高氣揚，生日派對一擲三百萬美元。但他只會請來客飲貴價酒，食的卻無非是牛排和火燒冰淇淋。品味水平明顯有待改善。比起來，傳聞宋代的丞相呂蒙正每天早上都要飲雞舌湯，殺雞千百。雖說也都是奢靡之極，卻顯得是講究精美而不只是志在炫耀而已。

中菜中吹噓得最名貴的宴席應該是「滿漢全席」。其實，這只是清末民間食肆吹捧出來的一種炫耀性豪華筵席格式。皇帝設宴只有滿席和漢席並列的滿、漢席[2]，既不是同一桌上食得到兩種菜餚，更不是現今時興的fusion，不同烹調菜式混合成一。當然，皇室菜餚和排場都講究，《揚州畫舫錄》卷四記錄了給乾隆下江南時御廚準備給六司百官的菜餚，包括鯽魚舌滙熊掌、魚翅螃蟹羹、蒸駝峰、蒸鹿尾、米糟猩唇豬腦、燕窠雞絲湯等等。材料昂貴毋庸置疑，但每席總共最多也只有十餚三饌。到了同治和光緒兩朝，國勢江河日下，列強欺凌，宮裡的御饍卻逆境而上，增加到四十二品之多，並且出現了一種「添安」的筵式。在這筵式中，除了一般魚肉魚翅、海參、海蜇、金華火腿、鮮筍等等之外，還有以五至七種燕窩為主的餚品。然而，即使皇室講究精，論其奢侈也應該比不上貪官污吏在道光年代要食三天也食不完的河工長宴，每席據說要用十頭豬、三四頭駱駝、數十百隻鵝[3]。原因是每頭豬只食脊背肉一片，駱駝只食駝峰，鵝只食掌，其他都棄置不要。暴殄食物、極不環保，千古以來真是無以比擬。

但是要說歷史記錄上最豪華奢侈又不同凡響的宴會，就恐怕真的無人比得上埃及女皇克麗奥佩脫拉七世（Cleopatra VII Philopator）宴請羅馬將軍安東尼（Marcus Antonius）的那一餐。安東尼為了追求克麗奧佩脫拉，連朋友希律（Herod）都不惜背負，強迫希律把屬下的香油花園送給她，讓她能夠每天都籠罩在世上最迷人的芳氳中。如果你以為現在的香水貴，一小瓶要幾千塊錢，那你沒有見過那Ein Gidi花園出的香油，工人辛勞一天才收集得到幾滴。怪不得，女皇心動。據羅馬史學家老普林尼（Pliny the Elder）記載，安東尼和克麗奧佩脫拉結婚之後，每天都縱慾享樂，沉溺於盛宴之中。有天，克麗奧佩脫拉宣言會為他設下世上前無先例，後繼難有，一席之中耗費相等於羅馬貨幣一千萬塞斯特斯（sesterce），相等於三萬六千多公斤黃金的豪宴。安東尼就打賭她只是信口開河，不可能有這樣天價的宴席。第二天安東尼見滿桌佳餚珍品，笑道這只能算是一般菜餚，廉價餐。克麗奧佩脫拉卻回應，「好戲全在後，我的就夠一千萬啦。」說著，侍女奉上一杯醋。克麗奧佩脫拉脫下耳垂的巨型珍珠，放進杯中，一口飲下！

2 珍珠飲得下嗎？

以這段傳說為題材的畫甚多，其中最著名的該是收藏在澳洲墨爾本市國立美術館，十八世紀畫家提埃坡羅（Giovanni Battista Tiepolo）的〈克麗奧佩脫拉的盛宴〉（The Banquet of Cleopatra）。克麗奧佩脫拉的傲情，賓客和侍從眼神的半信半疑，她準備把巨珠落入酒杯的歷史一刻，全都凍凝在觀畫者眼前。

這究竟是無中生有的傳奇，抑或真有其事？老普林尼寫時已是百年後事。也許這只是他對克麗奧佩脫拉的惡意污蔑，指她縱慾奢靡。近世的歷史學家一般都不相信這是史實。也不少人質疑究竟醋是否可以溶解珍珠，使她可以輕易飲下這杯珍珠醋，克麗奧佩脫拉會不會只是假裝把珍珠溶掉？質疑的原因主要是許多人都覺得珍珠很堅硬，平常進口的醋不像是可以把它溶解。但史書記載迦太基大將漢尼拔（Hannibal Barca）率軍越過高山突襲羅馬時，部隊就是依靠伐木燒熱阻止大軍前進的山石，燒紅石塊後淋醋上去把石溶解。還有一位富家子弟克洛狄烏斯（Clodius）據說為了知道珍珠什麼味道，也曾試過把珍珠浸入醋飲。他更是因為味道不錯，宴請過客人也各來一珠[4]。

提埃坡羅〈克麗奧佩脫拉的盛宴〉

為了解答這千古之謎，不可只是大膽假設，我們還真需要小心求證。幸好，有位學者翻遍資料之後真的做了實驗，證實普通食用的醋確實可以把珍珠溶解。只不過，一克重量完整無缺的珍珠需要二十四至三十六小時才可會溶化，在杯中只留下少量似明膠的沉澱物。珍珠磨成粉後十分鐘內則可在醋裡溶化[5]。換言之，克麗奧佩脫拉真的可能請安東尼食過這頓史來最豪華的餐宴。只是老普林尼把事情用戲劇化的手法寫出，把應該是耳垂敲碎成粉才浸，或隔夜溶成的珍珠醋，說是即時飲下。

歷史上可以比得起克麗奧佩脫拉這種豪舉的，大概只有李德裕和洪秀全。據野史說[6]，唐代歷經八朝，兩度拜相的李德裕用珠玉寶貝、雄黃朱砂煮為羹食，每一杯要費當時錢三萬，約莫相等於六千斗米的售價。但其時有極為熾烈的牛李黨爭，他是李黨領袖。這段掌故也許只是政敵造謠誹謗之說。至於太平天國天皇的洪秀全[7]則傳說喜歡像做客家釀豆腐那樣把上等珍珠釀入豆腐，蒸炖成珍珠釀豆腐來食。因為他是經常食，所以即使每一餐花費比克麗奧佩脫拉這餐遜色，累積起來，想也天文數字。

二〇〇四年以來，紐約有家酒吧，鑽石馬丁尼一杯，美元一萬。但鑽石可不是溶在酒裡，讓人飲下。不單是太做作，而且以今天的黃金價格算，比起克麗奧佩脫拉那杯珍珠醋，套安東尼的話，還是太低廉了吧。

當然，現在可以養殖珍珠，珍珠價格大不如前。市面上也已經有了號稱可以保健的珍珠粉醋。任何人都可以嘗嘗克麗奧佩脫拉的那杯醋是什麼味道。

3 你認識克麗奧佩脫拉嗎？

華人受了好萊塢電影影響，不少人稱她為「埃及妖后」。這對她其實太不公平。台灣慣稱她為「埃及豔后」比較公允，但仍不願承認她君皇的地位。她十八歲登基，和弟弟共同統治埃及。但兩人不和，終於干戈相向。三年後她被迫下台。生在國勢如風中殘燭的時代，埃及已經無復昔日輝煌，軍事上無法抵抗羅馬，唯有用手段才能重登皇位及保持埃及獨立，不歸羅馬統治。於是她做了大她三十多歲的尤利烏斯．凱撒（Julius Caesar）的情婦，奪回皇位。凱撒死後她和爭霸羅馬政權的安東尼結合，都應該是緣由同一原因。只不過，她棋差一著，押錯了寶，隨著安東尼不敵他的政敵烏大維（Octavianus），她也最終被迫自殺。她死後，埃及果然淪為羅馬的一個行政省。她飲珍珠醋應該不是炫耀她的財富，或者像慈禧那樣一味罔顧國情只顧享樂，而是善用她的黠靈，一位不只是依靠美貌而是有智慧，可以統治帝國的女皇。

華人稱她為「妖后」，不只是因為好萊塢的影響那麼簡單。而是因為妖后的概念太符合華人根深蒂固的成見，妖女禍國。在傳統華人意識中，女人最好也不過是上得到大床，下得到廚房，出得到廳堂。出得到廳堂已經是去到極限。登上大殿？那必然會禍國殃民的了！

所以商朝滅亡歸因沉迷女色，西周傾覆要怪褒姒，西施亡吳，貴妃誤了玄宗。唯有武則天沒有完全被醜化，只是攻擊她淫穢，蓄有男寵，無視以此標準，歷代後宮三千的皇帝誰不淫穢？很不幸，慈禧的貪和無能只會加深這種性別歧見。

克麗奧佩脫拉當一國之君，男權至上的羅馬人也同樣無法接受。何況，正如華人有華夷之別，國土之外俱是野蠻之邦的觀念，羅馬人也有羅夷之別。在羅馬人眼中，埃及既是古文明，卻又是夷族所居的化外之地。因此克麗奧佩脫拉不可能是良家婦女。這種偏見對烏大維的政治野心當然是天助我也：把她絕對醜化、妖魔化，他就可以安心把他與安東尼之間的內戰，提升到羅夷之爭，不是為奪權，而是為以阻止安東尼在這位妖女蠱惑之下，對羅馬可能帶來的災害。所以，克麗奧佩脫拉死後的兩世紀中，羅馬人對她是沒一句好話說。歷史也因而長期如此看她。

提埃坡羅明顯是聽慣了這些傳聞之後，畫了〈克麗奧佩脫拉的盛宴〉。

但克麗奧佩脫拉其實還有世人一般不知曉的人生。

4 克麗奧佩脫拉是否是美女？

女畫家希拉尼（Elisabetta Sirini）在十七世紀就以一樣主題畫了另一幅畫，畫中見到克麗奧佩脫拉同樣準備把珍珠掉進杯中，但她服裝簡樸，年少的眼神中期望、疑慮、及機心交織盤纏。

克麗奧佩脫拉和安東尼相處的時候，究竟是提埃坡羅畫中，半倚坐椅，信心十足的婦人，還是希拉尼筆下面對不測又心懷機關的少女？

莎士比亞（William Shakespeare）就不愧為世人敬仰的莎翁。在他的《安東尼和克麗奧佩脫拉》（Antony and Cleopatra），他就絕對不落窠臼，以貶或褒，露骨描述。在劇中對白，她既可能是以純情鑄成痴愛，也可能是擁有男生看不透的狡黠；她也許愛安東尼，但她也許只是想利用他。

她留在世上有當年錢幣上的肖像。如果真人和這些側面肖像相似，廣東話的「男人婆」就形容得她非常貼切。但火山爆發後，埋葬了千多年的龐貝有座豪宅壁畫上有她以女神形象示人，博物館裡也見得到一些雲石塑像，歷史學家認定該是為她所作。那些就比較女性化了，大大的眼睛，削瘦的下巴，堅定的小嘴[8]。然則，憑著這些看，她無論如何都不像是一位可以傾國傾城的美女。儘管如此，她卻確確實實曾經令兩位羅馬歷史上的風雲人物凱撒以及安東尼傾倒裙下。唯一可以提供解釋是，普魯塔克（Πλούταρχος）說的那句話，她「樣貌並不出眾，但風采儀態所向披靡」。換言之，她應該不是憑貌美，而是具有內在美，談吐、智慧、才識。

她跟隨凱撒去了羅馬兩年，儘管烏大維盡可能抹去所有和她有關的記載，歷史學家仍可找出她當年使羅馬眾人如何拜倒在她裙下，她和羅馬當年的知識分子、權貴都有密切來往，她刻意帶去的隨員包括埃及的技術人員、學者，也使羅馬思想界內風起浪湧。她送給羅馬百姓的禮物，更是贏得許多人的讚揚。

而我們看見的這些樣貌，歷史學家發現，原來都可能是她精心設計，向世人投射的形象。她那枚鷹鉤鼻肖像錢幣，原來是想顯示她貌似父親，因此夠資格坐上皇位。另一些錢幣上她卻是年輕的公主樣。她離世後，羅馬傾力污蔑她的名聲。但長至幾百年後，埃及還是崇拜她，視她為偉大的君主。普魯塔克說她的大臣阿奇畢歐斯（Archibios）給了烏大維賄賂，請他不要毀壞掉她在埃及的塑像。如果你去倫敦大英博物館，你可以見到，在埃及人眼中，她是千多年來法老之一。莊嚴神聖，符合她封給自己的帝號——少女神（Thea Notera）。冠上刻有三條眼鏡蛇，表示她代表埃及歐西里斯（Osiris）、賀拉斯（Horace）、伊西斯（Isis）三位神祇的下凡。

5 為人不知的克麗奧佩脫拉

連內容豐富通常可靠的維基百科、和其他百科書籍都往往漏而不提她在羅馬和埃及政治之外還有什麼專長。我們只可以憑一些傳說摸索推敲。這些傳說是真是假，歷史學家也看不清楚[9]。但肯定可以說，這些傳說背後應該是她給政治圈外人留下的形象。而也許，這的確是她令凱撒和安東尼著迷的部分原因。

西方古代最偉大的醫學家蓋倫（Κλαύδιος Γαληνός），在書中引用克麗奧佩脫拉的美容單方。很多中古時代醫科著作都把她當作是婦科專家，說兩本書 *Cleopatra gynaeciarum libri* 和 *Pessaria* 都是以由她而來。前者載有婦科藥方，後者載有陰道栓劑藥方。阿拉伯醫籍則提到她書寫的春藥和毒藥。古代煉金師熟讀的經典之作是一本叫《克麗奧佩脫拉和哲學家的對話》。

克麗奧佩脫拉據說寫過一本已經佚失、僅留殘章的《美容書》（*Cosmetics*）。存世的古書引她教說禿頭、頭屑的醫治，藥劑度量方法；如何生髮、如何染髮、捲髮、以及製造香味肥皂[10]。她醫治禿頭的單方是：「用橡木槲寄生打雄黃（硫化砷）至粉狀，蘇打清潔部位後，用麻布塗上雄黃粉。也曾把蘇打渣和雄黃粉合用，效果良好。」凱撒據說受禿頭困擾，也許克麗奧佩脫拉真的曾用這單方為他治病，使他更為臣服不二。

在埃及的歷代帝皇中，她不是唯一的克麗奧佩脫拉。她正式的帝號是克麗奧佩脫拉七世。她的皇朝是古埃及的第三十三朝，托勒密（Πτολεμαίος）皇朝。這來自希臘的皇朝，所有男性皇帝都稱托勒密，所有女皇都稱克麗奧佩脫拉。克麗奧佩脫拉像伊莉莎白、維多利亞、珍、愛麗絲，甚至楊玉環的玉環都只是普通名字，任何人都可以叫。所以有名無姓就無從稽考究竟是哪一位。因此，這些單方和著作，或許是另一位克麗奧佩脫拉所著，又或許只是托她的名而著，並非真的由她執筆。但亞歷山大港在她那時代的埃及，擁有舉世無雙的圖書館。駐在該地的藥劑師和醫生也是當代之冠。所以克麗奧佩脫拉年少時曾經在那裡學習過，或著掌權後曾經下令吩咐他們書寫一些她要的書，都不稀奇。那些書，可能就像《康熙字典》並非康熙所親筆著作一樣，只是因她而作，為她而作，而並非由她所作。但即使這樣，她在談吐中所透露的智識也已經應該會使凱撒和安東尼驚為天人。究竟，他們曾遇過的羅馬婦女，即使上層，一般都只不過會是胸中略具點墨而已。

6 古埃及食什麼？

果真她肯駕到，相信她不會像初見凱撒那樣，憑人把一卷毛毯扛到他身前，毛毯捲開，麗人嶄現。也應該不會像見安東尼那樣，尼羅河上隨風而至，華舟一艘，紫帆耀目，香氣襲人。來到寒舍，只適合隻身赴會，或最多帶一兩親信，才可以暢快的餐聚。

但是，請她食什麼好呢？

她那時代的埃及，通常是食麥麵包、豆、生菜、捲心菜、葫蘆巴、茴香、孜然、椰棗、魚、野豬、鴿、鵝等等[11]。可是當時的烹飪方法、食譜都神隱未見。而羅馬人的記載只說克麗奧佩脫拉宴請起來，金杯金碟盛滿山珍海味。然則是什麼，是生是熟、是烤是煮，則隻字不提，有點像馬可波羅誇下海口說自己去過的大汗宴席，無一詳情。使人不得不懷疑作者究竟有無親歷其境或只是依靠傳聞而撰。

也許，這並非是他們沒有目擊，而是妒忌、驚訝到不知如何記錄。究竟，他們食的想像力非常有限，在他們公認最誇張的陳述，阿爾比特（Gaius Petronius Arbiter）的小說《薩蒂里康解放者》（Satyricon Liber）裡，暴發戶特立馬喬（Trimalchio）宴請客人食縫在豬肚、假蛋裡的活鳥，以及象徵黃道十二星宮的食物，已經是奢華之極，無可踰越。只有後來，當羅馬進入了皇權年代，羅馬的飲食才變得是縱情窮奢，食無饜足，食得瘋狂。

不過，克麗奧佩脫拉自己是希臘裔，祖先是亞歷山大征服埃及後，受封為埃及皇的。她生活在埃及，去過羅馬，也跟隨安東尼去過中東鄰近地區。所以，她應該是比較熟悉多種食法。

那麼，就請她食一些中式菜餚，她也應該不會生氣。蔥油餅和椰汁牛肉應是不錯選擇。

她當然是食過餅，雖然食的未必像我們這種。麵餅究竟來自中東的新月沃土區，敘利亞、伊拉克、伊朗、約旦、以色列、巴勒斯坦、黎巴嫩以及埃及。敘利亞、伊拉克應該是發源地，那裡最早的餅爐離今都七千多年了。埃及最古老的也至少有四千多年歷史[12]。她那時代的餅和麵包可夠多，圓的、橢圓形的、扭轉的、凹形的，各種材料的，至少四十多種。但多數都是扁的餅。樣子和現在埃及仍在食的 roqaq 差不多[13]。餅能夠廣泛流傳，是因為材料、製造、保存都簡單。只要用沙掩蓋麵粉塊，上面燒火，或者放泥盤、鐵板上，下面點火，一樣可以烤熟。餅疊起又方便遠程行走的獵人或游牧人士。應該是隨同著這些遠方的旅客，終於在克麗奧佩脫拉的時代左右來到漢代的華人嘴裡，從此不離。

Recipe

芒果檸檬汁布丁

- 芒果放入攪拌機攪成茸後，過沙網去渣，加 1.5 或 2 個檸檬汁。
- 將 600 毫升忌廉（即 Cream、鮮奶油）拂打至企身（即忌廉用匙拿起時可站立，或呈彎鉤狀），放入冰箱待用。
- 10 片魚膠版（即 Gelatin、吉利丁）用水浸軟。
- 2 個檸檬皮茸（即皮刨到極細粒狀），用 50 毫升水煮出味後留用。
- 用 200 毫升芒果茸（即果肉攪拌成極細粒狀），中火加熱加入魚膠版，直至魚膠片全部溶化。
- 把有魚膠的芒果茸加入其他芒果茸中，加入檸皮汁，充分地攪拌勻，然後攤涼至室溫。
- 加入忌廉輕手和芒果茸拌勻，倒入小杯，放入冰箱凝固。
- 不同地區芒果種類，果茸和果的重量比會不同，台灣的一種，芒果 281 克可產生 200 毫升芒果茸。

Recipe

八寶飯

- 在歐洲，尤其是西班牙，可以買到很多蜜餞水果片，八寶飯上面因此可以有很多顏色裝飾。
- 紅豆沙 1 斤、冰糖半斤、糯米 1800 克、糖 360 克、豬油半斤（板油）。
- 上桌時淋上桂花漿或楓糖漿。

牛是只有貴族和祭司才能享受。考古發現一位貴婦墓內隨葬品中有三角形的「二粒小麥」麵包、不知名的含脂液體、煮熟的魚、鴿羹、煮熟的鵪鶉頭摺在翼下、煮好的腰子、牛肋骨和腿、牛肉切片、煮好的無花果、新鮮非洲棗、小蜜糖糕、三瓶芝士和酒[14]。至於椰子，儘管博學多才，克麗奧佩脫拉應該沒有見過。要等五百多年後，才會有一位旅客可馬士（Κοσμᾶς）使埃及知道這植物長在印度，然後成為埃及的高級進口食物。

飯後，再請她食一件甜品——芒果檸檬汁布丁。這甜品源自日本的珍珠商，可以算是對她的豪宴的回應。古埃及人相信蘆薈會令人長生不老，據說古埃及絕代美人娜芙蒂蒂（Nefertiti）皇后，和克麗奧佩脫拉自己也是每天都用。芒果是十九世紀才抵達埃及，但現在已經是埃及人最喜愛的水果。

多年前去日本旅行，在 Mikimoto 東京銀座店內的咖啡店食了一個甜品。中間是印度芒果做的布丁，四周放有西米、蘆薈及切成小塊的芒果。並加入了稀釋後的椰汁，用一個馬丁尼酒杯盛裝著。美味又美觀，可惜我覺得印度芒果太甜。回港後我改用菲律賓芒果，加少少檸檬汁做布丁。並將蘆薈用檸檬汁、糖煮過放在布丁上，加上薄荷葉增加顏色。這樣一來就更加符合自己的口味。

之後，假如她還有興趣的話，試試八寶飯。這也該符合她的身份。她在生之年，米仍未踏足埃及。但在她之後百年內，便已有埃及商人在賣買[15]。現在埃及已是中東最大的產米地區。

第四章　請許慎食什麼好？

1 斬荊除棘的開荒者

見到生字時，就不得不查字典。在敘利亞沙漠中四、五千年前曾經有個埃勃拉國（𒌈𒆷）。考古學家一九六二年時在遺址上找到了兩萬多塊泥版文書。發現其中最精彩是一份蘇美語和阿卡德語的詞彙對照表。有些人說這應該是世界上最古老的字典。

但其實這只是像現在上網翻譯外文一樣，不給任何解釋，純粹是為某一種文字提供意義相近的譯文而已。如果你見到本土字時，還不明白，對不起，只好勞駕你再去找字典來個解釋吧。

最早真正解釋一個字含有什麼意義的字典，是公元前二世紀前書寫的《爾雅》。但很可惜，沒有人知道作者是誰。之後，希臘和印度也相繼出現了幾本字典。但希臘的兩本中，菲勒塔斯（Φιλίτα）著作的經已散佚，另一本就只是解釋荷馬用的字句，用途狹窄。所以許慎花了幾十年寫，在公元二世紀完成的《說文解字》，正式來說是世界上範圍寬廣的字典中第三本最古老的。但是從影響力而論，大概沒有一部字典作者比得上他，因為《說文解字》不只是一本字典，而是定下了中文字典索引、排序、查字的部首系統。

拼音文字的字典，由於字的構成部分和字音緊密相關，索引排序很簡單，只要按照構成一個字的字母次序便可。漢字就複雜很多。由於形和音的關係複雜翳蔽，以音來查字，先決條件是要知道字的讀音，對於不知道讀音的字便完全不適合。許慎未能察覺到漢字其實只是由二十一個基本形狀構成，像拼音文字一樣可以替漢字建立索引系統[1]。但是他解決了《爾雅》作者未能解決的難題，用部首是可以把很大部分漢字歸類，從而提供一個索引查閱途徑。他所定下的部首系統也從此左右了華人對文字的觀念，直至今日未曾被棄。但也因為後世的人缺乏他的創意，只會死跟，不肯從他的肩上再往上攀爬，所以到今時今日，中文學術著作，幾百頁都沒有索引，使人無法有效使用資料。所導致的時間及經濟損失，許慎真是意料不到。

《說文解字》收了一萬五百多字，比《爾雅》多了六千字左右。唯一可惜的是，即使在許慎的漢代，政治審查對學術的粗暴干擾都是難以逃過，不想沒收下架，就只好自我審查刪改。所以，秀、莊、炟、祜都沒有解釋。原因是因為漢代有幾位皇帝劉秀、劉莊、劉炟、劉肇、劉祜、劉志，名字含有這些字。前面五個，只能寫明是上諱。皇權大到不只是疆土和人民，連字都要徹底管制。

2 許慎有沒有下過廚房？

關於許慎，我們其實知道很少。華人歷史的官方記載向來著重的都是帝王權貴。對無官無職，或者只是低層官員的人，無論對社會有多大貢獻，都是可不提就不提。所以，《後漢書》對許慎只是用八十五個字記錄他的生平，比好幾位對後世人來說，可有可無的皇后記錄都要簡短。

許慎除了研究文字，更是當時人口中「五經無雙許叔重」的經學專家。除了做學問，還有什麼嗜好，平常日子怎麼過？喜歡食什麼？都一概無從知道。也許他像三浦紫苑那本小說《啟航吧！編舟計畫》的主角是位書獃子，為編字典到處走訪尋找字詞，寫下筆記。但許慎就辛苦得多了。蔡倫剛剛發明紙張，產量不會高，價格必定昂貴，甚至限量只是供應給政府某些部門使用。許慎恐怕還是要用竹簡書寫筆記。如是他來，真的要問，他是否帶著筆與硯台，一袋竹簡到處尋字？

只是，從他的字典可以看出，他對當代的烹調方法和食品都知道真的不少，字典中有七十多種蔬菜、七種調味劑。和商周年代一樣，羹還是流行食法，所以表示多汁、少汁、豬肉做的、肉和血的、比較濃的、加了米的，都一一各有其字代表。他可能不是道聽途聞，而是曾經將孔夫子那番君子遠庖廚的教訓置之腦後，親自下過廚房問過，才能寫出那麼多食料和烹調名稱。不然的話，他怎麼會知道那時代有兩種糖，用穀做的飴，以及飴加糯米粉做的餳？或者知道食物烹調有那麼多方法：可以用火或水進行的煮（鬻／鬻）、乾煎的熬、炒（鬻）、把肉在明火上加熱的炙、肉不脫毛而炙的炮、「以微火溫肉也」相等於煨的衮、在竹筒裡煮魚的𤎩、用火加熱，相等焙的𤓰、以及用氣的蒸。不下廚房，也未必知道漢代人用醬多，廚師烹調時要分得出生的和熟的肉醬（脡和肒）、豬肉醬（䐗）、有骨的肉醬（臡）、多汁的肉醬（肬）、含血的醬（監）、以及蟹醬（胥）。

不過，他應該從未親自下廚烹調做菜。因為他說來說去，都沒能說清楚煎、熬、炒（鬻）究竟是異字同義，還是三種不同的工序。他解釋灼，也只說是炙，沒有說明白這三個字當年和現代烹調工序上的意義有別，抑或相似。看來，即使他愛食，也只會是動口不動手的君子作風。漢代有好幾個字意義都是乾的肉。但他也都沒有字字解釋有何不同，什麼情形下用這個，而不是那個。如果他曾經親自煮食，選擇材料，他就肯定會寫得更清楚，我們今天也就不會對這些字的當年含意一片惘然。

能夠請他駕到，說說他從構思，到收集材料，到出書的經歷，那該會是精采絕倫的耳福。

但請他來食飯也好，下午茶也好，如果寫，就只能寫食，不要寫吃。在他的時代，食才是進食。吃是「言蹇難也。从口，气聲」，和餐食完全無關。在金元年代，既代表飲，又代表食意義的喫字開始替代食字；蒙古人來後，元朝時，喝占用了飲的功能，喫才專心表示食。但為什麼一個十二劃的字會取代九劃的字，以繁代簡？卻沒有人解釋得出。吃字是在一九五〇年頒令取代喫字才正式擔任食的意義。但在南方，食和吃完全不同音。所以像許慎年代一樣，現代的南方人一般都只說食飯，不說吃飯。

3 甑糕的文字學

那麼請他食甑糕好不好？

至少，甑糕這兩個字，對研究文字的他，是很有意義的。

許慎知道「甑」字，但是解釋就不太圓滿。他說：「甑，甗也。从瓦，曾聲。」那甗是什麼？「甗，甑也。一曰：穿也。从瓦，鬳聲。讀若言」。說來說去，只是在兜圈子，沒有說清楚這兩個字是什麼意思。

甗字的鬳，是不是只是一個聲符，提供讀音而已？

早三百年前的《爾雅》沒有甑字，卻有甑字的異體字「䰝」，《爾雅》又怎麼解釋「䰝」呢？「䰝，謂之鬵」。鬵是什麼？「鬵，鉹也」。不是兜圈，只是把球再傳下去，仍舊不清楚。「鉹」是什麼，《爾雅》卻沒有解釋，如果不是漏了，就是可能在那時代屬於眾人俱知的字，毋須再說明。《說文解字》的解釋又帶大家回原地：「鉹……一曰：鬵鼎。」總而言之，不用鉹的現代人看完了就仍然一頭霧水，莫明其妙！這幾個字正好說明編本字典多困難，解釋一個字到大家都看得懂，多費心思。怪不得許慎要窮一生之力來編寫《說文解字》。

甗字的鬳，虍下面有個鬲。甑／䰝也都有鬲。鬲又是什麼？《說文解字》說得很長：鼎屬，實五㲉，斗二升曰㲉。象腹交文，三足。凡鬲之屬皆从鬲。明顯是一種容器，像鼎，有十升大的容量，三隻腳。和鼎不同在於足心空而直通到器腹內，傳熱更好。

鬲在甲骨文和金文裡，都正如許慎所描述一樣，是一隻三足盛器。甲骨文和金文好像沒有獨立的鬳字傳世。但是甗，甲骨文和金文都有，明顯是一種中間窄腰的炊器。，從文字形狀看來，這應該是鬳的本字。甗應該是後來衍生的字才對。鬳下面的樣子，和鬲的形狀相似。甗的鬳並非純粹一個聲符，而是帶有意義，是一隻鬲上面放了另一件大容器的用器，而瓦就告訴大家甗是一件泥土做的鬳。換言之，甗不只是一個形聲字而已，左右部分都在提供信息，告訴我們甗是什麼。

所以實際上，甑、䰝、鬳、甗都是容器。那曾又是什麼？

4 蒸食的出現

許慎沒有見過甲骨文，對金文也未必有機會掌握清楚。在他的時代，「曾，詞之舒也。从八从曰，囪聲」。他沒有資源知道，「曾」的甲骨文是，兩條上升的線表示氣體升騰，下面一塊有孔的箅。金文是，在下面放了一個容器，表示是放在容器上面的一種蒸煮器具。只不過，後來「曾」被借用來表達其他意思，到他的時代，只有虛詞的作用。而原本的意義要靠字改建，加了瓦，改成甑、或加鬲，改成䰝字才能保留下來。

雖然蒸煮加熱對保留蔬菜的營養成分，或者肉的鮮嫩都比其他加熱方法好，西方卻一直都不太感興趣。但是東方就由古以來常用。

我們不知道烹飪是幾年幾月開始的。總之，老祖先和我們不少人一樣，生來便擁有一種食是人生大事的唯食性格。食了幾千年燒烤到焦乾帶苦的肉和菜，覺得不行，要提高生活質素不可。於是花了好久，試了又試用泥土創造出來炊器，放點水，放點帶香味的草木進去，和肉和菜放一齊。呀，果然好味很多。也方便過要看著火上叉著的肉和菜。

考古學家告訴我們，起初的罐和釜都沒有腳，要架在石塊或支架上，後來才出現有三隻腳的陶鼎。

但食了又幾千年後，也許另一位唯食發明家在炊器口上放了塊樹葉當蓋，葉子會隨風飄走，於是要放塊肉在葉子上面壓住。到他再拿開時，發現：咦，肉也熟了，而且比燉的更有口感！

於是，用蒸氣煮食的時代拉開了序幕。

從考古學角度看來，蒸食物的炊器最早出現，離今已經是新石器時代七、八千年前的公元前五五〇〇至六二〇〇年了。在河南舞陽賈湖、長葛石固等裴李岡文化遺址找到的有三種形狀，底部一個大孔、多個小孔、或底部小孔加壁部有孔。最初應該只是放在陶釜、陶罐、或陶鼎上來蒸食物的容器。本身並不接觸火源。有了這個發明，祖先就可以可以蒸肉、蒸蔬菜，比烤更潤，比燉更保持原形原口感的菜餚了。

這應該就是最原始的。

蒸的東西更香、更嫩、更可口。蒸好後，一掀蓋，香味四飄，全部落的人都爭相聚集在炊器四周。也許你也已經察覺，曾和會兩個字分別只在於一個上面是個V，一個上面是亼，下面都一樣。許慎解釋會是亼加曾省，即是說兩者確有關係。現代一般解釋卻以為會像一個盒子，亼是盒蓋。完全無視亼下的字體和曾的相似。雖然兩個字在甲骨文和金文方面並不相同，曾明顯是炊器。而會在亼下部分其實也像是炊器：。亼通常是嘴的意思。原本的「會」可不可能表示嘴巴放在一個裝著蒸好食物的容器上，準備食？大家都圍著曾來食，從而產生會合的意義？會字也許就是從最早的餐宴會開始？

但是，並非每一個釜口、罐口和鼎口，大小能和甑的底部配合，使蒸氣效果滿意。不單是容易浪費蒸氣，而且蒸得不均衡，會一邊熟另邊生。

於是，唯食的人再去設計，再去塑造。去到公元前五千年左右，馬家濱文化出現了把有空的容器和直接接觸火的容器連在一起的單體炊器，中間收窄可以放隔箅。下有三足。

但這龐然大物，搬起來麻煩，又容易打碎。所以，更遲得多，更方便，帶有蓋，上下可以分開、分體式的蒸用炊器出現。在那時候，下面的足仍是像鼎足一樣，是鬵形狀。足形變成袋形，與鼎分家被後人稱為鬲的炊器就要再遲到公元前二五〇〇年才露面。到了甲骨文出現的年代，大家都已經只放在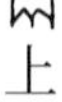上面，不再放上了，所以稱為甗的容器甲骨文是，下面那部分不是鼎的。

5 為什麼曾、甑、蒸，近音？

人們最初叫這上面有孔的容器什麼，早已隨風而去。只是傳到許慎年代大家都叫「曾」音。但這是有文字書寫的時候了，甲骨文、金文，都已變成小篆，變成楷書。華人的祖先決定不走拼音文字的道路，所以每一個概念都儘可能要不同的字。時代複雜了，同音異義字多了，為了分辨，便逼著要衍生出不同形狀的形聲字、會意字、指意字。起初只用表達「曾」音。現在，虛詞意義的「曾」，和表達蒸煮器的「曾」要分道揚鑣，後者保留曾音不變，換個調，加多一個「瓦」來表達是陶器，「甑」。曾與鬲聯在一齊的三聯體，「鬳」也急急表態是陶器，在鬳旁加多一個「瓦」，成為甗。只是看小篆曾、甑、鬳、甗幾個字則仍可見到原本的痕跡。

但經過歲歲月月的浪花淘洗，曾的原意後來被人遺忘，鬳也不再單獨使用，只是殘留在獻、甗兩個字中。從造字的道理來說，甗字當初可以寫成一個上有曾下有鬲的字。但這樣，就會出現很尷尬的問題，要嗎又是一個讀曾音的字，和䰝字混淆；要呢就是一個讀音翳蔽的字。而且古人大概覺得鼎和鬲提供蒸氣，比上部的曾（甑）更重要，所以整套蒸煮聯體應該屬於鬲，而不是曾。只可以出現虍上鬲下的甗，不應該出現虍上曾下的字。至於中間那塊極其重要的箅，可憐得很，就完全不能在這炊器的名稱中占有任何名分；大家都忘恩負義地健忘了沒有放箅，食物就會從上面的曾直接掉進鬲裡，完全沒有蒸到。像南朝時，有位陳元方和弟弟季方，聽父親和朋友高談闊論，入神到忘了放片箅，米結果都掉進釜內，飯變成了粥[2]。

曾、甑、蒸，韻同音近，我們覺得不是偶然，而是表示同源，表示蒸煮器具的音，換一個聲母則表達蒸煮的行動。而蒸字本身對許慎來說，應該又是一個非常有趣的字。

蒸字是草字頭的，在字典裡歸草字部。但這個字仔細一看，並不容易歸類。究竟這個字是草加烝，還是⿱艹丞加火？以字義來說，為什麼不是屬於火字部的呢？烝、⿱艹丞都是同音，因此根本分不出。蒸字只在小篆年代才出現。可是西周的青銅器，段簋，上刻有的烝字像是一個冒氣的炊具。烝到小篆時添加兩旁有手，下面有火。許慎說，是火气上行也。从火，丞聲。可見，這本來是表示用曾（甑）煮食，或捧曾（甑）的動詞符號。因此也是和曾同韻。

蒸呢？《說文解字》說：「蒸，折麻中榦也。从艸，烝聲。⿱艹丞，蒸或省火。」也即是說蒸字原本的意義只是去了皮的麻秸，根本可以寫成⿱艹丞。丞、烝只是用來提示讀音，整個蒸字根本和烹調無關。然而，許慎在解釋菫字時，又說：「菫：艸也。根如薺，葉如細柳，蒸食之甘。从艸菫聲。」

他是否糊塗，忘記了解釋蒸字時只有說是去了皮的麻秸，沒有說可以當作烹煮的動詞來用，而當時校對又不方便，才有這種前言不對後文的錯誤？

6 蒸的糊塗賬

我們想，未必。

《說文解字》存世的版本是宋代的。漢代用小篆、隸書或楷書寫的早已散佚。我們不知道究竟在許慎年代，蒸字一字會否有兩個意義，表示去了皮的麻秸，以及產生蒸氣的蒸。還是根本是兩個字，去了皮的麻秸的蒸，和表示蒸食物的烝。但是，在公元前一六二年，早許慎約二百年前時逝世的沅陵侯吳陽墓中，有批竹簡叫《美食方》。殘缺不全的食譜中有如此記載：「之復烝紲出置盎中，扇陽去其大氣。復裝之烝，反之復烝，紲出置盎中，以水半升修復[3]。」長沙馬王堆竹簡中，烝字亦多次出現。而蒸字則未曾一見。無可懷疑證明，在漢初時，烝字才是表示用氣為食物煮食意思的正確字。

所以，許慎原本解釋蓳時，寫的應該是「烝食之甘」而不是「蒸食之甘」；只是因為麻秸的蒸可以點火拿來做炬用，於是寫成蒸的次數多了。由於同音，久而久之，人們意識上就把烝和蒸混為同義，導致後世抄刻的人把原來的烝訛寫成蒸。

當然，另一種可能也存在。純粹是匠人抄刻字時的訛寫。

這其實是常見問題。

現存的《說文解字》說：「食，一米也。从皀，亼聲。或說：亼皀也。凡食之屬皆從食。」這看來看去都不知所謂。其實，食字的金文食上面是嘴的形狀亼，下面一個皀，盛載食物的器皿。許慎原文應該是「食，亼米也」，用口食米。只是抄刻的人把亼寫成了一，造成千古奇案。

「若」字本來像一個跪著的人頭髮聳立，兩手三指舉高。金文後來加多了口，頭髮就一變再變，變成手形再變成草字頭。有頭腦的小學生見到草字頭，問老師這是什麼植物，真不知道為人師表的應該如何回答是好？

另一個匠人的錯誤，連博學多才的蘇東坡和陸游都變成受害者。他們兩位都在詩中提到一種食品，「牢九：豈惟牢九薦古味，要使真一流天獎」，「蟹供牢九美，魚煮膾長香」。可是，從來也沒有尊姓大名牢九這種食品。有的是西晉時代，束皙在〈湯餅賦〉中介紹如何做牢丸，並且把牢丸讚得是令人口水直流四處的美食；唐代的段成式也解釋過有籠上和湯中兩種牢丸。但到了宋代，刻本上丸字都少了一點，變成了九字。這一點點的錯就敗壞了兩位大文豪的清譽。

總而言之，無論是匠人魯魚亥豕之錯，或者是後人把字蒸和烝當為一字，或者是自己糊塗，許慎如何也是逃不了背鍋之禍。

而大家亦繼續以一個別字書寫，以訛為正，毫無悔意。

7 許慎食過糕嗎？

由於文獻不足，許慎的時代，蒸的使用受歡迎程度多少不太清楚。漢墓竹簡上蒸的食品似乎都只是魚。但在魏晉年代，蒸食的故事就很多，尤其是蒸小豬，王武子要用人奶來蒸食；阮籍母親下葬時，要先食完蒸小豬，飲完兩千公升酒，才訣別亡母。北魏官員賈思勰寫的《齊民要術》教蒸的菜餚有蒸狗、蒸熊、蒸羊、蒸魚、蒸雞、蒸藕等等。蒸薤白說得長篇大論，足足兩百多字。還有一些菜餚，先炰後蒸，像乳豬、鵝都先在銅鐺中煮，然後再蒸。

餌糕的糕字沒有出現在《說文解字》內。可能是因為漢代沒有這個字，到了唐代，糕字已經現身。劉禹錫更是因此鬧了笑話，給人挖苦。他寫〈九日〉詩時，想用糕字，但因為擔心六經之時沒有這個字，始終都下不了筆。薛逢就毫無猶疑，寫了首〈九日雨中言懷〉：「糕果盈前益自愁，那堪風雨滯刀州。單牀冷席他鄉夢，紫樧黃花故國秋。」

宋景文後來寫了首〈九日〉詩，譏笑劉禹錫：「劉郎不肯題糕字，虛負人生一世豪。」

許慎沒有見過糕字，但是，他有沒有食過糕呢？卻是另一回事。許慎在《說文解字》裡解釋醋說：客酌主人也，客人用酒回敬主人的動作叫醋。這是因為當時，醋是叫醯。所以儘管他飲過叫醯的醋，問許慎要不要加醋來食，他會一頭霧水。

至於糕呢，一般的看法是米糕一早已經出現，只不過名稱不同，漢代叫稻餅、餌、餈，就是糕。而實際上，

《說文解字》是有糕的異體字，餻字：「餌屬。从食羔聲。」而西漢的楊雄在方言中解釋，「餌謂之餻，或謂之粢，或謂之餎，或謂之餣，或謂之䬪。」

這樣來說，請許慎食甑糕就應該沒有問題了。何況，連乾隆御饍都有甑兒糕這道點心。可以算是請許慎食皇家的食品了。

用甑蒸成糕點，並非只有一種。但甑糕是專用名稱，指陝西一帶的小食，用糯米和棗做成，而並不包括其他用甑蒸的糕。像南宋《山家清供》：大柰子用白梅、甘草湯焯後，釀蜜、松子、欖仁然後用小甑蒸熟，就只叫大柰糕。元代《吳氏中饋錄》教「上白糯米和粳米二、六分，芡實乾一分，人參、白術、茯苓、砂仁總一分。磨極細，篩過，白砂糖滾湯拌勻，上甑」。把糯米、硬米、芡實乾、人參、白術、茯苓、砂仁放進甑內蒸的糕也只叫五香糕方。

我們這裡請許慎的甑糕用糯米、棗和龍眼。棗是古代早有的果實，龍眼在漢代是珍味異果，更是貴為貢品。蘇東坡便有〈荔枝嘆〉說，漢代時遠在南方的交州進貢荔枝、龍眼，唐代時荔枝由四川進貢。為了速遞到洛陽、長安時還是新鮮如同剛從樹上摘下來，十里換一次馬、五里一個站亭，奔騰失足，人傷馬亡。

十里一置飛塵灰，五里一堠兵火催。顛坑仆谷相枕藉，知是荔支龍眼來。飛車跨山鶻橫海，風枝露葉如新采。宮中美人一破顏，驚塵濺血流千載。永元荔支來交州，天寶歲貢取之涪。至今欲食林甫肉，無人舉觴酹伯游。

這樣，相信許慎應該會是開心的。也許，他老人家還會為我們說許多關於食的故事呢。

甑糕上之前，可以給許慎來一碗薑汁燉蛋，一個在他年代也可以做的菜。這雖然是南方的尋常食品，送給清乾隆帝弘曆食，卻會使弘曆龍顏大喜。呈給許慎食，也是一場有趣的文字學。

據說，弘曆有天問大學士汪文端，上朝前有沒有食過點心？汪文端答：臣窮，晨餐只是四枚雞蛋，弘曆大吃一驚，「雞蛋一枚需十金，四枚則四十金矣！朕尚不敢如此縱欲，卿乃自言貧乎（你還說窮）？」汪文端當然不敢說內府貪污，只好說民間賣的蛋都是殘破的，值幾文錢而已[4]。許慎對這故事會有興趣，因為這也標記蛋字在清朝取代卵字的始時。在他的年代，蛋字尚未誕下。蛋的前身蜑，許慎也未見過，宋代才補進他的大作。可原意只是南方夷人，和卵無關。雖然竹帛上有薑字，在他的大作中，寫的是薑。文火慢煮的方法和燉字也未現身，只有鬻（煮）。所以這道甜品，在老先生年代，就只能叫「薑汁鬻卵」了。至於蛋為何會取代了卵字，那個故事，就夠我們聊很久了[5]。

Recipe

薑汁燉蛋

- 蛋 150 克、水 280 克、糖 100 克、薑汁 20 毫升。
- 攝氏 85 度，蒸 25 分鐘。

Recipe

甑糕

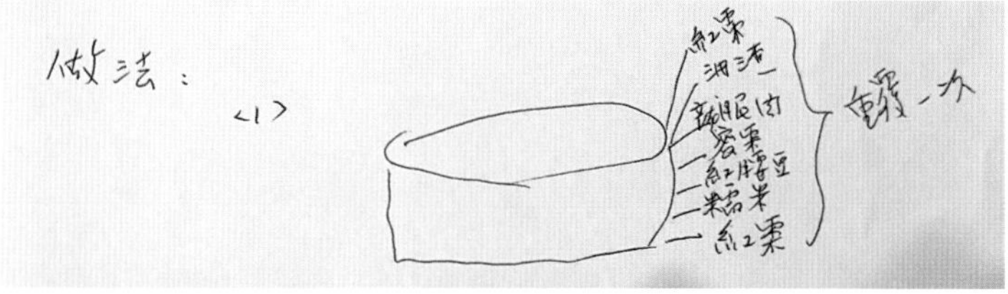

- 圓糯米 600 克 2 份，泡過夜。
- 紅棗 600 克 2 份，去核，蒸 20 分鐘。
- 蜜棗 1，去核。
- 紅腰果 400 克，泡過夜，蒸軟。
- 龍眼肉、紅蔥。
- 豬油渣 200 克。
- 以上材料，分兩份放入盛器，重複一次。
- 入蒸籠蒸 30 分鐘後，均勻淋熱水一次，重複一次。
- 中火蒸 6 小時後關火，悶過夜。
- 食前，在上布置裝飾。

第五章　請諸葛亮食什麼好？

1 丞相的食量

請這位大名鼎鼎的丞相來食飯，可要費一點功夫。無論是正史，或者是《三國演義》，我們都查不到他喜歡食什麼。而且三國時代的四川食什麼，史料也很少。

如果查《三國演義》，我們知道這本小說講張飛在桃園結義前是賣酒屠豬為業，劉備逃難去到獵戶劉安家裡，劉安殺了妻子來請劉備食肉，劉備娶妻時隨行軍士買豬牛慶祝，曹操兵敗時食過馬肉。

但是唯一關於諸葛亮和食有關的信息，就只是司馬懿聽到諸葛亮每天食的不過數升[1]，便說：「孔明食少事煩，其能久乎！」這段話很難明白，漢代人要食多少升才健康？

古代似乎是相信胃口和健康掛鉤，食得多表示身體沒有病，食得愈多身體愈好。所以，戰國時代的趙國名將廉頗相傳很能食。趙王在廉頗晚年時考慮要不要請他掛帥帶兵和秦國作戰，於是派使者見廉頗。使者觀察到廉頗胃口超勁，一頓飯食了一斗飯、十斤肉。戰國年代北方的飯不是現代的大米飯，而是菽粟飯、大豆飯和小米飯。豆飯是窮人的主食。所以廉頗食的應該是小米飯。使者講的應該是煮熟後的容量和重量。

一斗十升，一升等於兩百毫升。現代碗容量兩百到兩百五十毫升。也就是說他食了十碗飯，和兩公斤半的肉*！可惜他大概是前列腺作怪，一頓飯要去方便三次。使者把這件事說成是遺矢，趙王和以後的史學家便誤會，都以為他是老到大便頻頻失禁，無法上陣。因為前列腺而失業，史為絕例！

《三國演義》說王忠請纓上陣時，持的理由是，「今雖七旬有餘，食肉十斤，臂開二石之弓，能乘千里之馬，未足為老。」言下之意，我食得十斤肉，身體肯定是好的。

一頓食十碗小米或黃米飯、還要兩公斤半肉！聽起來真的令人難以置信。不要說胃要容得下那麼多，小米飯，一百克有三六五大卡熱量，一頓已經夠一般男性成年人整天所需要的熱量了**！不過，武將平時也可能運動量高，加上當年一天主要是中午那餐，早餐不會那麼豐富，熱量就未必太多。但肉方面，無論是豬、羊或牛，都約蛋白質七百克左右，已經去到不安全範圍。

《秦簡牘》規定男性奴僕每月可以分配到兩石連殼的粟，女的有一石半。粟舂完脫皮後成糲米，男的等於是每月約二十一公斤，女十六公斤，不能工作的十．五公斤。如果轉為相等於現代小米程度的穀，就每天男生六百四十克，女生每日四百八十克，不能工作的三百二十[2]。每天分別可有二三三六、一七五二及一一六八大卡熱量，算是貧苦下層的起碼糧食標準，如果再加上配菜和油，應該是低於或接近現代白領男女的每天熱量需要，但是以當時每天體力耗用計算，恐怕只是勉強足夠。

2 食多少才夠？

三國時代，政府救濟孤老的標準是每日五升，如果這是未脫秸稈及殼的禾粟，舂完只有不到一半，四百八十克小米，每天約一千七百卡熱量。士兵就有十六升，相等於不到八升小米[3]，比西漢時丁男每天十升標準高。這聽起來很不錯，但不清楚有沒有包括養家在內，因為唐代軍人的糧食供應清楚，每人每天領取已經加工後的糲米二升，和丁壯的規定標準一樣[4]。由於衡量制度轉變不同，等於以前的六升，每天三五〇四大卡熱量。北宋也差不多。沈括同樣計算出前線軍人補給每天需要米二升[5]。南宋時士兵維持每天兩升半，加一百錢，但說明是應付一家大小以及裝備費用[6]。怪不得當時士氣低落，叫苦連天。

從這標準看來，諸葛亮每天食數升，司馬懿還要嫌少，認為他健康有問題，就真的是有點難以明白。我們本來把這當作是小說家的誇張手法，不可當真。但正史也是這樣寫。所以唯一可以當解釋是，以小米煮後膨脹超過兩倍半，士兵一天早午兩餐糧食等於是約二十碗小米飯。以毋須劇烈運動的諸葛亮來說，如果沒有肉和菜的熱量供應，一餐不到十碗小米飯也就夠了。司馬懿聽到只食數升，便解讀為諸葛亮一天食少過十碗飯，是胃口欠佳，健康有問題。

無論如何，也因為有這傳說，所以北宋龍泉窯就推出了一種諸葛碗，說是諸葛亮聽到司馬懿有這評論，便

---

* 戰國年代一斤等於二百五十克。

** 現代小米，度量過是一公升等於一公斤，一百克小米煮成二百五十八克小米飯，即一碗飯。一斗小米飯等於約九百七十克生小米。如果脫殼沒有那麼好，當時食的只是糲飯，也相等於是七百七十五克小米。二八五一大卡熱量。

故意用容量少半的雙層碗進餐，食起來好像是胃口極好，一碗又一碗。這顯然不外假託的市場手法也頗成功，因為一路去到清朝還有人生產來賣。

但這無論《三國演義》或《三國志》，小說或正史都說的故事其實帶出一個有趣的營養問題。像現代一些貧窮地區每天熱量只有兩成來自蛋白質及脂肪，三國時代的人每天熱量來源應該都是來自穀類食物。蔬菜和肉和油脂提供的營養及熱量低，才會把食多少升飯當作是健康及胃口標準。如是來到饍食菜多肉多飯麵少，碳水化合物只占熱量來源五至六成的二十一世紀，司馬懿還運用食多少碗飯來診斷健康，他大概都會驚問大家的命還能久嗎！

3 饍食不只是多少，還有結構

皇室貴族當然肉食豐富。像長沙國丞相利倉妻子的墓中就有竹筒和陶罐裝著小鹿、乳豬、小牛、羔羊、小兔、小狗，六種動物的肉和骨。但平民百姓就沒有那麼幸福。

史書對於當時一般人的饍食結構沒有詳細講述，但從幾段歷史記載，可以略為知道，秦代時，吏卒規定只是每餐供糲米一斗、菜羹及鹽。漢代軍隊去到當官才有肉錢，和買雞買豬的記錄[7]。曹操的妻子在兒子曹丕稱帝後被尊為皇太后。「太后左右菜食粟飯，無魚肉。其儉如此」[8]。可見魚肉算是奢侈食物。這也可以從西漢桓寬找到傍證。「一豕之肉，得中年之收，十五斗粟，當丁男半月之食」。一隻豬的肉等於一年收入！雖然桓寬狠狠批評當時人飲食奢華，又魚又肉，豬、狗、馬、羊、雞、雁全都上桌進食，但平民百姓就應該是食不起。因為祭祀時「富者……椎牛擊鼓……，中者……屠羊殺狗……，貧者雞豕五芳」。窮人只能夠用自己養的雞和豬。牛羊應該都只是較有錢者的享受[9]。公孫弘做了丞相仍舊食脫粟飯一盤菜，就被人說是裝假造作，隱瞞食的是九鼎[10]。可見食小米糙糧飯，一盤菜是普通人的饍食，上層才食得比較豐富。

這種主要以穀種為熱量來源，似乎是華人歷代一般的營養模式。唐代日本圓仁和尚記錄「山村縣人喰物麁硬愛食鹽茶粟飯。澁吞不入。喫即胸痛。山村風俗，不曾羹食，長年惟食冷菜」[11]。清代華北地區農民以小米、高粱及春麥為飯加蔬菜，極少食肉，而粟飯也非常難食，不用茶送，根本嚥不下。

相對來說，西方的老百姓似乎就生活得比較好。近代考古學透過牙齒和骨骼的碳及氮同位素含量比例可以推測主人翁生前的食物歷史。在西方，考古調查發現歐洲不同地區的權貴階級在中古時代食的肉只是比普通人更多。英國西科頓（West Cotton）、北安普敦郡（Northampshire）的考古證實約十一世紀時，平民主要是用瓷甕煮肉和蔬菜來食，因此並非只能食蔬菜[12]。但同一時期的英國權貴階級是以食肉為榮，認為水果和新鮮蔬菜都是低下階級才食的，權貴階級只會在齋戒日才勉為其難。到了十三、四世紀，平民百姓生活水平才普遍上升，食肉食素已經不能充分區別貴族和平民。唯有經常能食鹿和野禽才足以代表貴族的身份地位。亨利八世和法國的弗朗索瓦一世一五二〇年舉行的高峯會議，史稱「金衣之會」，便是食鹿、牛、羊、豬、家雞、野雞、天鵝[13]。

4 三國時代食什麼？

那麼請諸葛亮食什麼好呢？

首先，他不可能是慣食辣的。蜀國在四川。但辣椒是明代才到，清代才開始對四川的烹調產生影響。現代川菜的另一種代表性味道，麻，調味所用的花椒漢代時四川已經有。但是只見有泡茶下花椒和藥用的記載。

如果要請諸葛亮食一般漢代的菜餚，並不容易。長期以來只有曹操寫過著作。他應該是唯食家，戎馬倥傯及政治陰謀外，居然有時間寫本《四時食制》。這本書早已散佚，但從仍存世的十四條文章可以知道他對食魚有心得，河魚、海魚都食過。可惜，除了郫縣稻田裡的子魚可以為醬，以及鱣魚做鮓，這幾篇文章之外就沒有其他如何烹調資訊。還好考古學在二十世紀為我們填補了空白。西漢軑侯利蒼妻子辛追以及差不多同期的沅陵侯吳陽為我們提供了陪葬品實物和有關食譜的竹簡。

辛追生前應該愛食，她在湖南馬王堆的一號漢墓內，超過六成的陪葬品竟都是食料！煮飯用的稻、麥、黍、粟、豆全齊，各種蔬菜、肉食及水果。裝食品的竹笥備有竹簡標明內容，因此我們知道肉食的主要烹調方法是羹：稻米分別和牛肉、鯽魚、雞肉、鹿肉做的牛白羹、鯽白羹、雞白羹與鹿肉鮑魚筍白羹。但狗肉和狗內臟通常卻是單獨成羹。另外食法還有炙、煎、熬、切成片片的膾，以及製成乾的肉脯[14]。從此看來，烹調方法還是原始。除了鼎鹿肉鮑魚筍白羹的筍，和肉共煮做餐餚的蔬菜只有蓮藕（鰿禺肉巾羹、鮮禺鮑白羹）、以及芋（鹿肉芋白羹），似乎仍未能掌握到肉與蔬菜共同成餚的技巧。但是可能因為是長沙旁江，對魚的烹調就已經成熟，除了魚羹、煎魚更有切成薄片食的魚膾。而當然最重要是已經充分明白蒸魚是保證肉嫩最佳方法，所以很多魚都只用烝來處理。除此之外，還有索魚（乾魚）、魚魫（魚子醬）和魚脂（魚肉醬）[15]。

湖南沅陵虎溪山漢墓的墓主吳陽在位二十五年，應該是很文雅的知識分子，隨身上黃泉路除了一般的陶玉漆器，竟是幾百顆水果，以及三千多枚竹簡，當年的圖書，沒有其他食料；也許他更是美食家，知道食要新鮮時令，所以只帶了《美食方》一套食譜，準備給陰間的大廚為他獻上更可口的佳餚。竹簡上提到各種走獸飛鳥游魚的烹調方法，略可知道吳陽要求的水平甚高，不厭工序繁複。像有道食品就要反覆多次烝（蒸）。但可惜殘缺得很厲害，只能吊人胃口。剩餘的兩千字，到目前只有極少部分譯出來。我們因此實在無法從可見資料重整出菜餚的廬山真面貌[16]。

如果看史書或筆記，能夠知道的，也不多。有些現在很難找得到：劉邦辭去泗水亭長的工作時，同事送他酒兩壺，炙鹿肝、炙牛肝各一。他稱帝後，雖然把一齊打天下的砂煲兄弟殺得七七八八，食的方面卻仍很念舊，經常和大臣食這兩味。牛肝當然不是問題，不過，鹿肝就現在難找。蘇東坡詩句「今君致坐五侯鯖，盡是猩唇與熊白」提到的五侯鯖，只知道是婁護為漢成帝的五位母舅設計的一種魚和獸肉的雜膾。但很遺憾，史書沒有記錄到內容或做法。西漢的桓寬在《鹽鐵論．散不足》內說：「今熟食遍列，殽施成市，作業墮怠，食必趣時，楊豚韭卵，狗䐉馬朘，煎魚切肝，羊淹雞寒，蜩馬駱日，蹇捕胃脯，胹羔豆賜，彀膹鴈羹，臭鮑甘瓠，熟粱和炙。」狗䐉馬朘是狗肉和馬肉，但具體是什麼部分什麼烹調方法，學界就仍意見紛紜。羊淹，應該是一種臘羊肉。東漢的高誘為《呂氏春秋》注解時說「若蜀人之製羊臘，以臭為美」，應該是一種很濃氣味的臘羊肉。現在恐怕也買不到了。其餘不少仍難知道[17]。即使知道，也不知烹調方式。

請諸葛亮食筍卻是合理，因為馬援南征廣西時食過冬筍。四川人何隨更是見到有人偷竹園的筍。跟蹤賊時又害怕被發覺，躲在竹中，被竹刺傷。故事說明諸葛亮在成都家中時，也應該食過筍。冬瓜也已經出現。但茄子、豆腐就似乎仍未登上餐桌。

比較可以肯定是，《周禮》和《楚辭》都提到周代時，已經出現稻米粉及黍米粉做成的糕餅，鬻／餌和餈。戰國時代出現的石磨，幾經改良，到漢代遍布各地。麵粉得以多見。從中亞傳來的麵餅，於是可以落地生根。宣帝劉詢、靈帝劉宏都喜歡食烤爐出的胡餅，洛陽很流行。東漢經學家趙岐逃難時曾賣餅為生，王莽時當京兆的王盛也曾靠賣餅養家。更有故事說呂布去到乘氏城，李進先不肯見他但是殺牛送酒及萬枚胡餅。除胡餅，還有各種湯餅。西漢皇宮內便設有湯官負責餅餌果實。如果諸葛亮也愛食餅或湯餅，那不多食小米飯也不為奇。胡餅需要烤爐，軍事前線未必攜帶。但五丈原如果當時已是小鎮，就可能也有。湯餅當然簡單，只是用水煮就行。所以，司馬懿的推測只不過是信口開河，亂扯一通而已！

5 丞相的饅頭

《三國演義》不是說饅頭是諸葛亮發明的嗎。那請他食饅頭好不好？

但是，諸葛亮發明饅頭是傳說呢，還是事實？

如果查一查學術期刊，你會發現這原來是一個曾經許多學術界的專家教授著文爭論過的問題。

按照《三國演義》說：諸葛亮戰勝歸回，去到現在叫金沙江的瀘水時，忽然陰雲布合，狂風驟起，兵不能渡。土人說是因為陰鬼作怪，日夜都鬼哭神號，攪到大家不敢渡江；唯有按照舊風俗，用四十九顆人頭為祭品才能夠安息這些戰爭中喪生的怨鬼。但是諸葛亮不願意再有人受害，於是叫廚師用麵粉做成人頭形狀的饅頭，來代替用真的人頭祭。

當然，《三國演義》是小說而已，而且是元末明初的羅貫中所寫的。但其實這故事不是由他原創。諸葛亮發明饅頭的傳說更早之前就已經出現。宋代的高原在《事物紀原》卷九說：「稗官小說云：諸葛武侯之征孟獲，人曰：『蠻地多邪術，須禱於神，假陰兵一以助之，然蠻俗必殺人，以其首祭之，神則饗之，為出兵也。』武侯不從，因雜用羊豕之肉，而包之以麵，象人頭，以祠，神亦饗焉，而為出兵。後人由此為饅頭。」雖然這裡說諸葛亮是為了祈求天神借陰兵協助他征戰孟獲，而並不是為了平息怨鬼才做饅頭，但故事和羅貫中的版本大同小異，只是羅貫中在《三國演義》為饅頭故事來了二次創作，使故事更富戲劇性。

那麼諸葛亮發明饅頭是否只是小說家創作出來的美麗傳說，完全沒有真的史實根據？

史書沒有記載諸葛亮有沒有發明饅頭。饅頭這名詞更是宋代才有的。但起始有𩜹、饅、饅，幾種異體字，最後才由饅字勝出。

和饅頭同音的曼頭，這個名稱在諸葛亮於二二四年南征攻打孟獲大概一百年後，出現在西晉時盧諶寫的〈祭法〉中。這篇文章好像已經散失，內容只能見於唐朝徐堅的《初學記》。在這篇文章裡，徐堅引了〈祭法〉說「春祠用曼頭」，春天拜祭時用曼頭。這和諸葛亮為了要神靈幫忙，發明饅頭代人頭拜祭的傳說用途相近。除了拜祭用，和盧諶差不多時代的束皙也在〈餅賦〉說𩜇頭很適合宴會上享用：「若夫三春之初，陰陽交際，寒氣既消，溫不至熱。于時享宴，則𩜇頭宜設。」可見，在他們兩人時代，𩜇頭已經出現了一段時間，而且既是神靈、也是凡人宴席上的美食。我們更可以知道由於束皙是在晉永康元年，公元三〇〇年時死去，𩜇頭的誕生不會遲過南征後的幾十年間。

當然，諸葛亮南征而發明饅頭的故事可能是在出現了𩜇頭之後，才附會而成。但是，𩜇頭為什麼會偏偏不早不遲在諸葛亮南征不久之後幾十年內出現，成為祭品，而又有𩜇頭之名？即使質疑饅頭和諸葛亮有關係的學術界論文，也無法找出另一個簡潔，又言之有理的解釋。

𩜇字是曼的異體字，所以𩜇頭也就是曼頭。正如幾位學者所說，曼字本身不是無因無緣而來。幾個含有曼字的形聲字，幔、漫、謾，都有覆蓋的意義。既然如此，曼頭含有餡就十分合理。同時，古代對漢族之外的異族有不同稱呼，東夷、北狄、西戎、南蠻。南方的土人才叫蠻。《公羊傳》記載「楚子誘戎曼子，殺之」，《左傳》就寫「楚子誘戎蠻子殺之」，說明兩字同音互通使用是有先例可援。換言之，𩜇頭也可以表示蠻人之頭的意思。那就完全呼應《事物紀原》和《三國演義》的故事內容。

6 饅頭的前生後世

然而，如果諸葛亮發明饅頭，這饅頭又是什麼樣的呢？

如果你以為，送給金沙江的神靈食的是我們那種白雪雪、又軟又鬆的實心饅頭，那就大錯特錯了！發酵的技術東漢時萌芽，但要等到晉代才成熟，所以不可能有那麼可口的又軟又鬆感覺[18]。

更重要的是，按照《三國演義》說：諸葛亮叫廚師做的饅頭是用麵粉包著牛羊肉的人頭形狀食物。換言之，《三國演義》說的饅頭完全不像我們一般人口中的饅頭，而是像牛肉包、羊肉包，含有餡的。

歷史上的饅頭原本也的確大都是這樣，有餡的食品。唐代詩人蔣貽恭有首諷刺安仁縣官的〈詠安仁宰搗蒜〉詩，其中就提到饅頭可以含有牛腸：「安仁縣令好誅求，百姓脂膏滿面流。半破磁缸成醋酒，死牛腸肚作饅頭。帳生歲取餐三頓，鄉老盤庚犯五甌。半醉半醒齊出縣，共傷塗炭不勝愁。」北宋王安石就特別喜歡羊肉饅頭。看文章時，家人送上一盤羊肉饅頭，他就邊看邊食，眼不停嘴不停。據說，他就是因為食得太多而得病。

委派王安石推行變法的北宋第六位皇帝，宋神宗趙頊，有一年親自巡視當時最高學府，太學。他不是為了公關來巡一巡做個騷，而是小心翼翼，連學生食什麼都要過問。他嘗試了學生食的饅頭後，自誇自讚說：「朕以此養士，可無愧矣。」[19]皇上這樣說，自此之後，不單是學校冬季考試日派食，連進士殿考完，也會每人賜太學饅頭一枚、羊肉泡飯一碗。但很多人都捨不得食，會拿回家送人嘗嘗。

「幾年太學飽諸儒，餘伎猶傳筍蕨廚，公子彭生紅縷肉，將軍鐵杖白蓮膚，芳馨政可資椒實，粗澤何妨比瓠壺，老去齒牙辜大嚼，流涎聊合慰饞奴。」讀完岳珂這首〈饅頭〉詩，相信誰都會飢腸轆轆，想去找一顆來嘗嘗。

京城會搶生意的店東，也當然不能放過機會，於是像今天的仿饍，A貨太學饅頭紛紛現身。

到了南宋臨安，也即是後來的杭州，小食方面真的可以說是饅頭世界，除了仿做的太學饅頭之外，還有糖肉饅頭、羊肉饅頭等等。福建的陳元靚在宋代末年時代寫的《事林廣記》裡教各形各式饅頭的做法：什麼平坐大饅頭、平坐小饅頭、學士饅頭、葵花饅頭、球漏饅頭，都是加羊肉或者豬肉餡。就是至了元末明初時，倪瓚在《雲林堂飲食制度集》裡還是這樣教做黃雀饅頭：剁碎黃雀的腦和翅、蔥和椒後，連同鹽一齊釀入黃雀腹中，再用發酵麵，包成兩頭平圓的小長卷，用籠蒸。

《事林廣記》中的灌漿饅頭也許是邁向我們現在習慣食的那種沒有餡的實心饅頭的第一步：雖然饅頭仍然留口，可以放餡進去，但是乳酪和醋似乎不是灌進饅頭，而是淋在整個饅頭上的，「依平坐大饅頭法製造。將餡安放麵皮上，從坐下包裹上，留些口，肱邊折小撒，如前法蒸。臨時以乳酪合淡醋汁澆之」。

7 包子和饅頭是親戚嗎？

包子的名稱在宋元年代已經出現，並且和饅頭共存。當時的饅頭和包子既然都有餡，又有什麼不同？從現有的資料看來，無論是宋代或元代，用蔬菜為餡的，就不分饅頭、包子。葷的饅頭，餡料就有區別。似乎除了黃雀之外，都是羊肉或豬肉。而葷的包子，餡則是魚、蟹、雞、鴨、雁、鵝肉。

最大的分別可能是皮薄與厚，以及有無發酵。饅頭發酵，包子皮薄。元代的《居家必用事類全書》說明平面饅頭和薄饅頭、水晶角兒、包子等皮。兩類都同樣用羊肉、羊舌、羊肚、羊肺、豬肉或筍為餡，只是包

子另外更有用魚肉為餡。根據明代《竹嶼山房》卷二說，包子「用麪水和為小劑，軸甚薄，置之以餡。細蹙其緣，束其腰，而仰露其顛。底下少沃以油，甑中蒸熟」。而饅頭則是「用醇酵和麪，揉甚勻幹。劑內餡緘窌之。先用荷葉或生芭蕉葉箄籠間蒸熟布齊置。緩火中蒸。微溫取下。俟酵肥復置鍋上，速火一蒸」。而無論如何，到了明朝，包子的版圖擴充得愈來愈大。有餡饅頭出現的機會就愈來愈少，最後可以炫耀的，應該是在乾隆四十四年，由豬肉饅頭代表出席御膳底檔上。現在，饅頭的稱呼，大多地區只能在實心無餡的品種苟延殘息，保留原名。除了蘇吳地區的小饅頭，有餡饅頭不得不「禮失求諸野」，在日本，以生煎饅頭、和中華饅頭保留原名原貌，在朝鮮半島以만두（饅頭）之名統領교자（餃子）和포자（包子）兩種有餡食物。如果去到中亞地區，從新疆一直往向走到土耳其，你也可以繼續食到有餡的饅頭。在俄羅斯叫 pilman，在阿富汗 mantou，在亞美尼亞 mantabour，烏茲別克斯坦和土耳其叫 manti。可能因為這些饅頭都是沒有發酵的，有些學者認為饅頭可能是由游牧民族引進中土。但這假設應該是閉門造車的結果。最早相關的突厥字 mamata 在十一世紀才見於文，明顯比「曼頭」出現遲很多[20]。而游牧民族也未見有用此類饅頭作祭祀之用。更重要是，游牧民族及中亞地區都不興蒸煮。唯獨名為饅頭實為包子／餃子的，才是蒸的，說明這種食物應該是來自以蒸的慣常烹調的華人聚集地區。

所以就請諸葛亮食一個饅頭／包子吧。他應該對他的創作千百年變成什麼有興趣知道吧。

肉食方面，漢代時，豬、羊、狗、水產品都可以食。殺牛則可以定為死罪。我們就用豬肉好了。

豬肉酸菜包後，請丞相食什麼好呢？唯一雖然簡約卻可算材料記載完整的漢代菜餚是狗肉湯竹筍蒲菜牛腹

Recipe

豬肉酸菜包

皮

- 麵粉 1000 克、酵母 8 克、砂糖 10 克。
- 37 度左右溫水搓成麵圓蓋上保鮮紙發酵到兩倍大，取出後搓出麵中的氣便可開始包。

餡

- 豬肉 600 克。
- 酸大白菜 800 克，洗淨、切碎、揸乾水分。
- 鹽 10 克、糖 ½ 茶匙、十三香 ¼ 茶匙、胡椒粉 ¼ 茶匙、生抽 2 湯匙、老抽 ½ 湯匙、雞蛋 2 隻。
- 上湯 200 毫升分多次攪拌至豬肉中，向一個方向攪拌到豬肉起膠。
- 蔥油 3 湯匙（用紅蔥頭熬製的油）最後加入。
- 麻油半湯匙，可根據個人喜好決定是否加。

肉。枚乘在《七發》中讚好說，連同鋪了石耳的湖北稻米、菰米飯一齊食，可和熊掌、豹胎、鯉魚鱠、烤薄肉、野雞並列為天下極品。但現代的菰無法結出米粒來，只能食到菰的幼莖，茭白。如果請諸葛亮食鋪上石耳的新米飯、茭白、再試嘗復古，用上湯炆竹筍蒲菜牛腹肉，不知道他會不會滿意？

第六章　請玄奘大師食什麼好？

1 玄奘識印度話？

要是能夠請得到唐朝鼎鼎大名的玄奘大師來食飯，應該請他食什麼呢？

首先，要小心沒請錯人。小的時候看《西遊記》著迷，唐三藏的名字深入腦海。之後才知道原來《西遊記》中唐僧原型是玄奘。他的弟子為他立傳時，傳名《大唐大慈恩寺三藏法師傳》說明《西遊記》的唐三藏稱呼也確和玄奘相符。然而，相符是一回事，並不等於三藏之名是玄奘大師所專有的。三藏只是高僧的尊稱，任何精通經、律、論三藏的和尚便有資格享有這稱呼。如果只是冒冒然發帖邀請唐三藏，除了玄奘，來賓便會濟濟一堂，起碼有義淨、實叉難陀、善無畏與大廣智不空幾位大師！

無論如何，除了善無畏，幾位唐代的三藏法師蒞臨，食的菜餚應該都是一樣的。

倒底請到玄奘大師來有多好？有很多疑問學術界至今天仍舊沒有好好地解釋的，便有了答案。譬如，他西出玉門關時沒有地圖或嚮導，如何孑然一身一馬靠著看骨骸及馬糞來越過戈壁沙漠，幾乎因為迷路又失手倒了食水而喪生，去到高昌。

但他如何能夠和當地人溝通？如果他的弟子在《大唐大慈恩寺三藏法師傳》沒有言過其實，玄奘和去到的國家國王、官員、平民都似乎沒有語言障礙，可以順利溝通，甚至得到國王支持給予人馬資金，去到印度。

這是否因為當地有人懂得漢語，可以做翻譯？還是未去之前玄奘已經學會了些外語？他又是跟誰學的呢？素葉城的突厥葉護可汗要為他找一位既通漢語又懂印度語的嚮導，「可汗乃令軍中訪解漢語及諸國音者，遂得年少，曾到長安數年通解漢語，即封為摩咄達官，作諸國書，令摩咄送法師到迦畢試國。」[1]所以玄奘應該是沒有學會印度話，最多也只是學了高昌那一帶的話。那麼到了印度那爛陀寺後他又如何能夠和高僧對話？跟著再花了五年學習《婆羅門書》和《梵書》，又如何能在沒有字典或語言老師的指導下學得懂經文，理解其中深奧的詞彙？是一路都靠那位素葉城的少年？

有那麼多有趣的問題，這餐飯應該很有意義。

但應該請他食什麼呢？

2 出家必須食素？

我們一直以為佛教僧人是不可以食肉的。但其實佛教最初對飲食沒有那麼限制，而佛教經文中也有記載說佛祖容許信眾在一定情況下食肉。最初傳入中原時，主張完全素食的僧人，和可以食三淨肉（沒有看見、沒有聽可信人說、不懷疑為了自己而殺死的動物之肉類）的南傳教派僧人，兩種都有。但早期翻譯佛經的大師都屬南傳教派，因此，完全只食素的只是少數高僧所為。不過，漢朝末年興起的道教主張素食，和大乘佛教信仰慢慢滙合成一股支持素食的力量，逐漸使要食素的規條抬頭。雖然這樣，到了南北朝時，《高僧傳》和《比丘尼傳》大書特書只食素的僧人，讚揚他們，說明當時一般僧人仍舊都是經常食肉。這種情形維持到公元五一八年南方的梁武帝頒布〈斷酒肉文〉，用政治壓力干涉宗教，規範要食素。而北方的北魏雖然沒有明文規定，但一般貴族也傾向素食。自始，中式佛教才逐漸成為只食素不食肉。

唐朝年代，齋葷勝負未分。據《太平廣記》傳說，玄奘逝世五十二年後抵達西安的印度大師善無畏仍然飲酒食肉，住在西明寺時便給負責持誦、研究、解釋與教授佛教戒律的律師看不起。但這位善無畏後來成為漢傳密宗的祖師，名列唐高僧傳，聲譽明顯沒有受食葷影響。而唐代有種以羊的內臟做的菜，流傳廣久，以創菜的僧人鑒虛名字為名[2]。食素當時大概更不是一般人慣有的習慣。因此，提議食素會和崇尚佛教畫上等號。《舊唐書》卷十七就記載唐文宗在八三七年時頒詔書說：「慶成節朕之生辰，天下錫宴，庶同歡泰。不欲屠宰，用表好生，非是信尚空門，將希無妄之福。恐中外臣庶不諭朕懷，廣置齋筵，大集僧眾，非獨凋耗物力，兼恐致惑生靈。自今宴會蔬食，任陳脯醢，永為常例。」唐文宗為了慶祝生日不想殺生，特別要解釋不是因為崇尚佛教，免得有人誤會，為拍馬屁而大擺齋宴。

到了宋代，食素就已經成為僧人的正規行為。也因為這緣故，李昉等人奉宋太宗命編纂的《太平廣記》會把多位飲酒食肉的僧人故事特別記載在異僧部分。和三百多年前南北朝時的《高僧傳》和《比丘尼傳》大書特書只食素的僧人，對比相反。葷素取捨轉易，顯而易見。

現在，中、韓、越三地僧人食素。但信奉南傳佛教的其他東南亞地區、日本、西藏的僧人卻照樣食葷。

因此，如果請同樣也曾千辛萬苦，萬里跋涉去印度的東晉法顯和尚，那就葷素兩種菜都可以上檯。但弟子為玄奘寫的傳《大唐大慈恩寺三藏法師傳》說得很清楚：玄奘去到屈支國時，國王設宴請他食三淨肉。玄奘推卻說他是跟大乘規律的，所以不能食。到了素葉城，見突厥王葉護可汗時，可汗和大臣飲酒，另外給玄奘飲蒲桃漿。食飯時，可汗大臣們食羊肉，而玄奘則食淨食，餅飯、酥、乳、石蜜、刺蜜、蒲桃等[3]。

可見，如果玄奘蒞臨就必須要完全食素了。

3 佛祖是食肉死的？

由於佛教分成兩派，在食肉可否方面有不同看法，佛祖的死因也成了一個富爭議性的謎。《大般涅槃經長部十六經・第四頌》記載佛祖八十歲時，去到印度北部的波婆（पावा、Pava，今名 Padrauna）。一位工匠為他做舒卡拉・馬達瓦（Sukara Maddava）食，其他隨從的弟子則食了其他食品。不久之後，佛祖便瀉血、身感痛楚、口渴、疲弱。走到近二十公里的拘屍那揭羅城（Kushinagar）跋提河的岸邊，佛祖更進入涅槃。

舒卡拉・馬達瓦是什麼？由於此名稱並沒有在存世的佛經之外文獻上出現過，大家只能從菜名推測，舒卡拉（Sukara）是豬，馬達瓦（maddava）是軟、嫩的意思。因此，可能是指嫩豬。接受此翻譯的學者認為佛祖是食了豬肉而死。有種病叫 Pork Bel，豬肉如果受產氣莢膜梭細菌毒素污染，可以使食者幾小時內便呈現急性壞死性腸炎。紐幾內亞土人以前就經常患此病。患者中，之前營養不良者居多，症狀包括嘔吐、腹瀉、休克。

玄奘回國時經過的敦煌，僧人在唐朝時仍舊食一種叫臛的肉羹。根據李正宇的考據，這些肉應該是都是淨肉，來自自然死去的羊、馬或者牧羊人從遠方送來的羊腔[4]。所以，如果舒卡拉．馬達瓦意思是嫩豬的話，一頭自然死去的豬隻便絕不違反不殺生的要求，有可能供給佛祖食用。但死豬當然很有機會是受細菌污染，造成食物中毒。

從症狀看，急性壞死性腸炎可能性的確很大，因為食完受污染食物幾小時內出現腹痛、血痢、休克、死亡症狀都和《大般涅槃經長部十六經．第四頌》記載的情況非常吻合。但是《長阿含經》在描述佛祖最後一餐卻再三說他是背痛，也沒有提及血痢。《大般涅槃經譯本》就只說是痛，沒有指定痛的位置。是不是由從阿富汗來到中原的佛陀耶舍（Buddhayasas）在公元五世紀和涼州沙門竺佛念合譯，由佛陀耶舍口誦，竺佛念譯為漢文，再由秦國道士道含筆錄的《長阿含經》，在翻譯期間出現了加油添醋成分，把不知位置的痛寫成了背痛？如果沒有譯錯，那麼，兩本經文的描述便分歧顯然，《長阿含經》的症狀描述表示佛祖不可能患有急性壞死性腸炎。

舒卡拉．馬達瓦也可以理解為豬喜歡食的菇、山芋或山藥之類食物，印度有種米便是叫舒卡沙利豬米（sukarasali）[5]，也有種叫 *Sukara Dhan*。而《長阿含經》更是把舒卡拉．馬達瓦解釋為栴檀樹耳。按照這種翻譯，工匠給佛祖食的木耳，其實是有毒的菇。佛祖便沒有食肉而可能是死於蘑菇中毒。但是，這推測存有問題。印度的確經常發生採錯蘑菇，造成嚴重事故。然而一般來說，引起急性腹瀉的印度蘑菇毒素很少會致命，也不會引起瀉血、背痛。

另外有人推測最後的一餐食什麼其實與事無關，佛祖是因為腸血管梗塞而起。食素，是會減少缺血性心腦血管病。但是在連蛋和奶都不食的情形下，維他命B12容易降低，引起血裡的同型半胱氨酸濃度上升。同型半胱氨酸過高情形下常常出現腦血管梗塞和心臟病。不過，近年來的調查都認為一般素食者，無論是否避用蛋奶，都沒有明顯增加缺血性心腦血管病。因此，佛祖因為素食而患有腸血管梗塞的可能性應該不高。

其實，食了受污染的雞肉、火腿，一樣可以引起急性壞死性腸炎。文獻上甚至有一名素食患者。也可能是因為食了污染的食物，而患急性壞死性腸炎。究竟，菜蔬傳遞的細菌感染是常見問題。而世界各地都有報告指蔬菜的確可以受產氣莢膜梭細菌污染[6]。所以，即使佛祖是因為急性壞死性腸炎而涅槃，其實也並不一定是因為食了豬肉。如果食了受細菌污染的木耳或菇一樣可能會中毒。因此，如果《大般涅槃經長部十六經．第四頌》的記載比《長阿含經》可靠，那麼佛祖應該是因急性壞死性腸炎而死。但這病和他食的最後一餐是葷是素，則並無一定關係。

4 離不了葷的食素人

現在請玄奘來食飯，當然是食素。

素菜用新鮮的材料，做得好，香味口味都一流。中菜之外，日本的精進料理也是旅遊到日本不可錯過的美食。韓國白羊寺的靜觀師太更是被邀請去米其林三星餐館示範。二〇二一年世界各地已有十一家取得米其林星冠的素菜館。

但對一般凡人，心裡始終揮之不去食肉的慾望，又怎麼辦？《北夢瑣言》說唐代的崔安是最早想出方法的，把麵團和蒟蒻染色、膾炙，做成素豬肩和素羊臑。很遺憾，這道菜似乎沒有流傳下來。但大家可以試試做反對殺害岳飛而被革職的宋朝名臣何鑄的假煎肉，「瓠與麩薄批，各和以料，煎麩以油，煎瓠以脂，乃熬蔥油，入酒共炒」。記錄此菜給後世的林洪說瓠和麩熟了，看相和味道都和肉無異[7]。

大家都應該去過不少素菜館食素雞、素鵝，甚至素烤鴨之類以植物仿造肉類的菜餚。出家人也不會抗拒這類有名無實的假葷菜。但這些菜食起來，味道當然和真的雞鵝還是一定距離。宋代汴梁的假葷菜就非常多，有假河鮋、假蛤蜊、假野狐、假炙獐……不知道水平會不會高一些？我們有年在上海的功德林用餐，便聽見鄰檯的一對情侶中男生大叫，怎麼食來食去都是素的味道？

然而，現代科技已經用豆和麥蛋白、菌蛋白或海藻、蘋果汁和甜菜汁、椰子油、及3D印刷製造出口感質地、顏色和樣貌形狀都接近亂真的素牛肉。素魚肉、素蝦肉、素雞肉也都已絡繹出現。再進步下去，這位男生也許不會抱怨，而是很高興陪女友去食素。

近年來，也出現了實驗室裡人工養殖的肉，從動物身上抽出一些肌肉，肉中的幹細胞便可以繁殖出整塊整塊的肉來。由於並非殺生而來，而是用一種近乎農業養殖的方法而來，這種完全肉細胞構成的肉塊表面上不違背佛教不殺生的原則，信佛者食也應該可以食而心安無愧。但其實在生產過程中，細胞培植是需要使用牛胚胎的血清，換言之，必須要殺了已經懷胎的母牛，由子宮內拿出胚胎來抽血。因此，除非能夠找出牛胚胎血清的替代品，否則，當然是完全不適合給出家人食的。

但是，除了可不可以食肉之外，還有要小心，也不能給玄奘食五辛：蒜、蔥、韮、薤、興渠（中藥稱「阿魏」）。為什麼要有這種禁忌？《楞嚴經》稱：「五辛熟食會引發情慾，生啖容易動怒。」

5 為什麼要禁五辛？

中菜調味中，五辛中的蒜、蔥都是常用的。因此，佛教的五辛論被接受本來應該不容易。

網路上傳說解釋五辛含有的蒜素和衍生的硫化合物具有擴張血管的功能，因此會使男性性器官勃起。

但實際上來說，無論是中外，文獻上都查不到用這五種材料來醫治情欲或不舉。華人歷代春藥除了乾蔥都沒有用五辛。反過來說，春藥用的薑、大茴香卻從來都沒有列入佛教禁食[8]。五辛是否有可能引起情欲？情欲的古代意義也許不只是指性欲，但實際上，無論是性欲或一般情緒文獻上都是找不到相關實際根據證明。因此只是一種想當然，以訛傳訛的假消息而已。唯一可以找得到的五辛與情欲的相關報告，是有試驗報導婦女會覺得食大蒜男子的體味好聞及吸引[9]。按這篇報告所述，佛門子弟食五辛由而引發情慾的問題，應該不是發生在自己，而是在遇到的女生身上！

其實，五辛受禁食，應該和情欲或動怒無關。《楞嚴經》說「縱能宣說十二部經，十方天仙，嫌其臭穢咸皆遠離」，經文即使說得天花亂墜，大家都會嫌它臭而避開，才是真正原因！十八世紀荷蘭的駐俄羅斯大使便曾說，俄羅斯人嗜食蒜與洋蔥，外人初至，簡直無法與他們同處一室。大腸炎、大腸癌的病者，如果要切除大腸，便可能要建立一個腸造口。有造口的病人不像正常人。腸裡的氣，是無法控制不排放。為了減少臭屁擾人，這些病人便往往會減少食蒜、蔥類食物。

大蒜為了要抗拒鳥獸侵犯，一旦受到損傷，便會釋放出沖鼻的蒜素出來，而煮了以後，蒜素又再會衍生不穩定多種有機硫化合物。五辛食物都是含有蒜素的。口氣和臭屁的臭味都是因為硫化合物。信眾或僧侶食了大蒜、蔥等含有之後，口氣和屁也自然會臭到令人難受，使人討厭。何況，如果在嚴肅誦經時，突然有人控制不了，來個臭屁，大家無法走避，後果會如何不堪想像！

《五分律》、《摩訶僧祇律》等佛家經文都提到佛祖年代，食蒜普遍，佛祖住王舍城時，有信徒投訴說請僧人去蒜園食蒜，結果他們食到滿地都是。也有僧人把信徒的蒜食到他無蒜出售，陷入貧困。更有僧人偷蒜，被人批評。另一方面，僧人食蒜又熏到滿屋氣味，給人譏笑院舍像食飯的地方，更有去人家中，被驅逐。由此可見，佛祖禁蒜，一是因為個人貪食蒜而屢屢犯眾怒，另一方面則是因為氣味令人討厭。所謂「五辛熟食會引發情慾，生啖容易動怒」都是後來加的理由。

食素不食葷其實也是和氣味相關。

葷字的原本意思不是指肉而是指臭菜。在齋戒期內要避食。早在孔子年代，顏回就曾問孔子自己幾個月都沒有食葷，算不算是齋戒了。秦朝丞相李斯作的《蒼頡篇》亦說：葷辛菜也。凡物辛臭者。皆曰葷[10]。李時珍就注明：「五葷即五辛，謂其辛臭昏神伐性也。練形家以小蒜、大蒜、韭、蕓薹（一種油菜）、胡荽（芫荽）為五葷，道家以韭、薤（小蒜）、蒜、蕓薹、胡荽為五葷，佛家以大蒜、小蒜、興渠、慈蔥、蔥為五葷。興渠，即阿魏也，雖各不同，然皆辛熏之物，生食增恚，熟食發淫，有損性靈，故絕之也。」[11]由於不謀而合，幾家都認為要戒的葷菜多處重疊，五辛之說便得到推行。葷、齋，兩字本來意義也大改。葷擴張為包括肉食，而古代本來並不排除肉食的齋，卻變成素食的別名。

其實，蒜的氣味，真的不能減去？明代的高濂就會不同意。他在《遵生八牋》解釋梅子可以減少蒜的氣味：「青硬梅子二斤大蒜一斤或囊剝淨炒鹽三兩酌量水煎湯停冷浸之候五十日後滷水將變色傾出再煎其水停冷浸之入瓶至七月後食梅無酸味蒜無葷氣」，所以透過配搭，蒜揮發出來的氣味是可以減少的。梅子有這作用是因為含有酚類化合物[12]。現在對氣味多了科學研究，就知道，凡是富有酚類化合物的蔬菜或水果，例如蘋果、薄荷、唐生菜、西生菜、牛蒡等等都有這種中和蒜味氣體的功效[13]。

蒜和蔥都是華人烹飪的重要用料。不可以用，真的是巧廚難為無蒜蔥之餚。如果佛祖年代能出現了一位像高濂那樣的美食家，那麼千多年的佛門禁食蒜的戒條也許就不需要出現了！

6 黃瓜、醋和佛教

玄奘在素食方面，應該不會有何苛求。他在中印度留學時，住在舊日王院覺

Recipe

鎮江醋涼拌黑木耳

- 焯好中國芹菜及紅蘿蔔。
- 水煮熟黑木耳後，去水。
- 連同薑、鹽、胡椒、糖、芝麻油、鎮江醋、芹菜、紅蘿蔔炒香，涼後上桌。

賢房第四閣，每天食的只是羅果一百二十枚，大人米等[14]。

我們也就來些家常齋菜好了。過年的齋菜應該適合大師使用。唯一就是要減了蒜蓉。食完，買得到的話，就請他來幾顆油甘子（或稱餘甘子）吧，這是羅果的現代叫法。

朋友來拜年怎麼可以只做一個齋菜？頭盤就來個鎮江醋涼拌黑木耳、油醋小黃瓜、炙烤燈籠椒、麻油涼拌茄子。

過年食得太多油膩食物，鎮江醋涼拌黑木耳酸中帶微甜，再用鹽及麻油拌過的溫室黃瓜伴邊做裝飾會十分清爽。外加用紅蘿蔔、中國芹菜、冬菇做的腐皮卷、芫茜。這樣也算得是一個不錯的開年飯。

醋在當年是被佛教視為具有烹調之外其他功能[15]。《金剛頂經大瑜伽祕密心地法門義訣》說「若欲調伏惡人用苦練棘針白芥子及牆土燒之。若以醋苦果子等燒之。一切怨者遠去」。而密宗的《佛說大摩裡支菩薩經》卷三則說「取灰三五升。用醋和泥作丸一千。誦真言六十遍。送入龍池之內。一切諸龍皆大驚怕。即時降雨普滋草木」。換言之，醋可以令有怨恨的惡人離去，亦可以令龍聽話，降雨。唐中宗李哲為母親武則天追福所加建及改名的洛陽聖善寺，是白居易皈依佛門為居家弟子及存放詩文集的所在地[16]。唐代，民間相信閃電是因為天在取龍，用閃電追捕抗命的龍。由於有時或會殃及無辜，傷人壞物，聖善寺便在寺閣中貯藏幾十瓮醋，以防有龍潛伏其內，導致雷電擊中。

黄瓜和佛門關係更是密切。古代時，原產地印度的黃瓜比較多稱為胡瓜，說明是外來食品。雖然傳言是張騫帶回來，但歷史學家都認為這只是未有證據的傳說，只能說是不會晚於魏晉南北朝時駕到。佛經用胡瓜譬喻修身《四分律》卷四十三：「諸比丘在不淨地種胡瓜、甘蔗、菜，枝葉覆淨地，比丘不知為淨不，佛言不淨。時有在淨地種胡瓜、甘蔗、菜，枝葉覆不淨地，不知為淨不，佛言淨。」在淨地種胡瓜等植物，是可以食的淨物，在不淨之地種則不可。枝葉的覆蓋範圍則不重要。《四分律》在下一段再引佛說胡瓜是可以食的。但雖然可食，胡瓜在佛經裡又被解釋為能發熱，所以可以成為熱病的因緣，「如涅槃經云：十二因緣，不生不滅，能生觀智，譬如胡瓜能發熱病也」[17]。由於胡瓜在經典上多出現，受玄奘啟發，也去印度留學的三藏法師義淨為想去印度留學的人寫《梵語千字》漢字與梵文的對釋。其中便有教黃瓜的印度梵音讀法為「多羅布娑」黃瓜。

有這種關係，黃瓜自然是寺院所經常種植及食用。而禪宗尤其喜歡用黃瓜作為啟發他人的借用物。其中最有名的公案是無念深有禪師花了四十年參透一句有關黃瓜茄子的句子。有空的話，看看禪宗和黃瓜的故事，可以消磨半天，更可能得到不少啟發[18]。

Recipe

油醋小黃瓜

- 小黃瓜 6 條、橄欖油 2 湯匙、白醋 1 湯匙、鹽 1 茶匙。
- 小黃瓜切半，削成兩寸條，敲碎。
- 加 1 茶匙鹽，腌半小時，去水。
- 加白醋、橄欖油、胡椒、鹽。

Recipe

炙烤燈籠椒

- 燈籠椒黃、紅、橙、綠各一。
- 橄欖油 2 湯匙、白酒醋 2 湯匙、鹽、胡椒。
- 炙烤燈籠椒到嫩。
- 去皮、切長條。
- 加油、醋，鹽、胡椒。

第七章　請楊玉環食什麼好？

1 楊玉環胖不胖？

大家都知道燕瘦環肥這句話，意思是楊貴妃，即楊玉環肥，趙飛燕瘦。但這句話其實只是相對而言，實際上趙飛燕多瘦，楊玉環多肥，除了當代人，似乎沒有人知道。

我們嘗試過查，歷史可似乎沒有正史記載楊玉環多少斤，身高多少，所以別說身體質量指數ＢＭＩ這種現代科學的標準，連起碼的概念都無法拿得準。

唐代留給我們不少唐三彩。如果憑這判斷唐代婦女的肥瘦，以現代眼光看來應該幾乎都是超標準。身體質量指數保證超過二十三。但古代華人與古埃及或羅馬人不同，對雕塑沒興趣。僧人之外，沒有幾尊。所以楊玉環也沒給我們留下塑像。不像埃及的女后，娜芙蒂蒂。單憑她那半身塑像，就可知道這位絕世美女應該像趙飛燕多過楊玉環。

那麼肖像呢？畫呢？正史，野史或小說呢？

唐代有好幾幅畫。最著名的至少有張萱的〈寫太真教鸚鵡圖〉、周昉的〈妃子教鸚鵡圖〉、〈楊妃禁齒圖〉

和〈楊妃出浴圖〉。但都已一一失傳。無論是寫真或只是憑當時傳說而成，都只能空留後人無限想像及遺憾。

何其幸運，內蒙古赤峰市阿爾科沁旗寶山一座遼代古墓中南壁有幅壁畫：幾位男吏和侍女侍立在一名貴婦身旁。貴婦身穿紅色抹胸，藍色長裙，端坐在高背椅上唸經，條案右側站著一隻白鸚鵡。這幅畫最初定名為〈誦經圖〉，但考據後來認為畫的是楊貴妃在唸經。粉本應該是周昉的〈妃子教鸚鵡圖〉。坐著的她，面如滿月，不屬於消瘦臉形。但實際身材卻是被披著的紅毯路紋寬袖袍隱蔽於世，最多只能說她應該是香港人說的發福，不會是瘦，但也似乎並非臃腫肥胖型。

元代錢選有一幅〈貴妃上馬圖〉畫唐玄宗李隆基和楊貴妃去郊外遊覽。唐玄宗坐在他的馬「照夜白」上，緊視著楊貴妃。玉環在兩名侍女幫忙之下正在奮力攀上馬背。畫告訴我們她並非輕巧和熟練，沒有躍上坐騎，所以上馬必須經過一場掙扎與努力。也許她身材的確不苗條，甚至過重，所以要兩名侍女扶掖才能上得到馬。但是她的身體大部分都被馬遮擋了，所以憑這幅畫我們連錢選想像中的貴妃尊體肥潤豐厚，抑是適中都無從知道。

華夏地區最早和牙科有關的畫，是周昉畫的〈楊妃禁齒圖〉。宋元期間不少詩人寫了〈題楊貴妃病齒圖〉的詩。究竟這是因為周昉的〈楊妃禁齒圖〉當時仍有傳世，還是宋代另外有畫家以貴妃病齒為題繪過畫就無從知道。無論如何，這些病齒畫都消失了。所以我們又少了一個關於她體型的資訊來源。

到了清代，揚州畫家華喦畫過一幅沒有題名的畫，收藏在廣東省博物館內。博物館把它名為〈金屋春深圖〉。然而從畫家自題的詩知道這應該是繼承楊貴妃齒病傳統而作的。所以，畫中的人物應該為楊玉環[1]。但唐代尚未出現纏足惡習，畫中的女士卻是三寸金蓮，明顯不符合楊貴妃身體特徵。衣著、髮型、家具，也都是清代風格。所以身材屬踏入中年之後發福的樣子，也並不能說是華嵒心想的楊玉環體型。他不是想還原歷史，只是想借題發揮而已。

2 文獻上的玉環

正史呢？在正史上，《舊唐書》說她「姿質豐艷」，《新唐書》只說她「姿質天挺」。《資治通鑑》就同意《舊唐書》說她是「肌態豐豔」。豐艷或豐豔，都是表示她樣子是豐滿艷麗而已。只有野史《開元天寶遺事》暗示她可能是過胖了點：「貴妃素有肉體，至夏苦熱，常有肺渴，每日含一玉魚兒於口中。蓋藉其涼津沃肺也。……貴妃每至夏月，常衣輕綃，使侍兒交扇鼓風，猶不解其熱。每有汗出，紅膩而多香，或拭之於巾帕之上，其色如桃紅也。」肥人產熱比常人多，散熱能力卻比較差，中暑的風險因此高於一般人。玉環怕熱，夏天薄衣都不行，侍女用扇降溫仍舊大量汗出，的確令人覺得她極可能是太胖了。但作者已是五代的人，書的內容也多處失實，只能說是街坊眾人閒言碎語，未能構成強力證據。

再有掌故說：一次，玉環問玄宗在看什麼書。玄宗答你就別問，知道了會生氣。玉環搶過來，一瞧，原來是講趙飛燕，身輕欲不勝風。玄宗接著就說：你呢就任吹多少都不怕了（爾則任吹多少）[2]。但這也只能表示玉環體重多於飛燕，不能成為胖的佐證。

有人說白居易的〈長恨歌〉，裡面雖然沒有描述她的體態，「溫泉水滑洗凝脂」表示她身材豐腴。但跟著那句「侍兒扶起嬌無力」是否又代表她是嬌小弱質？抑或表示當時人已經意識到近年醫學界才知道的肌少型肥胖症（Sarcopenic Obesity），既是脂肪過多，肌肉又消失的症狀？但這通常是六十歲以後才見的問題。玉環應該不合這診斷吧？

所以歸根結柢，我們只能說她不瘦，究竟身材豐艷是適中，還是身體質量指數已經超標，就只能問她本人了！究竟，豐艷只是一個主觀的概念。震遐在《畫與醫》書中已經討論過唐代普遍存在體格比較豐滿的現象。正如我們看西方中古代名畫中的貴族婦女，從現代眼光看來，許多都應該算是過胖的。但當時卻並非異常。所以，在一個身體質量指數普遍較高的社會裡，豐艷會不會代表其實已經超常的肥胖呢？這是極有可能的。《舊唐書》沒有用「肥胖」形容人。楊玉環稱為豐艷，例傳中少數人就都特別提點是豐碩：「肅宗張皇后……辯惠豐碩」，太平公主「豐碩，方額廣頤」，「（敬）羽小瘦，（李）遵豐碩」，「崔器，深州安平人也。曾祖恭禮，狀貌豐碩」，循琣子「狀貌類胡而豐碩」。至於新唐書，一人稱為肥，一人稱為豐碩，祝欽明「體肥醜」，劉裴婁「素豐碩，不能遽步」。所以，稱得上「豐」可能已經是比一般人脂肪多了。

但連這句話，也不能為準，因為豐在那時代的意義可能不同。如果只是表示大塊頭，廣東人稱為牛高馬大，就可能只是生得高大，骨骼大，甚至肌肉發達，而不是脂肪多。

但甜食會使人肥胖也容易引起蛀牙。周昉的〈楊妃禁齒圖〉。暗示她很可能是食太多容易致肥胖的碳水化合物了。伊尹那時代，齲齒只殃及百分之二．二人口，許慎、諸葛亮年代百分之五，但唐代暴升到近百分之十三[3]。牙周病和齲齒急增也是為什麼現代式的牙刷會是在唐代出現。宋代也繼續愛甜食，齲齒率更升至百分之二十六。玉環可能成了提防牙周病的反面教材所以繼續以牙病聞名。

總而言之，楊玉環應該是喜歡甜食。身材嬌小玲瓏、或現代標準的中等肥瘦的機會都不大。要就是她生得高大，要就是即使不過胖，身體質量指數也可能已經去到亞洲標準的極限。如果是後者，她還是要警惕基因風險，因為看張宣為她的三姊虢國夫人繪的畫，虢國夫人肯定不是高大那麼簡單，而是過胖。所以，楊玉環即使不想減肥，也應該要對餐飲小心一點，避免增磅。

3 唐朝的餅世界

但如果要降低餐食中的熱量，唐代可能不太容易。這是甜粥、甜飲料、甜品的時代。單是讀白居易的詩就知道這多難。不食飯，來碗粥？寒食時，「留餳和冷粥，出火煮新茶」，餳是麥芽糖，寒食時食粥時經常食。連雞球粥，你以為是鹹的，唐代是雞球餳粥，甜的。過年食春盤前，也先要來點麥芽做的膠牙餳[4]，到民國年代每年農曆十二月二十三日送灶君升天時還可見到的扁扁像小烙餅樣的糖[5]！

這更是白居易「胡麻餅樣學京都，面脆油香新出爐。寄與饑饞楊大使，嘗看得似輔興無」，餅流行的年代。天都沒有光，已經有胡人在東市昇平坊張燈熾爐了[6]。西北城區則是胡人居住比較密集的地方。怪不得口碑最好的胡麻餅就在這裡，靠著皇宮西牆的輔興坊。走出皇宮的安福門就是。新鮮出爐的餅香會隨風飄入宮中，令人食指大動。宮中大小恐怕都很難抵擋得到誘惑。

和玉環同一時代的鑑真和尚受邀請，七四四年企圖東渡去日本失敗的那次，船上一百多人，準備的糧食是「落脂紅綠米一百石、甜豉卅石、牛蘇*一百八十斤、麵五十石、乾胡餅二車、乾蒸餅一車、乾薄餅一万番、捻頭**一半車[7]」。這裡提到的幾種餅中，蒸餅是指饅頭，在餅的時代，連饅頭都要臣服，算是餅族一員[8]。餅的重要性，不言亦明。

鑑真百多年後，圓仁和尚從日本來到時，仍舊是餅的世界。到處都是送他或請他食餅：「十五日，寺家設餺飩餅食等……王教言亦自獻酒餅等來……六日，立春節賜胡餅，寺粥。時行胡餅，俗家皆然……山村縣人物硬愛食鹽茶粟飯……山村風俗，不曾羹食，長年惟食冷菜，上客殷重極者，便與空餅冷菜，以為上饌[9]。」

南方種水稻，麵粉難覓。但廣州不甘後人於是改做米餅，「合生熟粉為之，白薄而軟[10]」。

怪不得唐玄宗馬嵬坡賜死了楊貴妃，逃難到咸陽，當地官員都逃走了，到了中午都沒有進食，楊國忠不是替他去買飯買粥，而是替他去買胡餅食[11]。

胡餅和現代中亞和南亞地區的饢差不多。我們沒有長安的記錄，但唐代敦煌留下的記錄告訴我們，當時的胡餅有大、小，兩種。一般的是每枚用麵半升，即二百五十克。因此，如果用的是連殼的麵粉，每個胡餅大約是八百五十卡。敦煌的工匠每午餐派食兩個[12]。

不做粗工的成年婦女每天通常需要一千七百卡熱量。如果楊玉環像現代人每天食三頓飯，每餐一個，不用什麼其他食品，都已經是熱量超額了。而且胡餅只是總稱。如果楊玉環食唐代那「其味脆美，不可名狀[13]」的油炸餅——䭔餅，可能也會「拈䭔舐指不知休，欲炙侍立涎交流[14]」，就真的不知會每餐食多少了！要是喜歡食古樓子，那熱量就更不得了，那是像義大利披薩「起羊肉一斤，層布於巨胡餅隔中以椒、豉，潤以酥，令熱，炙之」，椒香、豉鹹、羊肉嫩、和著滑潤的鮮奶油***，夾在剛剛出爐的麵餅中，光是想起，就非食不可了[15]！唯一可補救是，古代人實際上通常只食兩餐，晚餐就是我們的午餐。天黑後，憑燭光，煮食困難。不會再食什麼。

4 太多好食的了

當然，她除了胡餅，也可以選食其他的餅。餅在那時候意思和現代不同，不只是胡餅、燒餅、餡餅，而是所有由麵粉製成的食物。所以李頎「菊花辟惡酒，湯餅茱萸香」詩中的湯餅便可能是我們現代的麵條。

杜甫〈槐葉冷淘〉詩中「青青高槐葉，採掇付中廚。新麵來近市，汁滓宛相俱。入鼎資過熟，加餐愁欲無，碧鮮俱照箸，香飯兼苞蘆。經齒冷於雪，勸人投此珠。願隨金騕褭，走置錦屠蘇」的冷淘也就應是冷麵。

* 估計是牛酥訛寫成牛蘇，即牛油之類。
** 捻頭即饊子，油炸麵食。
*** 酥指鮮奶油，或牛油。見張和平，〈中國的古代奶製品〉，《中國乳品工業》22/4（1994）：161-167。

按照宋代的《猗覺寮雜記》的說法：「唐人生日多具湯餅。」我們生日時喜歡食長壽麵，也應該就是從唐代的生日湯餅而來。把麵條叫成餅，現代人聽起來，很怪。但當時凡麵粉做的都叫餅，下湯的麵疙瘩和麵條仍未分家，各立門戶，有名有姓。

這不只是華人獨有的用詞問題。麵疙瘩和麵條混淆不清，可能是麵食初期的普世問題。十四世紀時西西里文字學家安吉羅．山尼西歐（Angelo Senisio）就把 maccheroni 解釋為水麵包 panis lixis in aqua。Maccheroni 當時是包括麵疙瘩 gnochi 和麵條的。

麻煩的是，麵的熱量其實也和白米飯差不多。現在普通一碗麵用一百克生麵就會有三百五十七大卡熱量。據網上說，陝西人的小碗麵網上說也有五百克（但不知是指生的還是熱的）。總而言之，三碗用一百克生麵做的湯餅就夠一千七十多大卡，而御廚除非想掉腦袋，肯定不會只是送上清淡寡味，無肉無菜的湯餅。所以，玉環想瘦，食湯餅恐怕也好不了多少。

當然，皇宮就少不了宴席，那時更會是熱量爆炸！唐代大臣為討好皇上，升官時會以「燒尾食」名稱進獻食品。韋巨源進獻武則天的那席，記錄在家中食帳上，所以我們可以知道內容。別的官員相信也會相競爭寵，獻上美食。要是唐玄宗每次收到這樣的一席，也邀請玉環來食，那就真的會挑戰她的身材！

不說有足足五十八道之多，單是餅就有單籠金乳酥、曼陀樣夾餅、巨勝奴、貴妃紅、見風消、唐安餤、雙拌方酞餅、八方寒食餅、金粟平䭔、香羅飣，看名字都要流涎三尺。喜歡甜的，再可以加蜜淋的賜緋含香粽子、甜雪（蜜爁太例麵）、水晶龍鳳糕。我們真不知道哪來胃口可以裝得下其餘的羊、豬、牛、熊、鹿、魚、飯，粥、羹、麵……

食完，飲什麼好呢？除了酒，唐代人喜歡的飲料，又是蔗漿、糖酪，甜的[16]。

這真不是減肥的時代！

5 如何減肥是好？

如果她想減肥，用什麼方法好呢？

要減肥，原則很簡單，不外是熱量要減少攝入、增加支出。如果只是靠飲食控制熱量攝入，可能因為難以堅持，效果只能維持半年左右。所以，必須要同時增加運動才能奏效。

飲食減肥的方法有很多種。最足夠證據的是地中海式饍食和得舒飲食（DASH）。這兩種都是著重均衡飲食，多魚、蔬菜、水果和果實，少紅肉。地中海式饍食模式更加可以改善血脂和血壓，並且減少心血管疾病及癌症風險。但這兩種都不適合想快速見效的人[17]。另一種是限時斷食，通常是隔天絕食或減食很少。這可以在半年內將體重降約百分之五。

如果靠減碳水化合物和脂肪來降低攝入熱量，減到一千卡左右，每天虧蝕五至七百卡，便可以快些減肥。但是要花精力計算饍食菜單，而且身體一旦適應了低熱量飲食，體重就不會再下降。要是用近年來興起的極低熱量生酮饍食法，短期內每天熱攝入可以低到七百卡，碳水化合物低到每天三十至五十克。但這需要醫生緊貼跟進，特製的營養品供應，也並非適用於每一個人[18]。

如果只是偏重減少飯、麵、餅、糖等碳水化合物的話，很多人都只是會同時少食蔬菜和水果，多食肉和脂肪，結果前門拒狼，後門迎虎，減肥中卻增加了心血管疾病及癌症風險。

也有人會介紹高蛋白減肥法。但他們不是光食一罐罐蛋白粉而是食肉，所以除非只是食白肉和魚，否則也同樣只會增加心血管疾病及癌症風險。至於減少脂油、石器時代饍食模式減肥，目前都仍缺乏證據支持使用。

單靠控制食量只是單腿走路，在減肥道路上走不了多遠。

運動就是雙管齊下的另一條管道。

正常人為了維持心血管健康，每星期應該做至少一百五十分鐘足以提高心跳、增加呼吸次數，能說話但唱不到程度的需氧運動。急步走、行山、跳舞、打乒乓球都可以達到這種中強度。但是，做了運動之後，身體會出現補償現象，胃口增加、靜態能量消耗減低，從而抵消熱量支出超越攝入近三成作用。因此，要減肥的話，就必須增加到至少二二五到四二〇分鐘，換言之每天要做近一小時中強度運動才行。之後，仍要維持每星期兩百到三百分鐘運動才能防止體重再上升[19]。除此之外，阻力運動，一樣可以減肥，而且需氧、阻力運動都做，降低體內脂肪似乎更有效。

什麼運動好呢？當然，深在宮中，無法行山，但急步走、跳舞都是可以的。唐代流行的蹋球，蹴踘，也應該不錯。王建就描述過宮女「殿前鋪設兩邊樓，寒食宮人步打球，一半走來爭跪拜，上棚先謝得頭籌」。拔河是一種阻力運動，唐中宗就曾和宮女拔過河。宮中也有宮女打馬球。但玉環看來並不善於騎馬，就不適合了。

6 跳舞也是減肥方法

楊玉環相傳是擅長跳〈霓裳羽衣曲〉。如果節奏快速，那麼她就可以一舉兩得，每天為討好玄宗練習和表演跳舞，也就可以達到足夠運動的目標了。唯一可惜是，唐玄宗著的原曲已失傳。不清楚究竟跟著樂曲跳的舞是快或慢。我們因此難以判斷這是不是一個可行的減肥方法。但杜甫觀看的〈劍器行〉「霍如羿射九日落，矯如羣帝驂龍翔。來如雷霆收震怒，罷如江海凝清光。」或者元稹的〈胡旋女〉那樣「蓬斷霜根羊角疾，竿戴朱盤火輪炫。驪珠迸珥逐飛星，虹暈輕巾掣流電。潛鯨暗吸笡波海，迴風亂舞當空霰。」這類既快速又使勁的唐代宮廷舞中每天來個一小時，玉環也應該苗條如飛燕了。可惜明明是皇帝亂倫搶自己的兒媳婦，白居易卻怪她「貴妃胡旋惑君心，死棄馬嵬念更深」，可能她就不會再肯跳這舞了。不然，「胡旋女，胡旋女。心應弦，手應鼓。弦鼓一聲雙袖舉。迴雪飄颻轉蓬舞。左旋右轉不知疲，千匝萬周無已時。人間物類無可比，奔車輪緩旋風遲。曲終再拜謝天子。」不要說玄宗眩了，我們也會眩了！她也肯定可以減胖了。

請她食熏魚、烤蘆筍和上湯蘿蔔絲好嗎？這些都會熱量較低，適合她的體重調控需要。熏魚和蘿蔔絲都是江南菜餚，唐代時仍未成體系。烤蘆筍師承西班牙 Tapa 小食，符合大唐年代盡納異域風味的作風。

Recipe

熏魚

- 魚 1 斤重，一般用草魚或青魚，但其實很多魚都適用。可以按自己對魚類肉質喜好而定。基於河水污染問題，海魚會更好，例如鷹鯧魚、大比目魚。
- 熏魚汁
  - 三星蔥 3 條、薑 4 大片、指天椒乾 1 條、紅曲米 1.5 湯匙、桂皮半條、八角 3 粒、陳皮半個、小回香 1 茶匙滿。
  - 冰糖 130 克、老抽 1 湯匙、生抽 2 湯匙、醋 1 湯匙。
  - 上湯 600 毫升。
  - 煮熟熏汁待用。
- 魚斜斜切片，用鹽及胡椒粉腌後，用中小火炸到八成熟，取出待涼。
- 再用大火炸至金黃色。放進汁內，等吱吱聲停後，取出上桌。
- 或一魚兩食，在上桌前日，預先炸半份放入汁內，繼續腌隔夜後和新炸的同時上桌。

Recipe

爐烤蘆筍

- 這道菜師承西班牙 Tapa 的小食，可以輕鬆、隨意，按個人口感、材料特性製作。
- 綠蘆筍削皮，灑上橙皮屑、橄欖油、胡椒。
- 爐烤 10-15 分鐘。

Recipe

上湯蘿蔔絲

白蘿蔔 100 克只有 16 卡，是低熱量食物，升糖指數又極低。葛粉的熱量比較高，只能用少量來打芡。

很久之前朋友請我去永藜園晚饍，老闆娘特別介紹了一個用上湯將蘿蔔絲煮熟然後擺放在大碗裡。上菜時翻扣在碟上然後用上湯打芡淋在上面。我由此得到靈感將大碗改成迷你碗並在中間釀入銀杏，芡汁改用日本吉野葛粉，再加上迷你青豆點綴。蘿蔔絲切愈細愈美。

上湯

- 老雞 3 頭、豬骨 2 斤、中式火腿骨 1 斤、薑 1 塊（110 克左右）。
- 雞和骨先汆水去血腥，放進大煲。
- 用 52 杯水（7.6 公升）煮 7 小時，篩隔留湯。
- 渣再加 30 杯水（7 公升），煮 5 小時，篩隔留湯。

現代的熏魚和古代的熏魚不同，已經不是真的用煙或氣味來熏烤製成。清代浙江人朱彝尊寫的《食憲鴻秘》和北京出的《調鼎集》的熏青魚都不約而同，真的用火熏。《調鼎集》教的做法便是，醬油浸半天後，油炸取出，略冷後塗上麻油，置鐵篩架上用柏枝熏，或者炸後加脂油、黃酒燜一時、再入甜醬一時，取出用荔枝殼熏。相信現代版是脫胎於這種古代做法，留下熏魚舊名，但減除了真的火熏步驟。

熏魚可以一魚兩食，炸後稍熏一下就食，以及浸汁幾小時後才食。前者勝在魚香肉熱而脆。但久浸汁中則更入味。我的做法用冰糖約五百二十卡。如果把魚浸在調味汁內一段時間，加上煎時用油，熱量還可能不少。所以久浸的只能給她少量食。雖然唐代食品甜味主要來自蜂蜜和飴糖，但甘蔗糖漢代已經從西域輸入[20]，在六朝時嶺南地區也已出產，只是當時稱為石蜜[21]。唐代長安佛寺中，有飲石蜜漿。長安也有生產一種據說是味道甜美由牛奶和蔗糖合成的石蜜[22]。稱為石的原因是因為成塊形。

第八章　請白居易食什麼好？

1 聽聽白居易評詩

如果請唐朝大名鼎鼎的詩人白居易來食頓飯，聽聽他講講盛唐韻事，老友李商隱、元稹、劉禹錫的八卦趣聞；到他半醉的時候，也許他還會說說他的祖先是否真的像歷史學家推論的一樣，來自龜茲[1]，也就是曾經幫玄奘去印度的屈支國。如果這是真的，他一直都隱瞞其事，是不是因為龜茲給唐朝侵略滅國之後，他和他的祖先都害怕被人歧視，所以才把身世說得含糊其辭，不清不楚，弄得好友李商隱都忍不住，要批評？抑或他只不過像不少人一樣，為了提高家族地位而故意說成是系出於名門，於是告知人自己是戰國年代秦國名將白起的後人？

另一件要請教他的問題是，安史之亂、黃巢之亂後，唐朝不少人遷徙到南方，使粵語保留了不少唐朝古音。用粵語朗誦唐詩押韻遠比用現代的國語或普通話更勝。但我們今天講的粵語也當然不會是石化了的唐朝古音，而是夾帶著宋朝和其他朝代的音。如果能夠請他親自誦讀他的詩來聽聽，就應該更能知道粵語和白居易年代的唐代音韻相差多少。

乘機會也想聽他如何評價元末明初時，廣東順德人孫蕡為了和白居易那首膾炙人口的名詩〈琵琶行〉，寫的〈驪山老妓行補唐天寶遺事，戲效白樂天作〉：

……唐姬擱箏妙無比。清彈一曲久含羞，呼喚百回才強起。

移柱相參雁成列，調弦未就人先喜。俯首斜拖珠步搖，向人高露春纖指。

樓高韻發響泠泠，急管悲歌一霎停。

初聽乍如風雨至，再彈還作鳳凰鳴。

清如玉女鈞天奏，壯似雕戈出塞聲。澗水帶冰時哽咽，春雷震石忽憑陵。

憑陵未已旋清悄，清悄漸凝聲漸小。四座無言俱寂寥，餘音已斷猶縈繞。

溶溶宛宛複悠悠，切切淒淒還窈窈。深閨斷蚓怨寒宵，淺穀嬌鶯破春曉。

纏綿萬恨與千愁，婉意柔情不肯休。……請作驪山老妓行。桃李風前霜月下，長吟亦足慰平生。不因水上琵琶語，那識江州司馬名。為爾臨風歌一曲，百年哀怨起秦箏。

或許老先生聽完會來首〈琵琶行〉再續？或許，他會和我們分享他兩百多首涉及樂妓的詩的故事：他念念不忘的真娘、楊瓊、白髮已生卻仍舊藝驚四座的趙璧、家妓中陪他十多年的樊素、善笙簧的菱角、抹琵琶的谷兒、起舞的紅綃、隨意而歌的紫絹……

2 唐朝人錯過的美宴

不過，在交流中，和他提到粵語、廣東，這些名詞的時候還是小心點好。介紹孫蕡時，讀詩之前也先別說他是順德人喔。在他那年代，嶺南地區對中原人來說可是蠻荒之域，非常恐怖。這正式來說，很不公道。由於海路貿易原因，廣州當時十分熱鬧，早已有外國商人來的番坊，而且，由於富裕，所以對官吏來說，是肥缺，在廣東當官很容易滿載而歸：「南海，有蠻舶之利，珍貨輻湊。舊帥作法興利以致富。凡為南海吏者，靡不捆載而還。」[2]

只是，一般北人不知道，所以在飲食方面，仍舊把嶺南地區形容成是一個食蛇、食蟲、食蝦蟆、食螞蟻卵、食活蝦，各式各樣對北方人來說是極其古怪食物的國度。有故事說，某桂林人已經官拜御史，在長安仍被人歧視，對他說，你這官署不是烏臺，是蛙臺。不過他很機智，反駁說，不是蛙，而是圭蟲。圭蟲的奉養，豈非好過黑面郎！（黑面郎是豬的別稱）[3]。

伊尹幾千年前評說過南方的大象之鼻是天下之極美。可憐的韓愈貶到去潮州，沒敢去試當年潮州流行的象鼻美餚，沒有遇上今天迷人的美食，反而是見到「颶風鱷魚，患禍不測，州南近界，漲海連天，毒霧瘴氛，日夕發作」。他居然在這種心情下還能夠寫出〈祭鱷魚文〉這種千古名作，真是令人驚訝！白居易沒有那麼慘，官場失意被貶謫時，最南也不過是江西的九江。但他詩中依然對嶺南地區忐忑不安，以為到處都是蟒蛇和鱷魚，「雲煙蟒蛇氣，刀劍鰐魚鱗」，對一些食物也會採取遠之為善的態度，「面苦桄榔裛，漿酸橄欖新」。如果不是那麼對南方有充滿偏見，給自己機會發現桄榔可以做椰糖，橄欖青甘多美味，他的人生可能會有更多美好的經驗。

和韓愈同時代的劉恂為人就開明很多，對南方恐懼之餘，還是肯試，結果發現了很多北地沒有的美食，大大稱讚鷓鴣是「肉白而脆，遠勝雞雉」，水牛是「柔毛肥脆，不足以比」，大象的鼻子「肥脆，猶堪作炙」。

但是，即使白居易接受劉恂的推薦，肯試一試，除了鷓鴣，要找這些食料請他嘗就實在難一點了！

那麼，請白居易食什麼好呢？

3 世上最古老的食客投訴文

即使不計較他祖先是否來自龜茲，前幾代人來自山西太原，自己生在河南鄭州附近的新鄭，他怎麼也算是北方人。唐代是北人重肉，南人重魚。政治中心在北，隋代的《食經》、唐代的《燒尾宴食賬》記載的都是羊多於魚。唐朝政府供應給官員的食料有規定，像白居易晚年時升到三品以上官階的饍食供應便是「常食料九盤，每日細米二升二合，粳米八合，麵二升四合，酒一升半，羊肉四分，醬四合，醋四合，瓜三顆，鹽、豉、蔥、薑、葵、韭之類各有差」。四、五品也有羊肉，再下級就只有小豆，沒有肉。至於豬和魚，就宗室才略有分配[4]。也即是說，上層社會是食羊為主的。魚在北地可能只是外來異饌，更高一級，只能偶而一嘗。而在民間肉食中，羊也占了一半左右[5]。

羊食的菜餚自然很多，講究的單是看韋巨源從兵部尚書升任尚書左僕射時宴請唐中宗的燒尾宴一次就出現了：逡巡醬魚、羊皮花絲、紅羊枝杖、昇平炙等等。也可以試當時民間也流行的現代燒烤方法。有位程皓宴客時用鐵床烤羔羊，肥膏在熱火中滴油，就借意說：羔羊在揮淚，不知道是不是因為我花了三十萬錢來做這鐵床實在太過分了！[6]不想那麼複雜的菜餚，更簡單，當然可以試羊肉索餅、羊肺羹。怪不得，醉僧懷素要以草書，投訴南人來到北地飲食的尷尬：「老僧在長沙食魚，及來長安城中，多食肉，又為常流所笑，深為不便，故久病，不能多書。」〈食魚帖〉這篇驚蛇走虺、驟雨狂風的幾行字，留存在世上，不只是藝術，而可能是歷史上最古老的食客投訴文件！

所以看白居易的詩，比較奇怪。他喜歡的竟會是我們鼓勵大家食的方法，少紅肉、多魚雞之類白肉，及多蔬菜、水果。也許，他對於魚和蔬菜的喜好，來自年輕時，去過浙江的衢州、水邊的襄陽，後來又去過江州、蘇州、杭州。

早上帶露水的葵、晚上和家人同食的薺麥都是他的愛。但在所有的蔬菜中，筍應該是他的至愛。唐詩中讚美筍的不多。連杜甫也不過是提到「遠傳冬筍味，更覺彩衣春」而已。但白居易是頻頻表達欣賞，而他也應該是唐代最喜歡筍的詩人了，連早餐也不放過食，如〈夏日作〉中，「宿雨林筍嫩，晨露園葵鮮。烹葵炮嫩筍，可以備朝餐。」及〈游平泉宴浥澗，宿香山石樓，贈座客〉，「……紫鮮林筍嫩，紅潤園桃熟。採摘助盤筵，芳滋盈口腹。」

他更是寫過一首食筍詩，說食了筍連肉都不想了：

……此州乃竹鄉，春筍滿山谷。山夫折盈抱，抱來早市鬻。物以多為賤，雙錢易一束。置之炊甑中，與飯同時熟。紫籜坼故錦，素肌擘新玉。每日遂加餐，經時不思肉。久為京洛客，此味常不足。且食勿踟躕，南風吹作竹。

4 愛就必須要冒險

那時代可能仍屬摸索烹調筍的年代，未能真正完全掌握到烹筍技巧和配搭。比其他人都更欣賞筍應該是因為他懂得如何食或烹煮筍。

三國時代筍是煮、或浸酒，然後飲酒食筍，或用米藏成為乾筍，日後用[7]。北魏時代的大臣崔浩很感激媽媽教了他許多烹調方法，於是百忙之中還抽時間寫了本《食經》來紀念。雖然很可惜這本著作隨著他的慘遭滅九族而佚失，但是關於筍的資料幸得留存，並且告訴我們，公元五世紀的人食筍，是要用鹽和粳性黃米粥腌五天才食：「淡竹筍法：取筍肉五六寸者，按鹽中一宿，出，拭鹽令盡。煮糜一斗，分五升與一升鹽相和。糜熱，須令冷，內竹筍醎糜中一日。拭之，內淡糜中，五日，可食也。」

到了隋代，又一位唯食的人——賈思勰，寫了本農牧巨作《齊民要術》。書可不是現代大學那種門外漢看來，枯燥無味的學術論文，或者農牧業操作而已，而是加進了許多烹調理論及食譜。其中就教了很多實際食筍和處理筍的方法，告訴大家：「食苦竹筍。蒸、煮、炰、酢，任人所好」，並提供了好幾個用筍的食譜。

其中一個是大家現在還在做和食的筍鴨湯前身，筍鴨羹：用肥鴨一隻，四升筍，洗非常乾淨，用鹽磨淨，再在熱水煮，換水加小蒜、蔥、豉汁煮熟*。

晉代的戴凱之寫的《竹譜》帶大家進入挑剔選擇要食什麼筍的階段：山東東群的般腸竹味道最好，南方人喜歡浮竹「掘取以甜糟藏之，極甘脆」，而有些竹食起來無味，有些則「落人鬚髮」。

戴凱之提到苦竹煮湯，幾位唐代詩人也提到苦筍，說明那年代仍未知道筍其實是不應該食出苦味的。和杏仁一樣，這不是口感的問題，而是苦杏仁和筍都含有氰化物。苦味來自可以迅速致人死地的氰化物，山埃。假如是含氰化物最多的，半公斤筍即已足夠殺人。當然，一般不會食那麼大的份量。但慢性氰中毒也會損害神經及其他器官。所以即使有些筍屬「苦筍」也必須處理到苦味消失，不要以為像食苦瓜那樣，當此苦味純粹是一口感。

為什麼我們可以肆無忌憚食筍，也從來沒有聽過有人食筍出事？

原因很簡單，這些氰化物很容易給高溫消除。所以生食不行，但中菜的烹調方式可以有效清除威脅[8]。世界各地除了古代歐洲都有生長竹，食筍地區卻只限於亞洲。原因相信就是因為非洲、美洲、澳洲都原本不會烹調筍。

* 卷八：作筍簩鴨羹法：肥鴨一隻，淨治如糝羹法，臠亦如此。簩四升，洗令極淨；鹽淨，別水煮數沸，出之，更洗。小蒜白及蔥白、豉汁等下之，令沸便熟也。

在學會烹調筍的過程中，可能也多次碰壁。你看崔浩的媽媽教處理筍要那麼小心翼翼的繁複步驟就可想到，當年一定是很多人經歷過慘痛經歷才學會如何可以安全食筍。戴凱之寫的《竹譜》中提到「落人鬚髮」相信就是早期處理不善，造成慢性中毒。所以李時珍就再三警告要跟到十足正當烹調方法「筍亦有可食、不可食者……贊寧云：凡食筍者譬如治藥，得法則益人，反是則有損……煮之宜久，生必損人。苦筍宜久煮……味者戟人咽，先以灰湯煮過，再煮乃良……酸筍出粵南。顧《海槎錄》云：筍大如臂。摘至用沸湯泡去苦水，投冷井水中，浸二、三日取出，縷如絲繩，醋煮可食。」

5 白居易的聰明選擇

唐代流行食羊，皇帝請大臣羊酒，飲酒食羊肉。送平民高齡的米帛羊酒。民間也經常以羊酒為禮物。然而，《全唐詩》中，有十三首提到烹羊，一首羊羹，五首炰羔的詩。雖然次數不少，卻沒有一首真真像白居易那樣稱讚魚，來讚美羊肉。也許唐代肉食以羊為主，但除了一種冷修羊的食法受武則天推薦，卻沒有什麼以羊為料而特別為人讚好的美味菜餚。像著名的燒尾宴內的幾種用羊的菜餚，通花軟牛腸，只是用羊骨髓釀牛腸，逡巡醬是魚肉羊肉做的醬，五生盤只是羊肉和其他肉的拼盤，格食和紅羊枝杖都只是烤羊肉。只有羊皮花絲，把羊肚切成絲狀，以及拌羊和鹿舌而成的昇平炙比較可能帶來驚喜。

而《盧氏雜說》說的名菜，渾羊歿忽，便只是把釀鵝放進羊腹內烤，羊肉熟了就取出鵝食。不要羊肉，更是側面表示羊肉未能做成好味的菜餚*。

為什麼浪費整條羊？

關鍵問題可能是：怎麼解決羊膻的問題？究竟，這是為什麼羊肉現代始終都不如豬牛受捧的程度。羊膻來自羊身上的支鏈脂肪酸及糞臭素含量。氣味受羊種、食料和年齡影響，羔羊就少膻味。殘缺不全的《饍夫經手錄》也提大家兩種羊都羊膻味太重，不可食：一種是長毛色黑，一種白而有角。

雖然張鷟寫的《遊仙窟》中仙女崔十娘請主人翁的宴席是憑空杜撰，但亦可以反應唐代士人心中的佳餚名饌究竟為何物：

少時，飲食俱到。薰香滿室，赤白兼前，窮海陸之珍羞，備川原之果菜，肉則龍肝鳳髓，酒則玉醴瓊漿。城南雀噪之禾，江上蟬鳴之稻。雞臛雉曤，鱉醢鶉羹，椹下肥肫，荷間細鯉；鵝子鴨卵，照曜於銀盤；麟脯豹胎，紛綸於玉疊。熊腥純白，蟹醬純黃；鮮膾共紅縷爭輝，冷肝與青絲亂色。蒲桃甘蔗，楔棗石榴，河東紫鹽，嶺南丹橘；敦煌八子柰，青門五色瓜；太谷張公之梨，房陵朱仲之李；東王公之仙桂，西王母之神桃；南燕牛乳之椒，北趙雞心之棗。千名萬種，不可具論。

* 據人數取鵝。燖去毛，及去五臟，釀以肉及糯米飯，五味調和。先取羊一口，亦燖剝，去腸胃。置鵝於羊中，縫合炙之。羊肉若熟，便堪去卻羊。取鵝渾食之，謂之「渾羊歿忽」。

肉類中，豬羊牛犬都不上榜。反而是河鮮的鯉魚、蟹、鱉、陸上雞和鵪鶉、熊豹。這或許是為什麼唐代詩人通常讚美的，是魚，而不是羊。

白居易自然不例外。寫了不少讚美魚的詩，喜歡魚的傳聞在他在生年代大概早已流傳，所以掌故說，唐文宗李昂開元年號時，物價很低，胡絹半尺可以買到魚肉，士大夫抄白居易詩一首，亦可以得到一條[9]。

〈殘酌晚餐〉

……閒傾殘酒後，暖擁小爐時。舞看新翻曲，歌聽自作詞。魚香肥潑火，飯細滑流匙。除卻慵饞外，其餘盡不知。

〈飽食閑坐〉

……紅粒陸渾稻，白鱗伊水魴。庖童呼我食，飯熱魚鮮香。

〈初致仕後戲酬留守牛相公，并呈分司諸寮友〉

……炮筍烹魚飽餐後，擁袍枕臂醉眠時。報君一語君應笑，兼亦無心羨保釐。

他這美食選擇非常適當。從正史、文集及墓誌計算出來的唐代人壽命平均是五十九歲左右[10]。由於壽命受階層、職業、性別影響，張燕波計算過和白居易同一社會階層，因此生活條件、營養都應該較為相似的唐代科舉出身者的年壽是六十六歲[11]。李白固然失足意外死亡，杜甫生不逢時，貧病交加而早死，但仕途一路都算順利的元稹也五十多歲就去世，而白居易七十五歲才乘鶴歸去。明顯比較長壽，可能就是因為他的飲食模式比較健康。多食豬、牛、羊之類紅肉都會增加心肌梗死、缺血性中風、癌症、以及增加死亡率[12]。正因為如此，醫學界鼓勵大家要少食紅肉、多食魚禽之類白肉，並且每天有五份蔬菜及水果。

6 白居易的魚膾

那麼喜歡魚，和他談起廣東，相信還是應該由魚切入，跟他說比他晚許多年的劉恂對嶺南地區的魚和食魚法的描述：海裡有小魚，船衝進魚陣中，受驚會自動跳進船上，多到可以把船都壓沉，「下酒甚有美味」；嘉魚，「形如鱒，出梧州戎城縣江水口。甚肥美，眾魚莫可與比……」「以芭蕉葉隔火，蓋慮脂滴火滅耳」；竹魚「產江溪間……烹以為羹，臛肥而美」；鯰魚「為膾不腥，而美諸魚，無以過也」；鯆魚「治之，以姜蔥炰之粳米，其骨自軟。食者無所棄，鄙俚謂之狗瞌睡魚。以其犬在盤下，難伺其骨，故云『狗瞌睡魚』也」。有些魚用芭蕉葉隔火烤，有些做魚羹，有些連骨都可以食。在廣東西部近廣西的康州，居民用山石做食器，燒熱後「下生魚肉及蔥韭齏俎腌之類，頃刻即熟，而終席煎沸」。

這簡直是食魚天堂！聽完了，保證白居易會對華南地區觀念大改。

白居易喜歡魚。但是唐朝人喜歡食的魚生*：魚膾，他又喜不喜歡？在他詩中，似乎只是豪門富家才能有

* 膾是指魚生，新鮮切成片或絲形的魚片。需要活魚即宰即做，相等於嶺南地區的魚生，並非一般生魚片可比。詳細解釋請看屈大均一篇。

的享受。

豪門子弟在他的諷刺詩中食的是「樽罍溢九醞，水陸羅八珍。果擘洞庭橘，膾切天池鱗」。而普通老百姓經歷的卻「是歲江南旱，衢州人食人」[13]。有錢人食膾、洞庭橘，窮人旱災下只能人食人。

鹽商的妻子，沒事做，家中樓上還是穿金帶銀濃妝打扮，食紅的膾、黃的橙、香的稻米飯。「本是揚州小家女，嫁得西江大商客。綠鬟富去金釵多，皓腕肥來銀釧窄……每年鹽利入官時，少入官家多入私。官家利薄私家厚，鹽鐵尚書遠不如。何況江頭魚米賤，紅膾黃橙香稻飯，飽食濃妝倚柁樓，兩朵紅腮花欲綻。」[14]

請他食膾，也許會令他誤會，以為我們挖苦他晚年屬於輕肥一族的士人了。還是免了吧。

何況，那時候，河水不像現在污染得厲害，沒有造紙、化學原料製造、電力和紡織四大行業每年以億噸計的污水排進河流、也當然沒有零碎的微小膠片、以及其他不勝其計的各形各式廢料。如果唐朝人熱愛的鱸魚、鯉魚、魴魚也像今天那樣，整日泡在化學品和重金屬之中，無論看起來多肥美，味道是否再是白居易喜歡的那種也實在會是疑問重重。再加上淡水魚寄生蟲的問題，如是要請食膾，時到今天，為了健康，還是棄河魚，要請他食海魚了。

唐代有名的海魚中，《呂氏春秋》曾經大讚李賀詩中「淡菜生寒日，鮞魚潠白濤」的鮞魚，說是魚之美者。但這究竟是什麼魚，現在都弄不清楚。黃巢兵亂後下落不明的皮日休「因逢二老如相問，正滯江南為鮸魚」

的鮸魚，白居易在八二九年因病回至洛陽時想念浙江而作的〈想東遊五十韻〉詩中提到的比目魚，當然都仍有。但是，比目魚現在往往也帶有寄生蟲了，要食，就必須有適當處理才行。

但關鍵是，這些魚做膾適合不適合？家裡做，絕沒有可能有師傅「縠薄絲縷，輕可吹起，操刀響捷，若合節奏」。如是做得不好，那會是像那年去到首爾的鷺梁津水產市場大失所望一樣。

所以想想，還是免了罷。

7 食餅也要小心禮節

索性來個春餅白粥好了。餅是唐代的主食。粥則南北俱宜。但一般餅食請客起來，我們還要小心禮節，唐代昭宗李曄為新放榜的二十八名進士設宴，以紅綾包著餅請他們食。其中一位盧延讓，年老時在四川失意，覺得自己沒有獲得應有的禮待。於是寫了首詩：「莫欺零落殘牙齒，曾吃紅綾餅餤來。」蜀王讀後，馬上賠不是，送食和紅綾餅給他[15]。雖則昭宗已是白居易以後的事，但他那年代會不會也有一些規矩就不清楚。只希望春餅食法不同，沒有那麼隆重。不以紅綾包春餅請他食，不會得罪他。

唐代時，只有立春時才食春餅。但一年才食一天，胃酸難挨。所以倪瓚在元代教人做手餅，其實也就是春餅。現在，我們當然不管時令，而且，如果住在南半球，真正的春天也不是北方的立春才來臨。

端上桌來時，老先生可能會說，咦，這不是春盤嗎？

的確。他那時代，餅不是主角，佐料才是。所以叫是春盤。「立春日，食蘆菔、春餅、生菜，號春盤」[16]。白居易好像沒有在詩中提到春餅，杜甫卻為立春寫了首詩：

春日春盤細生菜，忽憶兩京梅發時。
盤出高門行白玉，菜傳纖手送青絲。
巫峽寒江那對眼，杜陵遠客不勝悲。
此身未知歸定處，呼兒覓紙一題詩。

春天到來，新的蔬菜上市，大戶人家會切成青絲細菜，盛上玉盤，互相餽贈。東晉時，芹菜、蘿蔔（即蘆菔）是春盤的主要材料。韭菜是更早時春盤前身立春食的五辛盤成分。明清時，北京更有咬春、咬蘿蔔的風俗。認為這樣可以減少冬春季節更替間疲倦的感覺。明代宋詡《竹嶼山房雜部》教食薄餅時捲熟切條的腌肥豬肉、肥雞鴨肉、青蒜、白蘿蔔、胡蘿蔔、生薑、茄子和瓠子。醬就用胡荽醬。

也請食點涼拌小蔥豆腐吧。豆腐一般傳聞是誕生於漢代，經鑑真和尚在唐代天寶年間傳到日本[17]。假如最初屬寺院素食用品，白居易皈依佛

Recipe

春餅白粥

- 榨菜肉絲、紅椒。
- 白背木耳、牛肉絲、唐芹、白芝麻（第二天，以上兩樣各一半，加京蔥炒，十分好食）。
- 松子蝦仁、小蘆筍。薑汁鮮魚、芫茜。炒薯仔絲、青椒絲。涼拌萵苣筍、黑芝麻。
- 韭菜抄綠豆芽。雪菜白頁毛豆、紅椒。
- 涼拌五絲（蛋、西芹、胡蘿蔔、小黃瓜、紫洋蔥）。
- 炒酸豆角。

Recipe

涼拌皮蛋子薑釀小蔥豆腐

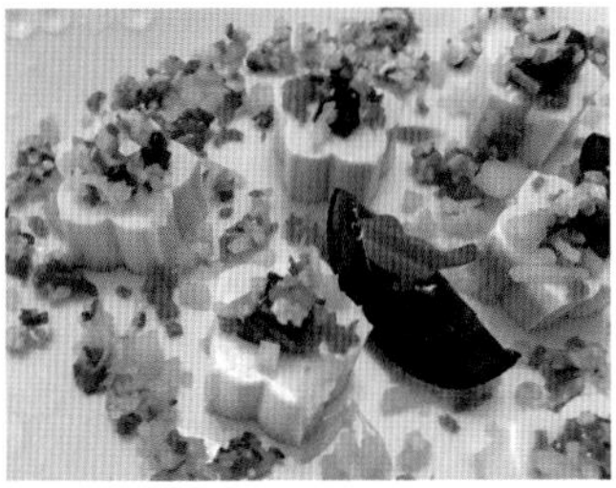

涼拌小蔥豆腐或皮蛋酸薑好多時候都會食到。我發揮想像力，豆腐用模具切成花狀，中間挖一個小洞把皮蛋酸薑切碎釀入豆腐中，上面加上蔥花排列在碟上，食之前淋上用醬油、醋、糖、花椒油、辣椒油調成的汁，再灑上少少炒香白芝麻。

教，是居家弟子，也可能食過。但豆腐之名卻是在五代，公元九七〇年前才出現在書中[18]。日本更是遲百多年後才見此詞[19]。所以，即使白居易食過，也大概沒有聽過這名稱。到時，我們就可以借機會向他討教，豆腐在他那年代叫什麼？是不是也像五代時叫小宰羊，那麼「酷」的稱呼呢？

甜品就請他來個糯米棗糕。白居易沒有表露過喜不喜歡食棗。但他曾寫過一首詩為棗樹申冤：

〈杏園中棗樹〉

人言百果中，唯棗凡且鄙。皮皴似龜手，葉小如鼠耳。
胡為不自知，生花此園里。豈宜遇攀玩，幸免遭傷毀。
二月曲江頭，雜英紅旖旎。棗亦在其間，如嫫對西子。
東風不擇木，吹喣長未已。眼看欲合抱，得盡生生理。
寄言遊春客，乞君一回視。君愛繞指柔，從君憐柳杞。
君求悅目艷，不敢爭桃李。君若作大車，輪軸材須此。

如果他食過棗糕，那應該是北方人仍有食的黃米棗糕，而不是糯米棗糕。黃米棗糕通常是把黃米鋪一層，棗鋪一層，重複一次，蒸熟來食。這裡加多一道工序，可以增加美觀及口感層次。黃米和糯米份量不變可以互換。口感各有千秋，食慣一種米換另一種，可口味一新，帶來驚喜。

飯後請白居易食什麼水果好呢？

橘是唐代的常見水果，唐詩中出現得很多。白居易仕途得意時連當時最好，可以當得上貢品的洞庭橘都嘗過。所以請他食橘，始終有點冒險，不知道夠不夠他的要求？尤其是他已經交待了「老去齒衰嫌橘醋」。

杜甫很喜歡梨，多次提到食梨，要「呼兒具梨棗。濁醪必在眼，盡醉攄懷抱」。白居易卻似乎對食梨的興趣不大。雖然他寫了很多含有梨字的詩，卻大都只是和梨花、梨園有關，和食有關卻一詩不見。不知道他是不是受了元稹在〈哭子十首〉中說「節量梨栗愁生疾」的影響？

白居易曾經對皇帝賜賞的櫻桃大讚特讚，幾乎是天上有地下無的感覺：

清曉趨丹禁，紅櫻降紫宸。驅禽養得熟，和葉摘來新。
圓轉盤傾玉，鮮明籠透銀。內園題兩字，四掖賜三臣。
熒惑晶華赤，醍醐氣味真。如珠未穿孔，似火不燒人。
杏俗難為對，桃頑詎可倫。肉嫌盧橘厚，皮笑荔枝皴。
瓊液酸甜足，金丸大小勻。偷須防曼倩，惜莫擲安仁。

手擘才離核，匙抄半是津。甘為舌上露，暖作腹中春。
已慣長尸祿，仍驚數食珍。最慚恩未報，飽喂不才身[20]。

真的那麼好味道，還只是因為皇帝賜給的果實，而要拍馬屁，非讚不可，或者是要對不得此殊榮的人炫耀一番，我們當然無法知道。但他當時食的不是現在人熟悉的車厘子（通常指進口櫻桃）。車厘子櫻桃是清朝才進入，受歡迎程度卻超越了白居易嘗過的本土櫻桃。如果請他食車厘子想他不會反對。至於中國土生櫻桃品種，現在要買就恐怕有點難了。

但真正使他著迷的應該是荔枝：

早歲曾聞說，今朝始摘嘗。嚼疑天上味，嗅異世間香。
潤勝蓮生水，鮮逾橘得霜。燕脂掌中顆，甘露舌頭漿。
物少尤珍重，天高苦渺茫。已教生暑月，又使阻遐方。
粹液靈難駐，妍姿嫩易傷。近南光景熱，向北道路長。
不得充王賦，無由寄帝鄉。唯君堪擲贈，面白似潘郎。

這首〈題郡中荔枝詩十八韻，兼寄萬州楊八使君〉，沒有明確創作年月，但唐代的萬州和忠州都是在四川重慶，兩地相差約一百公里。因此，相信這是白居易八一九年初到忠州做刺史時寫的。那應該是他官場失意，被貶的時期。正也因為這樣，他才有機會來到四川，塞翁失馬，焉知非福，嘗到新鮮荔枝。雖然，當時最好的荔枝應是嶺南地區出的貢品荔枝。但即使快馬加鞭，送到長安的荔枝在沒有冷藏保存的情形下，皇帝食到的也應該比不上他嘗得到的新鮮四川荔枝！

如果正是季節的話，請他食廣東的荔枝，那就應該使他對這場飯滿意，臨席興起來作首好詩吧！

Recipe

糯米棗糕

- 食材備料
  - 糯米 600 克。
  - 紅棗 300 克（80 克去核，切碎。部分削皮留下作裝飾用。220 克取出核）。
  - 松子 120 克，炒香。
  - 栗子 500 克，煮熟。
  - 片糖 150 克，用 3 杯水煮化。
  - 豬油 50 毫升。
- 糯米、棗、片糖用飯鍋煮熟。
- 豬油塗好碗內，鋪紅棗皮、松子、栗子置碗內如八寶飯式。
- 放煮好的糯米和棗在碗內。
- 蒸好，將碗反翻過來倒出。

第九章　請蘇東坡食什麼好？

1　蘇翁失羊，焉知非福？

蘇軾可以說真的活出了「塞翁得馬，焉知非禍；塞翁失馬，焉知非福」。他考試文章寫得太好，使擔任考官的歐陽修以為是自己門生所著，不敢舉他為狀元，硬生生降為第二名的榜眼。他生活在宋朝最少戰爭的年代。但這只是一個不武鬥，要文鬥的時代。內部黨爭不絕，使他仕途坎坷，不斷被貶，被外放。然而，也就是這樣的不幸，使他一生東南西北，去過許多地方，嘗過不同的菜餚，也給生活磨練出詩詞無數。後世人聽過他大名的遠遠超越過知道王安石、司馬光、蔡京的人。北宋狀元、榜眼，除了他以外，一般人知道的大概也只會有錯把馮京當馬涼的馮京吧。

當然，別忘了，叫他蘇東坡順口過稱他蘇軾。「軾」究竟不是一般人熟悉的字，在香港中文大學的現代漢語頻率統計表上，二十世紀六〇年代只出現在台灣的序號排名四二〇五，而大陸和香港的常用字中則都無影無蹤。在八〇到九〇年代，大陸排名四七一九，台灣四七三〇，香港卻依然無緣上榜。而連小學生都會識的東坡兩字，則是來自他貶到黃州，住在小城東門外的山腰上。陸游差不多一百年後特地去訪黃州，見到「岡壟高下，到東坡則地勢平曠開豁」。有這塊平原之地蘇東坡才可以耕種糊口，不致餓餒。

讀過蘇東坡的詩，會知道他的初愛，其實不是豬，而是羊。他在〈正月九日有美堂飲醉，歸徑睡五鼓方醒，不復能眠。起閱文書得鮮于子駿所寄雜興作古意一首，答之〉的詩中說得非常清楚：平生嗜羊炙，識味肯輕飽。

但是他被貶到遠離汴梁千里之外的黃州。

如果沒有貶到豬肉便宜的黃州，在宋代，這個重羊輕豬，一般人只會草草烹調豬肉為可以下肚的年代，他又怎麼會創造出令後世美食家無不流涎三丈的東坡肉？

當年的黃州，鄰居農夫告訴他「君欲富餅餌，要須縱牛羊」，你想足食，就要養牛羊。羊肉貴，是賣給來當地買木材的外地商人。但豬肉價格比起首都汴梁的，卻便宜到無法抗拒。原因很簡單。蘇東坡的學生張耒，遲蘇東坡十八年後也被貶到位於湖北的黃州。他在《明道雜志》中寫下當時的黃州情景：城本身簡陋到連城牆都沒有，只是一邊靠江，其餘三邊則「略有垣壁，間為藩籬，因堆阜攬草蔓而已」。城裡只有十二三戶人住，其餘都是積水荒田。夏天時，野草阻路。附近地區的餅餌，色如土沙，難以入口。居民生活簡樸，耕田並不勤勞，伐木之後，外來商人運到別處可以賺很多錢。但當地人只要求賣來換食物或衣料。經濟水平明顯甚低，購置力弱。難怪豬肉「價賤如糞土，富者不肯食，貧者不解煮」。

所以識貨又懂烹調的蘇軾才可以買得起，「慢著火，少著水，火候足時它自美。每日早來打一碗，飽得自家君莫管」，製造出這千古名餚。

2 蘇東坡的蔬菜餚

其實，如果不是貶到黃州，蘇東坡也許就不會有廚藝的成就。

他來到黃州，生活水平一下子降到平民百姓一樣，極其辛苦。耕住的地方，原本是軍隊的營地，所以是「茨棘瓦礫之場……廢壘無人顧，頹垣滿蓬蒿」，要他文弱書生，親力親為，「下隰種秔稌，東原蒔棗栗」，下田植稻、種棗栗自然做到「筋力殆盡」。最初是完全沒有期望有餐好食。但是，他在飲食方面最終收穫卻真的不少。

據說有次，麥價低，不值錢，就叫工人自行舂，大概因為脫殼皮不足，兒女都笑他食麥飯起來，嘖嘖有聲，像是在咬蝨子！「嚼之嘖嘖有聲。小兒女相調，云是嚼蝨子。然日中腹飢，用漿水淘食之，自然甘酸浮滑，有西北村落氣味。今日復令庖人雜小豆作飯，尤有味。老妻大笑曰：『此新樣二紅飯也。』」[1]食起來，雖然能飽，連皮帶殼的麥飯熱量不足，很快就餓，又要再淘漿水飲食。結果再改成小豆麥飯才行。*

自己種的菜，當然是最常用的材料。豬肉雖然便宜究竟也不是他可以餐餐食得起的。他的生活水平已經降

* 這故事初看似易明而實不易。他食的麥飯當然不會是大陸現時稱為麥飯，卻是用土豆和槐花合蒸的、麥苗和麩皮合蒸而成的、或者野菜合麵粉蒸的那種。但究竟用的是哪一種麥？大麥、小麥、燕麥、還是蕎麥做的？古籍一般都說不清楚，只說是屬窮家或軍隊食物。唯有明朝李時珍說小麥和燕麥做麵，大麥做飯，蕎麥飯麵俱可，但北方多以蕎麥做麵。因此相信，東坡食的是大麥飯。香港台灣現時都有得食，只是脫了殼不會像咬蝨子罷了。大麥煮起會漲三倍左右。這便解釋為什麼東坡先生食飽了又很快餓。東坡先生沒有親自舂麥，而且不愛訴苦，所以只是寫了這段調侃小文。六個世紀後，同是祖輩蜀人的張岱晚年潦倒時就寫過首〈舂米詩〉，講自己舂米的經驗，提到「連下數十舂，氣喘不能吸」。東坡大概也真明白真是粒粒俱幸苦，所以一聲都沒怪工人。

到一般鄉下老百姓的「水陸之味，貧不能致」，甚至連醋和醬也買不起，又不會做，只好自我安慰說食起來反而有自然風味。所以首先，應該是在他還沒有完成他的烹調豬肉傑作之前，他已經弄清楚如何把蔬菜弄得好食。有興趣的話，不妨跟他的食譜試做一下：用山上的泉水洗乾淨蔓菁、蘿蔔、苦薺，起火上鍋加膏油，湯汁沸騰的時候，再加進豆和米攪均。然後不要再掀蓋。也不要加醋和醬，或其他調味材料。先用大火，燒滾了再調成小火，等蔬菜煮成酥爛。

〈菜羹賦〉

東坡先生卜居南山之下，服食器用，稱家之有無。水陸之味，貧不能致。煮蔓菁、蘆菔、苦薺而為食之。其法不用醯醬，而有自然之味。蓋易具而可常享。乃為之賦，辭曰：嗟餘生之褊迫，如脫兔其何因。殷詩腸之轉雷，聊御餓而食陳。無芻豢以適口，荷鄰蔬之見分。汲幽泉以揉濯，搏露葉與瓊根。爨以膏油，泫融液而流津，湯蒙蒙如松風，投糝豆而諧匀。覆陶甌之穹崇，謝攪角之煩勤。屏醯醬之厚味，卻椒桂之芳辛。水初耗而釜泣，火增壯而力均。嘈雜而糜潰，信淨美而基分。登盤盂而薦之，具匕箸而晨飧。助生肥於玉池，與吾鼎其課題仍。鄙易牙之效技，超傅說而策勛。沮彭屍之爽惑，調灶鬼之嫌嗔。……

他在詩中屢屢提到蔬菜。明顯欣賞。可惜，並非很多詩的創作時月可以肯定，因此無法知道他對蔬菜的愛好是受黃州生活的逼迫出來，還是他之前已經學會欣賞。

但〈元修菜〉這首詩的確是他在黃州時，同鄉巢元修來訪時寫的。而且他確實未來黃州之前已經喜歡這種四川長的蔬菜。因為友人姓巢，所以他就開玩笑索性把四川人叫豌豆苗的別名，巢菜，叫做元修菜。那口浸進茶後的瑪德蓮餅喚醒了馬塞爾．普魯斯特（Marcel Proust）的記憶，老舊的屋子、花園、街道、小鎮、花、人……。東坡先生卻是故人的來臨，喚醒了這久別的家鄉蔬菜的美好滋味，蒸煮熟後又香又好看，下點鹽和豉，加些橙絲、薑絲、蔥絲，哪管有沒有雞和豬，這滿滿一盤保證食清光。

〈元修菜（並敘）〉

菜之美者，有吾鄉之巢，故人巢元修嗜之，余亦嗜之。元修云：使孔北海見，當復云吾家菜耶？因謂之元修菜。余去鄉十有五年，思而不可得。

元修適自蜀來，見余于黃，乃作是詩，使歸致其子，而種之東坡之下云。

彼美君家菜，鋪田綠茸茸。豆莢圓且小，槐芽細而豐。種之秋雨餘，擢秀繁霜中。欲花而未萼，一一如青蟲。是時青裙女，採擷何匆匆。烝之複湘之，香色蔚其饛。點酒下鹽豉，縷橙芼薑蔥。那知雞與豚，但恐放箸空。……

3 東坡先生的魚

西方監獄對死犯有一規矩，死期到時，最後一餐可以點任何心愛之食物。朱莉．格林（Julie Green）就曾經畫過三十七碟美國死囚最後晚餐的瓷畫，有的要牛排，有的要炸雞，有的要德國餛飩，有的要披薩。東坡先生則是對魚另有感情。宋元豐二年（一〇七九年）時，被政敵誣告，謗訕朝政、愚弄朝廷，因此從湖州押到汴梁入獄。他和兒子約好，每天只需要送菜和肉來。如果判了死刑，就改送魚來。哪知道過了一個多月後，兒子手上錢用完，要靠朋友供應。朋友不知約定，想給他來個驚喜，換個口味，便送魚入獄。這厚意卻使東坡大食一驚，以為死期不遠。

但也因為這樣，他又是因禍得福。東坡想來想去，要逃出生天，唯有是向皇帝求情。於是他交兩首訣別詩給獄卒，陽為託送弟弟，實為希望獄卒報告給上司，傳進宮中。果然，太皇太后消息一到，馬上出聲，神宗也轉意。這樣他才幸免一死，貶到黃州。

除了菜、豬肉之外，黃州城鄰近江中有的是魚。買不起，也可以去釣。「曉日照江水，遊魚似玉瓶。誰言解縮項，貪餌每遭烹。杜老當年意，臨流憶孟生。吾今又悲子，轟著淚縱橫」。他大概是經常去釣魚，也取到好魚，親自下廚烹調之餘，還得意洋洋公開他的〈煮魚法〉：「在黃州，好自煮魚，其法：以鮮鯽或鯉魚治斫，冷水下。入鹽於堂法，以菘菜筆之，仍入渾。蔥白數莖，不得掩半，熟入。生薑、蘿蔔汁及酒各少許，三物相等，調勻，乃下。臨熟，入桔皮片，乃食。」據說，民間流傳的東坡魚，便是以此為基礎做的。

除此之外，他也有做魚羹。據他在《東坡志林》所說，他的魚羹做得非常好食，在黃州時，客人都讚美。回到都城做時，客人也大讚是「超然有高韻，非世俗庖人所能」。可惜，他始終沒有交待出他是怎樣做這魚羹。

黃州三年後，東坡調職去河南汝州。可能因為仍是被貶身份，朝廷沒有給或給不夠旅費，去到江蘇常州便因阮囊羞澀，滯留下來。這一停，又給他食的機會。為河豚拼一死的說法，來由應該是因為孫奕在他的筆記《元兒編》中說東坡在常州時愛食河豚聞名，於是有位家中特別會烹調這種魚的士人就請他來嘗。主婦和兒女自然不放過機會，都躲在屏風後近距離欣賞大文豪的風采。哪知東坡舉筷食河豚時，一聲不發，只顧著食。正當大家失望之極的時候，東坡突然放下筷子，長嘆一聲：也直一死！

4 東坡先生的鰒魚

這句話可不是一時之興。

幾年後，他又受政敵攻擊，被外放到揚州，豈知夠食運，逢上河豚季節，於是又再日日都食河豚。過了幾個月，他受詔調回汴京，任兵部尚書兼翰林侍讀學士。職任大概包括替皇家子弟上課。於是一天，在皇子讀書的資善堂和同僚評論河豚究竟味道多美時，他再一次稱讚：「據其味，真是消得一死[2]。」真不知道究竟是宋代的河豚品種不同，還是烹調有異，我們得承認，在日本食過好幾次，都從未嘗領略到東坡先生說的至味。

因為他喜歡食河豚，便有傳說他也寫過烹調河豚的方法。但載有這食譜的《物類相感志》作者其實應是他人。一說是北宋著名高僧贊寧所寫，但出家人教葷菜烹調也不太合理。明代刻本則可能是為了推銷的商業考慮假託蘇軾之名，並且再加內容。但河豚內臟含有比砒霜毒三十五倍的毒素，處理不當，食客必死。如非經過嚴謹訓練，絕不可以操刀處理。東坡先生哪裡會敢自行摸索，或有時間去接受這種訓練？

黃州之後，他調職河南汝州，沒去成又調到山東登州。怎知五天後，就給召回汴梁。但是他也夠福星高照，就這處處五天竟食了美味無窮，遠離海濱的汴梁無緣享受的新鮮登州鮑魚。登州是自古以來，一直到清代仍舊讚聲不絕的鮑魚產地。珍絕鮑腹之後，怎能不留下紀念？

〈鰒魚行〉

漸台人散長弓射，初啖鰒魚人未識。西陵衰老繐帳空，肯向北河親饋食。
兩雄一律盜漢家，嗜好亦若肩相差。食每對之先太息，不因噎嘔緣瘡痂。
中間霸據關梁隔，一枚何啻千金直。百年南北鮭菜通，往往殘餘飽臧獲。
東隨海舶號倭螺，異方珍寶來更多。磨沙瀹沈成大截，剖蚌作脯分餘波。
君不聞蓬萊閣下駝棋島，八月邊風備胡獠。
舶船跋浪黿鼉震，長鑱鏟處崖谷倒。膳夫善治薦華堂，坐令雕俎生輝光。
肉芝石耳不足數，醋芼魚皮真倚牆。中都貴人珍此味，糟邑油藏能遠致。
割肥方厭萬錢廚，決眥可醒千日醉。三韓使者金鼎來，方奩饋送煩輿台。
遼東太守遠自獻，臨淄掾吏誰為材。吾生東歸收一斛，苞苴未肯鑽華屋。
分送羹材作眼明，卻取細書防老讀。

老先生食了新鮮鮑魚的鮮味，引經據典寫了長長一篇，害得我們沒有他那樣熟讀文言文和古書的人如同墮入霧中，隱約見是史事傳說卻又是似懂非懂。還好學術界有人肯拔刀相助，替我們解讀不少[3]。

全靠這首引經據典的詩，大家才記得起曹操多愛食鮑魚，死後他兒子曹植都要特別從徐州臧霸送鮑魚二百枚，來祭他；王莽兵敗如山倒時，一味飲悶酒，食鮑魚。當然，他們食的都是蘇東坡詩中的鰒魚，也就是現代鮑魚，在明代之前的原有名稱。

對了。如果想請東坡先生食鮑魚，那就一定不可以馬虎，要跟他說鰒魚，千萬不要糊里糊塗地說請他食鮑魚。這樣說，恐怕他會大怒之下，拂袖而去。

北宋年代的鮑魚，可不是我們心目中那美味非常的貝殼類海產，而是指發臭的魚！

和一般北宋人說鮑魚，他們可能抓耳撓腮，不知所謂。只是腹載五車的東坡先生會知道，到了戰國中後期才出現的「鮑」字，《說文解字》說得很清楚：「鮑，饐魚也。」廣東人一看就明白，因為粵語到今都會把食物變壞，發出臭味時說：呢樣嘢饐咗，這東西饐了！

和他同是東漢人的劉熙，在《釋名》中也同意許慎的說法：「鮑魚，鮑，腐也，埋藏奄使腐臭也。」

請東坡先生食饐臭的魚？豈有此理！

5 為什麼不能說鮑魚？

不過，許慎和劉熙那時代，查資料不如今天方便，可以隨時上網找到遠在天方的參考文件。他們所解釋的可能只是漢代他們所居住地區的意思。最初的意思可能又不同，而且含糊得多。在墨子筆下，鮑和鞄同一意義，指製造皮革的工人[4]。鮑魚後世的確是指魚，但又不一定是臭魚。周武王做太子時喜歡食鮑魚，給師傅教訓說鮑魚是不合規矩，不能抬上禮器作祭祀的東西，不合太子食。東漢的《吳越春秋》有漁父請伍子胥食鮑魚羹，長沙馬王堆出土的漢簡有鮑魚笥白羹。遠離海洋的內蒙古居延地區出土的漢簡也提到鮑魚百頭[5]。

所以，即使在許慎和劉熙的年代，或更早，鮑魚不一定是指饐了的魚。但這些鮑魚是什麼呢？

漢代的鄭玄說是在以火乾肉的䆃室中處理的魚。但遲三百多年後的南朝人梁顧野說鮑魚是漬魚。更遲的唐代人顏師古也支持這看法，說鄭玄是錯了，《漢書》上提到的鮑魚是鰛魚，一種漬魚。不過，他們都沒有提供任何更早的歷史文獻證實他們的主張。

雖然這樣，因為他們的注解，以及後人的附和，「入鮑魚之肆，久而不聞其臭。」這句話中的鮑魚，一般老師都會說是指鹹魚。

為這說法的一個典故是秦始皇在旅程中突然暴斃。為了要拖延公布死訊的緣故，秦二世把一石鮑魚放在運棺的臥車上，使人聞不到屍臭。說這是鹹魚或風乾的魚雖然合理過說是腐爛的魚，卻始終並非指正鹹魚的明確證據。

然而，在晉唐之前，更早時候，東漢的劉熙一早已經說了「鮓」是鹹魚：「鮓，葅也，以鹽米釀之如葅熟而食之也。」南北朝的北魏《齊民要術》書中，沒有製造鮑魚的方法，不同做法的鹹魚則叫魚鮓、魚脯及涅魚。而南北朝時，南朝有位謝超宗曾經請食飯，待客以「精白鮑美鮓獐肶」，精白的鮑，美好的鮓，和獐腿。換言之，鮑並不是鹹漬魚的鮓，而是別的東西。非常可惜，長沙馬王堆一號墓的陪葬品中是有鮑魚和鹿肉做的羹。但考古學家當時似乎沒有考究出魚類殘骸經過什麼加工。於是，當年的鮑魚為何物，永遠成謎！

其實，不管是鮮魚、死魚、鹹魚、風乾的魚，都有氣味。所以「入鮑魚之肆，久而不聞其臭」。但這句話本身不能解釋鮑的意思。而且，《說文解字》「臭」字原有的意思也只是「禽走臭而知其迹者，犬也。从犬從自」，是指嗅覺，引伸到氣味，不一定是難聞的臭味。比許慎早的孔子，語意可能也只是賣鮑魚的店有股氣味而已。

無論如何，即使東坡先生知道，鮑魚未必定是饐臭的食物，一般的鮑魚應該不是什麼名貴食品，因為南史提到孔子的三十二代孫孔休源，不食水陸之宴，常饍只食赤倉米飯，蒸鮑魚，為人稱讚。可見鮑魚當時只是普通食物，絕對不是南宋明帝時代彥回收到的三十條鰒魚，價格高達十萬錢那種食物。

對東坡先生說，請你食鮑魚，怎樣也會是一種怠慢。

6 鰒魚為什麼要改名？

總而言之，今之鮑魚非北宋之鮑魚。要請東坡先生食，就千萬記得說鰒魚。

不知道，飽學的他會喜歡跟晉代的食法，鱠鰒，像魚生那樣，還是像宋代的決明兜子，把鮑魚燜好，切丁然後和配料一起炒成餡，用粉皮包好，蒸；還是試試現代的食法呢？

至於說，為什麼鰒魚又要終於改名為鮑魚？

其實，東坡先生這首詩為我們提了線索。

古代沒有空運。海邊捕捉到的鰒魚不可能新鮮送到食客身邊。唯一的做法是加工處理，成為可以久放。南北朝劉邕精神病態下把人身上的瘡痂當鰒魚食，正是因為在江南地區沒有新鮮鰒魚，只有具有濃味的乾鰒魚，而當時可能未懂得如何消除氣味，所以即使口感美，氣味卻仍不佳，會和瘡痂相似。詩中提到「東隨海舶號倭螺，異方珍寶來更多。磨沙瀹沈成大胾，剖蚌作脯分餘波」，也是告訴我們唯食者肯高價買鰒魚食，日本於是遠道運來乾鰒魚。

雖然這首詩提到糟邑「油藏能遠致」，當時有用酒或油可保存遠運，但最常用的處理方法應該仍像現代，製成乾鰒魚。所以，無論鰒魚當年用什麼方法加工處理，仍有氣味。觀念上應屬具有氣味的水產品。

鰒魚首次和鮑魚兩詞會合，是在南北宋交會期間曹勛描述農民清除殼粒的吹風農具〈扇車〉：「良工巧製鮑魚形，短架圓機扇比名……」。詩寫的時間不清楚。但南宋位在江南，山東已屬金國統治。南宋人只可能食得到乾鰒魚。蘇東坡所食過的新鮮鰒魚已屬遙遠的記憶。鰒魚只是鮑魚（有氣味的海產品）其中一種。但其他的，都已經有鮓、鯆、浥的稱呼。於是鰒魚和鮑魚兩詞概念開始合一，元代時，忽思慧已經接受鮑魚只是一種魚，因此在《飲膳正要》說「鮑魚味腥臭，無毒。主墜蹶折瘀血，痺在四肢不散者，及治婦人崩血不止」。但清初時，朱彝尊的《食憲鴻秘》、屈大均的《廣東新語》都仍舊繼續說鰒魚而不提鮑魚。所以，鮑魚的現代意思，連新鮮的鰒魚都稱為鮑魚，應該是更晚才普及。

7 來到惠州也有食福

黃州不算最慘。那時，他正值壯年，四十四、五歲時。五十七歲時，貶到廣東惠州，四年後，六十一歲再調到海南島的儋州。不但是頭髮，牙齒也掉了不少。在惠州起始連自己的房子都沒有，一家大小在僧寺寄住了五個月才搬進自己家。生活很苦，借了半畝地自己種菜，憑此飽肚。陪他同行的侍妾朝雲次年就病死。網上相傳惠州的梅菜扣肉，是東坡先生在東坡肉的基礎上再用當地梅菜創造出來的。要是這樣，他在惠州還應該有些美食經歷。可惜，東坡先生沒有任何詩文與此相關。相信這就只又是一宗附會而已。

在惠州他該比起黃州更是肉少菜多，「夜半飲醉，無以解酒，輒擷菜煮之，味含土膏，氣飽風露，雖粱肉不可及也」。羊肉不多，又可能囊澀不能多買，只是買稍微帶肉的羊脊骨，挑出肉來食。「惠州市井寥落，然猶日殺一羊，不敢與仕者爭。買時，囑屠者買其脊骨耳。骨間亦有微肉，熟煮熱漉出。不乘熱出，則抱水不幹。漬酒中，點薄鹽炙微燋食之。終日抉剔，得銖兩於肯綮之間，意甚喜之，如食蟹螯。率數日輒一食，甚覺補……」。

還好惠州有河流，有魚、有蝦。所以他曾經「二月十九日攜白酒鱸魚過詹使君食槐葉冷淘」，和當時惠州知州詹範食魚和槐葉冷麵。也因為有魚蝦，他的侍妾有次想買河鮮卻買了回來一碗蛇羹。

惠州現在是幾乎清一色客家人。為什麼他沒有一句稱讚炒豬大腸、東江釀豆腐等等客家菜呢？原來，這些客家人絕大多數都是北宋後期、南宋、元、明、清代，一波又一波從中原或經福建移民來的。像東江釀豆腐，傳說就是因為來到南方，缺少來自麥的麵粉做餃子皮，只好把餡放進豆腐裡。東坡年代，惠州的菜餚相信仍未是近代的客家經典菜，而是當時比較多的瑤畲民菜式。

不過，在惠州他也不是沒有美食可享。第一次食到新鮮荔枝，他便驚為天物！以前，他曾經在京城食過蜜漬荔枝，但在四月十一日的惠州西湖，他初時嘗到了新鮮採摘的荔枝：

南村諸楊北村盧，白花青葉冬不枯。垂黃綴紫煙雨裡，特與荔支為先驅。
海山仙人絳羅襦，紅紗中單白玉膚。不須更待妃子笑，風骨自是傾城姝。
不知天公有意無，遣此尤物生海隅。雲山得伴松檜老，霜雪自困楂梨粗。
先生洗盞酌桂醑，冰盤薦此赬虬珠。似聞江鰩斫玉柱，更洗河豚烹腹腴。

不但是說只有江鰩柱、河豚比得上，更是覺得「我生涉世本為口，一官久已輕蓴鱸。人間何者非夢幻，南來萬里真良圖」。

這些詩可能傳到政敵耳中，覺得他在惠州太舒服了。於是，剛覺得惠州「風土食物不惡，吏民相待甚厚」，在白鶴峰建了新居，甚至為在家園種茶而作詩，朝廷卻又要折磨他，把他貶到更遠更窮鄉僻壤的海南島儋州去。

這裡更荒蕪，落後，但等著他卻又有新的饍食發現。

8 儋州也不是沒有食福的

到儋州之後，寫給弟弟的信可以囊括他在海南島的經驗：「五日一見花豬肉，十日一遇黃雞粥。土人頓頓食薯芋，薦以熏鼠燒蝙蝠。舊聞蜜唧嘗嘔吐，稍近蛤蟆緣習俗……」。東坡肉都最多五天食一次了，黃雞更少見。田鼠，蝙蝠，新生的小老鼠，相信他沒有真的試一口。但至少蛇和青蛙是試了。後來他在詩中也承認「烹蛇啖蛙蛤，頗訝能稍稍」。食得不好，怪不得會瘦，「帽寬帶落驚僮僕」。不過，他可能因為心理影響，像廣東人形容的「老貓燒鬚」，走了寶。袁枚後來就發現原來青蛙可以是美食。袁枚更是要連皮食。有次，廚師把皮剝掉，袁枚就禁不住要罵：「劣傖真不曉事，如何將其錦襖剝去，致減鮮味！」[6]

另一憾事是海南其實也有當時叫鰒魚的鮑魚。屈大均在明末清初時就有記載。或許，宋代人當時仍未發現。不然的話，東坡先生在海南的日子應該是過得更好了。

不過，東坡還是有口福的。陳樹聲說東坡曾經告訴兒子他食到了很好食的蠔，還詼諧地誇張，不要給京城的士大夫知道，否則他們都會南下搶食，「無令中朝士大夫知，恐爭謀南徙，以分此味。使士大夫而樂南徙，則忌公者不令公此行矣。」

但那裡的米都要靠海船運來，因此非常昂貴。餅和麵食也可能有限。他有次擔心會斷糧，和兒子商量，自我安慰說辟穀，靠吸空氣也可以度過難關。後來他改食山芋，也即是山藥[7]。他把三兒子用山芋做的羹起個詩情畫意的名稱——玉糝羹，特地作詩讚美：香似龍涎仍釅白，味如牛乳更全清。莫將北海金齏鱠，輕比東坡玉糝羹。說到山藥做的羹美味到連鱸魚配蒜、薑、鹽、白梅、桔皮、熟栗子肉和粳米飯做的江南名菜金齏玉鱠都比得下。

那還了得！

大概又是他的美食詩闖的禍。朝廷又派人來把他從官舍趕出去，使他一度無瓦遮頭。

東坡先生來過廣州。在《萍洲可談》中描述北宋晚年時廣州風物的朱彧的父親就曾經在廣州碰到他。據朱彧所述，廣州當時不少來自海外的伊斯蘭教人，「蕃坊獻食，多用糖蜜腦麝，有魚雖甘旨，而腥臭自若也，唯燒筍菹一味可食」。阿拉伯人似乎不會做魚餚，食品甜味也不合宋人口味，只有蔬菜還可以。可惜東坡先生沒有去試試這些外來菜餚。不然，誰知道，也許他會併發出一些新的 fusion 融合食味出來呢！

9 請東坡先生食什麼好呢？

那麼，請他食什麼好呢？

當然，一個選擇是請他食東坡菜。如果上這道菜，他肯定會大吃一驚！此與我何關？東坡菜可真不是他傳下來的，而是廣東人陳可鈺宴請孫中山先生時，從東坡的「無肉令人瘦，無竹令人俗」得到靈感，而為粵菜筍蝦炆豬肉起的名[8]。

換一個別味，來碗牛肉湯粉吧？這是南方人的食法。唐代是餅的世界，尤其是香噴噴烤爐烤出的胡餅。但是烤爐需要大量燃料。而北宋、南宋都是燃料緊張不足，造成烤餅的沒落，湯餅、饅頭、包子的興起[9]。東坡先生喜歡食湯餅，我們口中的麵，為我們留下不少食麵的詩和掌故。

〈和參寥見寄〉

黃樓南畔馬台東，雲月娟娟正點空。
欲共幽人洗筆硯，要傳流水入絲桐。
且隨侍者尋西谷，莫學山僧老祝融。
待我西湖借君去，一杯湯餅潑油蔥。

當然，他是四川人，可以考慮請他食碗擔擔麵。但他那時代還沒有辣椒那麼辣的味道，又怕他食不慣。宋代湯餅的名稱和麵共存，種類很多，什麼卷魚麵、桐皮麵、拔刀雞鵝麵、銀絲冷淘、大燠麵都有。總之，現代的一般麵條，不夠特色，也沒太大意思。反而，牛肉湯粉可能是他沒有食過的。

可是，宋代不是禁食牛嗎？他會不會不食呢？

這就毋須擔心了。宋代確實明文禁止食牛。但在朝廷鞭長莫及的地區還是有人食。友人黃庭堅貶到安徽宜州後寫的筆記《宜州家乘》中就曾提到陶姓朋友送牛脯的事。蘇東坡貶到山高皇帝遠的黃州時，也曾經食了鄰居跛了腳的牛。大概好味道，後來又開了住武昌的王齊萬玩笑，說「明朝寒食當過客，請殺耕牛壓私酒」。所以，請他食牛應該是不會有問題的。

不過，河粉究竟不是麵。想到他來過廣東卻沒有機會品嘗過廣東的菜餚，還是請他來個典型的吧。檳榔芋臘味糯米飯可能會是一個好選擇，檳榔芋是嶺南地區才有的食品。東坡先生詩中常見「芋」字。雖然並非每一次都一定指芋頭，像他兒子用的山芋，便不是，但是從〈和陶酬劉柴桑〉「紅藷與紫芋，遠插牆四周。且放幽蘭香，莫爭霜菊秋。窮冬出甕盎，磊落勝田疇。淇上白玉涎，能勿過此不？一飽忘故山，不思馬少遊」，就可看到他食過形像紫芋，芋頭的別名，一樣的食物。海南島古代未必有好的芋頭，但同屬天星科的農作物應該是有的[10]。檳榔芋肉呈檳榔紋，故此為名。東坡先生未必食過，但檳榔卻不單食過，還曾作詩留念：「北客初未諳，勸食俗難阻。中虛畏泄氣，始嚼或半吐。吸津得微甘，著齒隨亦苦。面目太嚴冷，滋味絕媚嫵。」

Recipe

皮蛋酸子薑

當然，也不能讓東坡先生錯過嘗試典型粵菜的皮蛋酸子薑。前盤就來個皮蛋酸子薑吧。皮蛋酸子薑和豬腳薑醋都是很大眾化的食物，如何將它用比較美觀的方式呈現在餐桌上？我是試著這樣做的：每年七、八月子薑上市，我都會腌製一大樽放在冰箱備用，請客是用模切出自己喜歡的形狀伴着皮蛋上檯，增加食慾。

Recipe

檳榔芋臘味糯米飯

- 糯米 3 杯，洗淨浸過夜瀝乾水，放進電飯煲煮。
- 檳榔芋 400 克，去皮切粒，炸至淺金黃色。
- 臘腸、鵝肝腸各 1，蒸熟切粒。
- 瑤柱浸軟撕碎。冬菇 4 個，浸軟切粒。
- 獨頭蒜 2 個，切碎。紅蔥頭 6 個，切碎。
- 蔥 2 條，切蔥花開心下。
- 調味料：胡椒粉 1 茶匙、五香粉 1 茶匙、鹽 2 茶匙、生抽 2 湯匙、老抽 1 茶匙。
- 浸冬菇、瑤柱水、上湯共 2 杯半（沒有上湯可用水代替）。
- 要先炒香紅蔥頭，加入蒜頭接着加冬菇炒出味，再加入全部材料炒香。
- 飯煲跳掣後，用筷子打鬆飯，加進配料，再焗 10 分鐘灑上蔥花。

第十章　請魯智深食什麼好？

1 俺不是食素的！

假如魯智深不是一個虛構人物而是真人，來到我們家食飯時應該請他食什麼好呢？

我想，他第一句一定會很乾脆地答：俺不是食素的！

這句話使我們想起華北地區也有這樣的話：「我不是食素的。」一般解釋是對方別想可以欺負他，甚至應該是害怕他。這當然不會是魯智深的意思。他才不會擔心別人欺負他呢。說這句話，他只是告以真情，他只是迫不得已，才遁入空門避難。當然不是一位只食素的僧人。

但為什麼別人會冒出這句話來呢？卻是一個頗有趣的問題，值得探討一下。

最常見的解釋是自認「我不是食素的」的人，表示自己性格夠兇夠狠，像食肉的猛獸。只有他可以欺負人，別人別想欺負他。換言之，食草的牛羊，隨人宰割。食肉者，無論獸或人，都是比較兇狠的，富攻擊性的。當然，如果你想起獅子、老虎、豹和狼，都是嗜肉動物，而牛羊都是食素的，以「我不是食素的」來代表兇狠似乎頗有道理。但是，食素的大象和犀牛也是不好惹的，單打獨鬥起來，獅虎都休想可以勝出。食素的長頸鹿更是可以一腳踢死一頭獅子。獅子、老虎遇上這些食素的動物時，如非能夠成群圍攻落單的對方，否則都不會恃自己不是食素的，而冒險上陣。

至於人呢？食素的是否真的脾氣比較溫文爾雅？美國的「善待動物組織」（PETA）就相信食素會減少戾氣，如果大家都食素就可以世界和平共存，烽火不再。他們在二〇一七年時曾去信美國國務卿提勒森（Rex Tillerson）鼓勵他用素食來促進世界和平。

但這種說法又有沒有根據呢？科學上似乎沒有幾篇研究可以告訴我們食肉食素，對性情有沒有影響。我們有位老朋友是高僧。他說食葷確實會使心中湧現慾望。中年之後力主食素的俄國大文豪托爾斯泰（Lev Tolstoy）在小說中經常把飲食和性慾連繫一起。他在一八九一年時寫過一篇文章解釋他為什麼食素不食肉。他指出食肉不只是使用暴力對付動物而殘忍。食肉更是會使人增生獸性，引發性慾，鼓勵性交及酗酒。他的看法和不少十九世紀時美國素食主張者相同。他們也都宣傳說食肉會使人脾氣暴躁、促進性慾、沉醉性事。

但性慾暴升，並不等於會作風兇狠，所以西方人並不像華人，會把食素看成祥和可欺，而食肉則兇猛好鬥。最貼近華人的想法也只有卡洛·亞當斯（Carol Adams）在一九九〇的書《肉的性別政治》（The Sexual Politics of Meat）。她在書中說食素是一種女性觀點，不僅是抗拒食肉的世界觀，更同時是否決了男權社會話語的暴力及侵略性。

那麼歷史又有什麼啟示呢？食素的人是否真的較為和平？食肉者是否比較好戰？

2 食素者必是善男信女？

如果看小說，《西遊記》裡保護唐僧取經的孫悟空、猪八戒和沙僧當然都是食素不食葷的。但是，輪到對付妖精鬼怪，他們卻都毫無殺戒可言。像〈豬八戒義激猴王　孫行者智降妖怪〉一章，八戒、沙僧把兩個孩子拿到寶象國中，往那白玉階前摔下。可憐都摜做個肉餅相似，鮮血迸流，骨骸粉碎。慌得那滿朝多官報道：「不好了，不好了，天上摜下兩個人來了。」八戒厲聲高叫道：「那孩子是黃袍妖精的兒子，被老豬與沙弟拿將來也！」

到了〈師獅授受同歸一　盜道纏禪靜九靈〉，只食花果和蔬菜的孫悟空又「把三個小妖輕輕一揢，就揢做三個肉餅……又叫屠子來，把那六個活獅子殺了，共那黃獅子都剝了皮，將肉安排將來受用」。

《西遊記》固然是故事而已，但是反應的卻是真實世界裡佛教信眾和一般人都揮之不去的心理矛盾。佛門子弟，和尚、尼姑給人的感覺是祥和仁厚，遠離暴力。出家人不殺生，理論上也沒有理由揮刀動劍，傷害他人。佛經上更是清楚指出佛家子弟不可收藏刀杖弓箭鉾斧之類可以用以鬥爭或殺人的武器。

然而，人們卻又偏偏喜歡宣揚武僧傳統。少林寺的工夫更是說得神乎其神。而弔詭地是，歷史上確實存有僧侶組成的武裝部隊。林韻柔曾對此問題分析過[1]。因此，我們可知寺院不得不有保安防禦盜賊的安排，但在涉及可能殺人的行為上則意見不一。北涼和南朝劉宋的僧人都各自為崇尚佛教的北涼和劉宋守城，頑抗不信佛的北魏。要滅佛教的北周攻打北齊時便同樣受到北齊的僧兵抵抗。這都或多或少意味僧人在護教的大前提下認為從武和不殺生的要求並不相悖。

這幾次都屬防禦性的守城行為。但少林寺幫李世民擊敗王仁則，就並非完全一樣。雖然李世民和王仁則對佛寺的態度殊異，少林寺的僧人偏向李世民並不出奇，但少林寺的僧人不是守城而是攻城。

動武和不殺生明顯矛盾。一方面，唐初時，突厥侵入，既有僧人提議政府徵用僧人為兵，也有僧人反對。唐朝政府最終因為千名僧人群起反抗，只好解散僧兵容許他們歸回寺院。但另一方面，日本在戰國年代，武僧更是可觀的武裝部隊，兵力高達數千，對角逐爭雄的勢力既是威脅又是合作對象。

韓國歷史更為我們提供了素食和武力強弱並無關係的實例。從十世紀初維持了五百年的高麗王朝，信奉佛教，因此是普國素食，不食葷。也因為這緣故，韓文統稱為饅頭的含肉包子、餃子，要在變成元朝藩屬時代才進入韓國饍食，而在最早提及此類食物的十三世紀韓國歌曲〈霜花店〉中賣霜花（古韓文饅頭名稱）的店主是回回大叔，而不是漢人。然而，儘管是素食而非葷食，高麗王朝都使遼國多次攻打鎩羽而歸。高宗四十年中，蒙古軍也無法在韓國取勝。韓人的最後抵抗力量也在南宋滅亡後才被消滅。

近代史中，殺人如麻的希特勒（Adolf Hitler）及納粹黨高官不少人都是推崇食素的。希特勒批評肉湯是死屍茶，並宣稱羅馬年代凱撒的軍士戰無不勝，和日本相撲手氣力天下無雙，都是拜食素之益。據他的廚師和試餐員記憶，希特勒雖然偶然會食肉，大多數時候卻的確只是食素，豌豆、蘆筍、甜椒、蘑菇、薯仔、奶渣、蘋果、小米和麵條。可這位食素的人不僅發動了二次大戰，而且對手無寸鐵的老百姓殺起來也絕不手軟。

這種食素而不和平之風，也並非偶而不再。西方現代新納粹主義黨派和極右組織也往往是主張食素，不食肉，認為食素才會純潔，身體健康。如果上網去看他們在 Youtube 上的烹飪節目，便可以聽到講解如何用豆腐、茄子、洋蔥、蒜頭、番茄、黃瓜、甜椒、胡蘿蔔和千層塔來做菜。

可見，食不食素和戰鬥能力及兇暴狠毒都沒有必然關係。

3 葷素的階級問題

但食素食肉還有另一種意義。

「我不是食素的」不是因為食肉者兇，才要人尊重。而是因為有資格食肉，而不食素，代表是高人一級，有權有勢，只有他才有能耐去整人，欺負人。

無論是中外，古代時候，普通人是難以食肉的。食素不是選擇，而是生活條件所迫。除非是獵戶，有本事可以去打獵捕捉野味，否則你就只好安分守己，照《詩經》那樣，「六月食郁及薁，七月亨葵及菽，八月剝棗，十月獲稻，為此春酒，以介眉壽。七月食瓜，八月斷壺，九月叔苴，采荼薪樗，食我農夫。」六月有水果，郁李和叫蘡薁的野葡萄，七月煮冬葵及大豆的嫩葉，八月食棗，十月稻米收割，七月有瓜，八月葫蘆，九月要拾秋麻子，除此之外就只可以有苦菜食，臭椿當柴木取火了，一年之中，只有半年可望在苦菜之外還有其他可口的蔬菜或水果。肉是天外之物，無法想像了。

相反地，正如三國年代的仲長統所說：「彼君子居位，為士民之長，固宜重肉累帛，朱輪駟馬。」食肉被看成是官員、貴族、皇家應有的享受。他批評今「反謂薄屋者為高，藿食者為清，既失天地之性，又開虛偽之名，使小智居大位，庶績不咸熙，未必不由此也」。說明當時很少官員會寡肉多蔬菜，因此才會出現粗食者為清，多食蔬菜被視為清高的現象。

其實，早在東漢初的孔奮，做姑臧縣長時，前任官員到任幾個月都已經搜括到很多錢，他任職四年卻仍舊和妻子同甘菜茹而被人譏笑。東漢桓帝時，朱穆官至相等於現代總理職位的尚書，卻仍然布衣蔬食，兩袖清風。死後，同僚要求表彰他。而在三國年代，華歆也是因為貴為司徒，卻清貧食素而獲魏文帝褒獎，特賜御衣。這些例子都清楚說明，在西周至漢代時期，食肉被視為上層階級的特徵之一。不貪污弄權才食素。

在之後的千年中，肉和蔬菜的比例有變。如非戰亂、災害，城市居民食得起肉的人數增加。皇家御饍也不會是光食肉。但是，能食肉和只能食素仍舊是貧富貴賤的象徵。明代時，江西有「齋打底」的風俗，第一碗只能食飯。第二碗才可食菜。至於肉食，就更無緣，只能買內臟來食[2]。小說《儒林外史》中，考試多年都不中舉的周進和王舉人聊天，「管家捧上酒飯，雞、魚、鴨、肉，堆滿春臺。王舉人也不讓周進，自己坐著喫了，收下碗去。落後和尚送出周進的飯來，一碟老菜葉，一壺熱水。周進也喫了。」文瀚樓老闆找匡超人幫忙批書，「平常每日就是小菜飯；初二、十六跟著店裡食牙祭肉」。清代時，即使在比較富庶的江南，一般工匠仍舊是難以應付肉價，最多只能一個月食一次[3]。

4 「我不是食素的」土不土呀？

但是，以「我不是食素的」這句話表示自己非富則貴，其實反而會弄巧成拙，顯得夠土。

富人食素起來可能比食葷的人更為豪華。清代文學家趙翼就寫過一篇標題長得驚人的文章，〈西巖治具全用素食以蘿樓持齋故也系素食歌見示亦作一首荅之并調蘿樓〉，說秦礐請他食飯，因為主客王文治只食素，趙翼做陪客也只好從善如流，食一頓素。心中正在嫌主人沒有豬肉和酒，「豈期下箸倍覺珍，不數豹胎猩程唇，香菌自南蘑菇北，菘必秋後筍未春，有時故仿豚魚樣，質不相混色亂真」食得「金齏銀鱠玉糝羹……肉食恐無此繁費」，從遠方搜尋來南方的香菌，北方的蘑菇，秋後的白菜，春前的筍，時令的白菜和筍，味美色美，食肉都未必要那麼昂貴。忍不住要譏諷說，食素表面上好像陶淵明那樣追求澹泊，實際上卻可能只是像寡婦口說守節不嫁，心裡其實仍想，「招之仍可入洞房」，一樣的虛偽。

如果是現代版的話，那無異等於是一席上擺滿急遞送來早晨在皮埃蒙特（Piedmonte）打好的麵條、配上剛從地下挖出的黑松露、德國四月 Spargelzeit 季的白蘆筍、比利時小番茄、用 Sulugiuni 和 Imeretian 芝士做的格魯吉亞 khachapuri 餡餅、日本的草莓、台灣極品的蓮霧、六月的澳洲酪梨上滴了摩德納十年醋……。更豪華一些，當然還可以包個私人飛機特約邀請歐洲米其林星級素菜館的大廚，或者日本頂級精進料理的大師來示範兩手，給各位大開眼界舌界：好的素食，色香味，如何比最好的葷席，也可以有過之而無不及。

而時至今日，食用植物做的素肉，價錢比真肉還要昂貴。喜歡食素肉的往往是消費力強的中產階級頂層人士。再以「我不是食素的」來炫耀自己的身份恐怕只會令人失笑，講者是多麼無知及土！

5 魯智深的狗腿

既然不是食素的，那魯智深食什麼好呢？

《水滸傳》裡最令人印象深刻的當然就是魯智深在第三回，下了五臺山食狗肉的經過。酒店裡幾碗酒下肚後想食肉，店家告訴他不巧本來有的牛肉都已經賣光了。跟著，魯智深聞到一陣肉香走出店外看，卻見到牆邊砂鍋裡正煮著一頭狗。和店家吵了一番之後，他買了半隻狗來食。食不完的狗腿就大搖大把地帶上五臺山寺廟去，再和寺裡的和尚大吵一番。

那是不是應該請他食狗肉呢？

我們家是不食狗肉的。

這倒不是因為反對食狗肉。從醫學的角度來說，患有狂犬病的狗，即使食下肚子裡也未見報告產生問題。只是屠殺這種狗的時候，就可能會接觸到大量病毒而染病。

不少現代人，尤其是西方人覺得食狗是很殘酷的事。但印度人也會覺得食牛，是殘酷而犯上的事。我們去了東歐餐廳裡見到有馬肉食，心裡也覺得怪怪。問題其實是狗、牛或其他動物，和人的關係。狗在現代人家中，往往是寵物，地位甚至可以接近親人，生病起來，不惜重金為牠求醫施藥。但狗在過往的地位只是一種工具，用於守衛、行獵、食用。考古學家在西班牙發現石器時代的歐洲人啃過的狗骨，羅馬人、希臘人都曾以狗為食。近代歐洲人雖然當狗是寵物，但在戰亂或饑饉時期也一直都照樣會毫不留情食。在德國狗肉更是有別號，叫封鎖期的羊肉。美國在百多年前，二十世紀初葉時仍容許食狗，而瑞士鄉下至今也仍舊可以公然食狗食貓，食譜裡也有教熏狗肉和臘狗肉。

震遐唸大學三年級的時候在新界的青山精神病醫院學習。有一天，同學們就神神祕祕地說要去食狗肉。那時候香港已經是禁止食狗肉，一組幾人卻浩浩蕩蕩去到元朗一家飯店走上二樓。不久之後，侍應就端上一大盤「本地羊」來食。同學們馬上爭先恐後地舉筷搶著來食，食了幾口後更是大叫說周身發熱。但震遐覺得狗肉沒有什麼特別好食，也沒有發熱的感覺。之後也再沒有興趣去試了。

狗大概是在石器時代從狼演變成人類的馴物。由於考古找到人和狗同在的證據都在氣候較冷的北方地帶，一個可能原因是在寒冬時，原始人打獵到野獸，由於不能進食過多蛋白質，迫著放棄部分獸肉。狼群知道後會走近人類，希望分享。於是逐漸出現人狼相處，進而野狼變家狗[4]。

但當然，食君之祿，可能就有充君之飢的風險。狗在石器時代到商、周代都是重要的食用動物。如果看金文的「獻」字「獻」不明白，《說文》說得更清楚：「獻，宗廟犬名羹獻，犬肥者以獻之。从犬，鬳聲。」用狗來祭祈。狗食得多普遍，從狗肉有專門的字「肰」，許慎說：從犬、肉。讀若然，便可知道。羊、豬、牛的肉都何嘗有專門字描述？

6 狗肉也曾是珍餚

那時代不少貴族墓裡都可以找得到殉葬的狗隻。晚商年代這些狗多數都不像是守衛墓主人或者給他在陰間來世打獵的大狗，而都是和食狗時用的小狗同齡。給死者食，應該是生人嘗過覺得好食。

但是否凡狗都食？「犬有三種：一曰守犬，守禦宅舍者也；二曰田犬，田獵所用也；三曰食犬，充君子庖廚庶羞用也[5]。」這可能意味當時食用的狗像古代墨西哥的阿茲特克族的 Xoloitzcuintles、夏威夷的 Poi 都是一種專門為食用而養的狗種。但很可惜，考古學家至今都沒有對古代華人墓中的犬種作相關研究。

而且別誤會，以為任何人都可以食得起。周朝時，食得到狗肉，那是和皇帝一樣的高級享受：《禮記．月令》說明在秋季時天子是要穿白色衣服，載白玉，食麻籽和狗肉，「孟秋之月天子居總章左个，乘戎路，駕白駱，載白旗，衣白衣，服白玉，食麻與犬，其器廉以深。」《禮記．內則》也記錄下了當時食狗的講究，狗的腎臟不食，而狗肉是最好配最美味的小米品種——粱——來食，根據後人的注解這是因為「犬味酸而溫，粱米味甘而微寒，氣味相成，故云犬宜粱」。至於烹調方法，一是犬羹，另一是，「肝膋：取狗肝一，幪之以其膋，濡炙之，舉燋其膋，不蓼。」狗肉羹和用狗的腸系膜包著狗肝烤，這兩種留傳到西漢的馬王堆遺策上的食法，和周朝食牛、羊、豬的方法都不同，既不會像現在這樣，食一塊塊的狗肉，亦不會烤狗肉。只有牛、羊、豬才會。

狗肉的地位當時比豬肉高一級。春秋末期越王勾踐為了要報仇，加強國內軍力人口，鼓勵生育，頒布的政策包括「生丈夫，二壺酒，一犬；生女子，二壺酒，一豚」。到了漢朝，光武帝到邯鄲，燕王庶兄胡子就請他食切成薄片的狗肉（狗牒）和馬肉做的醬（馬醢）。狗的地位自然還是像戰國時代依然保持不墜，比豬高。漢代桓寬寫的《鹽鐵論》卷六說，「今富者祈名嶽，望山川，椎牛擊鼓，戲倡舞像。中者南居當路，水上雲臺，屠羊殺狗，鼓瑟吹笙。貧者雞豕五芳，衛保散臘，傾蓋社場。」中產階級能食羊和狗，窮人就只可以食雞和豬了。

但到了唐朝初時，食狗已經明顯不再流行，屠狗為業隨而步入衰退，甚至不為人知。所以顏師古迫不得已要為《漢書》的樊噲傳下注解釋為什麼有狗屠之業。之後，苟延殘息的屠狗業再受到致命打擊，唐睿宗在七一二年因為自己生肖屬狗而頒詔禁止屠狗。他的兒子唐玄宗也繼續以狗有守禦的功能的理由維持禁止殺狗。怪不得，《全唐詩》中雖然含有狗和犬字的詩很多，但是除了李商隱寫「屠狗與販繒，突起定傾危。長沙啟封土，豈是出程姬」之外，殺狗、食狗相關的事都消失到無影無蹤。

7 宋代的狗和牛

到了魯智深在北宋的年代，狗的運氣就明顯更為好轉。雖然周邦彥在〈汴都賦〉說到仍然有人以屠狗為業，「鼓刀以屠狗彘」狗肉已經不再配登上流社會食桌。你在汴梁去州橋夜市也好，去東角樓街巷也好，或者行至朱雀門街西過橋，一路走到曲院街酒樓區，你都不會找得到任何標明賣狗肉菜餚的館子。司馬炎建立的西晉滅亡之後，北方游牧民族不但在中原建立了多個國家，也帶來了養羊和食羊肉的風氣。食狗的習俗則跟隨原來中原地區人口移民，去到四川及華南地區。

宋徽宗更是聽了范致虛上言，「十二宮神狗居戌位，為陛下本命」，狗和皇上的命息息相關，殺狗即是要朕亡！殺狗禁令能不再一次頒布？

因此，想食狗肉只可能是偷偷摸摸暗地進行。據說，古語懸牛頭，賣馬脯，也就是因此而改成我們熟悉的掛羊頭賣狗肉。在整本《水滸傳》裡不僅找不到其他的英雄好漢食狗的例子，魯智深除此一次之外也沒有再拿狗來食。所以食狗只能說是迫不得已的權宜之計，並非他的所好。我們不供應他食狗肉，斷不可能掃他的興，惹他發脾氣。

何況，魯智深口口聲聲說過，他是一個喜歡大魚大肉的人，那麼還是請他別的菜好了。

除了狗肉之外，魯智深在《水滸傳》裡也有食羊肉、牛肉、豬肉的描述。其實，雖然京城有飼養牛的牛圈，目的應該不是作食用，而是作為交通工具，牛車所使。宋代從太宗趙光義起，已經禁止食牛肉，連屠牛都可以問斬，知道而不打小報告的，一樣問罪：「開櫃坊屠牛馬驢狗以食……犯者定行處斬，引匿不以開與同罪。」《水滸傳》的作者施耐庵逝於明朝開國不久的洪武三年，他大部分人生都是生活在容許食牛肉的元朝。所以他大概不知道宋代其實是明文規定，絕不可以公開買賣牛肉。食肆裡最多也只能夠賣「假牛凍」或者是官方批准用的病死、老死牛。當然，由於喜歡食牛肉的人仍舊不少，牛肉價錢不便宜。但這都只可能是偷偷摸摸做。像《水滸傳》裡，到處都出現食牛肉的場面，是絕無可能。當然，魯智深是一位蠻不講理的粗人，更是典型酒肉和尚，哪裡會在乎皇帝禁不禁食？要是眼前筷下有盤牛肉，他也可能會毫無猶疑地大口大口地食下去了。但是，宋朝食譜上沒有記載用牛肉的菜式，不知道又真的食不食得慣？

8 羊食的宋代

其實，宋朝年代最多人食的應該是羊肉和豬肉。

北宋宋徽宗年代也就是《水滸傳》的年代，羊肉和唐代一樣，仍是宮廷的主要肉食品，「御廚止用羊肉，此皆祖宗家法」，官員的俸祿也指明包括羊肉。在〈清明上河圖〉的汴京，八月立秋後第五個戊日——秋社日，如果你有幸受邀請去宮院作客，你就可以嘗到社飯，飯上鋪著切作棋子片樣的羊肉和豬肉、腰子、奶房、肚肺、鴨餅、瓜薑[6]。

平日，走到朱雀門，就會見到很多食鋪，賣各形各式的菜餚。其中你可以買到旋煎羊白腸、和批切羊頭。再走幾步，在朱雀門街西過橋，對，就是你在〈清明上河圖〉見到的那條大橋，就會見到曲院街。在街南邊，你可以先去仙正店，來杯八十一文一角的羊羔酒。飲完再去街北，試碗羊飯，或者叫一碟熟羊肉。但是如果你真的想挑多些選擇，那就要聽《東京夢華錄》的介紹，去皇城東南角的東角樓十字街一帶。那裡夠你食、飲、玩、買一整天。要是你還是想看北宋的羊有多少種食法，你就可以叫乳炊羊、羖羊、鬧廳羊、虛汁垂絲羊頭、入爐羊、羊頭簽、羊腳子、點羊頭、外賣軟羊、羊荷包……。

到了南宋時代，江南少了養羊的環境，羊肉的消費才逐漸給豬肉趕上。但是從《夢粱錄》的記載看來，食的方法還是會看得我們眼花繚亂：羊大骨、蒸軟羊、鼎煮羊、羊四軟、酒蒸羊、繡吹羊繡炊羊、五味杏酪羊、千里羊、羊雜熓、羊頭元魚、羊蹄筍、細抹羊生膾、改汁羊擷粉、細點羊頭、三色肚絲羹、大片羊粉、羊爊下飯、五辣醋羊生膾、紅羊羓、羊脂韭餅等等。所以請魯智深食羊肉應該是沒有問題，而且可能會使他產生當上賓的感覺。可惜，在香港要買到少膻味的好羊肉始終都比較困難。

而豬肉呢，《水滸傳》裡也有提到魯智深食豬肉，所以請他食豬肉也是一個好的選擇。豬沒有羊肉那種地位。但是，豬在北宋汴梁民間受歡迎程度可能比羊還要高。在西通新門瓦子以南有一條殺豬巷。和皇宮大內相對的南薰門，一般人和殯葬車輛都不准使用出入，唯有豬隻，每日至晚，每群萬數，可以大搖大擺從城外過門進京[7]。故此，〈清明上河圖〉上也少不了幾隻豬神氣十足在路上慢條斯理地漫步。

9 蘇東坡帶來的變

只是，比起羊來說，北宋、南宋食豬就沒有那麼講究，花樣也沒有那樣琳瑯滿目。去到食肆，餐牌上就只能找到炙豬皮肉、豬臟、豬胰胡餅、豬羊荷包區區幾欵而已。去到南宋臨安，雖則好一些，卻仍比不上羊肉的食法多姿多彩：豬大骨清羹、燒豬、糟豬頭肉、豬盦生麵、以及重陽節時食插小彩旗的「重陽糕」：糖面蒸糕，上面鋪豬肉、羊肉、鴨子為絲簇飣[8]。

要不是蘇東坡貶到黃州，不幸造成大幸，創造出東坡肉來，宋朝也可能沒有什麼像樣的豬肉菜餚可以留芳千古。

當然，魯智深不會聽過東坡肉這個名稱。真正用東坡肉三個字來命名這道菜，要到元代才開始，陸寶之經常將「吾甚愛東坡」掛在嘴邊。有人問：「東坡有文，有賦，有詩，有字，有東坡巾，君所愛何居？」「吾甚愛一味東坡肉。[9]」但是，覺得這名字語意雙關，對蘇東坡似乎不大尊重的人不少，所以拖了很久，才流行。所以元代只有東坡脯，而沒有東坡肉。到了明代，沈德符在《萬曆野獲編》說，好幾樣東西都以蘇東坡為名，東坡椅、東坡冂、東坡巾，「如胡牀之有靠背者，名東坡椅；肉之大胾不割者，名東坡肉；幘之四面墊角者，名東坡巾」。但是烹調東坡肉的具體方法就更遲，要等到清朝的《調鼎集》，離蘇東坡足足幾個朝代，幾百年才公開祕密。在那時候，東坡肉已經踏入成熟及演變階段，不少人更是把東坡肉當作是美食的標準，稱讚食物時就說可以比得上東坡肉。

清朝的《調鼎集》有兩種做法的東坡肉，一是切大方塊，微擦洋糖、甜醬，加鹽

Recipe

鹹魚東坡肉

- 鹹魚頭 1 個、五花肉半斤、花雕酒、冰糖、老抽。
- 鹹魚頭用薑煎香，濳酒，加約 1 公升水，煮 1 小時，做成湯汁。
- 隔去渣滓留湯汁。
- 準備好的肉飛水，切成小塊，用繩紮實。
- 不用豉油，只用冰糖加少少水，慢火炒成金黃色
- 再加入鹹魚湯汁同肉小火加蓋燜至嫩（約個半小時）。
- 加小小老抽做色水。

水，醬油燒，臨起加芝麻糝在肉面。另一方法是肉切成長寬形，下鍋加木瓜酒炒至糖色（肉色紅亮），半爛時加醬油，火候到了再加冰糖，用蒸爛的山藥襯底，每斤肉加大茴三顆。此外，《調鼎集》還收了一個東坡腿食譜，是煮爛肉後加筍和其他蔬菜。清宮御饍也同樣包括不只一個，而是兩個不同的東坡肉變調：東坡蹄鍦子和鴨子東坡肉。

總而言之，即使沒有一種聽過的名稱，活在蘇東坡設計出這種烹飪方法五十多年後的魯智深想也應該曾經食過這道菜，所以請他食東坡肉應該是挺適合的。

再加上宋朝常食的餅食、蔬菜，請他食頓便飯該是沒有問題了。

中式烹飪無論哪一種肉類，煮出來的味道都可以千變萬化。也可以根據自己的想像力做出自己想要的味道。我這款豬肉就是在東坡肉的基礎上，先將鹹魚頭煎香加薑、花雕酒不加水慢慢煮出味，隔去渣子只留汁，不用豉油只將冰糖加少少水慢火炒成金黃色，加入鹹魚汁及已經出好水的豬肉慢火炆煮入味，然後分別放入小盅燉兩個鐘，達到入口即化的效果。

肉除了肉質要適當之外，必須用刷，刷走皮上污穢，然後用細鉗把皮上所有毛都一一拔走，肉皮摸起，掃起都完全光滑，口感才好。

趕著可以當天做。有時間的話，最好煮熟後，放冰箱多幾天，讓肉的鹹魚味會更濃郁多層次。

買豬肉重點是臊味及肉質。公豬才有的臊味來自分泌的氣體包括猪烯酮及糞臭素。除了豬種遺傳問題外，食料、居住環境、屠宰前經歷等等都會影響。即使公豬閹後不再分泌豬烯酮，糞臭素就仍然會分泌。如果住處離豬場遠，豬要遠途跋涉才到，身上的糞臭素就會增加[10]。同是閹豬，新鮮本地豬臊味少過新鮮外來豬便是這原因。從消費者角度看，這都不是自己能夠控制的，唯有是在買肉時留意。

現代人講究健康，只用瘦肉，或用名牌的西班牙黑毛豬。但味感就要付代價。其實，與之前的看法不同，目前分析發現食肥肉並不比瘦肉對膽固醇或心腦血管病產生更多不良影響。紅肉對健康不利的影響遠多於肥瘦[11]。

Recipe

蔥油餅

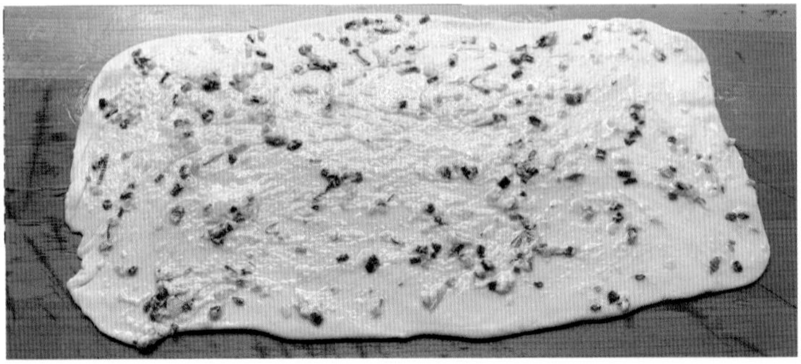

- 麵粉 400 克。
- 鹽 2 克，滾水 1/3 杯溶解。
- 室溫水 2/3 杯（不同牌子的麵粉吸水不一樣，有時要加多或減少）。

  * 注意：麵粉先加滾水，用筷子拌勻，再加室溫水攪拌成團，然後用手搓成比較光滑的麵團，醒 20 分鐘。
- 加油 10 克，把麵團搓成十分光滑。分成 4 份。再蓋上保鮮紙，醒麵團 1 小時。

蔥油酥

- 蔥 3 條切細（特別是蔥白處）。蔥油餅用的蔥首選推台灣的三星蔥。做的蔥油餅特別香。
- 鹽 3 克、麵粉 20 克、25 克熱油淋上面。
- 擀成薄片，鋪上蔥油酥，再捲起來盤成團形後再擀薄。
- 平底鍋放少少油燒熱，放下餅，每面煎 1 分鐘，金黃色即可（要蓋上蓋）。

第十一章　請岳飛食什麼好？

1 真的飢餐胡虜肉？

岳飛十九歲從軍，死時只有三十九歲。二十年中，沒有什麼時光在家中休閒。刀光劍影中自然也沒有機會接觸過汴梁或者臨安的美食。留在臨安最長的應該是十二道金牌召回，至風波亭遇害的最後那天，短暫一段時間而已。

留下給我們遺憾之外，是壯志未酬的一首〈滿江紅〉：

怒髮衝冠，憑欄處、瀟瀟雨歇。抬望眼，仰天長嘯，壯懷激烈。
三十功名塵與土，八千里路雲和月。莫等閒、白了少年頭，空悲切。
靖康恥，猶未雪，臣子恨，何時滅？
駕長車，踏破賀蘭山缺。壯志飢餐胡虜肉，笑談渴飲匈奴血。
待從頭、收拾舊山河，朝天闕！

這首詞，我們和大家一樣都熟讀過，甚至曾經滿腔熱血地高歌唱出。但是，這首詩所含的詞句，又是否細思過？

飢餐胡虜肉，渴飲匈奴血，說的是食人肉，飲人血。

照一般理解，正常文明社群通常不會出現食人現象。只有在飢饉時候，迫不得已才會。除此之外，就是失去理性的行為。因此，食人成為了文明和野蠻的分野紅線之一。風土全異的異族初遇，首要觀察於是會包括：對方食不食人？

華人歷史上有不少傳說，都指異族會食人。不少古書解釋為什麼易牙會把自己的親生兒子殺死，烹給齊桓公食，就是因為他可能是來自邊疆少數民族。清朝時，傳道士食小兒的傳說流傳不斷，成為攻擊教堂的主要民間原因[1]。倫敦傳道會一位牧師一八七〇年時寫報告，說他曾經直斥一位老太太，因為她講傳教士給每名信徒四萬文錢及打賞，只要他們同意死後容許挖出心來。

與漢人為鄰的異族有多少是真的食人族，目前仍無考古證據可稽。有些口述歷史承認少數民族過去可能的確有食人風俗。但這是真的，還是後人經過漢族的熏陶對祖先的風俗曲解，就難以確實。可是明朝和清朝人對西方人食小兒之說卻肯定是來自誤會及謠言。當然，像現代網上熱傳的假新聞一樣，都是需要有一些真實材料為餡，才可騙取信用。所以，葡萄牙人倫拐兒童為奴工，就成為掠小兒為食的底稿，傳教士收棄嬰的育嬰堂也成為了教堂食嬰的根據。

想像異族會食人肉，不僅是華人而已。西元前五世紀的希臘歷史學家希羅多德（Herototus）就曾經明言，黑海之北有食人族。現代人類學家分析，認為這其實是對北地民族葬禮的誤解[2]。剛果地區，歐洲人認為土人會有食人的習俗，所依靠的根據是聽到土人相信「巫師會食人的靈魂」。十八世紀時歐洲人掠拐非洲人做奴工，非洲土族中於是流行歐洲人食人的傳說[3]。土人見到歐洲人做醫學上的屍體解剖，把器官裝進瓶內，更相信證據確實無疑，歐洲人會食人[4]。人類學家約翰．米德爾頓（John Middleton）在二十世紀七〇年代去到非洲烏干達地區做調查時，當地土人就說他是一位罕有的歐洲人，居然不食嬰孩。

2 宋代軍人的飢餓

既然，漢人的華夷之分，特徵之一是食不食人，為什麼〈滿江紅〉詩中會出現飢餐胡虜肉這種句子？

首先要考慮就是岳飛是否為他的兵卒叫苦，以詞句透露前線軍人的糧食不足？漢代時候和匈奴作戰的軍士糧食都非常差。通常要靠糒糧，曬乾的粟飯，來食，多食很容易生病。北宋末期，軍人待遇也差勁，傷兵都無藥無人照顧，躺在路邊，米二升半止得一升八合，青菜錢七十給一半，但給的還要是已經不用的鐵錢。寒風刮起，許多兵士仍舊無衣赤膊[5]。南宋高宗趙構時，兵士每日標準是一百錢，食兩升半米，薪酬算是供養一家三四口之外，還要支付修理自己的武器裝備[6]。劉光世的部隊缺糧，被人說是健兒不如乞丐[7]。岳飛曾因為軍糧不足而無法調動軍隊。

所以，飢餓的確會是士兵的大問題。那麼如何解決？

把敵人當糧食食掉？

只要後勤補給出現紕漏，就可以使軍隊陷入飢餓之中。十世紀時，歐洲十字軍攻占現今敘利亞地區的馬厄勒（معرة النعمان）後，由於糧食不足，軍士真的曾經飢餐敵人肉，甚至也有可能殺害平民來充飢。十五世紀的西西里戰役中，雙方軍士也因為飢餓所迫，交換屍體為食物。有位醫生便籍此將花柳病歸咎為因食人而得[8]！

當然，飢餐胡虜肉，渴飲匈奴血，可能只是恐嚇。是岳飛在搞心理戰，透過這首詞，表示又餓又怒，絕不會放過對方，希望使金人膽戰心驚，不敢不退。這種心理戰術也並非不可能，因為不少金人懂漢字，宋徽宗被俘到金國國都之後，金國君臣就多次要他為他們作詩。

這種誇張比喻手法，文學上司空見慣。希臘神話英雄阿基里斯（Achilles）對他的仇人赫克托耳（Hektōr）說：「我要把你斬成一塊塊，生吞你的肉。」而赫克托耳的母親，知道兒子被阿基里斯殺了之後，就痛哭，「但願我能夠啃阿喀琉斯的肝，把它食掉！」最早以華語演出的莎士比亞劇《威尼斯商人》（The Merchant of Venice），劇中的放高利貸商人夏洛克（Shylock）要求對方還不了錢，就要割下一磅人肉出來。

然而，從整首詞的內容看，「壯志飢餐胡虜肉，笑談渴飲匈奴血」，講的應該是憎恨比飢餓更重要，是恨敵人到非食他的肉、飲他的血，才可平息心中的怒火。

3 復仇式食人

公元一世紀時的希臘話劇《堤厄斯忒斯》（Thyestes）中，阿特柔斯（Atreus）發現他的兄弟堤厄斯忒斯和自己的妻子有染，於是把對方的兩個兒子殺掉，做成餅餡給堤厄斯忒斯食。莎士比亞的《泰特斯·安特洛尼克斯》（Titus Andronicus）可能是由此取得靈感。泰特斯把姦污他女兒的兩人殺死，然後將他們的頭臚烤給他們的母親食。這橋段最近也出現在電視劇《權力遊戲》（Game of Thrones）中，艾莉亞（Arya）報殺母之仇也是把對方殺掉，煮成一盤，送給他們的父親食。這些故事都是透過給敵人自食其親人，而完成復仇。真實歷史就不同。報仇者正是像〈滿江紅〉所說那樣，親力親為，把仇人食掉。義大利中古時代就有不少食敵人肉或內臟的記載。十六世紀時，法國天主教曾經不僅是殺害屬基督教的胡格諾派，更且在許多地方公開發售他們的肉來食。二十世紀剛果內戰中，百分之二十五軍人見過同袍食敵人肉，不少承認飲敵人血使他們興奮[9]。

華人對報復性食人更是不陌生。《宋史》記載張藏英找到殺死他一族人的仇人，食了他的耳朵，並且把他的肉割成小塊及剜他的心來祭父母。地方官無罪釋放了張藏英，民間更稱讚他是報仇張孝子。明朝人更是曾經進行過一次集體性的報仇食人事件。只不過，他們因此造成了千古怨案。

袁崇煥和岳飛兩人同是和女真族戰鬥，也同是死於冤案。袁崇煥千里馳兵，城下血戰，為大明解圍。下場結果是落得一個賣國罪名，被明崇禎下令凌遲。行刑時，對朝廷深信不疑的百姓，以為他出賣同胞而實行報復：「劊子手割一塊肉，百姓付錢，取之生食。頃間肉已沽清。再開膛出五臟，截寸而沽。百姓買得，和燒酒生吞，血流齒頰。」[10]

這也不是最後一次的報復式食人事件。太平天國戰敗後，清軍殺俘虜食。文革期間，廣西出現集體食人事件，參與食人者多達幾千人[11]。

如果你覺得這些講述太恐怖噁心，為什麼 Youtube 上我們還是有那麼多人在聽這首教食人肉、飲人血的歌曲？

4 張俊的宴席

去到杭州，你會見到岳飛的墓前跪著秦檜和他妻子王氏、萬俟卨和張俊四人的白鐵鑄造塑像。秦儈是當時丞相。萬俟卨在岳飛被十二面金牌召回京城後，起書彈核岳飛，為殺岳飛堆砌理由。而張俊本來是宋軍將領，曾經得過岳家軍為他解圍，卻附和秦檜陷害岳飛。三人跪在岳飛墓前，罪有應得。秦檜的妻子王氏，就不見得做了什麼要這樣示眾受罪。相信只是倒楣，遇上典型的華人思維作怪，丈夫犯錯禍及妻子。至於真真的罪魁禍首，宋高宗趙構，卻由於華人自古以來對統治者的崇拜，當然絲毫無損，片言不責，更勿論跪墓示眾。

趙構為什麼要謀害岳飛？

現代有些人為趙構和秦檜辯護說，南宋一一四一年在紹興和議中向金國稱臣，割地歲貢，甚至實行北人歸北，不再收容從北方逃到南方的百姓，才是正當選擇。南宋不能不和金國搆和，因為軍事經費浩大，無能為力。岳飛主戰，阻止談和，因此死有應得。

南宋經濟是不是真的差，支持不到對金的抗爭？

岳飛死後十一年，張俊宴請趙構到他家食飯。宴席上的菜餚，記錄在《武林舊事》卷九[12]：

繡花高飣一行八果壘：香圓、真柑、石榴、棖子、鵝梨、乳梨、榠楂、花木瓜

樂仙乾果子叉袋兒一行：荔枝、圓眼、香蓮、榧子、榛子、松子、銀杏、梨肉、棗圈、蓮子肉、林檎旋、大蒸棗

縷金香藥一行：腦子花兒、甘草花兒、朱砂圓子、木香丁香、水龍腦、史君子、縮砂花兒、官桂花兒、白朮人參、橄欖花兒

雕花蜜煎一行：雕花梅球兒、紅消花（兒）*、雕花筍、蜜冬瓜魚兒、雕花紅團花、木瓜大段兒（花）、雕花金橘、青梅荷葉兒、雕花薑、蜜筍花兒、雕花棖子、木瓜方花兒

砌香鹹酸一行：香藥木瓜、椒梅、香藥藤花、砌香櫻桃、紫蘇柰香、砌香萱花柳兒、砌香葡萄、甘草花兒、薑絲梅、梅肉餅兒、水紅薑、雜絲梅餅兒

脯臘一行：肉線條子（線肉肉子）、皂角鋌子、雲夢豝兒、鰕腊、肉腊、妳房、旋鮓、金山鹹豉、酒醋肉、

* 括號內為不同刻版字。

肉瓜齏

垂手八盤子：揀蜂兒、番蒲萄、香蓮事件念珠、巴欖子、大金橘、新椰子、象牙板、小橄欖、榆柑子

再坐

切時果一行：春藕、鵝梨餅子、甘蔗、乳梨月兒、紅柿子、切棖子、切綠橘、生藕鋌子（兒）

時新果子一行：金橘、葴楊梅、新羅葛、切蜜蕈、切脆棖、榆柑子、新椰子、切宜母子、藕鋌兒、甘蔗柰香、新柑子、梨五花子（兒）

雕花蜜煎一行：同前

砌香鹹酸一行：同前

瓏纏果子一行：荔枝甘露餅、荔枝蓼花、荔枝好郎君、瓏纏桃條、酥胡桃、纏棗圈、纏梨肉、香蓮事件、香藥葡萄、纏松子、糖霜玉蜂兒、白纏桃條

脯腊一行：同前

下酒十五盞：

第一盞，花炊鵪子、荔枝白腰子。

第二盞，妳房簽、三脆羹

第三盞，羊舌簽、萌芽肚胘。

第四盞，肫掌簽、鵪子羹。

第五盞，肚胘膾、鴛鴦炸肚。

第六盞，沙魚膾、炒沙魚襯湯。

第七盞，鱔魚炒鱟、鵝肫掌湯齏。

第八盞，螃蟹釀棖、妳房玉蕊羹。

第九盞，鮮蝦蹄子膾、南炒鱔。

第十盞，洗手蟹、鯚魚假蛤蜊。

第十一盞，五珍膾、螃蟹清羹。

第十二盞，鵪子水晶膾、豬肚假江鰩。

第十三盞，蝦棖膾、蝦魚湯齏。

第十四盞，水母膾、二色繭兒羹。

第十五盞，蛤蜊生、血粉羹。

插食：炒白腰子、炙肚胘、炙鵪子脯、潤雞、潤兔、炙炊餅、炙炊餅臠骨「炙炊餅」

勸酒果子庫十番：砌香果子、雕花蜜煎、時新果子、獨裝巴欖子、鹹酸蜜煎、裝大金橘小橄欖、獨裝新椰子、四時果四色、對裝揀松番葡萄、對裝春藕陳公梨

廚勸酒十味：江鰩炸肚、江鰩生、蝤蛑簽、薑醋生螺香螺、香螺炸肚、薑醋假公權、煨牡蠣、特蠣炸肚、假公權炸肚、蟑蚷炸肚

準備上細壘四卓

又次細壘二卓（內蜜煎鹹酸時新脯腊等件）

對食十盞二十分：蓮花鴨簽、繭兒羹、三珍膾、南炒鱔、水母膾、鵪子羹、鯚魚膾、三脆羹、洗手蟹、炸肚胘

對展每分時果子（五）盤兒：知省、禦帶、禦藥、直殿官、門司

晚食五十分各件：二色繭兒、肚子羹、笑靨兒、小頭羹飯、脯腊雞、脯鴨

直殿官大碟（楪）下酒：鴨簽、水母膾、鮮鰕蹄子羹、糟蟹、野鴨、紅生水晶膾、鱘魚膾、七寶膾、洗手蟹、五珍膾、蛤蜊羹

直殿官合子食：脯雞、油飽兒、野鴨、二色薑豉、雜熝、入糙雞、庫魚、麻脯雞臟、炙焦、片羊頭、菜羹一葫蘆

直殿官果子：時果十隔碟

準備：薛方瓠羹……

這完全不像一個經濟艱難時期的社會的消費。

5 岳飛的天真

南宋人林洪在《山家清供》寫有一條據說是宋高宗趙構妻子喜愛的菜，宮中名為御愛玉灌肺：真粉、油餅、芝麻、松子、胡桃、蒔蘿，六種原料磨成粉末拌和，入甑蒸熟，然後切作肺樣塊，用辣汁供。林洪就此讚揚趙構崇儉不嗜殺。如果他知道張俊宴請趙構這樣的菜席，而趙構不單沒有面斥張俊不是，還要從頭食到尾，封他為太師，他會不會想，原來趙構的崇儉只是做戲，騙騙老百姓？

其實，雖然南宋當時兵力約二十萬人，造成一定的財政需要。金國也同樣面對財政壓力，多年戰爭，更是

損兵折將，難以後繼。議和，如其說是迫不得已，暫宜之計，不如說是南宋君臣但求苟安享樂。議和十九年後，金兵再度毀約南下。全靠幾位和岳飛並肩作戰過的將領，南宋才能再苟殘百多年。

軍費和南宋的經濟解釋不了為什麼岳雲、張憲，也要死，多名岳家軍將領及幕僚在岳飛死後會不自然死亡，或遭遇發配編管的處罰。也解釋不了為什麼負責彈劾岳飛的何鑄在審岳飛時見到岳飛身上刻著「盡忠報國」四字，覺得是冤案，勸秦檜「強敵未滅，無故戮一大將，失士卒心，非社稷之長計」後，要被調走，跟著更被革職。軍費和南宋的經濟當然也解釋不了岳州要改名為純州。

岳飛死後十九年，秦檜已死，趙構收到太學生上書要求平反岳飛，反而下詔書，「蔡京、童貫、岳飛、張憲子孫家屬見拘管州軍，並放令逐便。」真正的平反，要等到趙構禪位給宋孝宗後才可以發生。

其實，很簡單，像歷代統治者一樣，對趙構來說，南宋只不過是他趙家的私人產業而已，他喜歡偏安，有南宋半壁江山已經心歡意得，又何需他人插嘴囉唆？如果岳飛真的是北伐成功，把他的父親和哥哥迎回，和他爭位，那才是他的惡夢開始！這是為什麼他視岳飛為眼中釘，非除不可。

但是，岳飛敬仰的宋徽宗、欽宗又值不值得救呢？欽宗即位不久就被俘，未有表現，難以置評。宋徽宗趙佶在位時，生活力求奢侈享受，朝廷政治則腐敗不堪。為了建立宮殿園林弄得民不聊生。被俘後，同行去金國首都的宋朝宗室、大臣、宮女、家屬，大半途中死去。餘者大多數賣為奴工或娼妓。兒媳婦，欽宗的朱皇后，自殺身亡。而趙佶居然仍有心情使陪同他的后妃受孕，短短八年內生了十四名子女[13]。趙佶更是在知道六名女兒被徵收入宮中後，向金太宗上謝表「命臣女六人賜內族為婦具表稱謝伏蒙聖忠賜敕書獎諭……得攀若木之校少尉桑綸之攝此蓋伏遇皇帝陛下……」卑躬屈膝，企圖攀親的醜態畢露[14]。金太宗將他除去帝名，改封昏德公，昏字真正何其妥貼。

為這樣的皇帝犧牲，真是太無謂。更諷刺的是，岳飛對皇室的忠心耿耿，以及北伐的主張竟會反過來說成是他的該殺理由。岳飛的罪名中，最大的兩條，是對皇帝的不恭，以及「坐觀勝負，逗留不進」，沒有攻打金兵的行動。

6 南宋的國宴

一一六三年趙構的兒子宋孝宗趙昚發動了隆興北伐，希望可以收復失地。但是，由於仍舊疑懼將領權大可以威脅趙家的統治，實行兩帥同級並行的掛印帶兵，結果導致兩將不合而折戟沉沙於安徽符離。唯一收穫是隨後和議中金宋不再是君臣，而是叔侄關係，每年要給金國的金額也得以減少。

南宋在孝宗一一七四年到一一八九年時段內，曾經為金國舉辦過一次國宴。這應該是歷朝統治者唯一一次為外來使者設的國宴。從來，華人的統治者都認為其他國家使節來到，俱為進貢，臣屬之民，因此不會為他們設什麼國宴。只有此時此地，才不得不低聲下氣，在皇宮內設宴。

集英殿宴金國人使，九盞：第一，肉鹹豉；第二，爆肉、雙下角子；第三，蓮花肉油餅、骨頭；第四，白肉、胡餅；第五，群仙炙、太平畢羅；第六，假圓魚；第七，柰花索粉；第八假沙魚；第九，水飯、鹹豉、旋鮓、瓜姜。看食：棗餡子、膸餅、白胡餅、鐶餅。

從菜餚可見南宋是廣東話說的條氣唔順，萬般不願意又無奈。因此宴席上除了駝峰和旋鮓，新鮮腌的魚片之外，沒有任何山珍海味，或著名菜餚。只是餅好幾種，態度似乎是別說招待不好食不飽。除了明顯稱為餅的蓮花肉油餅、胡餅、膸餅、胡餅、鐶餅之外，太平畢羅其實也是一種餡餅。總而言之，餅占宴席菜餚比例之多堪稱空前絕後。

這席國宴的菜餚其實是抄用了宋朝輝煌年代，皇帝生日時，百官及使節來拜壽祝福的宴會安排。同是集英殿，一在汴京，一在臨安。一是生日擺酒慶祝，一是根據金宋和約規定以晚輩身份接待來客。宋人心中什麼滋味，記載這國宴的陸游沒有寫下[15]。

汴梁當年的場面，《東京夢華錄》用了兩千多字記錄了其中一次，有空值得細讀一讀。客人除了親王、宗室、百官，在座還有外賓：大遼、高麗和夏國使節。「每分列環餅、油餅、棗塔為看盤，次列果子。惟大遼加之豬羊雞鵝兔連骨熟肉為看盤，皆以小繩束之。又生蔥韭蒜醋各一楪。三五人共列漿水一桶，立勺數枚」。然後由教坊樂戶表演歌舞，以歌舞分開九次飲酒進食。每次都是飲完酒，聽音樂或觀舞後才上菜。但最初兩盞酒就不上菜肉，客人只是自己從看盤上拿零食。第三杯飲完，才端來鹹豉、爆肉，雙下駝峰角子。第四杯，觀舞完，肏子骨頭、索粉、白肉、胡餅。第五杯酒後，聽獨奏琵琶、方響，看小兒歌舞團、雜戲完畢後上：群仙肏、天花餅、太平畢羅、乾飯、縷肉羹、蓮花肉餅。然後，上半場休息。

下半場先後祝酒觀戲後的菜餚是：看完足球賽後，食假黿魚、密浮酥捺花；女童歌舞團表演完，食排炊羊、胡餅、炙金腸；幾場歌舞後，假沙魚、獨下饅頭、肚羹；最後則以軍人相撲完場結束，還會飢腸蠕動的話仍可食水飯、簇飣。

對比起來，汴京時的排炊羊、炙金腸、縷肉羹、肚羹，臨安國宴上都沒有了。

7 粉蒸肉和岳飛

在人民屬於國家，而不是國家屬於人民的思維下，南宋在紹興和議後不容許北方的漢人渡江逃離金國的統治。和議簽署再百多年後的一二七九年，元將張弘範滅宋於厓山海戰。他正是南宋迫使留在北方的漢人後代。

被元兵俘虜押去北京，路經汴梁時，宋恭宗的昭儀，身份僅次於皇后一級的王清惠寫下了另一首〈滿江紅〉：

太液芙蓉，渾不似、舊時顏色。曾記得、春風雨露，玉樓金闕。名播蘭馨妃後裡，暈潮蓮臉君王側。忽一聲、鼙鼓揭天來，繁華歇。龍虎散，風雲滅。千古恨，憑誰說。對山河百二，淚盈襟血。客館夜驚塵土夢，宮車曉碾關山月。問姮娥、於我肯從容，同圓缺。[16]

Recipe

香酥蔥花油餅

- 高筋麵粉 300 克、鹽 3 克、溫水 80 克、油 20 毫升，揉好塗油，醒一小時。
- 香葉、蔥白拍扁、花椒半湯匙、麻椒半湯匙、八角 2 粒、油 50 毫升、爆香加入 40 克麵粉中。
- 麵分 8 份，千萬不要揉，以免起筋。
- 檯面塗油將麵按成厚片，塗油，麵包入蔥花邊包邊拉，這樣餅更薄。

Recipe

陳皮紅豆沙

這是非常尋常的家庭食品，紅豆浸泡一晚，次日加陳皮，煮腍（極度熟軟）做成沙，煮熟即可食。但我家喜歡完全去皮去渣。所以會把煮腍的紅豆，放進篩網內，用矽膠鑊鏟和矽膠括刀輕壓出沙，拋掉豆皮及渣後，把篩出的沙倒進篩內，再篩一次，然後又再如上重複一次。總共篩三次，使最後的豆沙完全無渣，成漿狀。之後再加冰糖煮熱便可上桌，或放進冰箱，改成冷上。雖然不是什麼名貴食品，但這樣做，或許可以聊表對岳飛的尊重和誠意。

到了清代，岳飛的二十世代孫岳升龍，心甘情願為祖先終生抵抗的女真族服務，成為康熙的議政大臣，他兒子岳鍾琪跟隨康熙征戰，做了陝甘總督。他們應是看透了歷史，接受了教訓，不再計較是同族還是異族。可惜，他們依舊活在一個國家不屬於人民，人民只是屬民的時代。而他們的命運也的確如此。

請岳飛食粉蒸肉、香蔥油餅和紅豆沙好嗎？

北宋年代，金人還沒有掌握到蒸的技術，凡肉都是或燔、或烹、或生臠。米也只炒熟以水拌食[17]。所以，粉蒸肉絕對不會是金人食品。另一方面，粉蒸菜卻是南宋領土幾個地區的特色菜餚，杭州有荷葉粉蒸肉，湖南有粉蒸五花肉和粉蒸魚、江西除了粉蒸肉還有粉蒸雞、四川有粉蒸羊肉、湖北有粉蒸排骨。由此而來，粉蒸肉，也可以說是代表南宋領域的菜餚。杭州的荷葉粉蒸肉，更傳說和岳飛有關：岳飛死後不久，有百姓用荷葉包了熟肉去拜祭岳飛。打開之後，肉香荷香飄溢四處。人以為是岳飛顯靈。流傳之後，慢慢便演變出荷葉粉蒸肉。

餅當然仍是宋人心愛的食品。岳飛是北方河南人，食餅應好過食南方大米粥飯。食完，再請他食一碗陳皮紅豆沙，以一碗紅回應他的〈滿江紅〉。

第十二章　請忽思慧食什麼好？

1 短命的蒙古皇帝

請忽思慧食飯，也比較困難。一是正史給的資料很少，只知道他在一三一四至一三三〇年間當過飲饍太醫，主管大元王朝宮廷的飲食衛生和藥物。他寫的《飲膳正要》，公認為存世最早認識到營養不足可以引起疾病的書，也是第一本中文營養學書。但是，他的生平，私人空間做什麼，甚至是什麼地方的人，都不清楚。來到時，如果他是蒙古人，或者西域人，那就要稱他忽思先生，不可以稱他為忽先生喔。因為忽思只是元代的漢字音譯，清代《四庫全書》就把他的姓名都改成和斯輝。但忽思也好，和斯也好，其實都是蒙古語一個雙音節字「雙」的音譯[1]。

然而，他又在〈進書表〉中把自己寫成臣思慧，把自己的名字叫作思慧，而不是慧？這豈不是表示他其實應該稱為忽先生呢？

中文姓氏中，有勿。但祖先似乎原本是鮮卑人，所以才會有這罕見的姓。也有姓忽的，據說幾乎全都是蒙古人或回回人後裔用的漢姓。但忽思慧會不會是蒙古姓名的漢裔？所以認為自己姓忽才對？元代時，有些漢人的確是改了蒙古姓名的。史書有記載的通常是有功於蒙古人，受賜蒙古名。但這些人通常保留原來的姓。和忽思慧一齊呈上《飲膳正要》給元文宗的常普蘭奚就是姓常的漢裔。蒙古人對廚師、醫生都非常器重，所以宮中漢人不少。賈博兒赤是宮中御廚，常普蘭奚是四世掌御饍，有位御醫就叫劉哈剌八都。但也並非所有漢人珍惜自己的姓，有些人過了幾代就把漢姓丟棄，再也看不出是漢裔了。像賈博兒赤的孫子就只叫自己忽林赤[2]。所以如果任太醫的忽思慧也是漢人後裔，亦不稀奇。要是這樣，稱呼他忽先生就不會離譜了。

說《飲膳正要》是存世的第一本中文營養學書，是因為在這本書之前，其他書也可能內容包含營養學觀念，但都一一佚失，未留半言斷牋，可供分析。存世可見的唯有這本《飲膳正要》。

《飲膳正要》是進呈給元代第六位皇帝，元文宗的。存世的是漢字版本，在呈書同年出。元代在語言方面很開明，出版的書語文多至十幾種，是華夏地區前無先例，後未有繼的語言多元化時代。所以有漢字版本並不特別。雖然如此，相信呈上去的應該是大元官方語言之首的蒙古語八思巴文版本，而不可能是這本存世的漢字版本。即使元代的皇太子有學漢字，也沒有理由蔑視大元自己的國語。

為什麼要呈獻這本書給皇帝呢？相信忽思慧和常普蘭奚是有理而為。建立大元帝國的忽必烈活到七十八歲。但是他的子孫都很短命，兒子早死，繼位的孫子四十二歲過世，只在位十三年。跟著下來的二十三年中，整整換了五個皇帝，每一位都在不到四十歲就逝世。到了文帝登基，大元五十七年就已是第八位皇帝。唐朝在武則天之前的七十二年中只有五位皇帝。北宋一百六十七年九個皇帝，南宋一百五十二年中也只有八位皇帝，如果不算南宋滅亡前刀光劍影的十三年，一百三十九年中也只有五位皇帝。大元皇室的短壽，顯而易見。

為什麼大元皇帝會這樣一一夭折？其實這不只是他們獨自不幸而已。鐵木真的繼承人大多是壯年逝世，使蒙古帝國統治穩定堅固，無以可能。建立在中亞的伊兒汗國的旭烈兀，只活了四十七歲。伊兒汗國的百年歷史中前後足足有十五位皇帝。察合台汗國四十七年中有八個可汗。不只是皇室如此，大臣及開國功臣的後裔也往往是英年夭折。

為什麼蒙古皇室及貴族會如此短命？

2 蒙古人為什麼愛酒肉？

蒙古皇室及貴族短命應該是因為飲食失調[3]。

蒙古人是食肉為主，尤其是綿羊肉、馬肉。綿羊肉比牛肉含更多脂肪，熱量高八成。羊奶也同樣比牛奶更高熱量。他們傳統飲食中蔬菜和果實都是絕無僅有。鐵木真童年時，母親帶著幾個幼小兒女，逃亡在草原上，才食一般蒙古人不食的菜根、野梨。道教全真道道士長春子丘處機在一二二〇年接了成吉思汗邀請，去位於阿富汗和巴基斯坦的興都庫什山脈相見。從行弟子李志常在《長春真人西遊記》沿途所見中記載「蒙古人喜曰：前年已聞父師來，因獻黍米石有五斗，師以斗棗酬之。渠喜曰：未嘗見此物」，說明蒙古人當時也有以黃米為糧。但是價錢極昂貴，「黍米斗白金十兩，滿五十兩可易麵八十斤，蓋麵出陰山之後二千餘里，西域賈胡以槖駝負至也」。黃米和麵粉因此並非一般人食得起的。另外一些記載也說，蒙古人從漢人學會食黃米粥，無論是靠搶掠、貿易或者種植得來，成本都高，所以只是早上飲食稀得近水的粥。

游牧時期，一天只是早晚兩餐，每天消耗體能又不少，偏重肉食和高脂肪奶或奶製品對健康就沒有那麼大的威脅。更何況生活條件比較差，飽飫肥肉也並非餐餐可以。但是奪取政權之後，生活就勞少息多，運動量大減之下，這種飲食方式的風險就冒出。羊肉、馬肉都是紅肉。過多紅肉會導致心血管病、中風、患癌風險增加。而建立帝國之後，蒙古人的食肉份量更是驚人。蒙哥宴請時，供應客人羊肉份量等於現代西方餐廳供應的兩至三倍。唯一比較好的是，現在大家提到蒙古式食肉方式，總會聯想到蒙古烤肉。烤肉過程會產生致癌物質多環芳香烴，因此胃癌、大腸癌、前列腺癌，風險都更會增加。但是，蒙古人當年是水煮羊肉遠多過烤羊肉。

然而，過量肉食並非早死的唯一原因。心血管病和癌症都是壯年以後的死因為多。二、三十歲死去就應有其他原因。

罪魁禍首應該是：蒙古人喜歡飲酒。不只是飲，更是要飲醉才為盡歡。而酗酒會引起高血壓、心律異常、肝炎及肝硬化、腦出血風險、以及慢性神經系統受損，周圍神經、小腦及大腦萎縮。

喜歡飲酒，其實應該是要怪祖先的基因不爭氣。

一般嬰孩時斷奶不久之後，便失去消化乳糖的能力，因此飲奶超過二百四十毫升會引起不適，腹脹、絞痛、多屁、腹瀉等等症狀。人類從奶品補充營養因此受限。只有到大概五千年前北歐、非洲、中東地區某些人身上出現了基因突變，分解乳糖的酶素在斷奶期過後仍然可以持續存在。才有人可以大量飲奶無忌。

但是，人類在一萬年前開始已經開始養山羊、羊和牛。考古發現蒙古人也在約五千年前開始養羊及使用羊奶，三千多年前開始使用馬和駱駝奶[4]。

如果沒有得到基因突變，是否又幾千年來都望奶興嘆，無法儘能使用奶可以提供的寶貴營養資源？那又不是。考古學家說，我們的祖先才沒有那麼笨。如果沒有基因突變，只要將奶內的奶糖減少就可以使用奶類產品。使奶發酵會減少乳糖，因此，食奶酪、芝士、奶酒之類發酵產品是早於廣泛飲奶的習慣[5]。大部分蒙古人和一般華人相同，沒有獲得持續乳糖酶的基因突變，因此成年後不能應付太多奶飲品。所以他們養成食乳酪，飲發酵後的酸馬奶以及奶酒的習慣[6]。羊奶適合曬乾製成乳酪。馬奶的酪蛋白相對來說比較少，不適合做乳酪，卻因為乳糖相對高適合做酒。這就是馬奶酒產生的原因。也是為什麼酗酒的風險會出現。

3 酒泉酒海的帝國

馬奶酒的酒精成分並不高，比啤酒都要低。但像啤酒一樣，飲夠多，也可醉。更關鍵是，慣了這大杯大杯飲法，換了酒精含量更高的酒也會照樣飲下去。立國之後，除了宮庭宴食必然是不醉不歸，連日常生活也是杯酒不離。法國方濟各會教士盧布魯克人威廉（Willem van Rubroeck）在一二五二年受法國國王路易九世派遣，出使蒙古帝國。在哈拉和林（ᠬᠠᠷᠠᠬᠣᠷᠣᠮ），覲見蒙古大汗蒙哥。據他所著的《東方行記》所述，蒙哥擁有一座巨大的銀製酒泉機，四條泉口各自源源不絕地流出葡萄酒、馬酒、米酒和蜜酒。有次蒙哥召見他時，居然仍是醉醺醺，未曾酒醒。

對酒的愛好去到什麼地步，從元朝皇帝帳殿和宮殿都設有巨大的儲酒器，便可知道。一二八五年匠人在舉辦元旦、慶壽等重大儀式的大明殿，安裝了一樽稱為酒海的漆木質銀內金外，一丈七寸高，可儲酒五十石（約一千公升）巨型酒器。元朝滅亡不久，蕭洵參觀了遺留下來的宮殿。大明殿的這座酒海似乎已毀，未有踪跡。但他在《元故宮遺錄》書中提到目睹延春堂玉台床旁酒海四個，廣寒殿有金酒海。這座當年忽必烈下令放在廣寒殿，容量三十石的玉質大酒缸，瀆山大玉海，如果有空去到北京北海公園現在還有幸可以見到。

殿上有酒海自然是拿來飲的。做官不能飲酒也像今日官場商場一樣，難有作為。忽必烈曾經設宴大臣，下令「有不能釂大卮者，免其官服」。飲酒成為了朝廷當官的必備條件。

忽思慧對朝廷的過量用酒顯然是憂心忡忡。但又不可能在殿上明說直諫。只好透過《飲膳正要》對酒的態度表明立場，勸告。

卷第一，養生避忌，已經長篇大論，五百多字洋洋灑灑，直言不諱地勸告不能飲酒過多：

飲酒避忌

酒，味苦甘辛，大熱，有毒。主行藥勢，殺百邪，去惡氣，通血脈，厚腸胃，潤肌膚，消憂愁。少飲尤佳，多飲傷神損壽，易人本性，其毒甚也。醉飲過度，喪生之源。飲酒不欲使多，知其過多，速吐之為佳，不爾成痰疾。醉勿酩酊大醉，即終身百病不除。酒，不可久飲，恐腐爛腸胃，漬髓，蒸筋……

4 忽思慧的告戒

蒙古人男女平等，不單是男的會醉酒，婦女一樣嗜酒、醉酒。有一次，蒙哥其中一位后妃請法國使團用餐，也是紅酒、馬酒、米酒，一杯杯乾，直至日落，才酩酊大醉而歸。忽思慧對孕婦及乳母提出戒酒的重要性應該是不無原因。也許他已經觀察到皇室婦女的醉酒，對皇室後裔的影響使他勸告；乳母「醉則發陽，乳之令子身熱腹滿」。一般情形下，嬰兒不會因乳母飲酒而受害。所以忽思慧只是警告不要飲醉亦是合理。但他另一句話，孕婦「飲酒，令子心淫情亂，罔顧羞恥」，孕婦飲酒，即使不醉也會傷害胎兒思維，卻使他成為世上第一位清楚診斷「胎兒酒精中毒綜合症」的醫生。之前，只有亞里斯多德在公元前三世紀曾經說過「蠢婦、醉婦、及腦殘女人經常生出像她們一樣無精打采的後代」。這說得太含糊，不能算是認識到酒精能影響胎兒。我們現在當然知道由經常飲酒的孕婦誕下的患「胎兒酒精中毒綜合症」嬰孩，除了器官發育異常，也會出現過度活躍、學習障礙、以及異常情緒及行為問題。但這是晚忽思慧三百多年後才開始有的知識。

《飲膳正要》書中具名的十三種酒，主要是虎骨酒、枸杞酒、茯苓酒、五加皮酒等藥酒。至於其他的酒，對小黃米酒的評論是「性熱，不宜多飲，昏人五臟，煩熱多睡」。速兒麻酒則是多飲令人膨脹、生痰。屬燒酒的阿剌吉酒「味甘辣，大熱，有大毒」。羊羔酒和最流行的葡萄酒卻沒有惡評。至於蒙古人最喜歡飲的馬奶酒，卻是一字不提。一是可能是仍有顧忌，不便直說。二是馬奶酒酒精含量低，不過分無妨。但另一可能是建國之後，馬奶酒只是在重要宴會或祭祀時才飲，並非再是經常所備用飲品。

酗酒也是為什麼說《飲膳正要》是一部營養學書。書中有幾道食譜都是針對腳氣病的。古代所謂腳氣，雖然名稱包括幾種病，但主要應該是指維他命B1缺乏所引發的症狀：腳無力及麻木、心臟衰竭導致腳浮腫和氣喘、記憶衰退等等。正常飲食下，肉、穀、豆、和蔬菜的維他命B1含量都足以提供每天需要。西方酒徒經常空腹飲酒，因此容易出現維他命B1不足現象。亞洲人則通常是酒和宴食聯在一起，少有光是空腹而飲，只是飲酒過多，無法謀生正業時才會進食不足。但酒精本身也會阻止維他命B1的吸收，因此引起欠缺症狀。元代的《析津志輯佚》說一般人中午只是食蒸餅、燒餅、庶餅、子餅之類餅食，早晚則粥和蔬菜。如果習慣上食很少副食，或者經濟上無力購買青菜，平民百姓日常生活中進食的維他命B1則可能不夠。由於上層帝皇、統治精英都向好飲酒，元朝平民百姓也跟風，酗酒成俗。元初太醫羅天益就曾經指出：「近年中風、虛勞、消狂、瘡瘍、癖積、衄衊、藏毒、下血者多有之。大概由朝醉夕醒，耽樂為常而得之也。」

5 食什麼改寫了甲午戰爭

中文稱飯麵為主食，而菜肉則為副食，說明概念上米和麵等五穀才是重要的食物。一般文獻和研究都不告訴我們古代人日常餐食的成分比例。但是從有限資料能得來的印象，直至近代，很多地區都是飯麵之類為主，副食其實不多，因此維他命B1主要來自主食。一些未付印的研究表示在民國年代，南方居民的維他命B1不足，上海工廠工人中三分一工人有腳氣病症狀。只要叫他們煮飯前不要洗米，就可以改善病發率。原因是米脫穀成白米後，會喪失維他命B1，如果煮前洗米則連殘留在白米上的些許維他命B1都會消失，導致發病[7]。甲午戰爭前十二年，日本海軍與北洋水師對峙，但眾多水手因腳氣病而病倒，以致戰鬥力大降。高木兼寬發覺水手饍食，白米主食之外只有少量腌菜、味噌之後，建議改善饍食供應。海軍高層起始不接受，但一八八三年時訓練船「龍驤號」環遊澳洲、南美、夏威夷之程，兩百七十六名船員中一百六十九人竟患腳氣病，二十五人更因此死亡。而翌年出發的「筑波號」用了高木兼寬的加奶加肉饍食，同一航程三百三十三名海員中只有十四名病倒，無人死亡。而此十四人都是抗拒飲奶食肉者。日本海軍因此將海員饍食更改，大幅提高戰鬥力。甲午戰爭結果受此腳氣病因素影響至巨，毋須多言。

晉代永嘉南渡後，建都在南京。腳氣病突然大增，使許多北方行醫的醫師都見所未見，不知如何。原因相信就是因為嗜酒的士大夫來到江南，從麵食改為白米，維他命B1進量減少。加上人口突然暴升，蔬菜肉食必然漲價，變得昂貴，占饍食成分減少。無論是逃難或勞動引起的體力清耗、和飲酒卻都會報增加維他命B1的需要。一消一增之下患腳氣病的風險大增*。《飲膳正要》呈獻的前兩年，山東有水災，河南有飢荒。腳氣病例可能因此而更為多見。

* 近年來有意見認為晉代「腳氣病」並非真的維他命B1缺乏症的腳氣病。由於當時診斷標準含糊，誤診必有。但論者都未考慮到逃難的體力消耗及病疾、嚴重饑饉後突然進食白米可引致的再餵食症候群、以及嗜酒、幾個因素對維他命B1的需求。也似乎不明白慢性輕微腳氣病可以只是腳部浮腫及略有麻木、少力感覺。有些學者對濕性腳氣病症狀尤其是過於忽略。

但是，宮殿內的皇上及宮中后妃、其他貴族，都不可能會饍食欠缺，營養不足。因此，為皇上而作的《飲膳正要》，多條食方圍繞腳氣病又為何？究竟，身處深宮的皇帝，又沒有今天世界的新聞廣播，或者網路上，可以得知民間什麼病疫流行。腳氣病和他又有什麼關係？

因為多條相關腳氣病的餐食方案而為公認屬營養專著的《飲膳正要》，最初想要醫的腳氣病，我們覺得應該不是民間的維他命B1欠缺症，而其實是酒精源周圍神經萎縮，甚至肝硬化。

問題是古代腳氣病的定義不準確，只是依賴症狀，並非根據背後病理。而這些症狀可以源由不同的病種，包括金屬中毒、絲蟲病、足癬、痛風等等。《飲膳正要》提出用羊肉、回回豆子（鷹嘴豆）、木瓜熬成的木瓜湯醫治腳風不仁，即是下肢麻木的症狀，用熊肉和豆豉做的熊肉湯醫治腳氣，痺痛不仁，都能提供豐富的維他命B1。但是下肢麻木和痺痛，亦可以是長期酗酒造成周圍神經萎縮的症狀。而這更像是宮廷中及權貴眾人可能患有的症狀。所以皇上見到這些症狀，應該會覺得此書的確有用。

而書中提出用粳米和馬齒菜熬成粥來醫治腳氣，頭面水腫，心腹脹滿，小便淋澀，對維他命B1缺乏下的濕性腳氣病導致的下肢浮腫及心臟衰竭固然有用，相同症狀也可以出現在酒精引起的肝硬化或心肌病。一樣會為宮廷誤以為是對症下饍，而嘉許。

6 好一碗禿禿麻食

如果只是一味道貌岸然，講禁忌、講醫治，皇帝皇后看了幾頁，便可能呼嚕入睡。所以《飲膳正要》也必須要是像我們今天去到米其林餐廳一樣，譜出光是看描述讀者就已經興趣盎然、食指大動的食譜。所以，如果你像皇帝皇后一樣，接了這本書來翻閱，過了序之後，進入你眼中目錄第一頁，在兩行避忌食忌左邊就是異珍異饌！湯呀、羹呀、粉呀、麵呀、餛飩呀！

既然是寫給身為蒙古人的文帝，自然不能反常而貶低蒙古人的經常食料。所以，在〈聚珍異饌〉一章的九十五種食譜中，七十六種是用羊肉的。但是，這些在羊肉類之外，很多都是用加回回豆子、草果、薑、蘑菇。製成湯、羹或菜，為烤肉食法提供更健康的另外選擇。在紅肉之外，書還列舉了十九種水產品、十六種禽鳥、三十九種果實、二十三種穀類及四十五種蔬菜。很明顯，目的是想改善宮廷的飲食習慣，改為比較均衡的健康進食成分比例。

忽思慧呈書的時候是元文宗結束兄弟爭位第二次登基的至順元年。但這對文宗已經太遲。他只活到至順三年，享壽二十八歲。接位的寧宗只有七歲，五十多天後逝世。但跟著的惠宗，元朝最後的皇帝，活到五十歲才因痢疾去世，也許是受了《飲膳正要》影響，加上戰亂頻頻已經無暇經常宴樂，飲食比較健康，壽命也長了。

《飲膳正要》和同為元代的《居家必用事類全書》是最早介紹中亞和西亞地區菜餚的食譜。以存世的版本分析，《飲膳正要》大概早《居家必用事類全書》幾年而已。《飲膳正要》書中提到的，有些像撒速湯、八兒不湯「係西天茶飯」，明確說明來自印度。搠羅脫因是畏兀兒（高昌回鶻國）的茶飯。但有些音譯冠名的菜餚，答必納餅兒、沙乞某兒湯、腦瓦剌等等，就只能知道是外來菜。來源地則無法確定。而有些就現在都能夠在世界其他地方繼續欣賞。

書中提到的禿禿麻食，「係手撇麵，用白麵六斤作禿禿麻食、羊肉一腳子，炒焦肉乞馬……用好肉湯下炒蔥，調和勻，下蒜、酪、香菜末」，《居家必用事類全書》音譯成禿禿麻失，「如水滑麵，和小圓小彈劑，冷水浸，手掌按作小薄餅兒，下鍋煮熟，撈出過汁，煎炒酸肉，任意食之。」兩書寫法各有千秋，後書讀者對象是一般人，集中教技巧，而不在乎用料。前書是給皇上看，用足調味減去羊羶，能夠使他饞涎欲滴，才為重要。

《飲膳正要》用酪，《居家必用事類全書》沒有用酪，可能是因為酪在民間並不流行。兩書一燴一炒，也和現代的烹調多樣相同。但酪是古代經舊酪發酵而成的酸奶，和現代優格（yogurt）故意經能生產乳酸的細菌發酵，並不一樣。

這道菜是塞爾柱突厥人的經典菜餚，流傳廣泛。十三世紀時也可見於印度及埃及的食譜中。在漢語音譯中，還可稱為吐吐麻食、禿禿麼思、子撇麵、手撇麵。雖然我們大多數人都沒有碰上過，但是在陝西、甘肅某些地區，還是有麻食，或麻休。只是通常有客人來時才做，所以可能會消失[8]。而貓耳朵、麵疙瘩比較聽得多，食得廣的，其實也是同宗異形，形狀稍不同而已。旅遊到土耳其，來一碗 *tutmaç çorbası*，便都可以嘗得到禿禿麻食現代異地版本。

對了，你留意到土耳其這道菜的名稱不正是和禿禿麻食相似？

這應該就是蒙古大軍十三世紀入侵土耳其時，從那裡帶回來的食品。

7 學做中東菜

但別以為土耳其是禿禿麻食的故鄉。它的故鄉應該是亞美尼亞。亞美尼亞酸叫 tù。由於加了奶酪，有酸味，所以麵塊當地叫 ttmatch。十一世紀去到土耳其[9]。所以不嫌麻煩，把麵團切成指甲大的麵丁塊，捲成空筒，或按出凹陷和一樣大的肉丁、菜丁，或燴，或炒，你我便都可以試忽思慧介紹的這道亞美尼亞美食。

但是跟禿禿麻食的食譜做，有點難。當中那句「炒焦肉乞馬」是什麼意思？一般我們會讀成炒焦「肉乞馬」。但為什麼要炒到焦？其實，土耳其有 kuru kryma，乾的碎肉[10]。蒙古話乞馬表示碎塊，與其有關，毋須爭辯。如此看來，步驟應該讀成炒「焦肉乞馬」*，炒乾的碎肉。

同樣地，另一些菜也並不難做，只是要知道忽思慧時代的名稱和現代的同物名稱。像中東地區仍有異名同物的「馬思吉湯」用的回回豆子即是鷹嘴豆，馬思答吉就是 mastakı（即洋乳香）。所以做法是用一隻羊腿切成塊和草果五個、官桂二錢、去皮搗碎的鷹嘴豆半升，一齊熬成湯。濾淨之後，湯再和熟鷹嘴豆二合、香粳米一升、洋乳香一錢、鹽少許，調和成泥狀。羊肉、芫荽葉食。

如果你試了上癮，當然還可以再試別的菜。畏兀兒茶飯「搠羅脫因」：「和白麵六斤，作乞馬羊肉二腳子，

* 書中沒有獨立的「肉乞馬」，也沒有其他「炒焦」之處。焦肉乞馬四字結構則出現在三道菜中。

熟，切乞馬。右件，用好肉湯炒，葱、醋、鹽一同調和」。「剪花饅頭：羊肉、羊脂、羊尾子、葱、陳皮各切細，上件，依法入料物、鹽、醬拌餡包饅頭，用剪子剪諸般花樣，蒸，用胭脂染花」。去到土耳其的Çorum，你便可以試花樣manti先，再回家做。唯一是，那裡不用陳皮。

這幾道中亞地區的菜餚令一些學者斷言忽思慧是回回人。但是另幾道菜又使一些學者認為不可能是回民，不然哪會出現三十三條以豬肉製成的菜餚？其實，元朝的回回人不只是指現今信奉伊斯蘭教的回民，而是包括來自中東的猶太人、東正教徒及基督教徒。而蒙元皇室是信奉佛教。所以書中提出豬肉菜餚，並無不妥。元朝流行中亞地區菜餚，連福建出版、寫給平民百姓的《居家必用事類全書》都有介紹做法，說明有這些內容和忽思慧是什麼地方的人實際上拉不上太大關係。

不同的是《飲膳正要》讀者對象是宮中人食療為主，而《居家必用事類全書》對象則是普通平民百姓饍食。而更大分別，可能更是南北之分。除了兩書俱有回回食品之外，《飲膳正要》的肉食內容是以羊為主。而《居家必用事類全書》則是偏向南方，和較晚時代的《雲林堂飲食制度集》相似，比較多水產、雀、雞、鴨。

8 蒸茄子和椰汁牛肉好不好？

那麼，請忽思慧食什麼好呢？

水餃、蒸茄子和椰汁牛肉好不好？

對我們來說，餃子還有一層意義，澤宜很多年前曾經受邀去教做餃子。為了整理出餡的份量和製造過程給學生，我們家足足食了兩個星期不同的煎餃、水餃。陸游年代，餃子仍只是籠餅的一種，但他詩中提到「便覺此身如在蜀，一盤籠餅是豌巢」這含餡的籠餅像豌豆（豌巢）形狀，說明有尖角的餃子形可能早已經出現。有些人猜晉代的牢丸是餃子前身，但無從實證。考古在新疆魏代及隋代兩座古墓中找到過偃月形的物體，稱為餃子，但未見有詳細分析，無法知道是實心的餅或是有餡的餃[11]。忽思慧書中沒有餃字，像宋代一樣除了餅只用角字：水晶角兒、撇列角兒、時羅角兒。餡都是用羊肉、羊脂、羊尾、薑或韮、鹽醬，豆粉或白麵作皮。雖然餃字要到了明朝，才代替角字，對忽思慧來說，餃子應該是熟悉的食品。

茄子在幾千年前就在印度和西雙版納被人培植馴化。成都當時是重要貿易轉運中心，無論是印度或西雙版納的茄子都可以經過成都而東傳散播到其他地區。六世紀隋代的《齊民要術》已經教人如何烹調茄子：「缹茄子法：用子未成者，子成則不好也。以竹刀骨刀四破之，用鐵則渝黑。湯煠去腥氣。細切蔥白，熬油令香；蘇彌好。香醬清擘蔥白與茄子俱下，缹令熟。下椒、薑末。」要用未有子的嫩茄子，用鐵刀切會變黑色，因此要用竹刀或骨刀。熱水燙掉腥味，熬出蔥油，隔清蔥渣。蔥油和茄子一齊煮熟，再下花椒、薑末調味。

忽思慧書中有教做茄子饅頭，其實是釀茄子，將羊肉、羊脂、羊尾子、蔥、陳皮、嫩茄子切細釀進茄子內，蒸。熟後加蒜酪、香菜末食。這種中東流行的茄子食法，不見於其他古代華人食譜中。

華夏地區歷代經常禁止食牛，但回民不食豬，所以仍會食牛肉。而元代當然食牛不是問題。但人們對於如何烹調牛身上可食部分仍未掌握得到，所以牛肉對他來說，似乎藥用多於食用。他的書指出：「肝病禁食辛，宜食粳米、牛肉、葵菜之類……牛髓補中，填精髓」，只是「牛肉不可與栗子同食，薤不可與牛肉同食，牛肝不可與魚同食，生風。牛腸不可與犬肉同食」。書中用牛做的菜只有一個，攢牛蹄：牛蹄一副，煮熟，攢姜末二兩。上件，用好肉湯同炒，蔥、鹽調和。醫病則有用在治腎虛弱，骨傷敗，瘦弱無力的黑牛髓煎，以及治脾胃久冷，不思飲食的牛肉脯。另外還有教用牛骨髓做藥膏。

椰汁牛肉中用到的調味品，大蒜、芫茜、小茴香、沙秫、香茅、紅椒、石栗、南薑都是來自南亞。大蒜、芫茜、小茴香更是從西亞來華。都可以說是符合他的多民族聚合年代的烹飪。當然，辣椒當年仍未到達，忽思慧不可能食過的。這道菜，

Recipe

蒸茄子

- 長形茄子 6 條、紅蔥頭 10 個、蔥 2 束切細、芫荽根 2 條切細、辣椒 1 個。
- 茄子蒸至嫩，削長形。
- 紅蔥頭去皮，切成片，炸至棕黃，脆口。
- 上菜前，茄子上淋紅蔥頭，加蔥、芫荽、辣椒、醬油。

Recipe

椰汁牛肉

- 牛腩 4.5 斤。
- 鮮紅椒 18 個、乾蔥 30 粒、蒜頭 12 粒、石栗 10 粒、香茅 3 條、生薑 3 塊、黃薑 1.5 茶匙、南薑 6 茶匙、芫茜 3 茶匙、小茴 1.5 茶匙、紅椒粉 6 茶匙、沙冧葉 9 片、胡椒粉 2 茶匙、鹽 4.5 茶匙、糖 3 茶匙。
- 攪拌機打碎成糊狀，和油 12 湯匙，一起炒香。
- 牛腩汆燙後，加入調味糊炒。
- 加水 42 盎司，水要蓋過牛腩。先大火煮滾後，轉中小火燜大概 2 小時，加入椰汁 6 杯，約 10 分鐘後便可上桌。
- 如果買得到蝴蝶腩（崩沙腩），口感會更好。沙冧葉（Syzygium polyanthum）印尼店售。

有些人會說是咖喱。但如果你去到印度，在地道的小館用饍，指著餐牌說，怎麼，你們沒咖喱麼？侍應一定會滿臉茫然。印度其實從來根本沒有一種叫咖喱的菜餚，許多印度人年幼時也沒有聽聞過這名稱。咖喱是西方人聽到印度人叫用調味九里香葉做的醬汁 கறி，就以此音當作是所有使用香料菜餚的總名稱。我們俗稱為咖喱粉的東西，印度人會叫是熱香料（garam masala）。而這實際上沒有固定成分，可以因人而異，因地制宜。辣椒也並非必須成分。

第十三章　請倪瓚食什麼好？

1　一個被誤會的人

熟悉畫的人一定會說，哦，你要請這位大畫家來談談他對畫的看法。

不。我們是請他來談烹調的。

有冇搞錯？有沒有搞錯？請元代四大畫家之一的倪瓚來談和他風馬牛不相及的題目？

你不知道他是美食家嗎？

啊？

倪瓚總是被人誤會和低估的。

大多數聽過他的大名的人，都會知道他是元代四大畫家之一。他的山水畫連八大山人都要仿效。然而，他在生之時，畫並不出名。為他作墓誌銘的王賓一句都不提他的畫，只說他「不事富家，事事作詩……盛年詩名在館閣」。另一位為他寫墓誌銘的好友周南老，也只說「處士之業未及展於世，而有可以傳於世，誦其詩知其為處士而已」。元末年間，他被稱讚為東南之冠三人之一，更有人把他和蘇東坡並論。但是，現在沒有太多人讀過他的詩，除了在網上，想找本他的詩集來看也並不容易。

像許多名畫家一樣，他在生之年，畫只有鄰近地區和朋輩知道和欣賞，會像為他寫墓表的張端那樣「或作溪山小景人得如拱璧」。到了明朝中期，學習他的吳門派畫家興起之後，他的畫才真真開始廣受歡迎，導致萬曆年代「今世最重先生畫，次重其詩，又次乃重其人。是人以詩掩，詩以畫掩」，畫的名氣終於超越了詩。於是，到了晚明，受董其昌極力推薦之後，倪瓚的名氣和畫從此再也分不開了。

除了畫和詩，多數人再記得的就是倪瓚的所謂潔癖。但這完全是診斷錯誤。潔癖是強迫症的一個症狀。但是倪瓚並沒有任何其他強迫症的症狀。

說他有潔癖，理由來自幾件事。一是他曾經叫人幫他擔泉水回家，因為怕擔水的人放屁弄髒，只是用前桶來飲，後桶就只用來沖洗。另一次，有位姓徐的朋友在園裡吐了口痰。倪瓚不管朋友會不會尷尬，馬上就叫佣人找，找不到仍不放棄，自己找。他終於在一棵樹下找到，叫佣人洗乾淨。再有一次，楊姓朋友在聚會上拿了妓女的鞋子來盛酒，叫大家輪流飲。倪瓚連續說了幾聲「齷齪」就離席。還有一次發生在他因為官司坐獄期間。他要求送飯的監獄員工舉高盤子，原因是恐怕口水掉進飯裡。

當年，沒有今天的抽水馬桶。很多家庭只是用木的馬桶，或者糞坑。兩種方法都難免臭氣瀰漫，令人難受。不少人因此選擇戶外出恭，遷殃四鄰。倪瓚卻是把家中的廁所搭建成兩層，下面放木格，大便完就用鵝毛掩蓋，叫小童拿走。單就倪瓚的廁所設計，就可以說明他的衛生觀念是抛離他那個時代多遠！

應該說倪瓚不是潔癖，而是他重視衛生，卻不幸要生活在一個極不講究衛生的污糟邋遢時代，於是被人當作是精神失常。而時至今天，網上還有許多人說他的潔癖，也只能令人不解何以仍有如此多衛生觀念落後之人？

其實，倪瓚的成就何止是詩畫和衛生觀念？

他的書法也是長久被忽略，和一般書法家不同，他專攻小楷，而自成一家。像徐渭所評，「古而媚，密而疏」，楷書中有隸書、行書的味道。清代康熙年間「帖學四大家」之一的書法家笪重光都要稱讚說：「元鎮真翰墨第一流人，不食煙火而登仙者矣。」

2 江南名勝的美食

而更少人提的是他的烹飪。

倪瓚五十歲左右，因為元末戰亂，要賣掉家產逃難。之後二十餘年江南文人多受朱元璋迫害，知交幾乎全死於非命，自己也坐過牢獄。但他年少時家業富裕，過很寫意的生活。他大概是在這段幸福時光嘗盡江南名產佳餚之後，意圖在廚藝方面也精益求精。但是，事與願違。

倪瓚的別號叫雲林，雲林堂是他家中的一座建築。倪瓚寫的這本書，《雲林堂飲食制度集》內容看起來，雜亂無章，醬油法開卷，蟹的各種菜餚梅花間插，葷素也先後不一。整本書似乎只是一本在逃難避禍中沒有時間整理好的初稿或筆記而已。正如他的書畫和衛生觀念都是超時代的，他這本食譜也是具有突破性的。書中的五十種菜餚，不只是為蘇州無錫地區當年的菜餚留下寶貴的歷史記載，部分更是影響久遠的創作。

雲林堂是北宋書法家黃伯思，號雲林子的舊居名字，倪瓚自己是書法家，便也以其名冠自己家中這座建築。他還親筆為匾額摹王羲之天台山白雲寺匾額的雲字、盧山東林寺的林字[1]。他沒有描述過雲林堂的樣貌，或為之留下畫。但他為藏書掛畫而起的清閟閣當時是江南名勝，不少人會慕名而來，希望可以一瞥：「閣如方塔三層，疏窗四眺，遠浦瑤巒，雲霞變幻，彈指萬狀，窗外巉岩怪石，皆太湖靈璧之奇，高於樓堞。松篁蘭菊，蘢蔥交翠，風枝搖曳，涼陰滿苔[2]。」單是看這描述，就夠令人興起一覩之意。有次一位遠道而來的外國人來到想參觀。幾日不果之後，倪瓚心軟，叫童子說自己外出，不方便給他到清閟閣，只是引他去到雲林堂看看。也就全靠這位「夷人」，我們才稍為可以知道雲林堂是怎樣的：「堂前植碧梧，四周列奇石，東設古玉器，西設古鼎尊罍，法書名畫[3]。」

倪瓚的畫是一個清寂的世界，離開凡塵很遠，並不悽涼，但也無喜，像是一個禪隱者的心境。但他的烹調世界卻是創意春曉，充滿生氣。元代是華人被蒙古人統治的時代。政治中心在北方。但烹飪著作在江南則如雨後春筍，頻頻出現。《雲林堂飲食制度集》不單明顯和北地的宮廷食譜不同，西域影響也微乎其微。書中除了豬肉外，就是魚、蝦、蟹、蚶、螺、海蟄等水產品，以及雀和鵝，都只是江南風味。北地喜歡的羊肉，一次都沒有現身。

但別以為他旨在堅守傳統菜餚特色不變。他的遠祖據說是山東饒縣倪家村的西漢官員倪寬。

倪瓚
〈容膝齋圖〉

十世祖倪碩很戲劇化地去了黨項人在西藏及河西地帶建立的大夏工作。當時，臣屬遼宋二國的黨項人很願意任用漢人，所以倪碩後來居然當代表出使北宋。但一〇三八年大夏國王正式稱帝為夏景宗，國也不再臣屬遼宋。夏宋遼三國烽火於是接連而起。倪碩就選擇留在宋地，定居安徽。到了南宋倪家更是全族移居到無錫。羊牛及奶酪是西夏黨項人所喜愛的，《雲林堂飲食制度集》一句不提牛羊，只有在做雪盦菜時用元代食譜常用的乳餅，說明先祖在西夏的飲食習慣應該都沒有留下來。如果說可以同西夏飲食留下任何關係的菜餚，可能只是他的手餅。西夏人是喜愛食餅的。但他們愛的是燒餅、和燒餅上撒芝麻的胡餅。而倪瓚的手餅是烙餅：幹起碗許大餅子，鏊盤上熯熟。

3 蘇州菜的初祖

他的元末時，應該是湯餅這名稱開始消失，被「麵」代替的時候。元初時住杭州的方回仍舊在詩中頻頻提湯餅，從他的「連日市中絕米麵，欲作湯餅亦無之」可得出，麵仍是指麵粉，而麵條仍是湯餅。和倪瓚同代，居杭州的張翥、陶宗儀，雖然也都仍舊提到湯餅在他們的著作中，在北方的忽思慧就只把麵條稱為麵絲，湯餅之詞並沒有出現在他的書中。倪瓚在《雲林堂飲食制度集》裡也不再提湯餅。他教煮麵，是「鹽水搜麵團……捍切。煮法，沸湯內攪動下麵……」。教冷淘麵法，更只是教做汁、用魚蝦的選擇。然後就「搜冷淘麵在內」。大概以「麵」表示麵條已經是常俗說法。寫給一般人看的《居家必用事類全書》一樣也無湯餅，只有濕麵、乾麵兩類。在濕麵中，八種屬於麵條，其餘為棊子、餛飩、餺飥、撥魚。而乾麵則包括饅頭、包子、兜子、餲饠、角兒、及各種叫「餡」的食物。

現代中國有「南甜北鹹」的說法。實際上，南甜只能說是蘇州、無錫、江浙一帶。廣東、廣西、福建菜都不是。但是，古代的說法恰恰相反，是北甜南鹹，北方菜餚偏甜，南方偏鹹。

到了南宋年代，大批北方移民遷入南方，首部也從開封搬到當時叫臨安的杭州。南方地區的口味因此隨而變更。根據吳自牧《夢粱錄》卷十六〈葷素從食店〉所記載，市食點心包括乳糖槌、拍花糕、糖蜜糕、糖蜜韻果、糍團及四時糖食點心。杭州饅頭店賣的各式饅頭中包括糖肉饅頭、薑糖餡饅頭、糖餡饅頭，明顯都是甜的。

雖然從名字可知，南方菜餚開始轉甜，但倪瓚寫的《雲林堂飲食制度集》卻肯定可以說是首次正式記錄蘇州無錫菜餚甜味的食譜，食田螺要先「用砂糖濃拌，淹飯頃」用砂糖攪拌，腌一頓飯時間，做醋筍，用筍汁，加白梅、糖霜，或者白砂糖、生薑汁、調和到適合自己的口味，然後放筍進去腌。

其實，不但是記錄甜味，《雲林堂飲食制度集》也記錄了砂糖取代蜂蜜及飴糖的過程。

在《夢粱錄》的記載中，我們無從知道當年甜味是來自蜂蜜、飴糖或砂糖。三種味道做出來的菜味道明顯都會迥然不同。

正式第一本記錄南方菜餚加砂糖的著作可能是宋末時福建陳元靚寫的《事林廣記》。書中記載了用砂糖的菜點：素包子「鹽、醬、砂糖調和滋味得所」，煠骨頭要「微入砂糖，取味美為度」，冷淘麵也下砂糖。

可惜，書在元代一再被修訂，和饍食有關的只見於印在元代時候福建的建安西園精舍版。書中也已經包括回回古剌赤、回回卷煎餅之類應該屬元代食品[4]。所以這些菜點的具體範圍，究竟是早在南宋時的杭州，或者是以後已是元代的時候就無法確定。

由於這緣故，元代的《浦江吳氏中饋錄》、《居家必用事類全書》及《雲林堂飲食制度集》才是明確可以肯定是進入了使用砂糖時代的文獻。但是，在這幾本書中，蜂蜜仍用得相當多。像熟灌藕、香櫞煎、燒鵝、蜜釀蝤蛑都是用蜜的。到了比倪瓚晚的江蘇人韓奕寫的《易牙遺意》，以及萬曆年間浙江人周履靖寫的《續易牙遺意》，砂糖用的次數才壓倒性多過蜂蜜。菜雖然都是甜，卻實際上不同一樣味道了。

但更重要是《雲林堂飲食制度集》為江南烹調做出了新創的菜式。

《浦江吳氏中饋錄》書中蟹的烹調比較簡單，只是蟹生、醉蟹、醬蟹、糟蟹。但《雲林堂飲食制度集》就有複雜很多的新法蟹及蜜釀蝤蛑。後者將蟹肉取出，剁成小塊，拭在殼內，將蜂蜜和雞蛋攪合，倒在蟹肉上，蒸。這道菜也就是今天的蘇州名菜芙蓉蟹斗的前身。所以說倪瓚是蘇州菜的始祖之一，也絕非不可。只不過，現在，蜂蜜就不下了。

4 燒鵝現身了

倪瓚應該是對鵝特別鍾情的。在詩中，出現不少鵝字，「……當戶枇杷子半黃，霜橘定應題百顆，籠鵝即欲寫千行，蘭亭書法人間少，好去山陰覓野航」，「積雨雲林生薜蘿，墨池新漲浴羣鵝，每懷笠澤從漁釣，更擬滄浪聽棹歌……」，「喜看新酒似鵝黃，已有春風拂草堂，二月江南初破柳，扁舟晚下獨鳴榔……」。

送朋友禮也是「鵝一隻夏果尊酒聊為遷喬之慶」。

粵菜的燒鵝聞名馳遠，但是，粵菜在古代長期被食譜忽略。因此，無法找到來源歷史。唯一古代粵菜食譜，光緒年間的《美味求真》裡有拆燒鵝一菜，卻不說如何燒成。但燒鵝這名稱，在華人烹飪史中第一次出現，應該就是在《雲林堂飲食制度集》中。清代的美食家袁枚口舌刁鑽，批評前輩食譜向不留情。對《雲來堂飲食制度集》的燒鵝卻是承認值得仿效，並且以雲林鵝之名寫下改良版在《隨園食單》內。

倪瓚做燒鵝的方法，與粵菜燒鵝有無淵源關係？一個疑問是此燒鵝是否像如今燒鵝？他做的方法是用鹽、蔥、酒擦鵝的腹腔，用酒和蜜糖塗鵝身。這明顯和現代廣東燒鵝的加蜜或糖相近。但是他的燒法卻和現代就完全不同。他是把鵝擱在鍋的竹架上，鍋裡放一盞水、一盞酒，然後封鍋用草燒。

這究竟是蒸還是燒？袁枚認為這是蒸鵝，在元代、明代時很流行的烹調鵝方法。所以他不把倪瓚做燒鵝的方法叫燒鵝，而叫雲林鵝，用一大碗酒、一大碗水來蒸。

倪瓚為什麼要說燒鵝而不是蒸鵝？燒字在古代烹飪用途上，有多種意：加熱、炒、或烤。當時蒸是要放在甑或封了口的碗內，以熱氣加熱。倪瓚只是用燒來表達不是用蒸氣為甑或者封口的碗加熱。這種表達方法可以求證於他的另一道菜：燒蘿蔔法。這道菜的做法是把滾熱的調味汁淋在切成長方形小塊的蘿蔔上。不是拿蘿蔔去燒。和他一樣，元代的《事林廣記》也是把加熱叫作燒。書中的燒林檎：「青林檎一斗砂糖三斤蜜一斤油四兩鹽二兩以油鹽先浸過與糖同入瓶中盡以蜜淋上石灰泥甕頭四面燒一方別以淨器收」，燒栗子：「栗一斗大者去皮膜以鹽水浸一宿日煞乾入甕內白蜜五斤椒一兩以文武火燒一夜次早又入糖二斤再燒候冷別器收之」。

同是元代的《居家必用事類全集》沒有燒鵝只有燒肉。方法是鍋裡用木架起肉，鍋洗乾淨後燒熱，淋遍香油，然後慢火燒，燒就明顯和倪瓚的燒不同。這種鍋燒方法一直主導著元、明、清代烹飪的燒法。明代《便民圖纂》、《多能鄙事》的燒肉，《宋氏養生錄》的燒鵝、雞、鴨，甚至清代在《隨園食單》之後出現的《調鼎集》的燒鵝也仍舊是循用《居家必用事類全集》這種鍋燒方法。

鍋燒的方法和現代燒鵝用明火或烤爐烤不僅迥然不同，效果也可能未盡人意。也許是這原因，袁枚才會在雲林鵝後寫了一句很耐人尋味的話：杭州燒鵝為人所笑，以其生也。不如家廚自燒為妙。袁枚書中沒有燒鵝的方法，但他的燒肉、燒鴨都是用叉在炭火上來烤，接近現代的燒。

《宋氏養生錄》的燒鵝不用倪瓚的方法來加熱，而是採用鍋燒。但是在調味方面，書中的燒鵝有三種不同的調味方法，其中一種就是學了倪瓚的燒鵝塗蜜。

我們覺得現代廣東燒鵝烤前會塗蜜或糖，塗料方面可能就是以倪瓚為祖。加熱的方法則極有可能是從《調鼎錄》的「燒、炙諸物，靠火時須不時轉動，其肉鬆而不韌」發展出來。

5 乾隆愛上了的贋品

有一個說法是倪瓚書中的燒鵝方法，並非由他創意。故事說倪瓚設計了蘇州的獅子林後，有餐室老闆為了感謝及表示敬意，請他食飯。倪瓚對廚師做的燒鵝大為欣賞，於是抄了他的做法寫進書中。很多人都相信倪瓚是獅子林的早期設計家，連維基百科也是這樣寫。但倪瓚本人和當時居住獅子林的天如惟則禪師都沒有這方面的記載。唯一旁證是明代釋道恂的《獅子林記勝集》中提到「倪瓚為之疊石成山」。因此，清代的錢泳已經說釋道恂是弄錯了，把倪瓚題的〈獅子林圖〉當作是設計獅子林。如果倪瓚根本沒有設計過獅子林，甚至有可能畫都沒有畫過〈獅子林圖〉[5]，當然燒鵝也不會是來自烏有其人的餐室老闆和廚師之手。

然而，這幅以倪瓚之名落款的〈獅子林圖〉儘管可能是偽作，卻被乾隆視為真品。乾隆不但是畫了〈仿倪瓚獅子林圖〉，而且在圓明園長春閣和熱河避暑山莊都仿建立了獅子林園，更是在兩處都仿倪瓚建了藏書掛畫的清閟閣[6]。也許乾隆仿倪瓚畫的那些畫，〈仿雲林畫〉、〈仿倪瓚畫〉、〈仿倪瓚竹樹譜〉、〈仿倪瓚塞上山樹〉也都是在清閟閣裡畫的。

不過，千萬不要和倪瓚提這件事。和帝皇拉上關係，他應該會不高興。元朝後期，張士誠軍隊占領江南地區，張士誠的弟弟張士信使人送絲綢和錢求倪瓚畫畫。倪瓚大發雷霆：「予生不能為王門畫師。」把絲綢撕裂並且退錢不要。和現代不少畫家，開口閉口畫值多少錢的拜金主義畫匠不同，倪瓚是重藝術而輕銀帛的。和他提錢，提報酬，那是不行的。他喜歡寺院氣氛，常去寄住十來天畫畫。有人想要，就送。即使晚年，逃難多年，千金散盡而轉貧，他仍舊堅持原則。有次，一位有錢人送錢給他，他欣然接受。但當那人接著拿出扇來要他畫畫，倪瓚就勃然大怒，把錢丟落地，「我的畫不是可以用錢買的！」

倪瓚既然口味偏甜，請他食紅棗年糕，應該是合他心思的。而且，年糕這名稱也是最初見在他家鄉地區，十六世紀明代嘉靖年間的《姑蘇志》「二日食年糕，日撐腰」之後，年糕就愈來愈流行，發展出不同形狀和名稱。清朝的顧祿在《清嘉錄》解釋說，年糕是黍粉和糖做成，有黃白兩種，祭神、拜祖先、送親戚朋友用的一尺長方形年糕叫方頭糕，元寶形狀的叫糕元寶。而我們現在在南貨鋪買的那種長條形年糕，根據顧祿，當時狹的叫條頭糕，寬的叫條半糕，都只是給賞佣人食的！

沒有當年的魚蟹豬鵝，即使窮時，到晚年倪瓚還是很會講究，他會用核桃、松子和綠豆粉保成小石形狀，放在茶中，叫清泉白石茶。

所以，請倪瓚食，就必須用餅模替他做像樣的年糕呀。另外，也做一個西夏人愛食的芝麻燒餅吧。這種燒餅，先祖也應該就是胡餅。漢代有種胡餅，餅面上是撒滿胡麻（芝麻）的。

Recipe

紅棗年糕

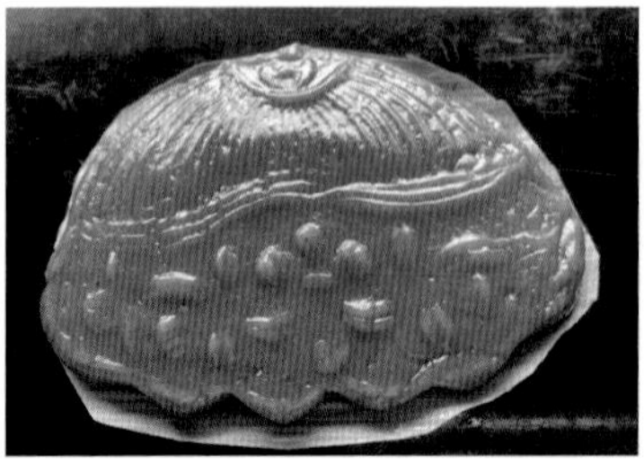

- 紅棗 500 克，除皮及核。
- 糯米粉 1200 克。
- 糖 700 克，其中 600 克先煮溶，再冷卻，100 克待用（按棗甜度）。
- 油 8 湯匙。
- 紅棗、糯米、糖，全和成團。
- 揉 15 分鐘後，加水揉至瀑布形。
- 倒入模，小的蒸 20 分鐘，大的 3 小時。
- 如要較濃紅則用蔗糖。

Recipe

老北京芝麻醬燒餅

- 食材：麵粉 300 克、小蘇打 1.5 克、芝麻醬 120 克、十三香 10 克、小茴香 1/8 茶匙、鹽 4 克或適量、生抽半湯匙、白芝麻。
- 燒餅的工序，網上有很多文章，很清楚。關鍵要注意：
  - 邊抻邊捲，切成劑塊，再對摺便可增加層數。壓成手掌大。
  - 塗芝麻醬時，留意連油，否則會過乾。
  - 高溫短烤（我家以攝氏 180 度烤 15 分鐘）便可以脆而不過乾。但視乎家中烤爐設置，有些家庭可能要先煎後烤。
  - 芝麻燒餅可以單食。但如撒切碎的台式火腿在麵皮上，或烤完夾黃瓜或肉，口感會更豐富。

第十四章　請鄭和食什麼好？

1 馬六甲的 Peranakan

我們有一年去鄭和曾經五次訪問過的馬來西亞古城——馬六甲，目的只有一個：想去嘗試當地的 Peranakan 菜。Peranakan 是指外來人和土著婚姻的後裔，在新加坡、馬來西亞、印尼，都有華裔和印度裔的 Peranakan。Peranakan，中文譯稱「峇峇娘惹」，只是把男的 Peranakan 名稱峇峇，和女的 Peranakan 稱娘惹合成一詞，並沒有好好的道出原意。反而是馬來人的說法最貼切：Orang Cina Bukan Cina，不是華人的華人。

東南亞一帶的華人叫自己是唐人，是因為華人從唐代開始已經移民到東南亞各地。阿拉伯航海探險家馬蘇第（أَبُو ٱلْحَسَن عَلِيّ ٱبْن ٱلْحُسَيْن ٱبْن عَلِيّ ٱلْمَسْعُودِيّ）在那時代來到印尼的蘇門達臘，並見到華人在從事耕種。到了宋代，宋彧著的《萍州可談》說「漢威令行於西北，故西北呼中國為漢；唐威令行於東南，故蠻夷呼中國為唐」，外國人來廣州長期居留就說自己是住唐。宋徽宗趙佶時，因為外國人口口聲聲唐服漢法，朝廷上曾討論過要不要都改稱為宋服宋法。但是真真大規模移民東南亞是要等到明清年代才開始。

當年交通很不方便，一別家鄉可能永世不回，所以不少男士都會落地生根，娶當地婦女為妻。兒女則跟父親自認是華裔後代身份，但日常生活卻注入了當地色彩。像震遐的祖母便是蘇門達臘娘惹，她一生都是穿可巴雅（kebaya），一件薄襯衫罩著蠟染布纏上身的 kemben，下身一匹蠟染布圍著的紗籠。馬來西亞最古老的華人墳墓，是一位洪世在明代甲寅年間在馬六甲的中華山起給他母親「汶來氏」的。洪世的確可以說是史載最早的一位 Peranakan，因為他的母親明顯是一位來自婆羅州的土族婦女，不是華人。

馬來西亞半島西部的登嘉樓州鄉下 Peranakan 住的是典型馬來人房屋，不只是婦女，連男性也跟馬來人一樣，穿紗籠；食飯更是用手不用筷子，家中雖然口常說的是福建話，但因為是夾雜著很多馬來話，從福建新來的人肯定聽不懂[1]。而馬六甲的 Peranakan 雖然住房明顯與馬來人有別，家裡卻只說峇峇馬來話，不再說漢語。

然而，如果用狹窄的眼光看表面，認為這些 Peranakan 和華裔身份毫不相關，你又會錯了。儘管他們祖先有馬來人血統，他們固執地拒絕和馬來人通婚，原因是會被迫信仰伊斯蘭教，因而失去中華文化。他們緊記拜祖先、拜關帝、拜各種神祇，慶祝傳統華人的節慶，在某些方面可能比在中國的華人更像傳統華人！

2 不可不食的 Peranakan 菜

Peranakan 最為人津津樂道的是她們合用馬來香料和中國尤其是福建烹飪材料而產生的特色風格菜餚。星、馬各地的 Peranakan 菜都各有春秋，馬來西亞北部的檳城受泰國影響，南方馬六甲就受印尼影響，登嘉樓州的喜歡用馬來式的豉油 kicap manis，肉骨茶下魚醬。

我們當時入住的酒店頗有葡萄牙統治時代的風味，離鎮中心不遠，山上還遺留著葡萄牙當年的古蹟：古堡、教堂、民房官邸。小鎮伴河的兩岸而起，典型的排屋街道白天清靜，可以買到烹飪必須的上好馬六甲椰糖。Peranakan 餐館都不是連鎖店的悶局。像家庭菜，每家有每家的特色，主婦或店主的喜好。即使酷日高掛也是值得走多幾家，試試各自風味。星馬一帶華裔先祖通常來自福建、潮州、客家比較窮的地區。所以，食到的是這些地方的家常菜和東南亞用料風格相互推動下的滋味氣味。

馬六甲的 Peranakan 很早已經出現。陪同鄭和四次航程的翻譯官費信在《星槎勝覽》內說「滿剌加……男女椎髻，身體黝黑，間有白者，唐人種也。」洪世的母親「明故妣汶來氏」葬於甲寅年，可以是一六一四，或一六七四年。如果是前者，則可成為費信所說的佐證。但是由於沒有寫下當時明朝皇帝的朝號，研究者不能排除已是清朝的一六七四年。

另一位翻譯官馬歡的《瀛涯勝覽》和祕書鞏珍的《西洋番國志》都未曾提到在馬六甲遇上華人，但兩人都有描述印尼的華人活動。其中，最引人注目的當然是印尼的舊港國，一個居民多為來自廣東和福建，由華人管治的地區。

無論如何，Peranakan 菜餚可能已經在那時已經開始發芽。明代時，已經偶而有婦女南下，像馬六甲便有一座十七世紀黃維弘和謝氏壽姐的夫妻合葬墓[2]，鄭和更是曾經冊封過一位施二姐為第二代舊港宣慰使。但是混合馬中菜餚風格的娘惹菜，可能是要等到十九世紀比較多女性華人移民來到才開始成熟。而由於貢獻最大是女性，所以簡稱 Peranakan 菜色為娘惹菜也頗為合理，只是遇上男性大廚時就要改口說峇峇菜了。

3 鄭和有什麼不食？

在所有娘惹菜中，我們比較喜歡的是叻沙（laksa）、亞參（asam）、粿（kueh）。和我們家裡少做、但去娘惹菜餐館，食完了不來一碗總覺得對不起自己的冰涼沁心，用綠豆、糯米、椰醬、椰糖做的chandol。粿是福建、潮州一帶米糕的叫法，傳統的會用粿模印出悅目形狀和顏色。但在星馬，現在粿的意義拉寬了，不再一定指米糕。

如果請得到鄭和來家食飯，那必要請他嘗嘗這幾道來自他遊歷過的城市的菜。雖然他當年未必嘗試過，但他應該是一位勇於嘗新的人，不會對新異古怪的食物畏怯。南洋華人傳說鄭和試了一個奇臭無比的水果，覺得好食，會使人流連忘返，不思回鄉，於是把這水果叫為「流連」。之後，人們把名字改為現在不少人都喜歡食的榴槤。這雖然是傳說，榴槤果皮多刺，名字應該是因此由馬來話duri（刺）而來，如果要信其為真，當然仍可說：鄭和當年會不會聽到土人警告有刺，一時生智而定名字為流連呢？

很可惜，不解風情的馬歡與鞏珍都異口同聲地說他們曾在蘇門答剌國有緣邂逅過一種奇臭卻美味果實。《瀛涯勝覽》是如此說：「有一等臭果，番名賭爾烏，如中國水雞頭樣，長八九寸，皮生尖刺，熟則五六瓣裂開，若爛牛肉之臭。內有栗子大酥白肉十四五塊，甚甜美可食，其中更皆有子，炒而食之，其味如栗。」可見，鄭和艦隊來時，果已有姓有名。如要堅持名字來自華人，那就必須推舉比鄭和更早的人了！

東南亞很多地區都有叻沙，但同名不同味，味道各自有別。泰國的下紅咖喱膏，馬來西亞檳城就下羅望子，印尼有種放發酵豆糕……。唯一共同點是都用麵條，香料，以及用魚、蝦或雞熬出的濃湯。星馬地區通常用越南香菜（叻沙葉）和火炬薑。來源一般說和 Peranakan 分不開，是因為早期華人的土著妻子不會中式烹調，只能將當地椰漿和香料和中式麵條一齊煮食而成。

當然，如是他光臨，那就不能用豬肉做菜，肉也必須是清真的，菜餚都要符合回民的宗教要求。究竟，他是回民，祖父和父親都去過麥加朝頂聖，父親死時只有三十多歲，可見一定是很虔誠的信徒，所以年紀輕輕已經不辭千里往回。鄭和沒去到天方國，古代沙烏地阿拉伯的名稱，又沒踏足麥加朝聖，應該是他的終生遺憾。但一點是可以肯定的，鄭和雖然十一歲就被擄到北京，卻始終沒有放棄他的回民信仰或身份認同。有碑文記載他在第五次出海下西洋之前，曾經去過泉州東門外靈山的伊斯蘭教聖墓祈求。也有清代的《西山雜誌》說他曾經在出海前去過泉州的清真寺祈禱。更重要的是，印尼的文獻說印尼的首座清真寺可能是他所建立的，而印尼的伊斯蘭教也是因他的來訪而樹立。

4 寶船上食什麼？

他祖父和父親從他們的居地雲南去到麥加，相信多數不會是經陸路，而是經海路而去。陸路應該很不安全。《明史》記載天方國的使團經陸路來，多次受到打劫，有次更引致一位王子喪生。鄭和的祖父和父親如是經海路去麥加，那一定是有人熟悉去到阿拉伯的海路如何走。波斯從五世紀已經以海路來到華南地區[3]。波斯被阿拉伯征服之後，阿拉伯商人也陸續來華。六五一年時唐高宗也見過經海路來到廣州的賽義德・本・阿比・瓦卡斯阿（سعد بن أبي وقاص, Sàd ibn Abi Waqqa）帶領的使節團。公元六七一年時，僧人義淨從廣州乘了波斯船去印度。明朝時，阿拉伯和中土的海運交通路線應該已經是十分清楚的。這也應該是為什麼鄭和在福建、廣東、浙江可以找得到熟手的水手，以及可以成功地七次遠行歸來。如果來，鄭和應該會有興趣聽聽我們幾年前在布合拉的所見所聞。這究竟是他族人的故鄉。在宋代時，一族七萬多人要從中亞遷徙到陝西咸陽，不會是無緣無故。他的族譜也許真的是暗藏著一個悲慘的歷史，以補花喇／布合拉為首都的薩曼王朝亡於十世紀的宋代初年時。也許薩曼王朝就是他族譜上的大西域阿思補花喇，而他的遠祖也確是該國國王，所以一族人才要國破家亡，流徙遠方[4]。

但最重要是要問他，七次下西洋，寶船萬多船員的飲食是如何安排的。馬歡的《瀛涯勝覽》和祕書鞏珍的《西洋番國志》都沒有說船上載有什麼糧食，糧食和水又如何儲蓄。我們只有鞏珍告訴我們：「缺其食飲，則勞困弗勝。況海水鹵鹹，不可入口，皆於附近川澤及濱海港漾，汲取淡水。水船載運，積貯倉艙，以備用度，斯乃至急之務，不可暫弛。」所以他們明顯是知道問題所在而且採取了適當措施，海水是無法當飲料，所以必須在停泊時補充淡水，專門用運水的船運輸。從鞏珍和馬歡對各地的蔬菜果實及動物的詳盡記載，相信他們應該是在各地購買補給。而從華東至東南亞一帶，似乎都是不出七天便停留一次，糧食和淡水都應該沒有太大問題。但是後期從印度的古里國到天方國就似乎要至少要三月航程才到，對補給就會造成一定挑戰。

5 海船的水和蔬菜

鄭和七次航海的檔案都神祕失蹤到無影無蹤。所以船隊有什麼裝備，船隻結構如何都一無所知。但除了專門運水的水船之外，相信每一艘船都有專門裝水的設施。明代陳侃出使琉球要航海十多天才到目的地，船「水十四櫃，海中惟甘泉爲難得，勺水不以惠人，多備以防久泊也」[5]清代去琉球的使節船「一號船……前後四艙，水艙四、水櫃四、水桶十二，共受水七百石……。二號船……水艙二、水櫃四、水桶十二，受水六百石」[6]。去印度南部的古里國那麼遠的航程，沒有專門水船提供額外的水供應，只可能靠蒸海水轉淡水。清代記錄顯示海船當時已掌握到應有的知識。但鄭和時有沒有，就史無交待。

由於缺乏新鮮蔬菜和水果而造成的維他命C欠缺症，壞血病是古代遠程航海的最大風險。有分析指近八成西方十六至十七世紀時的船員是死於壞血病。葡萄牙著名航海家，瓦斯科・達・伽馬（Vasco da Gama）一四九八年去印度探險時，回程到非洲時全船一百六十名船員竟有一百人死於壞血病。哥倫布（Cristoforo Colombo）一四九四年帶西班牙移民到中美洲，研究人員在他們建立的殖民地據點伊莎貝拉（la Isabella）墳墓中發現超過一半死者都患有符合壞死病診斷的骨骼變化。即使三百年後，英國海軍人員每週的饍食分配是七磅餅乾、七加侖啤酒、兩磅鹹牛肉、兩磅鹹豬肉、兩品脫豆湯。兩磅半燕麥片、八盎司牛油、十二盎司芝士[7]，換言之，重肉輕蔬菜水果，幾乎可以說沒有維他命C。怪不得，英國戰艦「百夫長號」（Hms. Centurion）從英國去到南美洲，四百名船員中有兩百人因壞死病而殉職[8]。

華人的飲食習慣著重蔬菜，因此，鄭和的艦隊最長久航海而不著陸的時間，如果不超過一個月，應該不會出現問題，因為壞死病通常要完全缺乏維他命C一個月以上才會呈現症狀：疲弱、關節痛、牙肉及皮下出血。《西洋番國志》和《瀛涯勝覽》兩書都大同小異說如果要去阿拉伯的天方國，自古里國開船，投西南申位，船行三個月才到。因此，古里國應該是最後的補給站。那裡，雖然水果就有限，只有椰子和波羅蜜，蔬菜供應就應該足夠，蘿蔔、薑、芥、蔥、蒜、芫荽、葫蘆、茄子、菜瓜、東瓜*等等。但是從天方國回來，情形就可能沒有那麼好，雖然水果有葡萄、萬年棗，石榴、花紅、梨、桃，蔬菜似乎不多，所以兩書都只是含糊說有瓜菜。由於天氣酷熱，水果未必能夠保留得好，蔬菜如果不夠就有可能會出現壞血病。但是鄭和的艦隊似乎沒有去過天方國，只有馬歡和其他人曾經另外去過。沒有去，也許不只是航程遠，而是考慮到遠航的風險。

6 寶船有沒有廚房？

那麼，去天方國又如何解決饍食問題呢？

馬蒂厄·托克（Mathieu Torck）在這方面做了很多研究，查出可能的答案[9]。唐代的大船上已有種蔬菜[10]。

十四世紀元朝時摩洛哥人伊本·白圖泰（ابن بطوطة）也見到華人的船上用木槽種植蔬菜和薑。

一個查了非常久都得不到答案的問題是，明代海船員工中有廚師[11]，清代時連糕餅師都有[12]。但船上如何煮食？清代的船隻有爐灶在甲板上，「艙面空其右以行，舶左邊置爐竈數具」[13]。汪楫去琉球的封船遇到颶風「前後二十餘灶盡委逝波」[14]。由此可見，這些灶數目多，不可能很大，而且也可能是臨時放置的。明代造船記錄上會寫水櫃水倉位置，但總不提爐灶在哪裡，或者爐灶結構如何。萬曆二十八年從琉球回程的使團冊封船同樣遇上大風巨浪，「長年亦懼甚，令將鍋灶什物之類盡棄海中」。可見，灶應該也是臨時或容易拆除結構[15]。由於此時已在鄭和下西洋的約一百七十年後，相信鄭和船上的灶不可能更先進。

意想不到是，終於在日本平戶松浦史料博物館收藏的《唐船圖》附錄的〈外國船具圖〉上找到手繪圖[16]。從圖看來在明代萬曆至清同治年間，去日本南京船和有一百幾十多名船員、比較大的暹羅船的甲板上設有竈。這些都是木框圍著的有蓋泥竈，下面可以點火。南京船的一框單竈，暹羅船的則雙竈並排。所以都的確屬於非固定裝置，可以移動的用具。怪不得遇上大風大浪可以被沖走。

無論如何，由於是木船，明火煮食明顯仍會引起極大風險。炒菜需要猛火又會產煙，相信只在岸上進行。燉和炖用文火，可能船上也進行。但用水會是問題。海水用在烹飪並非不可，其實等於是不用加鹽。西班牙餐館就會適量如此使用。羅馬人當年有道名菜，找回這道菜的法國大廚名之為「野豬 à la Thébainebay」：用海水煮野豬、月桂葉，上桌時下芥末、鹽、醋[17]。沖茶適量用海水，想也應該像劣質的蒙古式茶飲。可惜沒有記載告訴我們鄭和寶船的廚師有沒有試用海水烹煮來節省淡水。因此相信船隊在船上最多只是煮飯，而食鹹菜泡菜鹹魚和在船上可以養植的豆芽之類菜。饅頭可以在上岸後蒸熟，船上第二天用，但久則會變壞，尤其是東南亞天氣酷熱，不可能在無冰冷藏情形下保鮮。

相對於華人船隻資料的缺乏，西方航海船隻的煮食安排就比較清楚。哥倫布在十五世紀末去美洲的船隻，風平浪靜時煮食先在甲板上臨時放磚塊，在上擱鐵製火爐（fogón），爐底放沙以防火災[18]。十六世紀英國戰艦「瑪麗玫瑰號」一五四五年被擊沉。殘骸一九七一年被發現。船艙內則有兩個磚灶，上面放著大

* 一般認為東瓜即是冬瓜。但《西洋番國志》和《瀛涯勝覽》兩書中冬瓜、東瓜兩詞都出現。在明朝人認知中，是否同一物實在不便妄下結論。目前未見有專門研究之文獻。

釜[19]。由此可見，西方遠航船隻是可以提供煮食，但由於用水限制，始終只能在足夠水資源下才能經常大規模運作。

7 寶船的食物安全

食品安全始終是一大顧慮。明代有次去琉球的使節團就「染疫痢者十之三、四，竟不起者七人」[20]。琉球人程順則（和名：名護親方寵文）參考清代文獻寫的航海專作《指南廣義》提到很多飲食雜忌。雖然明代沒有這種存世文獻，但是相信內容不會相差太遠。鄭和船上為了食物衛生也可能會告戒：「凡生肉墜地不粘塵，及煮難熟者，忌食……銅器錫瓶盛酒過夜，忌食。」不要食難煮熟的、跌地不粘塵的生肉，酒不可以裝銅錫器內過夜。

另一方面有個更貼身的問題是，船上如何提供適合一名回民食的清真食物？鄭和是回民，他的隨員中，馬歡、郭崇禮、哈三、蒲和日據說也是回民。除此之外，船上相信也會有其他回民員工，船隊七次都是從江蘇的劉家港出發。但有些船是在福建製造，明代船員福建人居多。「船中擇漳人，須試其諳於過洋者；擇梅花、定海人，須試其諳於閩、浙海道者；擇萬安人，須試其諳於閩、廣海道者：又不可徒徇其名而浪收也。」[21]因此相信自然也會在泉州招募船員。泉州自唐代以來是海上絲綢之路的港口，聚居很多來自阿拉伯的回民。

回民除了我們知道的豬肉之外，也不能食自死物，血，以及未念真主之名而宰的動物。至於魚、蝦、蟹、及其他海中生物不同派別似乎各有說法。鄭和和其他船上回民又不知如何處理？船上又不知有沒有可以負責宰牛羊的阿訇？見他時都應該好好請教。

華人移民到東南亞各國和當地飲食文化互動交流後創作出一種獨特嶄新的菜：峇峇娘惹菜。其中一種是我家喜歡的叻沙 Laksa。又香又辣、十分濃郁，味道來自椰子、馬拉盞蝦醬、辣椒粉、黃薑粉、茴香等等。之外，叻沙有兩種風味；一種放酸子 Tamari，另一種不加酸子，辣香酸甜口感厚薄比重不同，就帶出各地迥異的誘人風味。但無論選擇哪一種，最重要湯底要靚！我鍾情做甜酸口味那種。

Recipe

椰絲粿

- **班蘭汁**
  - 班蘭葉 5 片，切碎，水 4 湯匙。
  - 切好班蘭葉後加水，攪拌後過紗網，留汁。
- **麵糊**
  - 麵粉 60 克、蛋 1、椰漿 150 毫升、鹽 1/8 茶匙、班蘭汁 1 個半湯匙。
  - 麵粉中央加蛋、已加鹽椰漿、班蘭汁，攪成麵糊。
- **餡**
  - 椰糖 90 克、糖 1 湯匙、班蘭葉 1 片、水 50 毫升、粟粉 1 茶匙。
  - 半隻椰子肉，磨碎。
  - 中火煮椰糖、糖、班蘭葉及水，至糖全溶了，篩去葉，留汁。
  - 加粟粉及椰子肉，煮多幾分鐘。
- **醬**
  - 椰漿 150 毫升、糖 50 毫克、粟粉 2 茶匙。
- 煎麵糊至約 13 公分直徑薄餅。
- 加入餡，捲起，拌粿醬食。

Recipe

叻沙蝦米線

- 叻沙醬和羅望子醬各 1 包。（如用新鮮羅望子則先浸水，研成醬，隔渣）
- 魷魚、扇貝、蝦（脫殼）。蛋（煮熟）1 隻、豆腐泡（即油豆腐）。椰漿、魚露、豆芽、米線。
- 上湯煮滾後下叻沙醬和羅望子醬各 1 包。
- 加豆腐泡煮 15 分鐘。
- 加入魷魚、扇貝，蝦、蛋。
- 加入椰漿，魚露調味。
- 加米線煮熟上桌。
- 燙好豆芽放上。

第十五章　請達文西食什麼好？

1 達文西的〈最後晚餐〉

哪一位達文西？啊！不就是那文明世界，無人不曉的達文西？

哦，原來想請的是李奧納多．達文西（Leonardo Da Vinci）。

大家提到他，都忘了達文西是姓：來自文西鎮（Vinci）的人。請達文西就像請李先生一樣，以為這樣就可以請到李白出場。不過，這也難怪。他自己沒有後裔，他家族的後人到了十九世紀，陸續把達文西省略為文西。所以現在再也沒有姓達文西的人了[1]。

華人文化以食聞名。我常想知道畫可否為我們留下視像記錄，使我們知道古人的餐飲內容。然而，這方面的資料不容易找。古代名畫中，和飲食有關的有〈韓熙載夜宴圖〉和趙佶的〈文會圖〉。可惜夜宴畫面上只看得見類似餅或紅柿的食物，應該是已經用餐後聽樂觀舞時的消夜而已。宋徽宗趙佶親自畫的〈文會圖〉比較清楚茶瓶、茶盞，桌上的食物卻無法辨認。皇室茶會每件茶食都應該不是一般小食，真可惜不知道這位皇帝賜宴時給了賓客嘗什麼佳饌。

宋徽宗趙佶
〈文會圖〉

西方畫上食物的形象就比較清楚。單是講畫上食物的書就有好幾本。

而同一餐宴的場景，畫家畫之樂此不疲，千多年來反覆再次繪畫，畫得最多的，無疑是耶穌的〈最後晚餐〉。文獻只告訴我們這回晚餐是在猶太人的逾越節，對那天晚上食了什麼卻隻字未提。每一位畫家都只好憑他的想像和當代的習俗來補白。但這卻為我們增加了食俗對比的機會，使我們可以從畫中看出飲食風俗和供應的變遷。

提起〈最後晚餐〉（Il Cenacolo），首先想起的當然是去米蘭千萬不能錯過的李奧納多．達文西十五世紀名畫。由於所用的顏料問題，畫了不久，顏料已經開始剝落，畫面逐漸糢糊。觀眾幾百年來都只知道畫上了耶穌和十二門徒，對餐桌上究竟是什麼食物唯有納悶。到了一九九七年經過精心修復，世人才打開謎團：桌上除了酒杯、麵包和石榴，耶穌前的盤子已經空無一物，門徒前的兩盤，一盤內容無法辨認，一盤盛滿魚。另外三個小碟上則像是鰻魚[2]。鰻魚是用橙片配飾。

達文西
〈最後晚餐〉

魚是基督教的象徵物，當然不可或少，橙片也是魚類菜餚的重要裝飾品。但鰻魚和猶太教和基督教都沒有什麼關係，為什麼會出現？

魚在基督教的意義可不簡單。魚的希臘字是 ΙΧΘΥΣ。字的五個字母，每一個字母可以代表一個字，於是 ΙΧΘΥΣ 也就是表示耶穌上帝之子救主。教徒受羅馬迫害的時候，以魚為暗語，再三確認定他們的信仰。魚既然和基督教有千絲萬縷關係，又是地中海區的主要食物，怎可不現身於〈最後晚餐〉？

2 〈最後晚餐〉食了什麼？

博學的達文西不只是知道魚的意義及暗喻，所以有研究指他也來一手，畫的魚看起來像是鯡魚。鯡魚在義大利文叫 aringa。這字中的 inga 也是 ingannare 欺騙的頭幾個字母。所以鯡魚也可暗示欺騙，耶穌被猶太的出賣。而鰻魚雖然和基督教毫無關係，在義大利既可以比喻叛徒，又可以象徵不易消失，更會和迷信有關。達文西在畫中也許就是在重複強調背叛，但也在暗示一切都不離宗教及迷信[3]。

但這當然只能算是推測。是否如此，就要等他駕到，親面問才知曉。因為從義大利畫家坎皮（Vincenzo Campi）在一五八〇至一五八五畫的一系列〈魚販〉畫，便可知道鰻魚出現極可能只是反應達文西時代義大利對鰻魚的喜愛。達文西自己據說只食素，但他會幫朋友和學生買食物。留下的筆記和雜貨收據表示他買過鰻魚和牛肉，但是不見有羊肉。

耶穌和十二門徒的最後晚餐是在猶太人的逾越節食的。猶太人習慣在逾越節食羊。但許多〈最後晚餐〉上都沒有羊的蹤影。這可能是因為羊肉上桌，不像魚，可以整條出現。如果是一塊塊，就比較難靠形狀認出。像保羅．蓋蒂博物館（J. Paul Getty Museum）收藏的一位無名畫家約一四七五年畫的作品，盤中放的兩隻腿，來自什麼動物，是小羊、狗、鵝就都難說。委羅內塞（Paolo Veronese）畫的那畫，彼德在耶穌身旁正在拿起一隻連身的腿。西方人看來可能意會是羊。但實際上，東方人看來就可能想到是乳豬或狗。所以，達文西避開不畫羊，也不出奇。更何況他自己也可能不食。

無論如何，其他畫家就比較少像達文西的畫中的或有暗語，只是各按其好。羅馬城在公元四五五年被日耳曼族的汪達爾人（Vandals）攻陷，不只是洗劫一空，更是像文革當年紅衛兵那樣肆無忌憚地對文物設施大肆破壞。罪行由釘上西方語言 vandalism 一詞臭名永垂。西羅馬帝國避難遷都去了拉維那（Ravena），要靠東羅馬帝國拜占庭支援。也因為這段歷史，去到這義大利西部古城便可以見到舉世聞名的拜占庭式鑲嵌拼圖。其中一幅六世紀鑲嵌的拼圖描繪耶穌和門徒的餐會，半圓形桌上盤子盛著兩條大魚。不知道是因為拉維那近海，還是當時生態緣故，以後在其他畫上再也見不到那麼大的魚了。到了渡邊禎雄在一九八一製的版畫〈最後晚餐〉，耶穌和門徒來到東方便入鄉隨俗改了食魚生和飯團。

3 〈最後晚餐〉的食量

除了魚和鰻魚，不少〈最後晚餐〉畫上看得見豬[4]。猶太人當然禁忌食豬，那些畫家顯然未能忠於史實！但在中古時代，西方人其實像華人一樣，豬是日常的肉畜。豬不怕蠻族的騷擾，有事時趕進樹林避難則可，牛羊就難保安全。豬的生殖力強，全身都是寶，西方當年的烹調可不會放過豬的任何部分。畫家的「錯誤」只是反應當代饍食習慣。

觀看〈最後晚餐〉其實也可見到各地的烹調風格及內容。德國人喜愛的鹽味卷餅（pretzel）就出現在德國巴伐利亞州的一幅十一世紀〈最後晚餐〉畫上。這餅雖然由神父為獎勵兒童唸經而設，在德文地區卻成為天主教過節食品。來到中土，耶穌和門徒卻好像沒有什麼食福。最好經驗是在王肅達的〈最後晚餐〉中食饅頭和雞。在任懿芳的版本中可憐地只有聖餅充饑。

杜喬·迪·波尼賽尼亞〈最後晚餐〉

到了曾梵志諷刺畫中，更是每況愈下，圍紅領巾的耶穌和門徒連飯菜都沒有了，只有滿桌西瓜。唯有渡海到台南鹽水天主神聖堂，李少峰神父畫的壁畫上，眾人才多些食物，有包子、饅頭、麵條和米飯。

秘魯原居民油畫家薩帕塔（Marcos Zapata）在一七五三年畫的〈最後晚餐〉，餐桌上卻是典型的南美洲食物，玉米、紅辣椒、黃辣椒，以及紅、紫、黃和褐色的薯仔。更引入注目的是，沒有羊肉、魚或鰻魚。代之的竟是 Cuy，一種豚鼠！也許因為叫鼠，我們一般會把豚鼠當作寵物。但是從公元前五百年到現代，Cuy 都是南美的重要肉畜，而且體形可以大如乳豬，絕非普通鼠類可比。在網上瀏覽一下便可以看見許多遊客拍攝的相片。薩帕塔用豚鼠代替羊或魚，還有一層意義：豚鼠也是南美土著求神祀天所用的祭品，因此地位和猶太人祭神所用的羊相等。薩帕塔不只是賦予〈最後晚餐〉南美色彩，也是透過這幅畫肯定自身的文化和價值觀[5]。

不同的〈最後晚餐〉版本不只是給我們菜餚變遷的記錄。營養改善，營養問題也從不足變為過多，要提防的不再是飢饉而是過肥、糖尿病和血管硬化。美術又會不會為我們見證這種飲食變化？

不少研究都已經揭示餐食份量的增加和現代人肥胖相關，盤碟愈大，人進食愈多。因此，計算盤碟大小有助我們了解進食量。萬辛克（Brian Wansink）選了公元一千至二千年間畫的五十二幅〈最後晚餐〉來分析，用電腦測量出每幅畫中的麵包和盛滿菜餚的盤碟有多大。由於各幅畫大小不一，作者也測量人頭的大小，從而計算出每幅畫上平均的麵包人頭大小比例、菜餚盤碟和人頭的大小比例。結果顯示隨著時間，尤其近四百年來，這些比例都愈來愈大，麵包大了百分之二十三，主菜大了百分之六十九[6]。〈最後晚餐〉似乎證實了西方千年來餐用量的增加，解釋為什麼人愈來愈肥。

不過，美術史家里奇（S. K. Rich）對這分析卻有保留。原來，直至公元一四〇〇年，西方的美術畫像華人的傳統畫一樣，主人翁會畫得比較大。因此，耶穌和門徒的身體比起桌上的盤碟以及身處的房屋都比較大。文藝復興後，畫的內容才轉向逼真，耶穌和門徒的身軀也縮減，恢復正常大小。結果是雖然千年來民居的空間未必大幅增加，〈最後晚餐〉所處的房屋在後期畫中卻明顯擴闊。因此，後期畫中的麵包和菜盤體積增大也可能只是反應繪畫風格的變遷，並非真實反應食物份量的增大[7]。里奇的說法不無理由。義大利卡普阿（Capua）的福米斯聖安杰洛（*Sant'Angelo* in Formis）教堂裡那幅十一世紀壁畫〈最後晚餐〉，和席耶納畫派的杜奇歐（*Duccio* di Buoninsegna）在十三世紀畫的〈最後晚餐〉桌上的羊都小得可憐，令人懷疑憂心忡忡的眾門徒是否也在擔心食不飽！

4 〈蒙娜麗莎〉笑什麼？

達文西的畫中，比〈最後晚餐〉更出名，當然是〈蒙娜麗莎〉（Mona Lisa）。我們確實很幸運這幅畫能夠保存得那麼好，達文西畫的時候沒有試驗新的油漆和技術，引起變化。也因為畫並不大，他可以完成，不像他好幾個雄心壯志想做的雕塑和大型油畫都因為要求太高，而最終夭折。

達文西喜歡給人一些足以回味再三的經驗，一些暗藏的信訊或未解之謎。〈蒙娜麗莎〉也不例外。很多年來，雖然十六世紀的喬爾喬．瓦薩里（Giorgio Vasari）寫達文西傳時已經說畫的主人翁是麗莎．喬宮多（Lisa del Giocondo），達文西為了要畫她笑而不是沉鬱不樂，畫的時候會找人對著她唱歌及扮小丑，人們還是議論紛紛。佛洛伊德（Sigmund Freud）更是話不驚人死不休地推測這是達文西記憶中的母親。有這爭論是因為瓦薩里說達文西花了四年都沒有完成，所以後世無法肯定這幅畫究竟是否後來完成之作，抑或是另一主人翁的畫。

《蒙娜麗莎》令人著迷有兩個特點：她的眼和她的笑。如果你看她的時候，走左走右，你都可能覺得她仍在望著你。但是實際上她的視野空間是固定的，不可能移動，也是有局限的。因此，為什麼有這種效應就仍是科學家不斷想瞭解的謎[8]。

蒙娜麗莎的笑引起的討論及研究就更多，看她的畫，大家都會覺得這位少婦心情愉快。可能這是因為麗莎·喬宮多當年正在懷著孩子。但有趣的是這笑並不對稱，只看得見左嘴角抽起。通常，笑起來嘴角會對稱向上抽。因此，有人猜她是否半邊臉癱？抑或是她掉了一邊的牙齒？但另一可能性是這只是假笑，她只是在裝笑[9]。

當然，如果要坐很久，給達文西畫肖像，還要不斷地笑，任何人都會食不消。正如等一位拍照動作極慢的攝影師一樣，拍到相片時都已笑不出來了。所以蒙娜麗莎最後只能露出假笑也不出奇。但是，達文西對人體解剖及神經運作熟悉，肌肉變化滾瓜爛熟。即使蒙娜麗莎露出假笑，他也應該可以畫成真笑。所以，她這不對稱的笑，會不會是達文西也想留給我們的謎題：蒙娜麗莎是否在騙你？她表面快樂，其實並非？或者，她還有為人不知的祕密？

達文西會不會根本沒有刻意在蒙娜麗莎的笑容留下什麼暗示，這只不過是後人疑心過重產生的猜測？

如果看達文西另一幅傑作，就會知道，達文西對笑很講究，而且是故意的。看達文西的畫會感覺畫中人都是栩栩如生。要達到這效果，他在畫上要油三十層左右的油漆。投入如此大精力，不會是構思隨便。[10]〈美麗公主〉（La Bella Principessa）畫的是達文西僱主，米蘭公爵的私生女兒比安卡（Bianca Sforza）十三歲要嫁人前的側面肖像。如果看這位少女的臉，你會發現她是遠看在笑，近看在愁。達文西是故意透露給大家她心中的矛盾。

5 達文西做過大廚？

烹調無疑是一種即現隨逝的藝術。李奧納多．達文西涉獵寬廣，多才多藝，藝術之外，對建築、醫學、軍事、工程，都有貢獻。會不會對烹飪也有貢獻？網上不少人傳說，達文西曾經擔任過一家小店的大廚，又和另一位著名畫家山德羅．波提且利（Botecelli）合資營業過另一家小食店，更是創造過一些菜餚，堪稱現代簡約精美餐式 *nouvelle cuisine* 元祖。

可惜，這只是無中生有，源由一九八七年時，兩位英國人開的玩笑，虛構一份達文西廚藝手册而來。實際上，他只有在他的筆記中留下一份勉強可稱沙拉的食譜：十份番茄、一份百里香、一份薄荷、醋、少許鹽。

李奧納多．達文西雖然在廚藝方面沒有給世人什麼驚喜，卻也並非和烹飪完全無關。他設計了烤爐、榨橄欖油機、燻肉機、及兩部可以幫廚師節省氣力旋轉肉塊的烤肉機器。其中一部居然是可以使用蒸氣推動，堪稱史來首創。可惜我們無從知道他這些設計有沒有在他有生之年中正式製成實物。

能夠設計一個烤出嫩牛肉的機件，說明他應該是食過肉的。但晚年的達文西卻是以素食聞名。因此，不少素食者都視他為先驅。有記錄顯示他在宴會上食過蔬菜、蘑菇、麵條和水果。但他在筆記中從未明白說明他的飲食選擇。當時的天主教認為上天既然授人類主裁萬物，不食肉是違背天命，素食更屬魔鬼之食。因此，達文西應該不會嚴守素食，完全不食肉。〈最後晚餐〉上的菜可能就是他平日所食的：沒有羊，因為他不想食肉，但他還是食魚和鰻魚。

他筆記簿上夾著的十來天食物收據上有蛋、蘑菇、玉米、小麥、麵粉、小米、豆、胡椒麵包、鰻魚和牛肉。但很奇怪，不見魚、禽鳥、牛仔肉、芝士、橄欖油、豬油、胡蘿蔔之類根莖食物、米或麵。也許，這是因為只有幾天的收條，無從窺見全貌。但禽鳥因為能夠飛翔上天，當時被視為肉中之冠。宴席中下等人食豬，商人食羊，鄉紳食牛仔肉、貴客才食雞或鳥。禽鳥價格應該比較高，應該不會是經常可食的。

這張單據上有小米，但沒有大米。但他應該也有食大米。究竟，他喜歡的食譜書中有幾道用米的菜餚，扁桃仁煮飯、加泰隆尼亞風格奶凍、米糕、炸米飯⋯⋯。義大利的大米，一早便和華人食法不同，不是當主食，而是當菜餚的用料。他筆記簿裡更有藍圖設計種植稻米田所需的溝渠。但米蘭的著名飯食，牛油炸過的洋蔥在肉湯內煮半小時後加米和藏紅花煮成飯，再加芝士，胡椒、牛油上的米蘭燉飯（risotto alla Milanese），他應該沒有食過。因為這是十六世紀才出現的。

其實，即使他不是純素者，喜歡蔬菜也非常合理。達文西是托斯卡尼人，十四歲離開文西鎮去到區內最大城市翡冷翠（Firenze）*，一直留到三十歲。托斯卡尼的前菜（antipasto）蔬菜水果不單是多，而且真是令人齒頰留香。甘香鮮黃的新橄欖油、火紅的番茄、紫黑發光的橄欖、朝鮮薊心、烤茄子、翠玉瓜……。達文西應該很多時候都會走過翡冷翠那條老橋（Ponte Vecchio），橋上的店家在他當年都是肉鋪，屠夫會把剩餘的骨骸順手丟進河裡。我們有年在橋的市區一端來回多次尋找一家名為「牆裡洞」的小館，正在徬徨中，回首一望，卻見那店門正在臨橋樓房牆中。啟門下梯，嫩綠芬芳的青豆給我們食了未能再遇更好的麵條。有如此會用蔬菜做的佳餚，真的無肉何患。

他在一五一五年寫過一首詩：

想要健康，跟這規矩
沒胃口時別食，少食
小心咬，食進去的
定要是煮熟、用料簡單……
食完，維持站立一段時光
保證中午不睡
酒要加水，小酌
不能空腹、餐間……

活到六十一歲，那時歐洲的高齡，可能就是因為他這種養生思維、與及側重素食的饍食方式。

6 義大利麵哪裡來？

請他來一碗炸醬麵吧，不會太多肉，給他嘗嘗東方的麵條。炸醬麵也可以說是義大利 spaghetti Bolognese 的東方姊妹吧。只是波隆那（Bologna）的人會口口聲聲說像揚州炒飯，不來自揚州，海南雞飯不來自海南，Spaghetti Bolognese 也才不是波隆那的菜餚！波隆那是食都，花名叫胖子（la grassa），說到食就錯不了。

其實，華人的炸醬麵從不說應該用什麼麵條，大家可以各取其喜。Spaghetti Bolognese 卻指名道姓要用 Spaghetti。可波隆那的美食家會告訴你，用新鮮寬身蛋麵條 Tagliatelle 才對。這話沒錯，寬身麵條和炸醬也同樣會配合得比細條的麵更口感豐富協調。而 Bolognese 醬用牛油，更是需要比 Spaghetti 柔軟的 Tagliatelle。然而，即使在波隆那，買不起新鮮蛋麵條的人，還是會用比較便宜的乾麵條 Spaghetti。

雖然，網上流傳達文西發明了一個製造麵條的機器，但這也只是美麗謊言而已。只是，他那時代，義大利確實已有麵條。他自己也食過。許多人喜歡想像馬可波羅把麵條從東方帶到西方。可是，從文獻看來，十二、三世紀時義大利一帶已見麵條類食物。歐洲學者傾向相信麵條是阿拉伯商人傳入，而最早義大利麵條區正是有港口的西西里和熱那亞。但這就帶出另一個可能了，會不會是阿拉伯商人來到廣東和泉州進行

---

* 用標準義大利文讀，中文音譯應為翡冷翠。不應跟英文音譯為佛羅倫斯。

貿易，帶了湯餅回去？當然，宋代的麥種類和西西里、熱那亞不同，以後演變出的麵條和做食法都會各有千秋。

伊朗人傳說麵條原本來自伊朗，由公元五世紀薩珊王朝的霍斯勞一世大帝（خسرو انوشیروان）所發明。但真正記載十世紀才以 lakhshah 之名出現在阿拉伯食譜書 *Kitab al-Tabikh wa-islah al-Aghdiyah al-Ma'kulat* 上。這不僅是比小米麵條遲了幾千年，比公元二世紀漢朝《釋名》已經提到的湯餅也遲幾百年。中東另一個說法是猶太人曾經在五世紀時辯論過究竟水煮 itriyah 這種麵團合不合教條要求。但這當然也遲過《釋名》。而六世紀的《齊民要術》更是很清楚描述稱為永水引的麵條，一尺一斷，薄如韮葉。所以從目前資料看來，雖然麵條可能從多源頭出現，由華夏地區經陸上或海上的絲綢之路滲透過去的可能性似乎更大。

義大利麵條用的麵粉來自硬質的杜蘭小麥（triticum turgidum var. durum），麵條做出來和食起來可以比中式麵條爽韌很多。也許當初口感受食過中式麵食的阿拉伯商人影響，一直到十七世紀，最初幾百年都是煮很久，煮到軟。像十五世紀名廚馬丁諾．達．科莫（Martino da Como）就叫人把麵條放在肉湯或雞湯裡煮一小時，然後加芝士、香料上桌[11]。不食肉的日子，就用杏汁加糖或山羊奶煮。由於奶不用煮那麼久，先把麵條在水中像煮飯那樣煮[12]。在大家食慣爽韌（al dente）義大利麵條的今天，如果有餐廳膽敢拿出這樣軟到糊的義式麵條出來，肯定馬上會給退貨。但是達文西對我們這碗中式麵條就不會覺得陌生，因為他一路食過的口感都應該是軟的。

食完炸醬麵，可以試試雜菌支竹上蔬煲，配合他對素食的愛好。相信設計家的達文西也會有興趣知道煲原來就是釜，原始時代的炊具，粵語讀音正好是釜的上古時代讀音。

Recipe

炸醬麵

- 五花肉肥瘦分開切丁。
- 大蔥、洋蔥，蔥白切碎留最後，炸醬做好後灑在上面。
- 醬（七成乾黃醬、黃醬，三成甜麵醬）用花雕開稀。
- 肥肉丁炒出油後撦出。
- 瘦肉丁炒熱撦出。
- 加油加大蔥、洋蔥、煉蔥油。蔥金黃色後取出不要。
- 放入醬小火炒，加冰糖、肥肉、老抽。加瘦肉完後炒。
- 放麵上，灑上蔥白花。

Recipe

雜菌支竹上蔬煲

- 用料是羅馬生菜、蘑菇、腐竹。
- 分量按用的煲大小而異。
- 如果要轉做葷，可以在生菜中夾肉。

第十六章　請徐渭食什麼好？

1 徐渭的土豆

曾經在《畫與醫》中寫過文藝復興人——徐渭。他幼為神童，為書畫開闢了全新的領空，在戲曲理論、劇本創作方面也都建樹傑出。但他一生卻被不幸籠罩著，曾經在精神異常情形下殺了妻子，坐獄七年，直至到朱翊鈞登基為萬曆而大赦天下才能恢復自由身。徐渭在晚年時更是貧病交迫，「貧來無菜蔬，不能留一飯」，「經旬不食似蠶眠，更有何心問歲年」。所幸是他出獄後，在一五七八至一五八一年左右也曾去過北京兩次，並且享受過許多時人眼中的珍品。其中一種，也就是名稱首次見於文獻中的「土豆」。為了食這宮中視為珍品的食物，他寫了首五言律詩留念：

土豆絕似吳中落花生及香芋亦似芋，而此差鬆甘。
榛實軟不及，菰根旨定雌。吳沙花落子，蜀國葉蹲鴟。配茗人猶未，隨羞箸似知。嬌顰非不賞，憔悴浣紗時。

但他說的土豆究竟是什麼？卻像他患的究竟是什麼精神病一樣，是一個費了許多學者心血，打了無數筆墨官司，多年都難解的謎。

他說食到的土豆，比榛仁更軟，比慈姑更美味，形狀像江蘇的落花生或者四川的芋。這土豆是不是不少北方人叫土豆，學界、台灣、星馬地區叫馬鈴薯，廣東、香港人叫薯仔，華北稱山藥蛋，西北、雲南等地稱洋芋，天津稱塞豆，江浙一帶稱洋番芋、洋山芋、洋芋艿、芋艿，閩東地區稱番仔薯，台灣也稱荷蘭薯、洋芋，還有稱呼叫爪哇薯、白薯、土芋、地豆、土蛋、土生、香芋、洋山藥、山藥豆、陽芋、洋芋、楊芋、荷蘭薯等等，名稱多到幾乎不勝其數，原產地南美的食物[1]？

如果是的話，這會是此種食物現身華人眼前的最初記載，也即是說不遲過十六世紀，為華人所食也應該不會遲歐洲太久。

但這就帶來了一個要出動福爾摩斯（Sherlock Holmes）或者金田一耕助才行的難題。如果徐渭的土豆就是薯仔（馬鈴薯），大明年間已經從南美的原產地大駕光臨華夏地區，那為什麼在明、清兩朝幾百年間烹飪史中都籍籍無名，更沒有像在歐洲歷史那樣，扮演舉足輕重的角色？

薯仔的故鄉是南美洲。種植歷史可能久至一萬年，和玉米更是支撐印加文明擴張的哼哈二將。哥倫布在一四九二年到達南美。隨後，薯仔一五三八年為西班牙人發覺，一五六二年開始在歐洲本土附近的加納利群島上種植。但歐洲人最初時候認為這只配野人或低下階層食，種植目的只是給牲畜當飼料。即使窮人也只是在沒得選擇，沒有其他食物，迫不得已時才會在羞為人知的心態下，偷偷地以其充饑。

而上流社會當禮物贈送也只是當作天外異產，以賞好奇。如果捧上宴席，那也只是當作貌似松露的野菜，不妨權且一試。反而是當年的植物學家和醫生大感興趣，絞盡腦汁推敲，這究竟有什麼用途，危不危險？

要不要防備？一六三〇年時，勃艮第（Bergundy）、弗朗什-孔泰（Franche comte）地區為了減少痲風傳染，便曾經禁食薯仔，以防萬一。

2 普魯士的薯仔

然而，到了十七世紀末、十八世紀初歐洲的戰爭中，情形開始轉變。大軍過境必然搶掠糧食。名副其實的兵荒馬亂使平民空無所有，難以繼食。但是軍隊只能搶去當眼的穀物，沒有時間用鋤掘光所有藏身地下的根莖。在有種植的地區，薯仔於是成為戰亂時期平民的救星，兵戎之爭再也未必引起餓殍載道。

普魯士國王腓特烈二世（Friedrich II）知道之後，便在一七四六年開始多次頒令鼓勵國民大量種植。初時，普魯士國民仍舊對薯仔持有偏見，不願多食，科爾貝格市（Kolberg）甚至曾經上書國王說：「狗都不食，給我們有什麼用。」無奈之下，腓特烈二世再拋出妙計。在自己的御花園種，且裝模作樣派重兵日夜看管。貌似嚴守，實則吩咐兵士閉目塞聽，縱容偷竊。百姓果然沒有看穿皇上妙計，憑所見信以為真。心想既然是皇上種植，更是重兵看守，薯仔必然是寶物。於是一再冒險偷取回家，種植自用。

十二年後，腓特烈二世的遠見及軟硬兼施得到效果。

一七五六至一七六三年間，世稱「七年戰爭」爆發之後，普魯士四面受敵，奧地利、俄國、法國軍隊多次攻入國境。普魯士傷亡慘重。但是，奧、俄、法，三國始終無法取勝。除了腓特烈二世的戰略出色之外，薯仔提供的穩定糧食供應也是關鍵。戰爭結束後，比敵國地少人寡的普魯士非但未敗，更是榮升強國之例，在和約中獲得新的領土。

各國在戰後痛定思痛，見到普魯士耐戰不敗，而且戰後疆土不減反增，總結出穩定戰時糧食供應乃強國必需之道，於是紛紛仿效普魯士，積極鼓勵國民種植薯仔。一七七八至七九年普魯士及薩克森同盟，和奧地利爭戰，更以鬧劇方式再次提醒大家糧食的重要性。這場戰爭，民間稱為「薯仔之爭」。因為雙方未嘗一次發生大戰，雙方時間都花在搶掠糧食及斷絕對方的軍糧運輸。大多數士兵不是陣亡，而是死於饑餓或疾病。這經驗無可懷疑，更是加深了大家對穩定糧食的重視。到了一八八五年，薯仔已經成為歐洲的主食。

薯仔的畝產熱量比穀物要高幾倍，且可以和穀物並植。糧食充盈後果是人口急速增長，為城市和新興工業帶來大量勞動力。有經濟學家估計，歐洲在十八世紀的人口增長率百分之十八成因來自薯仔，城市化成因中薯仔則占百分之三十七強[2]。其貌不揚的薯仔原來是歐洲在十八、十九世紀全球稱霸的幕後功臣[3]！

為什麼，薯仔卻沒有對明清兩朝發揮同樣功效？

原因很簡單，原來徐渭口中的土豆、明朝宮中御饍的土豆，都不是薯仔。

3 食料別攪錯了

華人往往以方便凌駕精確。因此，同名異物異事，比比皆是。細菌、病毒，隨便混用。

徐渭之後，明、清兩朝宮廷都有把土豆當作是珍品的記載。所以土豆此名應該不是他所創造，而是民間已有流傳的稱呼。看他的詩，他應該不只是見到，而是食過。但是怎樣食法？炸？炒？煮？烤？卻一無所透露。更麻煩的是北方今天仍稱為土豆之物，一物數名，像間諜小說的主角，視姓名如塵土，隨時可以神出鬼沒，更姓換名，使人極難跟蹤。

但反過來又是不是一名專情於一物？

很可惜，土豆這名稱也不是專情的。土圞兒的塊根，土芋、香芋都曾經叫土豆。連花生都可稱為土豆。所以土芋、香芋、或花生也都可以是徐渭食過的土豆。花生和薯仔是同鄉，在萬曆年間，從南美來到。但他詩中所描述的，從形至口感都應該和花生無關，不可能會聯想到和榛仁比較硬軟，和芋拉上關係。

香芋現代一般是指菲律賓雪糕 Ube Ice Cream 所用的那種紫色肉心的參薯、芋頭、或紫色番薯，而不是土圞兒屬的香芋。這種香芋我們一般都應該沒有見過。這其實是一種像牽牛花這樣攀爬纏繞植物的根莖。有報告說現在江蘇農村仍有這種香芋種植，可以炒或煮食，並且有特別香味，生食則有毒[4]。但也是在江蘇種植的紅香芋卻又是另一種植物。

根據項夢冰詳盡爬梳及語言分析，徐渭的土豆應該就只是品種包括香芋、落花生的土圞兒，而並非薯仔。所以假如你要試做徐渭食過的土豆菜餚，那你就要去找真正的土圞兒屬的香芋，如果你想討他歡喜說：您看，我幫您做了京城食過的炒土豆來了，然後端上一盤番薯或者薯仔，他的臉色肯定會很有趣。

上面一路來，都用了薯仔，而不用馬鈴薯這個名稱。

馬鈴薯一詞，中文首見於清代《松溪縣志》，但所指的是一種依樹而生的植物——黃獨，而並不是現代一般人心目中的馬鈴薯。現在用的馬鈴薯，名字其實是一個日語借用詞，最初由黃遵憲傳入。在常見名稱中，洋芋和薯仔都是情有獨鍾，只用在學名茄科茄屬馬鈴薯（Solanum tuberosum）的食物身上。但其他叫芋者大都屬天南星科。洋芋一名因此明顯欠佳。反而俗稱為薯者都是以出自泥下的根莖為定名規則。所以，為避免誤會，在本書和本文以下就都只用薯仔一詞作為俗稱，留馬鈴薯為學術名稱。

當然，話公道些，食物名稱混淆，多物同名也不是華人的專利特徵。薯仔和番薯兩物植物學上屬親戚，樣子也相近，就特別容易弄錯。英國的 potato 當年也一名兩物，弄到後人混淆不已，更使兩位莎士比亞譯者，梁實秋和朱生豪都被誤導，犯了錯誤。西班牙人當年把番薯叫作 batata，薯仔叫作 patata。但是英國人卻都稱為 potato。而現在 batata 在有些國家指番薯，有些卻指薯仔。有趣的是有樣食品名稱叫 Chinese potato，中文可以譯成中華薯。網上有位華人用英文教做 Chinese potato stir fry，注為「酸辣土豆絲」，可見是指中式酸辣炒薯仔，而不是炒「Chinese potato」這種食物。但印度、斯里蘭卡的 Chinese potato 卻是一種馬拉雅拉姆語叫 koorka，康納達語叫 Sambrani gadde 的薄荷味鞘蕊花属植物。網上教喀拉拉 kerala 的 Chinese potato stir fry / kerala style koorka thoran 和 Baked Chinese Potato Recipe（Koorka Mezhukuperatti）用的便是這種食物，而不是薯仔。至於說書寫第一本美國中式烹飪書的作者做雜碎經常用的 Chinese potato，卻又不是這種植物，而似乎是指馬蹄（即荸薺）或蓮藕。

這也不是唯一的例子，macaroni 現在誰都會說是通心粉。但早期義大利，macaroni 其實講的是 gnocchi 之類小麵團。十四世紀小說《十日談》（Decameron）內，便提到某地方有座磨碎的帕爾馬乾酪山，人們在山坡上製造完 macaroni 和義大利餃 ravioli，就在雞湯煮好，然後拋向四方，你撿得到多少就有多少食。

4 薯仔幾時到中土？

薯仔名正言順正式到是要等到十八世紀。研究者目前找得到最早的記載，是一七八八年清代湖北《房縣志》提到的洋芋，生在深山中，可以燒食，「形似白薯而圓，大者如拳，小者如雞蛋」，洋芋的名稱再出現，是在一八一二年的四川《江油縣志》[5]。而真真有圖為證，第一幅可以確定為薯仔的圖，則要等到一八四八年才出現在吳其濬的《植物名實圖考》中，遲了歐洲足足近三百年。令人遺憾的是，薯仔到達華夏地區之後，清政府也從未像對同是外來南美食物的玉米和番薯那樣，鼓勵人民種植。薯仔真的推廣要等更後的年代。

這也就是為什麼，屈大均說明朝海南島上的飢荒中，只能靠山藥、桄榔麵、椰子粉、鴨腳草、狗尾草等來充饑。清代幾乎年年都有的飢荒中薯仔也沒有發揮作用。而在一八七五年死去超過一千萬人的丁戊奇荒，薯仔也只可以作壁上觀。清代人口生長，糧食貢獻也只可能來自新增加的玉米和番薯，和薯仔無緣。

和薯仔同是美洲植物的番薯命運就有同有不同。抵華初時，也一樣名稱大亂。華人古來便有甘薯。番薯來到卻冒名頂替為甘薯，迫得原來的甘薯反而要改名換姓，改叫甜薯。這樣，便又為研究農業史造成無妄之災，疲倦了不少人的腦細胞。

但番薯和薯仔不同，受到官方支持推廣。一五九三（萬曆二十一年）時福建經歷了嚴重旱災。巡撫金學曾於是接納長樂庠生陳經綸的建議，試植番薯。成功之後金學曾便以官方文告方式積極推廣。福建之後雖然旱災依然，卻不再出現飢荒。當地人把番薯稱為金薯也據說是因此而來。十五年後，長江下游也因為旱災而稻麥失收。徐光啟於是把福建的經驗推廣，鼓勵江南地區也種植番薯。

真的很可惜，雖然徐渭是天才畫家，在畫風方面屢有突破，他對食品的描繪卻仍然像一般古代華人畫家一樣，少有落筆。像一般華人畫家一樣，他對於社會話題，不顧不沾。如果他能像法國畫家尚-法蘭索瓦·米勒（Jean-François Millet）於一八五七年為那些在薯仔推動城市居民生活改善之際、仍然陷於困貧的農民而畫〈晚禱〉；或者像梵谷在米勒影響下，為同一原因而畫〈食薯仔的人〉，把自己所見的土豆畫了出來，而不是僅僅留下文字，我們就可以省了很多猜測疑問，學術界也可以省了許多筆墨官司。

不過，這也不能怪他。究竟，這是華人歷代人重文輕圖的傳統作風。《植物名實圖考》之前，千幾年來，許多植物都是有名無圖。即使有，也往往失真，或者在再刻中，被當作為多餘無用而刪除。也因為這樣，一物數名，數名一物司空見慣。像大家食慣的蓴菜，便也曾叫蕁菜、茆、水葵、鳧葵、蒲從、露葵、絲蕁、瑰蕁、稚蕁、葵蕁、豬蓴等名稱。古代本草書把蓴菜和荇菜便經常混為一物。像吳其濬這樣，親力親為，對植物的實地考察及繪圖，可說是獨一無二。

5 徐渭的蟹

雖然徐渭不畫土豆，他卻畫了蟹。畫蟹，不是西方的傳統，著名畫家中，好像只有梵谷一人。但畫蟹，卻是華人畫家的傳統。最早是以〈五牛圖〉聞名的唐代畫家韓滉，五代十國和之後的宋代更都是畫蟹年代，李後主、南唐的徐熙、南宋高宗收藏的袁嶬畫的蟹圖，北宋的黃筌等等。宋徽宗趙佶更是因為畫蟹，而被譏笑：「十里女真鳴鐵騎，宮中長畫畫無腸。」

徐渭當然不僅是因為古人畫蟹而畫。他是浙江山陰人。江南食家都對蟹情有獨鍾。無論是論蟹、烹蟹、食蟹都有獨特見解。南宋寧波人高似孫專門著書介紹食蟹和各種與蟹有關的詩畫。倪瓚雖然沒有畫蟹，卻寫了煮蟹法、酒煮蟹法、新法蟹、蟹鰲、蜜釀蝤蛑幾種食蟹製法，占了食譜十分一之多。清代杭州人袁枚要貢獻三種製法，並且建議食蟹最好以淡鹽湯煮熟食，不要配搭他物。張岱是富家子弟，和友人蟹會更是教人蟹和其他菜餚的理想配搭：「煮蟹食之，人六隻，恐冷腥，疊番煮之。從以肥臘鴨、牛乳酪、醉蚶如琥珀，以鴨汁煮白菜如玉版，果蓏以謝橘、以風栗、以風菱。飲以玉壺冰，蔬以兵坑筍，飯以新餘杭白，漱以蘭雪茶。」每人六隻蟹，跟著食臘鴨、乳酪、醉蚶、鴨汁煮白菜。各種蔬菜、新米、好酒、好茶。品蟹後，菜餚要像交響樂，一章又一章轉接協調和諧，從濃至清。懂得新米之香，更足以見他美食家之名不虛。

所以，在所有食物中，徐渭最喜歡蟹，就毫不出奇。為了蟹，他曾經畫了幾幅畫，更寫了好幾首詩，有的只在借蟹寄情：「兀然有物氣豪粗，莫問年來珠有無。養就孤標人不識，時來黃甲獨傳臚。」大的蟹叫黃甲，通知登上科舉進士及第的名冊也叫黃甲傳臚。古代科舉制度向來畸形，目的是維穩，而不是求進。所以整個制度設計成無知固然淘汰，天才奇才也淘汰。像徐渭那種創意四溢的人，如果生在歐洲，也許早都會和達文西齊名。無奈，他生在華人國土，只能潦倒一生。

但徐渭更多的詩是大讚蟹的味道，「紅綠楪文窯，薑橙搗末高。雙螯交雪挺。百品失風騷」，「水族良多美，惟儂美獨優……河豚值一死，只好作蒼頭」，連值得一死而嘗的河豚，和蟹一起也只好作靠邊站，當小兵。

所以，來到要是蟹肥季節，請他食蟹，等他可以大快朵頤，應該是不二之選。

不過，我們絕不會請他食醉蟹。無論是華東、華西、華北、華南，或是台灣，蟹都可能藏有肺吸蟲。如果食沒有煮熟的蟹便可能患病。浙江台州就曾經發生群體性患病案件，十六個人食了醉蟹後，在數小時到一星期內出現腹痛、腹脹、發燒等症狀[6]。而即使不出現急症，遲後也可能出現寄生蟲進肺進腦的咳血、腦癇等症狀。蟹是必須熟食的。

但如果他來時並非食蟹之季，又有什麼可以介紹給他？

6 徐渭推薦買什麼筍？

江南的美食家，除了蟹，最推崇的應該是筍。林洪在《山家清供》提供過多幾個食方，用筍和蒓菜做的玉帶羹，用嫩筍、小蕈、枸杞菜，油炒的山家三脆，用筍和蕨菜為餡做的筍蕨餛飩，和煨筍的傍林鮮……。清代的李漁寫長文，說筍是蔬食中第一品也，一盤筍與肉一起的菜，寧可食筍不食肉，因為比起來，肉是魚，但筍是熊掌[7]！對徐渭極其崇拜，自認是「青藤門下走狗」的鄭板橋就在畫上讚道，「江南鮮筍趁鰣魚，爛煮春風三月初」，筍和鰣魚配搭一流。

徐渭對筍當然不會例外，不但是寫了不少和筍有關的詩，畫過筍，更是很懂得筍：「好景蹉跎知幾回，今春商略紫洪隈，固應帶插挑深筍。兼好提尊餞落梅……」，不要白白虛度美好時光，要去有紫洪筍的地方，找筍兼帶酒送別盛開完的梅花。後面還要為詩註解浙江長興縣的紫洪筍是絕佳。

不過，在朋友姚崇明家過夜，飲酒論筍，主人教要買紹興的破塘筍：「粉額懸題晚暎堂，主人留客夜焚香，提壺不必過鄰店，買筍真教揀破塘，彭澤俸錢多備酒，崇明宦槖止栽桑，僦居幸得為鄰舍，伏臘長招醉酒漿。」

許多年後，對破塘筍念念不忘的張岱也會回憶，年輕在家中讀書時，屋在樹竹深處，小河之旁。窗外翠綠，小販輕舟到來，向水道拋下「形如象牙，白如雪，嫩如花藕，甜如蔗霜」的破塘筍，情景滋味俱一一畢生難抹難忘：

天鏡園浴鳧堂，高槐深竹，樾暗千層，坐對蘭蕩，一泓漾之，水木明瑟，魚鳥藻荇，類若乘空。余讀書其中，撲面臨頭，受用一綠，幽窗開卷，字俱碧鮮。每歲春老，破塘筍必道此。輕舠飛出，牙人擇頂大筍一株擲水面，呼園中人曰：撈筍！鼓枻飛去。園丁劃小舟拾之，形如象牙，白如雪，嫩如花藕，甜如蔗霜。煮食之，無可名言，但有慚愧。

只是，遠離紹興千里的我們買不到同樣的筍，唯有請他食含有筍的茅台浸鹹蛋皇蒸豬肉餅。

徐渭是愛酒之人，一首又一首說酒的詩：「春雨瀟瀟醉酒尊，何人命詠牧圖渾。溪寒月落牛自渡，老牧醉眼何處村」，「元日獨酌不成酡，穿林喚客雪中過。三百六旬又過矣，四十五春如老何。幘軟漸知簪發少，興豪那計酒籌多。小園風景偏宜雪，綴柳妝梅有許窠」，老先生也許興來，還會在牆上揮毫留幅紀念呢！

鹹蛋皇蒸豬肉餅雖然是典型傳統廣東菜。一般家庭都會做。加上茅台酒，來個變調，會加強層次及香味。徐渭的好友柳文當訓導的江蘇省高郵，所產的鹹鴨蛋古來聞名。請他食，也許會勾起他的話題，說說他們越中十子的故事，救徐渭出獄的諸大綬、也是畫家的陳鶴、被嚴嵩構罪遇害的沈鏈等。

食完這茅台浸鹹蛋皇蒸豬肉餅後，再請他來個酒釀湯圓。崇禎曾經有天想食元宵，廚師遞上一碗外賣，崇禎問多少錢，答：一貫*。崇禎笑口說我未做皇帝時，三十文就夠一碗了。[8]

叫元宵是因為正月十五，農曆新年後第一個月圓之夜，元宵節時食。明代劉若愚在《酌中志》中說元宵「即江南所稱湯團者」。所以觀

* 一貫等於一千文。

Recipe

茅台浸鹹蛋皇蒸豬肉餅

- 豬肉 2 斤、鹹蛋 4 個、馬蹄 260 克（約 20 個，去皮）、醬瓜 30 克、瓜水 3 湯匙、生抽、白胡椒粉半茶匙、生粉 16 克、紹興酒 2 湯匙、老抽上色。
- 馬蹄不要切過細，肉餅要有些少爽嚼勁。
- 肉、鹹蛋白、及其用料和成餅狀，鹹蛋黃放餅中央，蒸熟。
- 茅台鹹蛋：新鮮鴨蛋洗乾淨後，在茅台酒轉滾幾下，放進室溫鹽水瓶內（3 杯清水，1 杯鹽，煮溶，加麻椒一湯匙）浸至少 4 星期。

Recipe

酒釀湯圓

上海南貨店的酒釀越做越差，很多年前就要去台北一間名叫九如的店買，前些日子我姨甥女由雪梨帶了些酒曲給我，決定自己做而且十分成功。酒釀不但可以做各種甜品，例如酒釀圓子、酒釀蛋等等，炒芥蘭更是一流。

如果要做桂花香蕉酒釀湯圓，桂花和香蕉比例按香蕉熟度。只要桂花瓣，花蕊和花梗都不要。

酒釀

- 圓糯米 600 克、酒曲 3 克、水 1/4 杯。
- 圓糯米泡水 6-8 小時後洗乾淨。
- 水開後放圓糯米蒸籠內蒸 25-30 分鐘。
- 把糯米飯完全沖涼。
- 沖涼後放入盒。
- 1/4 水把酒曲和飯調均。
- 把糯米飯分別放入 8 小瓶，中間挖洞。
- 室溫發酵（大概 2-3 天就出酒）。
- 出酒後就要放入冰箱冷藏。

念上，這似乎是同一樣東西。但現代的元宵和湯圓做法有點不同，北方地區流行的元宵，和劉若愚寫的做法大同小異，把餡料過水後扔在糯米粉中，用笸籮搖滾到餡沾滿粉。但湯圓則是實心，或是用糯米皮包餡。在明代時是否也如此，則似乎沒有記錄。湯圓也有地區稱為圓子。藕粉圓子，做法卻和元宵相同，分別只是用了藕粉。有趣是，越南人是農曆三月三日，寒食節時才食綠豆湯圓（Bánh chay）和紅糖湯圓（Bánh Trôi）。所以他們肯定不是食元宵。

徐渭是江南人，和他說是酒釀湯圓應該沒有問題。

第十七章　請高濂食什麼好？

1 愛食甜品的喜劇家

如果請得到高濂來家裡聊天飲茶，食食甜品，該會是一個開心的下午。

高濂編的《玉簪記》是古代遠東十大喜劇之一。目前可見的最早演出記載是在明代一五七四年。歷經四百多年盛名不衰，在二〇〇八年又經白先勇再改編為新版昆曲《玉簪記》。

雖然高濂除了《玉簪記》還寫了好幾本書，明史卻居然對他隻字不提，使我們對他生平所知極少，生於何時，死於何時，都仍是未解之謎，我們只知道他大概是生活在嘉靖初期到萬曆中期，十六世紀至十七世紀初，大概一五二七至一五三五年之間生[1]，一六〇三到一六〇六年間死。遲他好幾年才開始活躍的莎士比亞如果遇到他該會稱他為老前輩[*]。

古代的科舉考試，是一個狹隘而有眼無珠，埋沒天才的制度。像徐渭一樣，從小便飽讀群書，時人稱讚文

* 通常可靠的維基百科定高濂生於一五七三年，但全無佐證或文獻支持。

才的高濂科舉也是屢考屢敗，到四十歲在功名上還是一無所成。對他父親和他來說，這固然是終生餘憾。但也許這樣，卻為世界留下了更好的成果。

《玉簪記》講尼姑陳妙常和潘必正的愛情故事。這題材表面上是挑戰佛門清規。然而，陳妙常其實不是因為信仰而出家，只是因為和父母走散，迫不得已要遁入空門。因此，陳妙常儘管抵觸清規紅線，在現代眼光看來完全是合情合理，根本不是對信仰的背叛，也談不上什麼宗教和情欲之爭。

她這種出家原因，在明清時並非例外。當時出家為尼的婦女，很多是因為婚姻失敗、或生活所迫，自願選擇，或父母貧窮而把幼年女兒送入尼姑庵。但問題是其他可能同樣並非因為信仰而出家的尼姑留戀紅塵，和世人或僧人談情說愛卻又頻頻被人非議醜化，當作是淫穢之事，而陳妙常和潘必正的愛情故事卻又受人歡迎欣賞。這是不是因為社會對官吏之後，能言善詩的才女尼姑出規，有雙重標準？這應該是一個很值得向高濂請教的問題。

《玉簪記》不是原創。正如莎士比亞的許多劇本都是從前人創作改編而來，在高濂的《玉簪記》之前已經有小說和雜劇講陳妙常的愛情故事。但高濂改編得那麼出色，除了他的文學修養之外，應該是他的感情投入。當然，和他食飯時，這不能問太多。不然，也許會撩起他的舊痛。但很多人都留意到，完成改編這齣劇的那年，正是他喪妻之後，「風掀霜葉打窗紗，喚殘更雁聲咿啞，床頭燈影滅，屋角月痕斜，魂夢天涯，我將這枕邊人撇不下」。《玉簪記》中男主角在京城考試失敗，說「兩度長安空淚灑，無栖燕傍誰家」也正和他的親生經歷相同。也許，「有恨難言。有恨難言。扯斷紅絲。生剖青鸞。人逐孤鴻。淚染啼鵑」這句話是他想對妻子說卻再也沒機會說的話。而透過這首喜劇，他是在投射他的希望，無論多難，也可以和她重聚大團圓。

2 試過罌粟甜品沒有？

請高濂來當然不只是因為《玉簪記》。其實，高濂也是一位出色的美食家。更重要的是，他應該是在華人烹飪史中最注重甜食類食品的美食家，在《飲饌服食箋》中寫了足足五十八種甜食類的做法，林林總總中包括松子餅方、用芝麻做的芠什麻方、薄荷切方、像拔絲那樣的一窩絲方、羊奶做的羊髓方、椒鹽餅方、栗子做的高麗栗糕方等等。

而其中一不小心便會看漏眼的竟是造粟腐法，教如何用罌粟和綠豆粉做成豆腐那樣口感的食品！

> 罌粟和水研細，先布後絹濾去殼，入湯內……

不，你沒有看錯，他的確是用了鴉片的來源——罌粟——來做甜品。

我們現代人習慣把鴉片煙當作罌粟的唯一用途。其實，遠在抽吸鴉片登場之前，古代希臘人已經用罌粟籽來做甜品或者放在麵包上當香料。大概因為用得廣泛，人們相信罌粟有天神得墨忒耳（Δημήτηρ）保佑。到了羅馬年代，罌粟籽仍然被人食用。維蘇威火山爆發時，不顧危險帶艦隊去拯救災民而殉職的古羅馬哲學家兼軍事家老普林尼曾寫說，鄉下人經常用蛋黃黏好撒在麵包上的罌粟籽，再在麵包底同樣糊上芥菜籽和黑孜然（安息茴香）。而佩特羅尼烏斯（Petronius）寫的諷刺小說《特立馬喬的晚宴》（Cēna Trīmalchiōnis）中，有一道菜正是蜜糖罌粟籽黏睡鼠。不過，同是一世紀的美食家阿皮基烏斯（Apiccius）就對罌粟的味道不太認同，在他著名的食譜中竟是對罌粟籽不屑一提。但是，儘管得不到這位美食家青睞，罌粟籽在三世紀時的記錄中還是常見，價錢也只是略低於安息茴香[2]。

至於亞洲，宋代時罌粟一方面是比較貧窮人家食的蔬菜之一，蘇東坡的弟弟蘇轍在許州時，沒有錢只好自己種菜食。農夫教他種罌粟，用來補充其他菜。「予閒居潁川，家貧不能辦肉。每夏秋之交，菘芥未成，則盤中索然。或教予種罌粟、決明以補其匱」。

另一方面，罌粟受美食家林洪推薦，蒸完粟腐後切成魚形的「罌乳魚」。罌粟另外受人推薦的用途是煮為粥或者熬成湯。蘇東坡不像弟弟那樣迫不得已食罌粟，而是喜歡飲罌粟湯：「道人勸飲雞蘇水，童子能煎罌粟湯。暫借藤床與瓦枕，莫教辜負竹風涼。」而陸游的詩詞中更是頻頻出現罌粟湯，「不到梅山二十霜，望中常似隔他鄉。一杯罌粟紗燈下，最憶初寒宿上方」，「一杯罌粟蠻奴供，莊周蝴蝶兩俱空」，「棕花蒸煮蘸醯醬，薑茁披剝腌糟醅。細研罌粟具湯液，瀑裹山蕷供炮煨」。明太祖的第五兒子周定王朱橚著的《救荒本草》對罌粟也是不貶反讚，認為罌粟的葉可以煠熟當菜食，或放入粥及餅：「米味甘，性平，無毒。救饑：採嫩葉煠熟，油鹽調食。取米作粥，或與麵作餅，皆可食。其米和竹瀝煮粥食之，極美。」

3 食罌粟安全嗎？

時至今日，中國大陸、台灣都是禁用罌粟作食用；但是在歐洲和美國，罌粟籽卻仍然合法出售，用於做蛋糕、餅、麵包、罌粟義大利麵條、罌粟籽優格、咖喱等等。

為什麼宋明時代都可以食罌粟，而不出現清朝鴉片造成的禍害？為什麼歐洲仍然公開使用罌粟籽，而不擔心會上癮？

其實，成熟的罌粟籽並不含有鴉片或其他可以引致上癮的化學品的。含有這些化學品的鴉片是來自罌粟果流出來的汁。中國大陸地區有些無良餐室把罌粟殼皮放進火鍋，不只是可以造成顧客食進鴉片而上癮，還可引起其他急性中毒症狀。震遐有一年去長江旅行，就是因為登船前一夜在重慶食了火鍋，跟著三天就胃癱，無法食飲，只好在床上休息熬過。後來遇到四川朋友問，「哦，我們經常見慣。」

如果只是採籽來食，是應該食不到鴉片成分的嗎啡、可待因、蒂巴因等。有些罌粟品種更是低鴉片類化學品產量，因此更為安全。清洗和烹調也可以大幅減少鴉片類化學品，再增加食用罌粟籽的安全程度。

但是，收穫過程錯誤、罌粟籽受帶汁的果皮殘留污染，果皮給蟲咬破，汁掉在籽上，都會使籽染上鴉片化學品。因此，雖然食用的罌粟籽，理論上應該安全，實際上中毒的病例還是偶然可見。即使不中毒，食完含有罌粟籽的食物後，尿樣本呈陽性反應更是司空見慣。

所以，如果高濂真的蒞臨，飲茶之餘，還是不要請他食罌粟腐。就請他來食其他甜品好啦。

4 高濂的養生食法

高濂年輕時身體比較衰弱，視力又不好，所以他很講究健康生活，又捨得花錢，撞到方士都要請教學習，收羅藥方祕藥。他認為是全靠這些，所以到晚年，身體都好了很多。他一日三餐都是要小心不食太多，「量腹而入，毋以食爽過多」，食物有益的要常食，無益的就避開。早餐食薄粥和青菜，中餐和晚餐都「量腹而入」，不食太飽。他再三提運動的重要性。儘管以現代科學來說，每天至少應該有七千步才行[3]，他的運動量未必足夠，但是他寫書時，可能已經是年歲比較大，肯每天堅持運動始終是好的：「起步房中，以手鼓腹行五六十步」，午餐後，「去牙縫積食。作氣起，復鼓腹行百餘步而止」，下午「起送客行，或共步三二百步歸」。如果沒有客人，就自己「行吟古詩，以宣暢胸次幽情」。除此之外，他還做很多軟體運動。而且，從現代運動醫學角度看來，他這種餐後不久便運動，以及分段運動，對身體新陳代謝及維持建康，確實比每天一次長久運動更為有效。

他喜歡芝麻粥，認為有益。另一方面，他的甜品中有一個是芋餅方，所以請他食芝麻糊，或者白果芋泥，都應該合他心意吧。

既然高濂講究要食得健康，芝麻和芋頭算不算是健康食品呢？

芝麻主要成分是植物脂肪和蛋白質。所含的碳水化合物大部分都是纖維，並且含有抗氧化及抗炎成分，很可惜目前仍舊沒有仔細的醫學研究，所以只能說理論上是應該是對身體有益。

白米飯都是容易吸收，血液裡的血糖和胰島素含量都會急劇上升和下降。食後血糖升得快的，醫學界稱為高升糖指數食物。臨床隨機試驗證明長期食低升糖指數食物可以改善血糖控制、血脂、血壓，更可以減少肥胖，而經常和大量食升糖指數高的食物，則會增加心腦血管疾病和死亡。有一項全球研究，歷時九年半，對五大洲近十四萬人的研究發現升糖指數比含糖量還要重要，在九年半的短期內，食比較高含糖量食物只是對已有心腦血管病的人造成威脅。但是，即使健康的人食容易使血糖急升的食物，也都會增加心腦血管病發作和死亡的風險兩成。至於已有心腦血管病的人，風險更是增加一半之多[4]。比起飯和白粥來說，芋頭是健康得多了。升糖指數會低三成。

5 辟穀食什麼？

但是請他食什麼，有一個問題要解決。要是他在辟穀，那請他食什麼好呢？

〈飲饌服食箋〉其實只是《遵生八箋》其中一部分。高濂信道教，《遵生八箋》是以高濂深甫瑞南道人之名所著，而兩篇序則由同是信道教的貞陽道人仁和李時英，及戲曲家屠隆緯真人所撰。由此可見，卷三至卷六講春夏秋冬四時的養生方法的〈四時調攝箋〉、卷九至卷十講長壽的〈延年卻病箋〉、卷十七至卷十八講丹藥的〈靈祕丹藥箋〉，都大量跟隨道教理論，也在所必然。而〈飲饌服食箋〉中有足足六條辟穀方，其中至少兩條來自道教的《太清經斷穀經》也當然合理，毫不出奇。

辟穀是指一種提倡減食甚至絕食，練習呼吸來健身延壽的方法。漢朝已經很流行。一位叫李覃的官員就曾經在學辟穀，只食伏苓，飲寒水期間可能身體衰弱，患痢疾而幾乎死掉[5]。

蘇東坡也信辟穀，只是他的所謂辟穀，是必不得已，斷糧無穀可食時才做的應付方法。一〇九八年，他在海南島，米貴到買不起，以為要靠吸早上的空氣充饑度日：

辟穀說：洛下有洞穴，深不可測。有人墮其中不能出，飢甚，見龜虵無數，每旦輒引首東望，吸初日光嚥之，其人亦隨其所向，效之不已，遂不復饑，身輕力強。後卒還家，不食，不知其所終。此晉武帝時事。辟穀之法以百數，此為上，妙法止於此。能服玉泉，使鈆汞具體，去僊不遠矣。此法甚易知易行，天下莫能知，知者莫能行，何則？虛一而靜者，世無有也。元符二年，儋耳米貴，吾方有絕糧之憂，欲與過子共行此法，故書以授之。四月十九日記。[6]

這和道教所說的不同。道教追求長生永壽，因此推崇辟穀。辟穀意思是避免食五穀雜糧，而用一些代替品，以求斷食。講得神奇時，認為可以長期不食，像《飲饌服食箋》其中一方就說食了三頓拳頭大的代替品後可以三百天都不餓！但另一條方就沒有那麼誇張離奇，只是一天三次食一大匙就不餓。至於用什麼代替品呢，有些比較簡單，只用黃精、剝了皮的東行松根，或者合用松脂及白茯苓。最複雜的，要把秫米、麻油、鹽、川薑、小椒、蔓菁子和乾大棗，六種配料磨成粉末。

從現代科學的眼光看來，黃精、松根、秫米的纖維比較多，有助抗飢餓。食了，不想食粥、飯、麵，可說是極為正常。

6 現代版辟穀

科學界近年來對間竭性斷食頗有興趣。斷食的類型包括一天內限於四至八小時內進食，其他時間禁食，或者隔天不食，或者一星期幾天不食。除此之外，也有人研究長期極低熱量飲食法。這都可以說是現代辟穀版本。幾種方法各有理論：限時進食，是基於晝夜節律，即人的身體隨日出日落會變代，例如下午晚上，胰島素分泌就下降。因此，限時進食會使營養和身體的需要及應付能力配合，達致最佳新陳代謝效果。隔天或幾天斷食則是企求使細胞在低熱量狀態下減少釋放有害的氧化自由基。而極低熱量進食法則是希望透過消耗脂肪及增加血酮改善身體。可惜到目前來說，這些研究仍都缺乏長期結果，因此效果仍屬未知之數。我們只能說，辟穀並非沒有理由。但可否有益身體，則仍屬未知。

高濂的幾種辟穀方的主要配料都是低升糖指數的食品。升糖指數是指食了下去，血糖升得多快。葡萄糖的升糖指數是一百，黃豆升糖指數是十六，黑豆是三十。

六條方中，「辟谷住食方」一條說明水果、蔬菜、茶、湯都可以隨意食，但肉就屬大忌，不可以食。但其他五條就沒有說清楚在五穀的代替品外可不可以食其他東西。從可絕穀、久當絕穀的字句，應該是容許在辟穀時段也稍為進食，毋須斷食。這也可以解釋為什麼，高濂一方面可以是美食家，烹受美好的食物，另一方面又可以辟穀。他食得很健康，大量蔬菜菜餚的做法。食肉，但著重的是水產，只有少數紅肉。偶而辟穀，是因為他明顯喜歡食粥，書中不提米飯，唯一的麵是用百合磨成粉做的，但升糖指數比米飯低的粥，卻有整整四十種。推薦粥，也許是因為他聽陸游說過：「世人個個學長年，不悟長年在目前。我得宛丘平易法，只將食粥致神仙。」想陸游活到足足八十五歲高齡，這句話應該信得過。所以高濂大概只是可以偶然捨得不食他的粥，杜絕五穀，進行辟穀。從此看來，即使高濂來時正在進行辟穀，只要不請他食米飯、小米、稷、麥和菽就沒有什麼抵觸要擔心的了。

所以，請他食素包子、白果芋泥吧。素菜包符合他喜歡蔬菜，芋頭是一種中度升糖指數食物。冰糖也是糖，所以適而可止。代糖始終有點怪怪味，高濂沒有糖尿病，就別用了。《飲饌服食箋》中有一個芋餅

Recipe

素菜包

皮：

- 麵粉 500 克、酵母 5 克、牛奶 200 毫升、水 100 毫升（要看情形加或減）、糖 20 克、油 1 湯匙。
- 全部材料放在大盤內，將牛奶和水分別加熱至攝氏 36 度左右，奶先慢慢倒入麵粉中攪拌，再加入水直至完成麵團，蓋上保鮮膜放在溫熱的地方發酵至兩倍大。

餡料：

- 上海白菜用油鹽水焯後過冷河，揸乾水分，300 克切碎備用（不要太碎）。
- 冬菇、冬筍、木耳各 80 克，薑一小塊切碎（冬筍要出水）。
- 用油炒香冬菇，加入冬筍、薑再炒，加鹽胡椒粉調味，最後加入木耳炒兩下熄火，加入麻油拌勻（一定要冷卻後和白菜拌勻）。
- 白菜調味加入糖、鹽、胡椒粉、糖、熟油拌勻，最後加入麻油。
- 將兩種拌勻後就可以開始包。包飽皮 40 克。

Recipe

白果芋泥

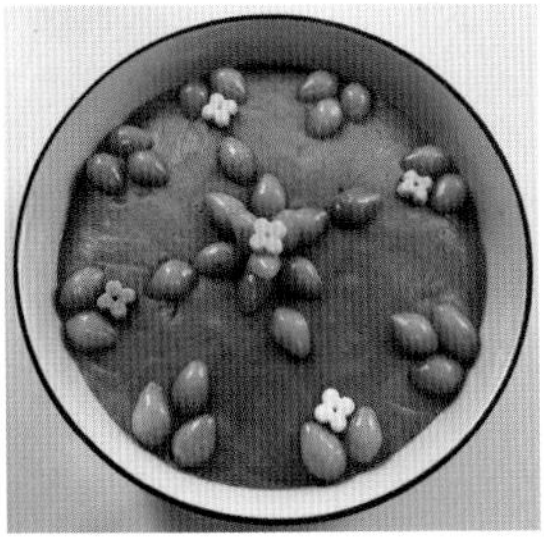

潮州名點白果芋泥是好多人喜歡的，但現在食得到的都不是很理想，缺點是不夠滑、太甜、豬油放得太多。

因為我喜歡食所以研究了一個配方決定自己做，不難但比較麻煩。

- 買一個漂亮的檳榔芋。檳榔芋頭 855 克、冰糖 380 克、白果 40 粒、2 個檸檬皮。檸檬皮磨碎備用。（此為八碗的份量）
- 檳榔芋洗淨，削皮，切小。
- 蒸熟後趁熱過紗網，濾至完全細滑無糙感。
- 紅葱頭用粟米油炸金黃色，格走紅葱頭不要，留油。
- 加冰糖水及芋蓉，炒香。
- 芋蓉冷卻後，加入磨碎的檸檬皮，用攪拌機攪勻，分別裝入碗中並把用冰糖煮好的白果加上作為裝飾，食用時放入蒸籠來蒸熱然後淋上桂花和葛粉芡，食完飯還可以食一碗這樣的芋泥很受朋友歡迎。
- 冰糖水份量要按檳榔芋而定，不可一概而言。太少則過黏，太多則稀，口感欠佳。甜度亦然。

方：「生芋奶搗碎，和糯米粉為餅，油煎。或夾糖豆沙在內亦可，或用椒、鹽、糖，拌核桃、橙絲俱可。」但另一個食譜，初看就非常怪，因為名叫酥黃獨方，用料卻只是有芋：「熟芋切片，用杏仁、榧子為末，和麵拌醬拖芋片，入油鍋內炸食，香美可人。」像是油炸芋片，聽來應該好食。

這裡提到的黃獨應

該不是外皮紫黑色名為黃獨的有毒植物，而是另外一個別名土芋的黃獨。這裡提到的芋也不是芋頭／芋奶，而是土芋，古書上說梁朝人會蒸來食，飢荒時會挖來食的攀爬植物土圞兒的皮黃蛋形根莖部分。蘇東坡的詩上提過：「渴思默林咽，饑念黃獨舉。」[7]范成大也寫：「粱肉豈不珍，瀹雪煮黃獨。」[8]但這種土芋恐怕就不是那麼容易找來試做炸芋片了！

第十八章　請莎士比亞食什麼好？

1 莎士比亞年代食什麼？

請他來，午餐，還是晚餐好呢？

未有電燈前，五、六點北方都天黑。古代人信奉早起早睡。即使近如光緒年代的清代皇宮，仍舊是早上六至八點早饍，中午至二點晚饍，下午五至七點來些晚點。每天最大的餐，是中午那餐*。以前各朝代雖然沒有記錄傳世，但相信也差不多。不會像現代那樣，晚上那餐才是主要的。英國從前也如此。所以，請莎士比亞來，還是請他食午餐好了。只是，他那時不興 lunch，這詞一五九一年剛出現時，lunch 的意思是厚厚一塊而已。Dinner 指主要的那餐。老臣艾思刻勒斯（Escalus）在《一報還一報》（Measure for Measure）聽到是十一點鐘，便邀請法官去食 Dinner。所以請莎士比亞食午餐，不能說 lunch，一定是要說 dinner。他會明白，在中午來。

莎士比亞大部分人生都活在伊莉莎白一世年代。這是英國海上稱霸崛起的時代，亦是明神宗朱翊鈞萬曆年

* 即使到晚清，北方仍然一天兩餐，南方則一天三餐。徐珂，〈日食之次數〉、《清稗類抄》卷四十九（上海：商務印書館，1916）。

代，大明從盛至衰的時代，以及取代大明的大清前身——後金，在努爾哈赤領導下由微至顯的時代。他死的那年，公元一六一六年（萬曆四十四年），亦是東方的話劇巨星殞落，湯顯祖逝世的同一年。

莎士比亞早年沒有什麼令人注目，在家附近的學校唸書，十八歲結婚，娶了一位比他年長八歲的妻子。但三年後他突然音訊全無，直至七年後再度亮身時，已經是薄有虛名的戲劇家了。他的舞台劇古訪羅馬歷史，遠達義大利及埃及，使人覺得他博學多才，上至天文，下至地理，醫學、烹飪、政治，無所不知。但他的知識及靈感是從何而來？

至少，我們知道，不少部分是取自一套書，記載英國、蘇格蘭、愛爾蘭歷史的《霍林斯德編年史》（Holinshed Chronicle）的一五八七年版本。

請他遠道而來，給他食什麼好呢？

這是一個變遷中的時代，隨著海運的興旺，新的食物正源源不絕地湧入，對英國的舌蕾作出挑戰，各種香料、核桃、蘆筍等等。只是茶、巧克力和咖啡，都還沒有在莎士比亞在世之時，踏足英國。所以莎士比亞的劇本中都只有酒，沒有茶或咖啡。但他的劇本充溢著食品轉變帶來的疑慮及反應。

這也是歐洲列國爭雌雄的年代，英國自然連饍食方面，也不能放過。宴席要有規矩，紅衣主教可以有九道菜，公侯百爵以及主教七道菜，其餘貴族六道菜，紳士三道菜。宮廷和貴族從法國請來廚師，法國食什麼，英國都要食得更好！一五五七年的《霍林斯德編年史》記載稱：「英國的貴族在某些菜餚及肉類的確勝出……他們無一日不是食牛肉、羊肉、小牛肉、幼羊肉、羔羊肉、豬、兔、雞，季節的林林總總產品，也有一些紅鹿或小鹿，此外更有各式各種魚及野生禽鳥，以及若干珍饌。」[1]沒提到蔬菜是因為權貴富豪都以肉為上，蔬菜是給窮人食的。自己只會偶而一嘗蘿蔔、大頭菜、韭蔥、洋蔥和薑。直至十六世紀中葉，水果通常不新鮮食，只是蜜腌，或是做餅時的材料。原因是因為有說食了太多新鮮水果會染熱病[2]。只有到了十六世紀後期，牛肉才逐漸減少，為雞、魚、豬肉替代，而蔬菜也在貴族日常生活中增加[3]。

老百姓食的以蔬菜為主，通常很簡單，像早期華人一樣，用慢火煮一大桶裝的豆、蘿蔔、大頭菜、韭蔥、洋蔥和薑。麵包是用麵粉、大麥粉、以及沒有發酵的燕麥餅。這羹食完，跟著便是西餐從不缺席的甜品：扁桃仁餅、大米布丁、燈籠果糕、水果塔。肉固然貴，但還有一個大問題我們未必馬上想得到的：十字軍之前遠征中東，除了搶掠得來的財富，戰傷得來的疤痕，還有是香料：胡椒、桂皮、肉豆蔻、薑、丁香等等。但這些香料價格昂貴，豈是一般平民百姓買得起！所以，平民食得到肉和魚，也難以驅除腥臊味。像漢唐年代的華人，甜品的甜味來自蜜糖，貴族才可以食到蔗糖做的甜品。食得當年的蔗糖多，牙齒會變壞轉黑，表示你身份夠高。伊莉莎白一世據說就一早掉光牙齒，說話都難清楚。

2 腸胃整天食整夜貪

伊莉莎白一世年代與盛唐一樣，是輝煌的時代。人才濟濟，經濟良好，政治開明，內無動亂。對英國文學影響深遠的班．強生（Benjamin Jonson），和莎士比亞可以說是既敵亦知己。他對莎士比亞的作品多次苛刻批評，甚到指斥他缺乏技巧、劇本中冗文過多，應予刪減。但莎士比亞死後出版的劇本合集《第一對開本》

（First Folio）卻刊載班·強生序詩「予我所愛的作家威廉·莎士比亞先生及其遺世之作」，既評論兩人之間詩作的區異，亦肯定了莎士比亞的詩人地位。對莎士比亞的歷史地位更是一錘定音：其非屬某世，乃屬永恆（He was not of an age, but for all time）。

雖然，莎士比亞最後一餐據說是和強生共享，在食的方面，兩人卻是南轅北轍。

華人以食為天，但奇怪的是對於食，形容卻甚不講究。於是，愛食和貪食現在混淆不分。嗜食，本來應該只是表示喜歡食，現在卻意味一種病態式行為，容易暴食。饕餮本來是隻食無止境、貪婪無窮的神話野獸，現在卻用來描述一般愛好食的人，甚至入侵美食家領域，當作同義。但其實，喜歡大飲大食，卻不管進嘴進胃的是垃圾，抑或美食，質不重要，量才重要，稱其為饕餮，才確可名符其實，更為貼切。像常常一餐食臘肉三百塊，蜜漬魚腸幾升，最後大概死於心衰竭的六朝宋明帝劉彧[4]，或者曾任清初刑部尚書的徐乾學，每天早餐食實心饅頭五十、黃雀五十、雞蛋五十、酒十壺便真可作為饕餮實例無愧[5]。一九〇九年紐約舉行的一場比食賽上，在十一杯咖啡協助下，食了兩百七十五隻蠔、八又八分之一磅牛排、十二個圓麵包、三大餡餅的弗蘭克·多茲勒（Frank Dotzler）更是名符其實的超級饕餮！近三十年才冒起的名詞，吃貨，有報刊解釋為「黑洞一樣，可以不停吃，更可能食極都不胖的人：極愛食、貪食、不斷食」的人，亦可算為饕餮的現代化名詞。

張岱稱自己是老饕，只是謙虛自嘲。近世人把美食家稱為饕餮，就像將他稱為愚弟，他的太太稱為荊妻一樣。美食家雖然也愛食，卻是重質不重量，因此不在乎多食；甚至會像真正品嘗美酒者，每杯淺酌，絕不狂飲，食也會適而止箸。陸文夫在小說《美食家》中把這種態度描述得最清楚不可，「如果是朱自治向朱鴻興的店堂裡一坐，你就會聽見那跑堂的喊出一連串的切口：『來哉，清炒蝦仁一碗，要寬湯、重青，重澆要過橋，硬點！』……朱自治卻認為這些還不是主要的，最重要的是要吃『頭湯麵』。千碗面，一鍋湯。如果下到一千碗的話，那麵湯就糊了，下出來的麵就不那麼清爽、滑溜，而且有一股麵湯氣。」重青是說多放蒜葉，硬點是麵要硬不要軟，重澆要過橋是要加多澆頭（配料）但不能蓋在麵碗上，要放在另外的一隻盤子裡，食的時候用筷子搛過來，好像是通過一頂石拱橋才跑到你嘴裡。沒有要求大碗。但即使一碗麵，也必須有所要求，絕不可以馬虎。

而粵語的唯食，表示喜歡食，和吃貨、饕餮、老饕、美食家卻又不同。像去西班牙北部的聖塞巴斯提安（San Sabastian）遊 pintxos 店，夜幕降下，每店來杯酒，來碟 pintxos，一夜數店；或是逛台灣夜市，一夜數檔小食，是我輩唯食者所喜。不求甚飽，只求品嘗不同。美與不美，並非必要。或旨在嘗新獵異，或尋求美好記憶，和美食家的完美要求，又有所不同。

對食的態度，強生便是貪食無厭的饕餮／吃貨。

班．強生像李白一樣，愛酒如命。他有次醉酒滾下酒店樓梯，爬起對梯旁的客人說，既然落在君傍，就與君共醉幾盃吧！在食的方面，他更是有名饕餮，以胖詩人見聞。他對飲食的喜好絕不隱瞞，到處告訴大家他身重一百二十六公斤，肚大如山。詩和戲劇常以食為美。有首詩獻給腸胃，可為作證：

腸胃整天食整夜貪；所有肉都嘗兩次，為了加倍享樂，它成了邪惡的通道。在肚裡修改罪愆；情慾排出，
暴食引進。

在他著名諷刺劇《煉金術師》（The Alchemist）中，主角夢想有天可以餐食溶在珍珠酒中的鯉魚舌、睡鼠、駱駝腳跟、魚鬚、下油蘑菇、和母豬懷孕期時的乳房。跟班可以食野雞、活切鮭魚片、濱鳥、斑尾鷸、七鰓鰻。

在長詩〈彭斯赫特〉（To Penshurst）中，他稱讚莊園裡，野有紫羽的山雞、彩色的鷓鴣；池有肥壯的鯉魚、急於現身的狗魚、發亮的鰻魚；林有隨季而來的早櫻桃、晚李、無花果、葡萄、木梨，害羞的杏、披毛的桃，可食。更有農戶為莊主攜來或雞、或鄉村糕點、或堅果、或蘋果、或芝士、或滴熟成年的女兒。客人來此，可以任食任飲，縱情狂取酒、肉、麵包。

3 讓莎士比亞教你飲食

莎士比亞就相反。劇中食物形容窮出不盡，說明他也愛食、識食[6]。找他來介紹伊莉莎白年代的英國菜餚會很合適。

首先，他告訴大家，食多重要。《馴悍記》（The Taming of the Shrew）的女主角兇悍無比，動不動打人，卻給男生餓到投降。

能欣賞食，才是正常。所以在《溫莎的風流婦人》（The Merry Wives of Windsor）名為身瘦又沒胃口食午餐的斯蘭德（Slender）便是笨頭笨腦，贏不到女主角的青睞。

但對莎士比亞來說，暴食更糟糕。

《亨利四世・第一部》（Henry IV, Part 1）裡，約翰・法斯塔夫爵士（Sir John Falstaff）飲食無厭。莎士比亞為他肥腫難分身材創造不少形容詞：肥腰歹徒、肥腸、油膩猥褻的油脂團、大酒彈、一滿籠腸子、肚藏布丁的公牛……。而法斯塔夫則自稱自己其實身如孕後鯡魚、蘿蔔而已。他反而罵亨利王子瘦，是餓餒漢、鰻魚皮、乾牛舌、公牛屌、魚乾。但莎士比亞提醒觀眾，饕餮性格的人是不可為伍的。不僅是平時謊言連篇，在關鍵時刻更是靠不住。所以，法斯塔夫聽完亨利王子呼籲上陣對付叛變，也只是叫早餐食。

如果乘了部跨時間特快，進了家伊莉莎白年代的倫敦小館，叫什麼好？

最簡單是學《亨利四世・第二部》（Henry IV, part 2）裡蕭洛（Shallow）的吩咐，來些鴿子、短腳雞、羊腿和任何好看的小食 kickshaws——這洋涇濱法文小食可不簡單，正名其實是法文的 quelquechose。如果你也想試試做這種小食，可以跟當年的《英格蘭主婦》（The English Housewife）裡的 quelquechose 食譜學學：蛋減蛋白一半，打拂完加甜乳油、茶藨子（curran）、肉桂、丁香、肉荳蔻粉、鹽、少許氈酒、切碎的波菜、苦白菜、金盞花，攪均。切豬腳成塊，和以上混合，用手攪好。以甜牛油炸到棕而不焦，上碟。

我們去倫敦，經常去食炸魚薯條（fish and chips）。炸得好的魚和薯條可真是享受。但在那時代，叫魚？法斯塔夫批評說，食太多魚，使人墮進男性綠病，婚後得女。此類人更通常愚蠢或膽怯。那時代的人相信魚屬寒濕，無甚營養價值，比不上紅肉，因此會導綠病，只能生女。所謂綠病，實為缺鐵性貧血，面有菜色，當時信為缺乏性生活少女專有病。由於天主教有星期五食魚傳統，食魚更是暗示與英國敵對的天主教和此人或有暗通。

什麼飲料？當然是來杯 posset（有香料的酒及牛奶）。你可記得，馬克白夫人在《馬克白》（Macbeth）不是為了方便馬克白行刺，在僕人的 posset 下過藥使他們沉睡？她合媒行事，想當皇后。然而馬克白請客食飯的表現就令人覺得他只會是沐猴而冠，無能為王。

茶當年還未光臨英國，所以，不想要 posset，那就只好叫酒。所以食完鴿子、雞和羊腿，可以邊飲酒，邊食糕點。《第十二夜》（Twelfth Night, or What You Will）裡，培爾契爵士（Sir Toby Belch）在奧麗維婭（Olivia）的家中便不是飲茶而是飲酒食糕點。當年蛋糕、餅乾全算是 cake。流行的是榲桲糕（山楂糕）、薑糕、薑餅乾、香料蛋糕。

不過，叫什麼酒，那也有學問，要聽莎士比白解釋。法斯塔夫爵士（Sir John Falstaff）在《亨利四世．第二部》告訴你薄飲，即是劣質啤酒，會使你的血冷卻、懦弱，不能叫。大家慣叫的是苦味麥芽酒，艾爾（ale），還沒有下啤酒花釀的啤酒。但如果你不嫌貴，叫比艾爾貴十多倍的雪利酒（sack），那肯定會使侍應和四周顧客都對你另眼相看。法斯塔夫更肯定馬上會來拍馬屁，對你說他在劇中推薦雪利酒時的話，好的雪利會把所有包圍腦子的愚蠢煙霧乾化，使人精明靈敏，燃暖血液，貫滿勇氣。

不過，這是現代雪利酒的前身，不喜歡甜的話就免了罷！

4 不懂得食，就不明白莎士比亞劇

如果你對食，興趣不大，那你肯定會錯過莎士比亞劇中的很多意思。

那些有關食物的對白，有些意義後世人未必全明白。對翻譯者來說，更是一大挑戰。

法斯塔夫爵士在《溫莎的風流婦人》中高呼「讓上天淋下薯來吧！」（Let the sky rain potato）朱自豪曾譯為「讓天上落下馬鈴薯般大的雨點來吧」。其實，這裡的薯是指番薯而非薯仔。在莎士比亞年代，英國還未見過薯仔。他們接觸的只是番薯[7]，當甜品食。像這派：「準備好你的派，躺在牛油裡，讓你的 potato 煮到很嫩，略加香料、西葫蘆、棗、扁桃仁染白熟蛋黃、開心果、蜜餞香櫞、橙、檸檬，再加多些牛油，合好烤。然後割開，放酒、糖、蛋黃、牛油。」[8]

班．強生說過這 potato 是奢侈品。不少人當時相信番薯有催情作用[9]，先後娶八位王后的亨利八世據說就是拼命食番薯及番薯餡餅。一五九四年的《好主婦的廚房女僕》（The Good Huswifes Handmaide for the Kitchin）教如何做件「使男女有勇氣的撻」：用一夸脫好酒煮牛蒡根兩條刨乾淨、兩個好木梨、一條削好的 potato 根、和一盎司棗子。煮嫩後，篩過，然後加八隻蛋黃和四五隻公麻雀腦。再篩，加些許玫瑰水、用糖、肉桂、薑、丁香、肉蔻、一點甜牛油，分放兩盤在燒煤的火鍋上，煮到發脹。牛蒡、公麻雀腦當年都屬春藥成分。

法斯塔夫爵士說完「讓上天淋下薯來吧」這句話之後，接著再說的都是和男女之間調情有關。也因為把薯仔和番薯混淆了，朱生豪跟著的翻譯也亂了套，變得難以明白「讓天上落下馬鈴薯般大的雨點來吧，讓它配著淫曲兒的調子響起雷來吧，讓糖梅子、春情草像冰雹雪花般落下來吧，只要讓我躲在你的懷裡，什麼潑辣的大風大雨我都不怕」。其實，糖梅子、春情草都是春藥。最後一句 let there come a tempest of provocation 應該譯成「讓挑情的狂風刮起[10]」。

話劇《湯瑪斯．摩爾爵士》（Sir Thomas More）曾經多人修訂，莎士比亞也有參與。他的唯一存世手稿更是為修訂此話劇的二十二頁文章。劇中描述歐洲來客搶去英國人的食物和女人。暴動者抗議外國人帶來奇怪的根莖會引起眼疾和癱瘓，食物在糞內成長，會染病給人，動搖倫敦。他們的無知暴露在他們稱為「有害食物」的「歐洲防風」，其實是來自西班牙的番薯。只是歐洲防風也屬舶來品，來自法國，又一個和英國打對台的國家。話劇反應的是英國在十六、十七世紀引入許多來自歐洲的移民和新食物之後，曾經引發的排外風暴以及平民對食品安全的擔憂。

在《亨利五世》（Henry V）一場對罵中，來自義大利的無花果被用作象徵生殖器，和糞便拉上關係。繼而，其中一方侮辱對方，送他麵包和鹽，叫他食帽子上插的韭蔥。但這位威爾斯軍人，帽上插韭蔥是紀念威爾斯軍方的一場古代勝利。要他把勝利象徵降格為普通食物，和麵包及鹽看齊，是可忍，孰不可忍？為此，弗魯愛林（Capt. Fluellen）的報仇方法是迫對方食生的韭蔥，因為該時代食療相信熟食韭蔥有益但生食則損害健康，傷眼、傷牙、傷胃、更且令人血中生憂，惡夢來襲。

大家看比較熟悉的戲《馬克白》裡，女巫煮羹，向鍋裡投下蛇肉片、蠑螈眼、蛙腳趾、蝙蝠毛、狗舌頭、毒蛇舌叉、蚊蜥蜴刺、蜥蜴腿、貓頭鷹翼、龍鱗、狼牙、猶太人的肝、土耳其人鼻子、突坦人的唇、勒斃嬰孩的手指等等。食物雖然核突，卻也只是現代觀眾預料中事，女巫會有的怪異行徑而已。

然而，戲的中心人物——馬克白——是蘇格蘭將軍。正如在華夷之分的想像中，食人是無文明的夷族特徵，英國也同樣以食人作為蠻夷所為的特徵。當年，《霍林斯德編年史》告訴眾人，蘇格蘭人還是食人族，不只是貪食無厭的饕餮，更是以小童屁股及婦女乳房為佳餚。所以，女巫鍋裡加入各種人的器官當作食物對伊莉莎白時代觀眾便意義不同，使他們更如同身歷其境，明白這故事只可能發生在仍是蠻荒半文明的蘇格蘭。

5 莎士比亞的牛肉

那麼，請莎士比亞食什麼好呢？

《第十二夜》中，安德魯．艾古契克爵士（Sir Andrew Aguecheek）說了一句「我整天食牛，該是把腦子弄得很傷」。培爾契爵士毫無猶疑立即回答：「沒錯。」我不知道華人觀眾對梁實秋或朱生豪的譯本演出這一段曾有什麼反應。但伊莉莎白年代的英國觀眾肯定會狂笑不止。

現代西方觀眾見到這兩位相聲式的對白，可能也有笑聲。但也未必明白箇中涵義，只是覺得這傻瓜自己的愚蠢沒得怪，就找食牛肉來怪，夠笨，夠好笑。但這短短幾句，卻曾給學術界開了大難題，勞煩了不少文章討論，才終於獲得解決[11]。

英國是以食牛自豪，「我們是一個食牛的國家」。英國從無正式國歌，但一七三一年作的〈老英國的燒牛肉*〉（The Roast Beef of Old England）曾經享有等同國歌地位，一奏起來，大家都要站立。歌詞表達清楚牛肉對英國人的輕重無比：

當偉大的燒牛肉是英國人的食物
它使我們腦子高貴，我們血液豐盛
我們兵士英勇，朝臣良好
呀！那老英國的燒牛肉
再老英國的燒牛肉！

莎士比亞年代觀眾對艾古契克爵士和培爾契爵士的對白狂笑不已，是一種華人比較難明的情緒。華人從來沒有西方人的幽默感，更沒有自嘲的傳統。所以看和聽到西式幽默，要就不明，要就生氣。莎士比亞年代觀眾聽這兩人對白會覺得好笑是因為他們也愛食牛肉，豈不是罵上自己來了，說也會變得像艾古契克那樣笨？

但是，說食牛肉會傷害腦子，豈非胡鬧？

當然，這發生在幾百年前，還沒有發生過瘋牛症的年代。如是在二十世紀瘋牛症流行的年代，食牛肉，尤其是英國的牛肉，的確是會使人大腦受損、痴呆、死亡。

但是，話說回當年，莎士比亞年代，牛肉是英國上層階級的佳餚，也是平民百姓都夢寐以求的佳餚。然而，當年的英國醫學和食療觀念都仍是奉古希臘以來的歐洲醫學傳統為正宗。當年對醫學先輩的崇拜和信奉，和中醫今日對先輩的態度如出一轍。而這傳統信念卻和英國民間的饍食行為衝突了。

克勞狄烏斯·蓋倫是羅馬時代的希臘醫生，他的學說在西方醫學地位和華人的《黃帝內經》等同。在他的理念中，食牛肉會壞血，令人增憂。繼他而來的中古時代西方權威多世紀以來都出自歐洲南方地區，希臘、義大利、西班牙。他們都是贊成我們今天會稱為地中海式饍食：即多海產、禽雞、蔬菜、果實。義大利文藝復興時代美食家普拉蒂納（Bartolomeo Platina）在其名著《良嗜及健康》（De honesta voluptate et valetudine）中就曾如此貶低牛肉：牛肉性本涼乾，難煮難消化，提供劣質、異常、令人生憂的營養；驅人向近四日熱、濕疹、皮膚脫屑。不過，他放過牛仔，認為幼牛的肉是中等營養價值，貴族食而無害。

英國的醫生目睹權威性言論和他們四周生活習俗結果明顯矛盾，不得不在十六、七世紀中開始根據現實觀察及實踐經驗，開始修訂他們的食療理論。首先一步，就是先把老牛、幼牛分開，學普拉蒂納那樣說，老牛和母牛才會引致生憂及麻瘋。跟著就再修訂說如果本人傾向生憂才會有事。但這也不足夠解決現象和理

* Roast beef 一直都譯為烤牛肉，但其實和用烤具而長烤不同，肉通常旋轉烘燒熟，嫩而血紅。

論的出入。所以食療理論逼著一改再改，以圓其說：母牛肉下鹽就可中和毒素；飼料不同有助；英國牛與歐洲牛不同；由於英國冷過西班牙和義大利，英國人的胃比較強壯，較多火氣，食性冷的牛肉也無妨等等。更有新派的醫生就索性開始叛離蓋倫和傳統，強調實地觀察及實踐。

換言之，從牛肉食好還是不食好之爭中，西方的實踐醫學萌芽生長，開始脫離過分信任及信奉先輩言論的傳統，開始永續不斷修訂及更新重塑的里程。很可惜，中醫始終未能走上這一條路。

莎士比亞的觀眾，聽到這對白時，醫學權威還是以各種理由勸告他們對牛肉要小心，不能放任食之。但這些理由雖非朝令夕改，也是紛紛紜紜，時有更變。貴族於是照食不誤，平民求食不誤。聽眾捧腹大笑既是笑自己，牛肉壞腦如是真，我豈非笨如台上傻瓜？也是笑這傻瓜，居然信醫生的胡言亂語，我食牛肉又不見得有事？還有可能是聯想到了「牛肉腦」（beefe-witted）這句譏笑蠢人的十六、七世紀英國俗語。而食不到貴價牛肉的觀眾也可能是幸災樂禍，笑整天享受牛肉的貴族，你也會有那一天的報應！換句話說，莎士比亞這一句對白，在當代，是貧富俱宜，智者愚者俱宜，皆大歡喜的笑話！

6 莎士比亞肯食中餐嗎？

莎士比亞年在其他戲劇中未見對牛肉有不屑之言。當時，餡餅已經是英國日常食物。所以，請他食一塊中式牛肉餡餅應該是好選擇。以他對異鄉的興趣，嘗來自東方的食品更應該會是趣事。在他作品中，印度人提過幾次，華人則從未論及。但有些華人對號入座，將《第十二夜》及《溫莎的風流婦人》中出現的卡泰恩人 Cartaian 當作是指「中國人」。於是在理解和翻譯方面出現了麻煩，甚至是曲解了莎士比亞的意思。無論是梁實秋或者是朱生豪，在 Cartaian 的台詞上都犯了嚴重錯失[12]。

華人喜歡統一，所以對於 Cathay 和 China 必屬同一國度，深信不疑。因此，莎士比亞劇中的 Cartaian 就被理解為指中國人。但西方地圖和書上，契丹 Cathay 和支那 China*，其實並非同一地方。像十七世紀英國的《簡述全世界》（A Briefe Description of the whole worlde）就指契丹是在北，而支那在南。以首都之名看來，首都應該一為北京一為杭州。也就是說契丹指金國而支那指南宋。明朝建國於一三六九年，但是在十六、十七世紀時，西方人仍然在尋找支那以北的契丹。儘管他們想像中的契丹其實就是華人所居住的區域，他們明顯仍然認為契丹和支那是兩個不同地方。因此，在莎士比亞的劇本中，所出現的卡泰恩人也不應該貿貿然當作是契丹人、支那人，或者後世的中國人。何況，《簡述全世界》說得很清楚，卡泰恩人和支那人性格不同。

莎士比亞在兩齣劇中只是出現兩次含有卡泰恩人的台詞：I will not beleeue such a Cataian 和 My Lady's a Catayan。如果直譯，便是「我不信這樣的卡泰恩人」和「夫人是位卡泰恩人」。「卡泰恩人」在他那年代的戲院觀眾心中代表什麼？其實，在那年代，無論是契丹，或者支那，在西方人的著述中都是某東方既富又強的國家，人民則是客氣、機巧、好奇、小眼睛、少鬚。而在莎士比亞兩齣劇演出之前，一般人接觸過的「卡泰恩人」，除了一齣已經遺失，內容不明的戲內角色之外，就是一五九一年，義大利詩《瘋狂奧蘭多》

* 保持音譯，因為當年支那的概念和現代中國名稱含意並非相同。

（Orlando furioso）中主角，卡泰恩公主安琪麗卡（Angelica）。這位美麗公主為了達到目的會不擇手段地說假話，但她的最終目的是從歐洲逃回自己家鄉，而儘管幾位基督教將士追求她，她仍舊只是愛上了一位普通阿拉伯士兵。如果觀眾受安琪麗卡的形象影響，那麼卡泰恩人既是異鄉人又似近鄰，像自己一樣有德有失，既看不透又可親的人。這種模稜兩可的矛盾角色，其實也是莎士比亞劇中所經常出現的。

但實際上，「卡泰恩人」在他那年代，還有一層意義和我們的想像完全不同。當年，多名旅行者都誇言契丹富裕驚人，有名船長更揚言去了支那之北的契丹，便可以獲取無窮金子。結果資助他三次遠航的人，包括女皇都上當，損失慘重。「卡泰恩人」於是成為靠契丹之名誇下海口之人，之後更演變為騙子代稱。換言之，和契丹人根本無關，更遑論華人。

總而言之，莎士比亞應該心無偏見，不會對中式餐餚或者來華人家中食飯有何不樂。

那麼，就請他食個中式的牛肉餡餅吧。牛肉，因為他來自英國，餡餅，因為這是英國人喜歡的輕食。

甜品就請他食個法式鹹撻。他應該喜歡食。撻是法國所出，一六〇四年，

Recipe

牛肉餡餅

- **皮**

  麵粉 400 克、滾水 167 毫升、溫水 140 毫升、鹽 2 克。醒半小時後加油 27 毫克，再醒 2 小時。

- **餡**

  牛肉 625 克、薯仔 500 克（煮熟做成薯蓉）。生抽 30 克、鹽水 8 克、水 120 克。五香粉、花椒粉、白胡椒粉，各 1 克。薑蓉 1 湯匙、蔥 80 克。

莎士比亞搬家去泰晤士河北岸比較高級住宅區那年，法國出了本烹調食譜蘭斯洛·德·卡斯特（Lancelot de Casteau）的《廚藝入門》（Ouverture de Cuisine）。上面有不少做撻的方法，牛奶凍撻、羊仔肉撻、葡式撻、木梨撻、大頭菜撻等等。但當時的撻其實和餡餅一樣，是上下封口，而不是上面開口的。英國的蘋果撻、櫻桃撻、梅子撻都只是烤水果糊，羊仔撻、菠菜撻則像法國的一樣也是封口餡餅[13]。莎士比亞劇中出現很多法文詞句，以及一些法國宮廷內幕。話劇也可能受到法國文風影響[14]。說明儘管在劇中，法國通常是敵人，他卻是對法國文化頗為敬愛。當然，這很奇怪，為什麼在一般英國人都不懂法文的年代，他可以暢順使用法文，更可以知道法國一些祕聞？如果他肯光臨，這會是很好的話題，可以聊一整天。

Recipe

法式鹹撻

皮：（全部材料一定要夠凍）

- 低筋麵粉 250 克（要過篩）。
- 無鹽牛油 125 克切細粒、蛋黃 1 個、鹽 1/8 茶匙、冰水 60 毫升。
- 牛油加入麵粉用手指揉成麵包糠狀，加入蛋黃，再加冰水（不同麵粉水有加減要自己拿捏）。
- 粉團用保鮮紙包好放入冰箱最少半小時（隔夜更好），取出後將麵團壓到 2-3 公分厚，放入模中入冰箱最少半小時，取出後在撻底部用叉子弄一些小孔，放上焗蛋糕紙倒入任何豆類*，放入預熱攝氏 180 度焗爐焗 15 分鐘取出，倒出豆再入焗爐焗五 5、6 分鐘，取出後在底部塗上蛋液再放入焗 2 分鐘（壓撻皮用的豆可以重複再用）。

蛋漿：

- 蛋黃 3 個、芝士 3 湯匙、鹽 1/2 茶匙。
- 牛奶、鮮奶油各 60 毫升。

餡：

- 洋蔥半個（切絲）、金平菇 1 包、菠菜 200 克（出水切段）、煙肉 5 片（切成小塊）、蒜頭 3 粒（切片）。
- 炒香洋蔥後加入煙肉、蒜頭、金平菇炒熟後最後加入菠菜熄火。
- 芝士 100-150 克（看個人喜好加減）。
- 撻底先放入一半芝士，均勻將餡放入，倒入蛋漿九分滿，將另一半芝士平均鋪在面上，放入預熱攝氏 170 度的焗爐焗 20 分鐘到蛋凝固。

---

* 焗用瓷豆、任何乾豆例如黃豆、綠豆、紅豆均可。

第十九章　請董小宛食什麼好？

1 消失的女聲

我們很喜歡說自己有五千年歷史。但是，我們實際上對這幾千年中生活在中土大地的人們所知的很少。我們知道某些人做過什麼事。但是，對於這幾千年來的他們，內心世界、日常生活、愛和恨、笑和哭，都只有極其模糊的印象。而婦女的面貌，就更是模糊不清。哭倒長城的孟姜女、傾城傾國的楊貴妃、叱咤風雲的武則天，她們的內心世界是怎樣的，她們日常舉動是怎樣的，她們喜歡的、食的、穿的、夢想的，都是一片空白，無人知道。留下給大家面前的都是一幅又一幅水中月、風中影。

只有唐朝白居易和元稹的記載給我們一些碎景片言。白居易在九江送客時聽鄰舟彈琵琶的無名女子細述她的生平坎坷，「夜深忽夢少年事，夢啼妝淚紅闌干」，使我們依稀感覺到當年歌舞音樂界婦女的經歷及心中悶鬱。而元稹追悼他妻子韋叢時告訴我們「……顧我無衣搜畫篋，泥他沽酒拔金釵，野蔬充饍甘長藿，落葉添薪仰古槐……」，也略可使我們驚鴻一瞥千多年前一位少女和丈夫共渡貧窮，為他的不夠衣服擔憂，為他買酒犧牲。但這仍只是路人及丈夫的回憶。很遺憾，婦女自己沒有表達的機會，即使是李清照這樣著名的女詩人，所願透露給你她內心世界的事，她日常生活瑣碎，都是極其有限。

無名的琵琶女、韋叢、李清照之後,再要等多千三百多年,才再有機會給我們感覺得到另外一位有血有靈有恨有愛的婦女曾經在這世界上生活過。冒辟疆為董小宛寫的《影梅庵憶語》:一個朝代滅亡,一個朝代興起之間,兵荒馬亂年代中兩個人的邂逅,相聚和永別之間,稍縱即逝的相處中的日常細節,使我們感覺到董小宛的實實在在。而這篇文章所開始的憶語體散文風格,也終於導致華人婦女即使仍在燈火闌珊處,也至少不再完全隱身。

明末年代,真的是像《雙城記》所說的「這是最好的時代,這是最壞的時代」,明朝滅亡之後,張岱會終其一生努力回憶那段美好的日子,曾經繁華的城市,以及上層社會的風流韻事。但在另一些人的記憶中,那也是民不聊生,不得不造反,權貴荒淫無道,以及鐵蹄入侵、外敵搶略屠殺百姓的時代。

《影梅庵憶語》記下的董小宛,家貧,不得不賣身。十四、五歲小小年紀就成為明末的金陵名妓,八艷之一。她太年輕,沒有機會學到卞玉京那種瀟灑自在,在鬧市與空門之間游弋,也沒有柳如是的名氣、才氣和正氣,可以使錢謙益不顧一切待她如正室,更使陳寅恪幾百年後眼盲仍要堅持為她作傳。母親過世、父親負債面臨破產、自己又病、崇禎宮中貴妃的父親田弘遇領著千人下江南強搶婦女、在多重壓力之下,董小宛主動要求下嫁大她十多歲的冒辟疆為妾。再九年後,卻與世永別。

2 金陵的女子

然而,小宛的早逝,或許也可以算是一種解脫。《影梅庵憶語》其實不是一個愛情故事。董小宛不是因為愛,而是因為兵荒馬亂的年代，無路可走時，找得到一位能夠和她在文藝方面有共同語言的人，藉以託身他命，才自動再三央求冒辟疆娶她為妾。而在冒辟疆的家中，她也永遠都只是高傭人一級的小三而已，要忙著服侍冒家大小。

冒辟疆不是不寵她，給她穿價格昂貴的西洋布便說明他珍惜小宛。但他一再強調他是被動收她為妾的。在逃難時，他要照顧的是雙親和髮妻，小宛只可以殿後。《影梅庵憶語》中是找不到像《浮生六記》中陳芸和沈復兩人平等對白中流露出來的深情。

而且，冒辟疆在這篇長長的悼文中，始終都只說自己的幸福，沒有一句提到小宛在他倆相處的九年中是喜是悲，有何未竟之志，有何已圓之夢。甚至，除了開始時介紹她是「亡妾董氏，原名白，字小宛，復字青蓮」，跟著的近兩萬字中，她一直都只是一位沒有名字的「姬」。

董小宛是怎樣的人？張岱曾經見過她一面。

在《陶庵夢憶》裡，他回憶有次和幾位豪門公子帶著獵犬、獵鷹、弓箭手百餘人去南京郊區的牛首山打獵。隨行同伴中當代名妓王月生、顧眉、李十、楊能和董小宛，都是穿著大紅錦狐嵌箭衣、昭君套，乘款段馬。但是董小宛對這些熱鬧生活其實很抗拒，張明弼在《螢芝集》說她「性好靜，每至幽林遠壑，多依戀不能去，若夫男女闐集，喧笑並作，則心厭色沮，亟去之」。她喜歡的是樸實的幽靜，而不是華燈高掛的紅塵。陷落青樓兩年後，十七歲那年，她詩中的「無事無情亦無閑，孤心常寄水雲邊，今宵有月無人處，高諷南華秋水篇……」和身處的喧嘩明顯格格不入。嫁入冒家之後，冒辟疆說她為人善良而細心，和一家大小都相處得非常融洽。她和冒辟疆在欣賞好詩好香都心靈一致，怪不得冒辟疆形容和董小宛相聚的九年是「余一生清福，九年占盡，九年折盡矣」。

聽到妓女這名詞，人們可能會心存蔑視。然而，換一個角度想，在一個父權至上，女子無才便是德的時代，名妓不幸，但也其實是唯一有學識的職業婦女。根據溫家斌的統計，中晚明代江南名妓中，有五十一名遺下文集，七十六名有傳世詩詞或文章，總共有四百五十一首詩，三百五十九首詞，說明這一群體並不簡單，很多都是天才橫溢的才女[1]。金陵八艷的馬湘蘭便是有詩兩卷，劇本一部。董小宛也不例外，她很有藝術才華，喜歡書畫詩詞。傳世的作品至少有現存無錫市博物館的〈彩蝶圖〉、吉林省博物館存的〈小楷秋閨詞自作七言詩〉、《全明詞》收的三首詞、以及《蘭咳集》收的一首詩。周士章有詩追悼她說「綠綺韻殘嫻律呂，青衫濕透碎琵琶」，表示她的音樂造詣也應不凡。

3 秦淮八艷魁奇多

小宛的刺繡，冒辟疆稱為「針神針絕前無古人」。她喜歡書法、畫、茶、愛杜甫、李商隱、王建、花蕊夫人、王珪的詩，床上都要放幾本，臨睡讀。愛書畫到逃難時，別的不要，也一定要帶書畫。

秦淮八艷中奇女子很多。馬湘蘭曠達多義，因愛而終生未嫁，柳如是抗清，寇白門一救出降清後坐獄的丈夫便別他而去，李香君嚴拒奸臣阮大鋮逼迫改嫁，撞柱自殺不遂，血濺在侯方域和她定情的詩扇上，故事永存在話劇《桃花扇》中。小宛沒有遇上要政治表態。但是她為人正直，可見於她本來到處找鍾繇的書帖來臨摹。然而一發現這位書法家曾經批評關羽是賊將，她便停止學他。

在冒家九年她洗淨鉛華，不再碰樂器。她幫冒辟疆抄寫摘記，幫家人記錄日常，教正室的兩個兒子寫文章，食飯時旋食旋起侍候家人，更是用私蓄養起冒家。

姬初入吾家，見董文敏為余書〈月賦〉，仿鍾繇筆意者，酷愛臨摹，嗣遍覓鍾太傅諸帖學之。閱〈戎格表〉稱關帝君為賊將。遂廢鍾學〈曾娥碑〉，日寫數千字，不訛不落。余凡有選摘，立抄成帙，或史或詩，或遺事妙句，皆以姬為紺珠。又嘗代余書小楷扇，存戚友處，而荊人米鹽瑣細，以及內外出入，無不各登手記；毫髮無遺。其細心專力，即吾輩好學人鮮及也。

姬于吳門曾學畫未成，能做小叢寒樹。筆墨楚楚，時於几硯上輒自圖寫，故於古今繪事，別有殊好。偶得長卷小軸與笥中舊珍，時時展玩不置。流離時寧委奩具，而以書畫捆載自隨。末後盡裁裝潢，獨存紙絹，猶不得免焉，則書畫之厄，而姬之嗜好真且至矣。

姬書法秀媚，學鍾太傅稍瘦，後又學〈曹娥〉。余每有丹黃，必對泓穎，或靜夜焚香，細細手錄。閨中詩史成帙，皆遺跡也。小有吟詠，多不自存。客歲新春二日，即為余抄寫《全唐五七言絕》上下二卷，是日偶讀七歲女子「所嗟人異雁，不作一行歸」之句，為之淒然下淚。至夜和成八絕，哀聲怨響，不堪卒讀。余挑燈一見，大為不懌，即奪之焚去，遂失其稿。傷哉異哉！今歲信以是日長逝也。

姬能飲，自入吾門，見余量不勝蕉葉，遂罷飲，每晚侍荊人數杯而已，而嗜茶與余同性。又同嗜片界。

每歲半塘顧子兼擇最精者緘寄，具有片甲蟬翼之異。文火細煙，小鼎長泉，必手自吹滌。余每誦左思〈嬌女詩〉「吹噓對鼎䥶」之句，姬為解頤。至「沸乳看蟹目魚鱗。傳瓷選月魂雲魄」，尤為精絕。每花前月下，靜試對嘗，碧沉香泛，真如木蘭沾露，瑤草臨波，備極盧陸之致。東坡云：「分無玉碗捧峨眉。」余一生清福，九年占盡，九年折盡矣。

4 小宛的廚藝

小宛對茶道和茶的品賞，透露出不只是她的內涵，也是她尖銳敏感的嗅覺、舌覺。

明朝晚期的豪門飲食追逐奢華，像現代中國大陸許多地區一樣，講究排場，故意浪費，強調的是山珍海味，多盤多碟大魚大肉，像小說《金瓶梅》西門慶請胡僧食飯那樣：先綽邊兒放了四碟果子、四碟小菜，又是四碟案酒：一碟頭魚、一碟糟鴨、一碟烏皮雞、一碟舞鱸公。又拿上四樣下飯來：一碟羊角蔥炘炒的核桃肉、一碟細切的焅餡樣子肉、一碟肥肥的羊貫腸、一碟光溜溜的滑鰍。次又拿了一道湯飯出來：一個碗內兩個肉圓子，夾著一條花腸滾子肉，名喚一龍戲二珠湯；一大盤裂破頭高裝肉包子。西門慶讓胡僧食了，教琴童拿過團靶鉤頭雞脖壺來，打開腰州精製的紅泥頭，一股一股邈出滋陰摔白酒來，傾在那倒垂蓮蓬高腳盅內，遞與胡僧。那胡僧接放口內，一吸而飲之。隨即又是兩樣添換上來：一碟寸扎的騎馬腸兒、一碟子腌臘鵝脖子。又是兩樣艷物與胡僧下酒：一碟子癲葡萄、一碟子流心紅李子。落後又是一大碗鱔魚麵與菜捲兒，一齊拿上來與胡僧打散。登時把胡僧食的楞子眼兒，便道：「貧僧酒醉飯飽，足以夠了。」

其實小說未必誇張，李維楨在《五雜俎》提到他父親「過宴一監司，主客三席耳，詢庖人，用鵝一十八，雞七十二，豬肉百五十斤」。

冒家是江南名門，要這樣食法也不愁沒錢。

但董小宛食得很清淡，完全沒有受她在青樓交際生活豪華經歷影響。她熱愛烹飪，聽到有好的廚，就想去學；烹調藝術天分瀰漫，色香味全齊，著重點在質而不是量：用玫瑰、甘菊、丹桂、秋海棠，做成花露；用桃和西瓜做甜膏；熏肉在她手中變得有松柏的味道，風乾的魚反而有麂鹿的味道。也許和名享世上最佳廚師聲譽多年的阿德里亞工餘愛上美術館觀畫一樣，她的烹調靈感來自她對書畫的喜好，使她的菜餚不是大紅大紫，而是典雅、詩意。她在菜中講究形狀、色彩和香味搭配，重視口感、嗅感和眼感。

他如冬春水鹽諸菜，能使黃者如蠟，碧者如苔。蒲藕筍蕨、枸蒿蓉菊之類，無不采入食品，芳旨盈席……醉蛤如桃花，醉鱘骨如白玉，油䱜如鱘魚，蝦松如龍鬚，兔酥雉如餅餌，可以籠而食之……腩如雞粽，腐湯如牛乳……製豉，取色取氣先於取味，豆黃九曬九洗為度，果瓣皆剝去衣膜，種種細料，瓜杏姜桂，以及釀豉之汁，極精潔以和之。豉熟擎出，粒粒可數，而香氣酣色殊味，迥與常別。

尋常的菜蔬都一一可用。但必須認真仔細。像黃豆要曬九次洗九次，豆瓣的皮膜都要剝掉。只是珍貴不會是小宛選料的依據。不會像我們有年松露初現時去義大利皮埃蒙特，當地人笑口和我們說，「呀，你們有位富豪天價買下了一大塊松露。可惜，松露香氣只留世短暫，即使空運到去，香味都幾盡了。」

正如有首據說也是她遺留下來的詩說明，除了藝術眼光，她的菜受歡迎是因為她明白時令和用料配搭的重要：「雨韭盤烹蛤，霜葵釜割鱔；生憎黃鯗賤，溺後白蝦鮮。」蛤蜊配搭雨後的韭菜才好，食鱔最好配霜打過的秋葵，風乾的黃魚鯗便宜的不能用，蝦是清明的好。

5 怎麼才是好的廚藝？

好的廚藝不是見於能煮山珍海味，而是在於能使每一樣食料都顯示出它的最大優點。正如唯一古代華人世界因廚藝而有立傳的廚師王小余所說：「八珍七熬貴品也，子能之宜矣。嗛嗛二卵之餐，子必異于族凡何耶？」曰：「能大而不能小者，氣粗也；能嗇而不能華者，才弱也。且味固不在大小、華嗇間也。能，則一芹一菹皆珍怪；不能，則雖黃雀鮓三楹，無益也。而好名者有必求之與靈霄之炙，紅虯之脯，丹山之鳳丸，醴水之朱鱉，不亦誣乎？」[2]味道本來不在乎大或小、用料貴重或便宜，珍貴的材料或只是兩隻蛋。如果廚藝高，則一束水芹、一碟腌菜都可以做成美味珍怪，令人畢生難忘。

而上菜的先後次序及配搭也非常重要：「或請授教，曰：『難言也。作廚如作醫。吾以一心診百物之宜，而謹審其水火之齊，則萬口之甘如一口。』問其目，曰：『濃者先之，清者後之，正者主之，奇者雜之。視其舌倦，辛以震之；待其胃盈，酸以厄之。』」廚師就像當醫生，專心診斷每種材料如何使用，謹慎試審適當的湯水和火候，上菜時要味濃的在先，清淡的在後。常味為主，間以奇特。食到累了，就來個刺激，飽了，就來酸的。

濃淡先後未必永恆不變，但許多廚師的確往往掌握不到次序和菜餚之間的匹配，佳餚上桌，卻相尅相殘。小宛卻明顯是通曉這道理。

不只是冒辟疆著迷，許多朋友記憶她時也是以飲食為題。徐泰時〈春日題跋辟疆年盟兄哀董少君跋紀飲食〉云：「剪旗深翠護花鈴，本草新刪譜食經。玉露瓊漿調指甲，畦蔬籬菜園丁。冬真蓄三年旨，餉客時挑百品馨。誰道幔亭無玉沆，至今空挈一雙瓶。」梅磊〈為辟疆盟兄悼姬人董少君〉：「少年夫婿老詞場，好客頻開白玉堂。刺繡爭誇中婦豔，調羹不遣小姑嘗。薔薇露釀醍醐味，桃李膏成琥珀光。若使珍廚常得在，食經應笑段文昌。」

董小宛的美食有許多傳說，真真假假都無法考證。據說，也叫虎皮肉的走油肉，是她所發明。此外，清代的《崇川咫聞錄》已經傳說：「董糖，冒巢民妾董小宛所創。未歸巢民時，以此糖自秦淮寄巢民，古至今號秦郵董糖。」這種現在還可以在冒辟疆和她當年住的江蘇如皋，買得到的董糖，據說是小宛未嫁時當年從南京寄冒辟疆的。

要是她肯來，那必須得和她聊食的美，在口感之外的形和香，聊聊她的傳奇人生，她的經歷，她對廚藝的見解。

請她嘗一口釀生麵根、橙汁南瓜和娘惹糕好吧？這都應該是她喜歡的色彩和淡淡中的芬香。

生麵根港澳通常叫生根或生筋。粵語根同筋同音，所以根筋互通。這裡叫生麵根是因為通常在豆腐店賣，很多年輕人居然不知道這是麥而不是豆做的。叫生，有點怪，因為其實是油炸麵筋而成。但生麵筋和也是炸出的油麵筋有點不同，皮比較滑，比較薄。所以粵菜中油麵筋只用於做甜酸齋。麵筋最初在宋朝出現，沈括在《夢溪筆談》中還告訴我們做法：「濯盡柔麵，麵筋乃見。」把麵團沖洗到最後剩下的就是麵筋。江浙地區喜歡食的烤麩，是從麵筋發酵而來。烤麩幾時出現似乎無人知道，但董小宛也可能食過。南京的臭麵筋，也難說她沒有食過。江蘇菜中有釀油麵筋，無錫寧波的尤其有名。所以我們請她食南方的釀生麵根都應該合宜。

麵筋由麩質構成。有些人應付不了麩質，因此容易患一種叫乳糜瀉的腸胃病，自然會望而生畏。以前這種病只見報告於歐美區，但可能因為麥的基因改造及食品工業上大量使用微生物轉穀氨醯胺酶之類加添劑影響，這種病全世界近年來有上升趨勢，所以亞洲，包括華人中都出現了零星個案。於是也有華人，尤其是大城市婦女在社交網絡和商業興風作浪下緊張起來，以為低麩飲食才健康。

其實，乳糜瀉在中國，集中在北方，尤其是西北地區，而且主要是影響哈薩克和維吾爾人[3]。港澳和台灣地區都極罕見。

大量研究更證實一般人長期食用麩質食品後，認知、血管、腸胃癌發病風險都無負性影響，反過來，低麩飲食對一般人卻毫無客觀得益可見。所以，董小宛即使今日蒞臨，相信也不會拒絕食釀生麵根。

Recipe

釀生麵根

食材

- 材料：兩包生麵根。
- 餡料：馬蹄、冬菇、松茸、雲耳、冬筍、髮菜、粉絲、胡蘿白、台灣蘿蔔乾、紅元蔥頭。
- 汁液：たいし黑酢、冰糖、香蔥。
- 調味料：生抽。

作法

- 生麵根出水用熱略煮去油漬。
- 粉絲用浸松耳水煮過。
- 先將餡料切碎。
- 將紅蔥頭炒香，然後放上所有餡料，炒透，加入調味料，最後放入粉絲。
- 冷後就可以釀入生麵根內。
- 上籠入鑊蒸。
- 用浸松茸水打芡。

注意事項

- 餡料可以根據自己口味調校，例如：馬蹄 70 克、冬筍 70 克，台灣蘿蔔乾 10 克、胡蘿白 80 克、紅蔥頭 1 個。
- 以下浸發後重量：髮菜 25 克、冬菇 68 克、松茸 50 克、雲耳 50 克、粉絲 70 克，可做 18 個生麵根。
- 馬蹄、冬筍不可切得太細。食起要有口感，嚼頭。
- 同一餡料可以用腐皮、菜葉包捲。

Recipe

橙汁南瓜

記得十幾年前杭州還沒有這麼多遊客，我們經常去杭州尋美食，從中得到不少靈感。橙汁南瓜沙拉就是其中一種，我根據自己的要求在宴客時改成以下這樣：南瓜蒸熟厚片用模切成葫蘆形，用橙汁、檸檬汁、少少糖腌泡，上檯前將汁加南瓜打成茸，小心淋在葫蘆形的南瓜上形成一層亮面後變得更美觀。

Recipe

娘惹糕

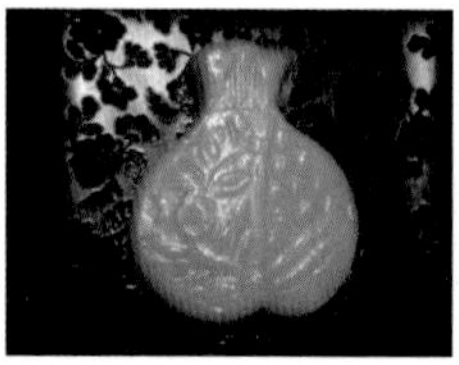

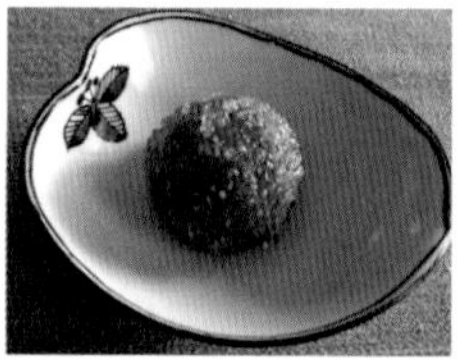

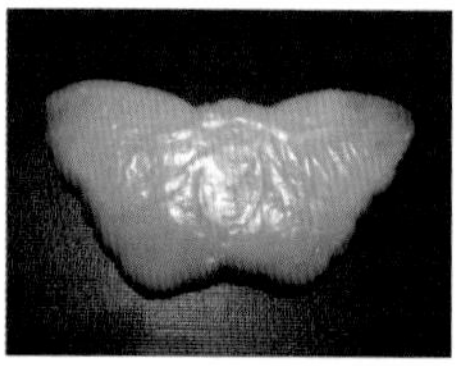

每次去星馬都要四處找尋好食的娘惹糕。顏色鮮艷款式繁多十分討好人。記得前年去馬六甲為了找一間很有名的店，在烈日下找了很久終於找到但結果那天休店，大失所望。又有一次在新加坡為了買娘惹糕差點連飛機都趕不到！皇天不負有心人，在書局找到一本專做娘惹糕的書。上圖是我用自己收藏的古董餅模做的娘惹糕，紫色是紫番薯、黃色是黃心番薯、圓形的是用西米包住。

6 順治為小宛出家？

小宛肯來，一定還要請她為我們解她生世的另一個謎。

如同她的菜餚一樣，董小宛的人生也有其他傳說。但可惜，儘管孟森、陳寅恪這些大名鼎鼎的歷史學家都忍不住，要參加爭論，真相至今仍是撲朔迷離，真假難分。傳說中流傳最廣的版本是，董小宛其實並沒有死在二十七歲那年，而是被多爾袞搶去，然後輾轉進入宮中，成為董貴妃，最後死於宮中。支持這版本的證據，很多只可以說是從詩詞用字推測，難免有捕風捉影之嫌。但有一些歷史文獻就的確比較需要跟進。

在後者方面，最關鍵的有天主教神父湯若望記載某軍人之妻被皇帝奪走。朝鮮使節的記載說順治的董皇貴妃是軍人之婦，年齡一說是二十三，一說是三十。其夫則構罪殺之。近年有學者確定死者應該是碩塞，一位戰功顯赫，突然逝世而不獲立御製碑文的親王[4]。這些不同來源的信息都表示董皇貴妃身份來源可疑。多爾袞早前已被殺，人口被各親王分去。因此，便有研究者推測董小宛是因此流入碩塞手中，然後被順治看中，搶奪入宮。

董妃死後，順治發表了歷朝從未有過的后妃追悼文章。根據這篇順治追悼文〈董妃行狀〉「后董鄂氏，滿洲人也。父，內大臣鄂碩……年十八，以德選入掖廷」。入宮的歲數和朝鮮記錄估計的年齡有差距。但碩塞死時二十七歲，年齡和十八歲的董鄂氏相差不遠。因此，董鄂氏極可能原本就是他的妻子。這就完全符合朝鮮記錄軍人之妻被奪之說，而朝鮮對她年齡的估計可能只是傳聞下的誤判。如果董鄂氏是被順治強行奪來，便也可以解釋為什麼為她處理喪事的茆溪森禪師說的偈暗示她經歷過劫難。然而，董皇貴妃的來源固然可疑。但這並不等於她就是董小宛。碩塞因順治奪妻，抗拒而死有可能。但為一名從多爾袞抄家分來的漢女力爭而送命，就難免牽強。董小宛當然也斷不可能從擄來的女子升為他的正室妻子。

另一方面，從文狀看來，皇太后和董妃關係非常要好，但是皇太后明顯是排斥漢女，順治初年時曾經下諭說明有以纏足女子入宮者斬。滿族婦女是不纏足的。因此，這道規定意思就是漢女不可進宮。

碩塞的妻子，身為滿人，當然有可能在進入清宮服侍皇太后時被順治驚為天人，因而產生了橫刀奪愛的醜聞。碩塞卻何必要董小宛冒死進宮？董小宛就絕無機會出現在皇太后面前。更可況，從行狀看來，董妃和順治及皇太后在語言溝通方面並無絲毫困難。但董小宛即使被滿人擄走幾年，無論如何聰明也不可暢通滿族語。順治和皇太后也不可能會聽得懂江南漢語。更何況歷史記載皇太極，皇太祖的漢語能力有限，順治也似乎只是差強人意。順治更曾經再三強調滿語是國語，所以即使懂漢字，也不見得會努力學習漢語，尤其是南方漢語。皇太后又如何會漢語通順？

和董小宛就是董皇貴妃之說的另一個矛盾是，〈董妃行狀〉中長篇大論描述董妃為她的父親和哥哥的死悲傷。《清史》記載鄂碩是董鄂氏成為皇貴妃兩年後逝世，和行狀所述符合。從目前見得到的資料，我們固然無從知道董小宛父親幾時過世，但是如果董小宛真的入宮，之後又如何可能和她的父親有連繫而不為人知？而且，從來也沒有文獻表示她是有哥哥。即使有，在清初時，一名漢人也絕不可能會「以恃妾母家，恣要挾」。

再一個生理問題是，董皇貴妃是為順治生下兒子三年後病逝。而董小宛則是嫁了冒辟疆九年都並未受孕，只是待冒辟疆正妻所生如己生。

從這幾點看來，董小宛應該並非順治所愛的董妃，更可況「董」只是音譯，有些文獻是稱這位貴妃為棟皇后。

然而，即使董小宛不是董皇后，她仍舊有疑問未解決。近人陳汝衡說在二十世紀六〇年代文化大革命中，董小宛的墓被挖，卻內無一物，並無遺體[5]。

這又留給我們一個非要問不可的話題了。

第二十章　請屈大均食什麼好？

1 廣東的第一位美食家

我們常說自己有五千年文化。聽起來，當然了不起。但實際上除了烹飪多元化，這是一個高度集中的首都文化，男性文化。關於首都外的史記極為有限，南方尤其。古代廣東、廣西、福建、台灣、貴州、雲南，一般人知道多少？別說什麼大是大非的事情，就是烹飪，你就會發現，根本找不到這些南方地區的古代食譜。存世最古老的目前只找到一本光緒載湉結婚、北洋水師成立的那年，一八八八年出版的《美味求真》[1]。這本看來是寫給專業廚師的粵菜食譜，因此透露的是當年酒家宴請的菜色類型，而不是平常人家的小菜。但和北京一八六八年出版，同樣屬於宴會食譜的《調鼎集》比較，便可看出當時南北宴會都流行魚翅、海參、燕窩、魚蝦蟹、雞鵝烏鴿、豬羊。但南北菜色和用料都有差異。廣東比例上，海味居多，用蜆、蠔豉、魷魚，不用鹿、熊、兔、貍、駱。相對來說，北方多燒，南方多炒燉。更重要是《調鼎集》的海參魚翅菜餚都只各留一條做法，而且缺乏仔細製作內容。所以要知道清代魚翅、海參、以及鮑魚的烹調做法，便非得看《美味求真》不可！而炒魚扣（魚胃）見於食譜，《美味求真》不單是首載，而且也應該屬鳳毛麟角記載之一。

可惜，這本書中提到的有些用料，像海秋筋、毛豉、烏貓，究竟是什麼，已經無法知道，有些，像葛仙米則已經難找得到。短短百多年內滄海桑田使粵菜古貌依然神祕莫測。

當然，不是說無食譜就完全不知道飲食情形。以廣東來說，廣東人把愛食的人叫「唯食」，顧名思義可知：食，才是人生唯一重要的事！華人以食為天的本性，唯食兩字真是傳達到淋漓盡致，遠比一般人看不懂的饕餮兩字。而且，唯食和饕餮其實並非同義。唯食是喜歡食，欣賞食物，但並非狂吞猛嚥，暴食而不知飽飫。唯食者可以成為美食家。饕餮者則劣食美食不分，僅以盤滿碟滿，風捲雲散，胃脹腹滿為樂。

歷史也很公平，正因為廣東人普遍唯食，雖然沒有古舊的食譜，華夏地區最豐富的飲食考古發現正正就是出現在廣東——南越王墓[2]。

秦末時，趙佗在番禺成立南越國。他的孫子，南越文帝趙眛就是一位如假包換的唯食皇帝。而且他不只是會食，還講究用餐時的氣氛，絕對不是一位只會食得像條狗一樣，狼吞虎嚥完畢就滿足。所以，他帶進墓中五十件樂器，有琴、有瑟、有鐘、有磬、有鈴等等。可以想像這位趙眛用餐時候多像現代高級餐廳賓客那樣，邊食邊聽古典音樂，舌尖耳膜都要求享受。

陪他入墓，為他殉葬的人也可以告訴我們這位趙眛多唯食。除了四位夫人、兩名官員、一名樂妓之外，居然還有七名躺在廚具旁的殉人，他們身份應該是廚師或廚房助手。陪趙眛走黃泉路的食物也準備十足，多到驚人，貝殼類的固然數不勝數，龜千多隻，禾花雀也有二百多隻。和其他已經開掘的皇家陵墓的墓主比較，趙眛身為唯食之最，無可懷疑。

他食的種類也夠多。除了牛、羊、豬、雞、禾花雀之外，還有各式各樣的水產：貝殼類的螺、蚶、蜆、蛤，龜、蝦、鯉魚、大黃魚、魴、水魚、以及其他未能定類的魚。蚶和龜之多更說明，秦漢時代的廣東像現在一樣，除了北方也食的牛羊豬及雞之外，特別喜歡水產。

2 漢景帝的嗜食遺風

此外，廣東人更會食一些特殊食品。《呂氏春秋．本味篇》記載伊尹告訴成湯「肉之美者：猩猩之脣，獾獾之炙，雋觾之翠，述蕩之踏，旄象之約」，猩猩的唇、獾獾的腳掌、燕子的尾巴肉、旄牛的尾、大象的鼻子。我們不知道成湯有沒有食到象的鼻子肉，但趙眛應該有，而且愛好，所以墓的食物室內還包括象肉。

中文科學名為嚙齒目的動物，包括豪豬、河狸和水豚。但其他的中文都叫是鼠。英文也叫是 rat，似乎都是家中那種骯骯髒髒，竄來竄去，弄到英國維多利亞女王年代婦女見到不眩倒算不上是淑女的家鼠。但其實，非洲愛食的蔗鼠，南美愛食的豚鼠都大到像乳豬。英國電視烹飪節目主持斯特凡．蓋茨（Stefan Gates）說蔗鼠肉是一生人最美味的肉，像非常嫩的豬肉，多汁，有一層入口即溶的脂肪。要食的話，不必去非洲巴黎的非裔餐館都有得試。睡鼠是古羅馬、希臘人及現今東歐某些地區的珍饈。買得到睡鼠的話，你可以跟公元一世紀的羅馬食譜——阿皮基烏斯（Apicius）的《論烹飪》（De re culinaria）學做這道釀睡鼠[3]：豬肉及小塊睡鼠肉，肥瘦磨成糊，同椒、果實、laser[*]及湯一齊舂，睡鼠釀好後放進砂鍋，在灶中烤，或煮熟。

* Laser 也稱 Silphium 是現已絕種的歐洲古代植物，用以調味或做香水。古人也有以阿魏代替。

亞洲不多見睡鼠，所以趙昧喜歡食的是竹鼠。這其實是歷史悠久的美食。周朝時，不只是食新鮮的鼠，還會製成臘鼠肉，新鮮的叫樸，所以產生了一個買錯貨的故事，周人問鄭國商人要不要買樸？鄭國商人以為賣的是還沒有處理完的玉——璞。就說，要。怎知道，拿出來，是一頭活鼠。到了漢代，鼠還貴為御饍之一。漢景帝劉啓伉儷和他的兒子靖王劉勝伉儷墓裡都找到鼠骨。劉勝和妻子竇綰更是食鼠食到上癮，陪葬的陶器裡竟會藏有社鼠、一百三十多隻岩松鼠和兩百多隻褐家鼠！中原地區食鼠的風俗，後來消失了，但是廣東一帶卻古風長久不滅，只是變化多端，從成年鼠，到乳鼠，不同種類和年齡都食。趙昧食的竹鼠，李時珍說可以大如兔，味道像鴨肉，應該不錯，也仍是廣東鄉下地方菜之一。不過，李時珍說嶺南地區把食的鼠叫為家鹿，這種隱惡揚美的叫法現在好像就不再聽聞。

正如中外有食乳豬，食鼠的人又怎會放過乳鼠？唐朝人張鷟在《朝野僉載》說嶺南地區的少數民族餵蜜給剛出生不久仍未長毛的乳鼠，食的時候唧唧聲叫，所以稱為「蜜唧」。蘇東坡大概也遇見過，「朝盤見蜜唧，夜枕聞鵂鶹」就是由此而來。這道菜還有一個令不食鼠的人汗毛直豎的名稱——三吱兒，說是用筷子夾乳鼠時，鼠會吱一聲，把鼠沾調味料時吱第二聲，放進嘴時，再出第三聲。雖然很多人都會難以想像，「蜜唧」這食法和名字卻一直保存下來，依然可見於近代。

3 趙昧的烹調設備

趙昧的墓裡有銅的煎爐，爐分兩層，上層是一個可以用來煎肉的淺盤。另外還有用來蒸食物的釜甑，和內藏青蚶、魚骨、雞骨的鼎和鍪。更重要是一座烤爐，爐壁上鑄了四隻乳豬。烤爐旁的鼎裝著乳豬的骸骨，說明廣東人祭祖、喜宴、一般筵席都不可或少的燒乳豬，當時已經出現！不知道這道菜會不會是趙眛的御廚所創的呢？

從廚具可以知道，粵菜的烹飪方法，煮、煎、蒸、烤在漢代時都已經齊全，只是少了炒而已。

更有趣是，廚具中有一件是現代人會覺得莫名其妙的尋常東西，一座磨食物為絲或出汁的器具。這有什麼價值呢？值得放進墓嗎？

但是，在他幾百年後的晉朝人張華對南方人能夠食水產而不嫌腥覺得很奇怪，在《博物志》書中特地說「嶺南之人食水產……食水產者，魚、鱉、螺、蚌以為珍，不覺其腥臊也」。北方那時候大概還沒有用過類似趙眛墓中可以擦食物成絲的器具，銅製的礤牀。如果有，就應該會懂得磨出薑汁來辟腥。

趙眛自己可能對蛇的興趣不大，所以在墓中，見不到蛇的骸骨。但是墓裡有座已經腐朽的漆木屏風，仍存的托座造型是一名力士雙手抓蛇，雙腿也夾蛇，嘴則銜一頭蛇，充分體現了秦末漢初時道家所著《淮南子》，「越人得髯蛇以為上肴」的記載。

趙眛死後兩世紀，南越國土已經納入漢朝版圖。出生在曾經是南越國都番禺的楊孚寫了亞洲第一本地區性的物產專著《南裔異物志》。書中，他告訴我們：「蚺雖大虵，既洪且長，彩色斑犖，其文錦章，食灰吞鹿，服成養創，賓享嘉宴，是豆是觴。」就是大如蟒蛇的蛇也逃不出廣東人的食！

但廣東、台灣、越南現在都仍有的飲蛇膽汁，出現就遲一些。要到唐代劉恂才在當時屬唐朝統治的越南目擊兩個人把一條蟒蛇用拐子翻轉，按在地上，「即於腹上約其尺寸用利刃決之，肝膽突出。即割下其膽，皆如鴨子大。曝於以備上貢」。

楊孚也補充了粵菜的兩道菜的歷史，「鷓鴣，其肉肥美，宜炙」原來，廣東人東漢那時也已經會捉鷓鴣來食了。「石鬚，海草，生海中石上，……以肉雜而蒸之，味極美，食之近不知足」，海草也已經進入菜餚了。可能比日本還要早。

4 韓愈錯過的美食

劉恂大概是像白居易那樣被貶，做了廣州司馬。當時的廣州，不是現代的廣州市，而是現代廣東省和廣西部分地區。司馬聽起來是一州行政首長刺史的佐官。地位夠高，但實際上是徒有虛名的閒職，無事可幹。劉恂於是乘空寫了本《嶺表錄異》，講他的見聞。這本書雖然年代久遠，早已經佚失，但是給別的書引錄而留下來的幾段還是很有價值。

唐代北方人仍舊故我，主要食牛羊豬，而南方人則偏水產。劉恂記錄的水產食物包括嘉魚、竹魚、石頭魚、鯰魚、黃臘魚，鮐魚、墨魚、鯅魚，水母、蝦、蚌、蠔、蛤、蚶、蟹、及鱟（馬蹄蟹）。當時南方野象、水牛仍舊很多，所以廣東潮州、惠州人喜烤食象鼻。廣西人就喜歡食水牛。

廣東現存的菜餚有些當時已經出現。很多人愛食的腌薑芽，唐代北方沒有見過，所以劉恂特別寫道南方人用鹽腌，藏入甜糟中，切成一條條食。墨魚煠熟，點薑醋或者鹽腌成墨魚乾。薑蔥蒸鱠魚、鹽燒八爪魚，生食的淡水鯪魚、鯇魚。

小蝦，「生切綽菜蘭香蓼等，用濃醬醋，先潑活蝦，蓋似生菜，以熱釜覆其上，就口跑出，亦有跳出醋碟者，謂之蝦生」。活的蝦放在醬醋和調味料的菜上，然後加熱。香港幾年前還出現過和此大同小異的菜，但可能因為大家覺得太殘忍，雖然沒有禁，後來也就不見了。

也有一些食法不同，海蜇現在通常涼拌食，當時食水母，則「先煮椒桂，或豆蔻、生薑縷切而煠之，或以五辣肉醋，或以蝦醋如膾」，像生魚片那樣沾調味的醋食，或略為煠一下，同椒桂、豆蔻和薑食。當時，蒸魚的方法可能仍未成熟，所以黃臘魚主要是烤或煎。

可憐的韓愈文章雖然寫得好，思想就沒有劉恂那樣開通。他貶官到潮州，怕得要死，告訴皇帝他「居蠻夷之地，與魑魅同群」，來日不多，苦苦央求調職。他既不明白為什麼柳宗元為什麼喜歡食蝦蟆，對潮州其他美食也絲毫不領情，完全錯過了大快朵頤的良機。他是河南人，沒有見過海，也嗅不慣氣味比河魚濃的海鮮。用花椒和橙來覆蓋魚腥，食起來仍舊是冒汗臉紅，十分辛苦，沒有半句欣賞。

〈初南食貽元十八協律〉

鱟實如惠文，骨眼相負行。蠔相黏為山，百十各自生。

蒲魚尾如蛇，口眼不相營。蛤即是蝦蟆，同實浪異名。

章舉馬甲柱，鬥以怪自呈。其餘數十種，莫不可嘆驚。

我來禦魑魅，自宜味南烹。調以鹹與酸，芼以椒與橙。
腥臊始發越，咀吞面汗騂。惟蛇舊所識，實憚口眼獰。
開籠聽其去，鬱屈尚不平。賣爾非我罪，不屠豈非情。
不祈靈珠報，幸無嫌怨並。聊歌以記之，又以告同行。

5 宋明時代的廣東菜

但是到了宋朝，北方人眼界口界都進步了，接觸南方菜餚多了，對海鮮逐漸接受。王安石告訴人南方的海味、荔枝、香蕉都好食。蘇東坡在海南的經驗也使人知道南方飲食材料和烹調不同，但也不是像韓愈講得那麼恐怖。南宋時，由於浙江地區也食蛙，廣東食蛙更不算是什麼奇事了。

周去非在廣西任官時，撰寫的《嶺外代答》難免有些獵奇心態，提異而不提同。廣東廣西是「不問鳥獸蛇蟲，無不食之」，更有一些現在已經消失掉的刁鑽食法：水鳥鶬鶴的腳做成的臘味，鱘魚的唇、鹽腌的蝗蟲蛋。但他也使人知道粵菜有北方沒有而值得學的烹調方式。北方當時大概鹹魚的製造方法落後，並非常食，但南方就以鹹魚送禮，愈老愈好。所以他刻意記錄下做的方法：「其法以及鹽面雜漬，盛之以甕，甕口周為水池，覆之以碗，封之以水，水耗則續。如是，故不透風。鮓數年生白花，似損壞者。」

到了明朝，美食中心更是南移，江浙人和廣東等嶺南地區食的比較相近，自然更少了前先那種偏見和歧視。徐渭有首詩就表示出這種態度，更南的地區已經是一個充滿新奇風情，有美女，有異鄉來客的地方：

夏送某客入廣，廣中賈客寓所隔岸則倡居也。率以一錢擲艇子輒渡。海南多寶地，客也傍春行，涉嶺梅丸綻，當壚茘子明。百香番賈舶，雙翠美人纓，會向青樓去，時呼艇子乘。

明朝時，提供有關廣東飲食資料最詳盡的書和人，可以說除了《廣東新語》和屈大均並無他選。屈大均算不上是一位美食家。他根本無此閒情逸致，品茶嘗餚。他和顧炎武、朱彝尊、傅山為友，三次參加抗清行動，曾經為躲避追捕，削髮為僧，雲遊四處，聯絡明末遺民。到近五十歲時才歸回家鄉，不再復出。縱使顛沛流離如此，他一生還是著作豐富，《廣東新語》只是三十多本書當中的一本。

專制政權最怕最恨就是言論自由，稍觸紅線就非撲滅不可。清政府對他恨之入骨，認為他的書「篇篇皆詆毀聖朝語」，不只是禁毀他的書，殺了他的孫子，還曾經一度考慮掘墓戮屍梟首。袁枚辭去江寧知縣也可能就是因為在修《江寧新志》時，一不留神，收錄了屈大均和另外十一位人的禁詩。然而，《廣東新語》禁毀不絕，再刻偷刻也不絕，以致影響廣遠。

6 屈大均教你食粵菜

儘管屈大均不講究美食，他始終脫離不了廣東人欣賞美食的本能。《廣東新語》單是魚就長篇大論，說得不想停。如何食法最好：鱠魚刺與骨都脆美，鯇魚最好部分是頭，鯉魚最好食是尾，而鰱魚就在腹部；鱝魚脊骨美滑宜羹，倒掛魚最好做鹹魚，鱊魚就要曬乾，點薑醋食，鯊魚翅則作銀絲菜稱珍品。

說到魚生更是眉飛色舞，用什麼種類的魚，如何分好壞，雖然鱸魚、鯿魚、鯧魚、塘虱都可以，但最好是鰣魚和嘉魚。鰣魚要櫻桃頰的最好，黃頰、鐵頰其次，而爛鱗粉頰最差。做魚生，要新鮮活魚「粵俗嗜魚生……以初出水潑剌者，去其皮劍，洗其血鮏，細劊之為片，紅肌白理，輕可吹起，薄如蟬翼，兩兩相比，沃以老醪，和以椒芷，入口冰融，至甘旨矣」。他更是寫過幾首稱讚魚生的詩歌，例如這首：「出水鮮鱗作鱠宜，鑾薑蜜酒沃紅肌。相過一味魚生足，不必重為雞黍期。」但他也透露了當時的性別歧視。宴會，必以魚生為敬。但魚生屬男性專用，婦女則只能食鮭，用鹽腌的鹹魚。新婚後，夫家會考考新娘子，會不會做好的鹹魚，做得好才是好妻子。

古代的魚膾，明朝人似乎俗稱為魚生，所以李時珍會說魚鱠，釋名魚生[4]。屈大均說的魚生，是指活魚，即宰即切。在講究唯食的廣東語彙中，和日式魚生（刺身）、生魚片都不同。廣東恩平有道菜叫炒魚生，是炒新鮮鯇魚片。陳夢因說，「精於食魚生的，一定要做了配料，然後殺活魚，有人還要食剛從魚塘網起的魚」[5]。廣東、廣西很多地區，和日本一樣，更都是要放血才算是魚生，沒有放血的魚切成片，通常不稱為魚生，只能稱為生的魚片。本書中提到魚生，是指嶺南烹調術語中的魚生，不是做法另有異的日式魚生、刺身。生魚片在廣東的飲食語彙中，指上桌前才放進滾熱熱的粥、或湯內的生的魚片。新鮮度要求沒那麼高；更多時候卻是指生魚，別名烏鱧或黑魚的魚肉切成片。某著名餐館有菜叫「生魚片辦麵」，用的也正是生魚的魚肉片，而不是任何生的魚片。生魚的肉滾成球叫生魚丸。生魚的魚片也可捲芥蘭心和火腿做生魚卷。

一般人以為魚生就是生魚片，是因為廣東、廣西外的華人不食魚生。為華人食生肉歷史寫了經典之作的蕭番更是提了一個令人啼笑皆非的例子：日本占領台灣初期，台灣人見到他們食魚生和生海參，譏笑他們是「生蕃」或「日本蕃人」。因為十七世紀移民到台灣的華人，不單是不食魚生，也不再記得魚膾／魚生曾經是祖先的至愛[6]。

廣東那時代流行用各種葉子蒸飯，其中，東莞現在還有用荷葉包肉和米蒸成的荷包飯，但鬱真南以楓葉、烏桕葉汁和糯米蒸飯，福建長樂桂皮葉蒸飯，都似乎已經消失。南雄以蠟樹葉和米粉做糕，色青而香，就有點像東南亞娘惹菜的粿。廣東點心當時有炮穀、煎堆、米花、沙壅、白餅、雞春餅、粽子等等，現代廣州跡近消失，要去香港或台灣才食得到得的粉角，做法是「以白米浸至半月，入白粳飯其中，乃舂為粔，以豬脂潤之，鮮明而薄以為外」。

當然，《廣東新語》逃不了要記載廣東地帶比較特殊食品，茈薑炒子鴨，「用生薑炒啄殼出來不久的小鴨子，雜小人面子食……諺云老薑蒸牛，子薑炒鴨」。清遠連州會生食寄生在竹子尾部的昆蟲，筍蟲，味道非常甘脆；桂樹的蟲用蜜漬後，可為珍品；果子狸肉香脆而甘。

而禾蟲蒸為膏，他認為是甘美益人，又可以腌乾，或做醬。他的評論夠中肯。禾蟲到近代仍是廣東人的至好，近代美食家陳夢因在他的經典粵菜著作《食經》便提到幾種食禾蟲的方法，燉禾蟲、禾蟲蓮藕湯、乾燉禾蟲、炒禾蟲、禾蟲炒蛋、炸禾蟲、以及精燉禾蟲。只是，陳夢因寫這些文章的時代，香港還有人在街上唱賣：生猛禾蟲，生猛禾蟲。現在，此情已經不再了。

但不知道為什麼，廣東人愛食的狗，屈大均卻漏而不提。

7 為什麼清政府恨《廣東新語》？

雖然北方地區的華人從宋代開始逐漸接受廣東的飲食，但是由於南方人風俗、飲食習慣、口語，都和北方地區不同，北方中原地帶對南方始終都有歧視。即使唐朝丞相張九齡來自廣東，宋代的楊萬里仍是把他當作是反面教材「人物粵產古不多見，見必奇傑也」。也正是因為北人有這種心態，明朝便出現了粵人揚粵的現象，希望可以校正北方人的看法。從這角度看，屈大均在清初時寫的這本二十八卷的《廣東新語》，只是承接之前黃佐寫過三本，《廣州人物傳》、《廣州府志》和《廣東通志》以及黃佐完成《廣東通志》和郭棐化了二十年再修的《廣東通志》。

後人讀來，《廣東新語》這本書似乎只是一本講述廣東風土人情的書，完全不涉及政治，百科全書式全面介紹廣東的風土人物、漁農產品。其中四分一和廣東的農林牧漁相關，介紹了五十多種稻的品種、兩百多種花、果、樹木、幾十種水陸動物、三十多種昆蟲、三十多種鳥類。在地理學、農業歷史、社會風俗史，各方面都有學者稱讚的貢獻。

然而，正如林宜蓉曾分析[7]，書其實另有含義，暗藏文化及政治理念。像書中說「義象」，就講南明抗清名將李定國攻打肇慶失敗，軍隊所用的象被清兵所獲。象群就一不跪一絕食死，其餘終日流淚，被執不肯屈。講烈女，不是像官方著重的守寡而是舉了清兵企圖強姦婦女下，廣東女子的反抗。明代已經消失，他寫的序，也沒有年號。

但是，即使這些也只是表象。更深一層看來，屈大均從年輕到年老，一生抗爭反清之後，體會到作為遺民，其實是在與時間競賽。隨著時日消失，許多人會淡忘過去，無意識地低頭接受身處的秩序，甚至將其內在化，視為應有規則。人如果要能夠收復所失，便首先必須要有自我身份的意識，以此與身處的同化壓力區別隔離。如果把他的著作和清代各省的《通志》比較，你便會發現，《通志》是站在官方立場描述一個地方，重點放在地方歷史，政府機構人員，參與官方制度的進士，政權擁有的土地物產，與及某些循從官方所推崇嘉許的行為的人物。但屈大均的《新說》則是站在政權治權之外的自我站點出發，從而建立一個不在乎政權管治下的廣東人身份的自我記憶和認知。所以，他的書既有嚴肅的論述，也有旅遊式文章和詩，以夾雜的方式描述廣東的不同山嶺河流、風俗、社會現象、地方歷史、食物、甚至明末清初時代廣東的口語。

如果說，歷史是戰勝者的書寫，那麼，屈大均的《新說》就是不屈者的火焰。

8 食也是一種表態

朝鮮人金鐘厚曾經寫信責備漢人臣服於滿族的統治「僕非責彼之不思明朝，而責其不忠於中國耳」。如果只是服從一個新建的秩序，而無自我意識，便可以被溶化，被同化，被洗腦，而忘卻自我原有的價值觀及歷史記憶。《新說》可以說是一種回應，在一切黑暗中，流亡中我會記得我是誰，要忠於什麼，要光復什麼，要子子孫孫記得什麼。即使只是一息尚存，三戶猶在，也會記得我的曾經及企求的未來。這也是為什麼這本表面上只是講遊山玩水，賞花觀木嘗膾，飯後閒談笑言今古逸事的書會被清政權目為洪水猛獸，非禁不可。

而從這觀點，我們就可以明白，食，不是為了飽腹而已。即使食，也可以是自我身份的肯定及延續，不可忽略，不可忘卻。無論是伊朗裔為了要強調他們是波斯的後裔而故意食豬肉[8]，美國原居民以炸麵包和燉青椒來表示對白人的抗爭，或者是在英國的南亞裔、在比利時的奈及利亞裔、廣州和義烏的非洲裔、義大利裔及華裔在美國，離散者都會以自己的饍食傳統來支持及延續自我[9]。一位華裔美國人著文教人如何在沒有中式鑊的時候可以製造出鑊氣[10]，也其實是本身的一種身份延續及肯定。在西班牙加泰隆尼亞區獨立運動期中，食番茄潤麵包（Pa amb tomàquet），喝加泰隆尼亞雜燴肉菜鍋（Escudella）就是認同加泰隆尼亞身份、歷史及獨立要求。而另一廂，贊成統一的人則會說，我沒有西班牙火腿就不食番茄潤麵包[11]。即使食物的名稱，也是一種自我身份的肯定，亞美尼亞人會告訴你 lavash，這種烤爐製成的大薄餅，是他們國家專有的餅，當年亞美尼亞王阿拉穆（Արամ）據說就是在囚禁斷糧中靠偷運食這種餅，在弓箭比賽中贏了，救了國家。你可不能把這種餅在亞美尼亞人面前叫其他名稱，或者說中亞中東很多地方都有類此的餅。同樣，對韓國人來說，辛奇（김치）是他們的國食，稱為韓式泡菜，那是一種侮辱！

那麼，請屈大均食什麼好呢？

如果請他食他喜歡的魚生，那非找海魚，鮪魚腹部肉「大トロ」不可。不是說味道是否優勝於屈大均的鮒魚，而是為了安全。雖然一般人知道魚生和生的魚片也可以帶細菌不可忽略[12]。但更大威脅卻是寄生蟲。戰國時代的古墓屍體上已經可以找到肝吸蟲的卵。但即使到了明清兩代，李時珍除外，一般中醫和華人都不知道生食淡水魚可能會染上這種寄生蟲，從而得到急性膽管炎及肝管癌。所以難怪屈大均推薦的都是淡水魚。二〇一四年廣東順德一項調查，發現五條淡生魚中，便會有一條身上找得到幼蟲！廣東省患肝吸蟲的發病率目前還是華人聚集區之冠。相信就是因為仍有不少人在食淡水魚生和生的魚片。

但現代海魚中鯖魚、鱈魚、八爪魚、鮭魚也都發現帶有寄生蟲——海獸胃線蟲的風險。近年來，由於全球氣候及環境污染惡化，連鰹魚（カツオ）、秋刀魚和養殖場的南方鮪也都失守了。只有貴價的野生鮪魚才風險較低[13]。現在似乎只有本鮪（ほんまぐろ）才碩果僅存，保持安全[14]。要是來我們家食病了，那可不行！

所以如果請他食，最好是用本鮪的「大トロ」。其他魚，要殺寄生蟲的話，就必須跟刺身那樣，先在攝氏零度下二十度，放了二十四小時才行，跟刺身方法準備。不能食中式魚生。高風險的更不能食腹肌肉。

請他食嘉興粽、六福臨門和綠豆糕吧。

屈大均會明白。一六四〇年嘉興的人民在清廷命令漢人全都要剃頭後，曾經起而抗爭，但強弱懸殊，二十日後失敗，「尸積里巷，血流溝渠，煙焰障天，數日不散[15]」。

Recipe

嘉興粽

- 圓糯米600克X8、豬腿肉4斤（2400克）七成瘦三成肥。
- 腌米料：醬油200克（老抽120克 生抽80克）、鹽50克、糖80克、味精4克，米洗淨放乾水放腌料才入味。
- 腌肉料：鹽30克、糖20克、味精2克、高度白酒24克，肉及腌料揉5-10分鐘，腌1小時。
- 粽葉泡好，第二天洗淨，每個粽包肉50克，米100克（熟後200克）。
- 開水下粽煮4小時，每小時加開水蓋過粽面。

Recipe

六福臨門

表示六福臨門的六福錦囊是我們起的名字，用菜葉包紮，造型有點像寶袋，內餡可以和釀生麵根一樣。造型圓筒型比較簡單，就只能叫翡翠菜卷了。華人過去只有五福臨門，沒有把擁有知識當作是一種福氣。相信屈大均會同意，是我們文化上的巨大缺憾。

Recipe

綠豆糕

綠豆糕也可以算是典型廣東糕點，屈大均在《廣東新語》中有記載到明末一首埋怨負恩的廣東山歌：「官人騎馬到林池，斬竿筋竹織筲箕。筲箕載綠豆，綠豆喂相思。相思有翼飛開去，只剩空籠掛樹枝。」也許食完，他還會幫我們唱來聽聽呢。

- 綠豆 300 克、水 350 毫升、冰糖 150 克、牛油 150 克。
- 綠豆加水放入電飯煲，按煮飯掣。
- 煮好後加入冰糖、牛油。
- 過沙網。

第二十一章　請陳芸食什麼好？

1 最可愛的女人

世上的愛情故事很多。但多數都只說相遇相愛。極少說，牽手之後，是否可以長年相聚相愛，終其一生。但是初遇的戀情，無論多轟轟烈烈，熱熱鬧鬧，纏綿悱惻始終都只像新出的薄酒萊（beaujolais），迷人刺激後的青澀，始終不如經過歲月磨煉後的陳年好酒，夢夕難忘。如果你沒有讀過《浮生六記》，你也多數從未明白刻骨銘心。

看過《浮生六記》的朋友，相信都會同意林語堂對陳芸的評語：「中國文學上一個最可愛的女人。」[1]這句話聽起來有些彆扭。「最可愛」不已經是登峰造極，不可能另有他人了嗎？但是，各花有各眼，品嘗人，著重點不同，評價就高低有別。像冒辟疆在《影梅庵憶語》中回憶的董小宛，蔣坦在《秋燈瑣憶》中追憶的關秋芙，又豈不是同樣可愛？

但這幾位可愛的女士中，講到食，知道最多的是陳芸和董小宛。講到日常生活細節，性情嗜好，古代婦女中知道得最多的也就只有陳芸。所以請陳芸和她的丈夫沈復來，也的確會是一樁樂事。

清朝乾隆年間，一般說法屬於盛世。連沈復都以為自己活在太平盛世而慶幸得天厚待。對乾隆來說，這更當然是盛世。生活如何，從他的饍食檔案則可知道：「每日盤肉二十二斤，湯肉五斤，豬油一斤，羊二，雞二，鴨三，當年雞三。御前，乳茶例用乳牛六十頭，每日泉水十二罐，乳油一斤，茶葉七十五包[2]。」

然而，華人歷代的所謂盛世往往都只是國富民不富，而國富實際上也只是帝皇家族、上層社會的權貴稱得上富。老百姓的日子在盛世中就不見得是那麼好過。乾隆盛世年代江南佃農一年工作才夠賺家庭起碼糧食需要支出的一半，兩夫妻都工作賺錢才勉強能夠湊活。無論是北京、廣州或蘇州的勞工收入都長久徘徊在最低生活水平線上下，最多達到英國和北歐地區的生活水平的三分之一[3]。

一七九二年（乾隆五十七年）英國第一次訪華使團見到英國戰艦丟出的死豬和爛菜馬上會被搶走分食，一般平民每天只食白飯或小米，和少量蔬菜[4]。所見平民百姓都陋衣缺食，家徒四壁[5]。乾隆死後十八年，到華的英國使團報告指清朝境內城牆失修破爛、道路窄而臭氣沖天[6]。

一百年後，英國的低下階層雖然以麵包和蔬菜為主，但是絕非要半個月才見肉一次。像有位丈夫酗酒、養六個孩子的波爾太太（Mrs. Ball）習慣上是買四便士瘦肉、洋蔥、紅蘿蔔、煮好伴羊脂麵丸食（當時兩便士可以買到一磅瘦肉）。一般平民至少一星期都有機會食一次肉或內臟[7]。相對來說，清朝的窮人生活就差很多。雖然晚清的北京貧民也並非買不到肉來食，但肉的來源通常會是死馬、死騾、死駱駝和死狗[8]。

陳芸和沈復結婚在乾隆四十五年（一七八〇年），乾隆第五次下江南巡視那一年，而陳芸四十一歲死的那年是嘉慶八年。所以她的一生都可以活在盛世之中。然而，她和丈夫長時間都是生活在貧窮之中，女兒十三歲要嫁為童養媳，兒子又因病早逝。自己在病重垂危中仍在思疑要否逃去無錫避債。而同一時期，當然也是成千成萬窮人從湖南、廣東、福建湧去四川的時候。

2 貧中作樂的食

就是在這種困頓的環境中，陳芸也會苦中作樂。也正是這樣，她也是所有追求小確幸的平凡家庭的好榜樣。

買不起名畫貴書，沒有問題：「於破書殘畫反極珍惜：書之殘缺不全者，必搜集分門，匯訂成帙，統名之曰『繼簡殘編』；字畫之破損者，必覓故紙黏補成幅，有破缺處，倩予全好而卷之，名曰『棄餘集賞』。」舊書舊畫，即使殘缺不全，破損敗象也一樣修補珍愛。愛書畫如此真的難以出其右！荷花季節，陳芸又會用小紗囊裝茶葉少許，晚餐放在花心，明早取出，「烹天泉水泡之，香韻尤絕」。

蘇州南園、北園兩地，菜花開時黃色一遍，看花野餐自會是一樂。但是當時還沒有什麼保溫壺。大家想來想去都沒有什麼好辦法在賞花時又可以伴以暖酒熱菜助興。正在大家苦無良策時，陳芸卻笑說：「你們出錢，我自會帶爐火來。」於是她用一百文錢包起一名賣餛飩的小販，擔鍋帶灶跟他們去到南園。「先烹茗，飲畢，然後暖酒烹餚。是時風和日麗，遍地黃金，青衫紅袖，越阡度陌，蝶蜂亂飛，令人不飲自醉。既而酒餚俱熱，坐地大嚼，擔者頗不俗，拉與同飲。遊人見之，莫不羨為奇想。杯盤狼籍，各已陶然，或坐或臥，或歌或嘯。紅日將頹，余思粥，擔者即為買米煮之，果腹而歸。」在郊野風景區能夠有私家廚師服務，提供茶飲美酒和佳餚，雖然現代並非不可能，也應該可以算是星級的奢華享受，陳芸卻能在那年代如此設計出來高級享受卻又廉價的方案，真是不簡單。

其實，這故事還有一層隱藏在內。在那時代，婦女是要緊守屋中，不能出去拋頭露面。最多也只有在歲時節日才可以破例出去拜神燒香、看戲、遊玩。如果出去，雖然不必像現代極端伊斯蘭教對婦女要求戴的尼卡布那樣，黑布蒙面，只露雙眼，也要像新娘出嫁那樣，用巾蒙面，不為人見到臉貌[9]。但是沈復和陳芸都心無邪念，只想過正常的人生，所以思想開通，毫無避忌。有一次離家不遠的洞庭君祠，俗呼水仙廟，慶祝神誕時夜間花間插燭，奏樂歌唱，氣氛十足。陳芸便女扮男裝，穿男裝衣帽，撒髻為辮，並且用大小通用的蝴蝶履解決她纏足的問題，陪沈復並肩遊覽。又有一次，沈復的老師身故，陳芸就偷偷跟了他去江城拜奠之行，遊了太湖。他們兩人在船上更且和船家女鬥酒唱歌。再一次，陳芸又和一位妓女同遊虎丘，結盟為姊妹。所以，南園之行應該也是陳芸不顧當年對婦女的行動限制才可以發生的事。也可能是這一連串的活動給沈復母親知道，才造成婆媳之間的衝突最後不可收拾。

3 陳芸的臭豆腐

氣味和色相都是人類選擇食物的先決條件。

陳芸喜歡食氣味很濃的臭豆腐和蝦鹵瓜。沈復卻是對這兩種食物向來厭惡。夫妻的對話給我們罕有的機會竊聽古代男女間的悄悄話：「狗因為不知道臭及污穢所以會食屎，蜣螂圍著屎為的是想提高身份變成蟬，你是狗呢還是蟬呢？」

「臭豆腐便宜，食粥食飯都配合得到。小時食慣，雖然我到你家已經變成蟬，但是仍不忘本。至於蝦鹵瓜，卻是在你這裡學來。」沈復隨著反問：「那我家是狗竇嗎？」

陳芸說：「屎，家家都有，分別只在食和不食而已。你喜歡食蒜，我也勉強食。豆腐不勉強你，瓜如果扼著鼻子試試，食了就會食道美味……」再兩句後就把瓜塞進沈復的嘴中。掩著鼻子咬了幾口後，沈復果然覺得的確脆美。從此學會喜歡食。之後，連臭豆腐加白糖食也覺得鮮美味了。其後，還變本加厲，索性把鹵瓜搗爛拌臭豆腐，還堂而皇之冠之以「雙鮮醬」的美名。

雖然比起擁有千多個和氣味鑑別相關的基因的小鼠，人類可憐得很只有不到四百個氣味基因，人的鼻子卻仍然不但可以鑑別出至少一萬億種不同的氣味，更且會對來自食物和非食物的氣味反應不同，說明氣味對人類採納營養的選擇有重大意義。

來自亞美尼亞一個洞穴的考古告訴我們，在三萬至三十萬年前的舊石器時代中後期，人類已經學會點火[10]。火燒過的骨頭更暗示原始人當時可能已經烤煮了食物來食。火會使食物更為可口更為容易消化，由此而來的營養改善無疑對大腦的發育會起積極作用。大腦的進一步演化，和人類的點火行為開始，都在舊石器時代，應該不會只是巧合而已。

也許，學會點火，這巨大的歷史一步，正是由嗅覺所誘發的：原始人從山火燒過的植物或動物，聞到菜香、肉香，好奇一嘗之下，就不再願意回到生食的年代。大腦的嗅覺中樞不大，並不起眼，但是網絡複雜，四通八達，連繫著內分泌、記憶和決策。原始人忘不了那偶然好運帶來的美味，不想等候無常的自然送上再一次的美好經驗，於是千萬個不同地區的燧人氏不斷地試驗如何打火、取火。

4 一人之臭，他人之香

臭字在古代意思只是嗅到氣味，並沒有主觀的好惡判斷成分，可以說是一個較為客觀的描述。氣味的確能夠影響人的食慾，但是氣味香或臭卻不但因人而異，同一個人對同一氣味的好惡判斷也可以更改，從臭變香。同一氣味會使喜歡食帕瑪森（parmesan）芝士的人流口水，但告訴他這氣味來自嘔吐物，他就避之恐慢。沈復的嗅覺使他覺得臭豆腐和蝦鹵瓜應該是難食的，但是當他的舌覺滋味告訴他：錯了，這氣味原來是美味的信號，他的判斷就改了。這有點像我們的經驗，不喜歡食榴槤的人覺得榴槤揮發的氣味像貓屎。新加坡、馬來西亞人狂愛榴槤，馬來西亞從前有句話，榴槤熟了，沙籠就要掉了（要去當鋪去當沙籠買榴槤）。澤宜多年來都嫌榴槤臭，雖然在家中願意為震遐開，卻從來不食。直至一天，閉了鼻子，嘗了一大口榴槤，以後就也年年都等候榴槤上市。

臭豆腐的風味，來自幾十種複雜的化合物。同樣有人愛，有人怕。不喜歡的掩鼻而過。而喜歡的人則聞風而來，不食不可。即使在中國大陸、香港都有限制臭豆腐的售賣地點。張愛玲自認：「聽見門口賣臭豆腐乾的過來了，便抓起一隻碗來，噔噔奔下六層樓梯，跟蹤前往。在遠遠的一條街上訪到了臭豆腐乾擔子的下落，買到了之後，再乘電梯上來，似乎總有點可笑。」住上海的英國BBC電台記者就盡量避免經過賣臭豆腐的弄堂，因為聞起來像污水溝沒蓋好。有位猶太人摩西．瓦拉赫（Moshe Wallach）和女兒來到湖南旅遊時，嘗後卻驚為天物，不但在當地拜師學習，更是回到以色列，從事生產。CNN新聞台也居然在二〇一二年把臭豆腐封為世上五十種最好食的東西之一！

歐洲人鍾情的芝士中，羊奶做成的羊膻味可以令人反胃，林堡（Limburger）一股臭脚味，埃普瓦斯（Époisses de Bourgogne）雖然臭到要禁止共公交通載運只是傳說而已，但臭氣沖天卻毫無疑問。不過，最臭的則老布洛涅（Vieux Boulogne）莫屬，二〇〇七年時英國克蘭菲爾德大學（Cranfield University）用電子鼻分析多種芝士氣味後把最臭的美譽給了這種法國芝士。可惜，由於氣味不同，目前還沒有電子鼻能夠為臭豆腐和芝士來個比較，嗅誰才最臭！

但能接受一種氣味的人卻未必能夠接受另一種氣味。

父親曾經講過一個故事給我們聽，是真是假就無從判斷。由於無史料可查，就只可當作是野史：話說當年李鴻章出洋去歐洲，要坐多天船程。中堂大人某天用餐時，突然聞到一般臭味從鄰檯傳來。侍應道歉說，這是歐洲人慣食愛食的芝士，不可撤下。李鴻章無奈只好忍受下去。到了第二天，食飯時，隨從為李中堂打開小盒，拿出一塊食物，氣味即時沖天而出，彌漫全艙。洋人掩鼻大叫，這是什麼？李鴻章的翻譯替他解釋，大家不用大驚小怪，這不過是中式芝士，臭豆腐而已！

據說，後來雙方同意，不論中外品種，芝士只能在自己房裡食，由此解決此次的中外食物大戰。

5 氣味是美食的根本

現世的獵人族形容氣味的詞彙比城市人豐富，可能就是因為他們需要依賴氣味來捕獵。像馬來西亞的嘉海族（Jehai）就有不同的詞表達好食的氣味、烤燒的氣味、花的氣味、發霉的氣味、刺鼻的氣味、尿味、魚味、吸引老虎的血味等等。古代中文，形容氣味的字，也豐富過現代。像臭味當時還分別有臊（狗臭）、𦢊（狐臭）、飳（飯臭）……。

也因為廣東人喜歡食，粵菜又講究新鮮，所以粵語比起其他華人形容氣味的詞彙特別豐富：香、臭、臊、腥、膻之外再有燶（燒焦味）、餲（尿臊味）、膉／齃（過期不新鮮味）、㸃（米、花生發霉味）、餞（腐臭）、膉（變壞臭味）、餿（隔夜變不新鮮）。

有趣的是，南方臭豆腐也好，北方臭豆腐也好，臭豆腐和糞便一樣，難聞的氣味主要是因為有機化合物——吲哚及含硫化合物[11]。榴槤的氣味也是來自吲哚和含硫化合物[12]。從化學角度看來，李中堂也沒有騙洋人，芝士和臭豆腐一樣，臭味都是來自吲哚及含硫化合物。但茉莉花香也是來自吲哚。吲哚也是很多香水的成分。香水和食物的關係其實很密切。許多日常用的食料也因為氣味而用在香水的製造過程：橙、九層塔、百里香、迷迭香等。

想來，不僅是榴槤、芝士、臭豆腐的氣味會引起殊異反應。價格以萬計的茅台酒有些人認為聞起來像臭腳。常用的芫茜，有些人會聞到肥皂或爛泥味。大蒜更是因人而異，有人無蒜不樂，有些人愁眉苦臉。英國皇室更是不准上桌。吸血殭屍怕大蒜，故事源由狂犬症患者嗅覺敏感度升高，受不了強烈氣味。某年去巴黎著名法國餐館，以豬蹄聞名。坐下，哪能不點其招牌菜？豈知，一見不如聞名，豬臊味沖天盈室，無詞形容。夾鼻指菜向侍應反應，他只是一臉大惑不解，不是吧？不是吧？另一年，在德國街頭，見到許多人排隊買香腸，想必是好食。於是我倆傻瓜也跟著照排不誤。怎知費時不短得來的戰利品，一咬下去，腥臭之味直沖嘴腔鼻咽，差一點想嘔出來！原來是德國名產血腸（blutwurst）。

但是，美國草莓通常缺乏香味，令人無法欣賞。咖啡無香味也同樣，無謂落杯。紅酒進嘴，咽喉無濃郁果味上升，不飲也吧。西餐沙拉許多都食不出菜根香，也是為何我們始終無法喜歡。

其實，味道之美，很大程度上來自食物的氣味。如果失去嗅覺，什麼山珍海味都可以味如嚼蠟。而反過來，氣味也可以使食物的美感和吸引力提升。鑊氣對廣東菜的重要也正是因此。近年來，西方廚師不斷試驗各種方法為西餐追上亞洲菜餐的氣味優勢。但由於西餐的溫度偏低，這些努力目前仍太做作，遠遠比不上亞洲菜餚的自然香味之美。

6 陳芸的梅花盒

沈復先為師爺，後又以賣酒賣畫為生，收入低微，能慳就慳，生活起居服食卻又想要雅潔，不願只是溫飽算數。陳芸就設計了一個梅花盒，「用二寸白磁深碟六只，中置一只，外置五只，用灰漆就，其形如梅花，底蓋均起凹楞，蓋之上有柄如花蒂。置之案頭，如一朵墨梅覆桌；啟蓋視之，如菜裝於瓣中，一盒六色，

二、三知己可以隨意取食，食完再添。」用點心思，使些美感，簡單、不費多少的材料，也可造成和名牌一樣的美觀實用。

這種講究食物盛器的視覺美思想，在華人烹飪歷史中，真可以說是萬中無一。在眾多食譜和談及食的書中，我相信古代只有袁枚的《隨園食單》一書才可以近陳芸這樣注重食物的器皿和擺設。除此之外，我也只能找得到李漁在《閒情偶寄》書中講蟹「白似玉而黃似金……只合全其故體，蒸而熟之，貯以冰盤，列之几上」的一句話。即使去到今天，華人雖然重視碗碟瓷器，一般廚師和美食家卻都毫不在乎器皿和菜餚之間的協調，如何使器皿菜餚可以互動襯托出美感。

西餐和日本料理都是冷的居多。搬設菜餚在碟盤可以如同繪畫。近年來更是出現一些討論如何使碟上菜餚如同風景的食藝文章。我們有年去到拉脫維亞的首都里加普通小店用餐，侍應在桌上鋪了張紙，以醬料畫出抽象畫式的弧線，再或杓或倒，肉、蔬紙上。如畫錦色，未曾進嘴，已是一喜。而中餐由於是熱菜居多，就無可能花時間擺布而不失鑊氣。但上桌一碟俗氣十足，就怎樣也不能說是賞心悅目，激起食慾。所以如何在冷盤點心之外仍可增飾，仍是一個有待解決的問題。

去日本食懷石時，食物和器皿配搭經常令人賞心悅目驚喜不已，問起來答覆總是廚師特地為這道菜要求瓷器師專門製造出適當的器皿。其實，懷石烹飪只是在日本江戶中期才開始脫離茶道，成為獨立的烹飪風格。懷石的菜餚器皿視覺美發展，和陳芸為沈復設計梅花盒應該是差不多相同一時代。西方要晚些，到十九世紀法國才出現論述碟上食物擺設的視覺問題。而到上世紀六、七〇年代法國廚師保羅．博庫斯（Paul

Bocuse）和日本的辻靜雄才合力把視覺美塑成烹飪的不可或少的重要一環。很可惜，當世人都大讚日本飲食擺設的視覺美時，陳芸三百年前的先驅思想在中菜卻遲遲未能生根，更遑論發揚光大。華人的飲食器皿還是故步自封，在形狀和色彩方面都未能改進，為中菜視覺美作出貢獻。

即便這樣，只要不忘記陳芸的故事，一般家庭便在日常生活中，仍舊可以學陳芸那樣，即使簡單普通器材、簡單菜餚，用點心機便可以使每一餐每一菜，變成一次色香俱全的美感之旅。在每一餐、每一聚，都體驗到小確幸。

7 酸梅湯的祝福

沈復為《浮生六記》開場白說自己生於太平盛世，且在衣冠之家，後蘇州滄浪亭畔，「天之厚我可謂至矣」。其實，他最為人羨慕的應該是他和陳芸的婚姻。而最使人為他倆最難過的也應該是陳芸的早逝。兩人能找到知己，在世上邂逅，相愛終生，是莫大無比的幸福。但也會是一生中最痛苦的來源。能成鴛鴦令人妒忌。但鴛鴦也一定是苦命的。因為一旦失去知己則餘生已空留殘骸，喪失意義。《浮生六記》存世只留四章，遺失的兩章，一說沈復在陳芸逝世之後去琉球的經歷，一為他對養生的看法。但這兩章讀不讀，存不於世都無所謂了。陳芸一去，失伴的沈復也只會是「良辰好景虛設。便縱有千種風情，更與何人說？」餘下的，已經沒有什麼值得他和我們關心的了。

如果時間可以停步，邀請到這對夫妻，對著陳芸和沈復兩位那麼有趣味的有情人，請他們食豌豆黃、芸豆卷，飲酸梅湯，聽陳芸說說她對改善中餐視覺美觀的高見洞識，聽她高高興興地說她所見到的「想閨中人有終身不能見此者」，聽她說那些天真無邪的夢想，來世要有的經驗，應該真會快樂不知時日過！也許，過後，我們會惋惜為什麼這對童心未泯的兩人，要受狹隘的教條和政治規範折磨，又無聲無怨地接受所有枷鎖，只求來生能有更多幸福。但也許，反抗、爭取，和他們那份無邪的好奇，天真的追求，善良的憧憬，本來就會是格格不入。所以，命運也是注定的。

但此刻，就讓我們飲杯酸梅湯，食豌豆黃、芸豆卷、水果羆。

豌豆，三國時代已經見到名稱，但究竟是何物卻含糊其辭。其後千餘年，不同的著作說豌豆也可稱為國豆、回回豆、鶻國豆等等[13]。描述得清楚還是要等到她的同鄉，明代蘇州人周文

Recipe

芸豆卷

- 白芸豆 50 克、棗泥、砂糖。
- 芸豆泡水一夜後，去殼。
- 豆加水到過豆面，蒸 1 小時。
- 隔乾水後過紗網。
- 加糖揉成團，擀成薄片。
- 卷棗泥在內。

Recipe

豌豆黃

- 去水豌豆 250 克、水 250 毫升、糖 120 克。
- 全部材料放入電鍋，按煮粥鍵。
- 取出過沙網。
- 冷後切塊。
- 豌豆黃往往加棗在內。這次因為芸豆卷用棗泥就不加了。

華寫「豌豆，莢酷似決明而子圓如菉豆，以小兒喜啖，又名孩豆。吳俗又呼蠶豆為大豌，豌豆為小豌」[14]。所以，豌豆黃雖是清代京城著名點心，也可以說是和陳芸家鄉有點關係了。

也請她飲一杯酸梅湯。酸梅湯是平民百姓的飲料。發源地據說是北京，清朝民國年代，通街小巷都不少小販敲著小銅碟，丁丁噹噹在兜賣，但北京琉璃廠信遠齋的口碑最好[15]。在《紅樓夢》裡，賈寶玉給父親打了一頓，遍體鱗傷臥床時，想飲酸梅湯。在梁實秋的筆下，酸梅湯總是連繫著揮不去的鄉愁。在下之林的〈酸梅湯〉中，是天涼了，沒有人想買了，過去的消失。在張愛玲的小說中，酸梅湯也是失意的象徵，「酸梅湯沿著桌子一滴滴朝下滴，像遲遲的夜漏——一滴滴……一更，二更……一年，一百年。真長，這寂寂的一剎那。」

酸梅湯於此都成了人生挫折時的忠實伴侶，不離不捨。但是，下口時酸，接著是甜和徹骨之涼，酸梅湯代表的其實不是挫敗，失落，而更像是苦盡甘來的盼望。

Recipe

桂花酸梅湯

- 山渣 2 斤、烏梅 1 斤、甘草 3 兩、桂花、冰糖 7 斤（先放 6 斤半）、水 7 公升。
- 山渣、烏梅、甘草，分別洗淨。
- 山渣放入鍋，放 1 公升開水泡 20 分鐘，重複 7 次。
- 另一鍋放烏梅甘草。
- 把洗山渣水倒入，直至倒完為止。
- 煮滾後慢火煮 30 分鐘，隔渣，水留用。
- 烏梅渣再加水 1 公升煮滾後慢火煮 30 分鐘，隔渣後與以前之水加一起。
- 加入冰糖，大火煮，讓水分蒸發，變得像漿便可以。

第二十二章　請瑪妲・高第丕食什麼好？

1 第一本中文西餐食譜

你也許沒有聽過瑪妲・高第丕（Martha Crawford）的大名，不明白為什麼要邀請她來食頓飯。我們得承認我們也曾甚為失禮，長久都不認識這位烹飪史上的泰山。

現在，大家都食慣西餐，也慣在家中做一些西餐。但是，做西餐的技能進入中土，卻是一個歷經數百年的緩慢過程。雖然，明末清初時談遷在《北遊錄紀郵上》中已經提到湯若望（Adam Schall）做的西洋餅，「製蜜麵和以雞卵。丸而鐵板夾之。薄如楮。大如碗」，普通華人大概見都沒有見過天主教傳士利類思（Lodovico Buglio）、安文思（Gabriel de Magalhães）及南懷仁（Ferdinand Verbiest），三人於一六六九年合撰的《御覽西方要紀》。書也只是介紹歐洲的飲食「葷素之味俱用火食，雞鴨諸禽既炙盛諸盤……」，完全沒有講如何做，或用何調味。跟著，李化楠在《醒園錄》內寫蒸西洋糕法已經是百多年後的一七八二年。再十年後，袁枚在一七九二年出版的《隨園食單》裡錄下他在廣東嘗了一位姓官的總兵請食，覺得非常好食的「顛不棱即肉餃也」的做法*。書中也寫了「楊中丞西洋餅」的做法。他所描述的很像談遷所記錄的，應該是百

* 無疑即 dumpling。

多年滄桑後，湯已誤傳訛寫成楊。

所以，儘管已有幾百年接觸以及這些零星的記載，華人一直到十九世紀，對西餐如何烹調，就所知仍然極為有限。要等到《隨園食單》問世再七十多年後，第一本中文的西餐食譜教材才姍姍來遲，終於出現Martha Crawford 以高第丕夫人之名在一八六六年出版的《造洋飯書》。照她日記所載，書中的食譜內容不是原創，而是她從三本英文書中挑出，然後翻譯成中文。

當時，上海已經有西方人開的西餐館。但真正由華人開，或掌廚的西餐店尚未出現。根據鄒振環的研究[1]，第一家有史可稽的華人經營的上海西餐館廣告應該是《造洋飯書》出版七年後，一八七三年才出現的。這家叫生昌番菜館。據說原本是一位廣東人「勝仔」在上海虹橋開的夜宵店，之後發展成咖啡店，然後再度更名為生昌番菜館，並且在《申報》上登了華人有史以來第一次的西餐館廣告[2]。一八七六年再有兩家出現在二洋涇橋，興發架啡番菜館和合和迪記番菜館。而到再四年後在上海商業區四馬路出現後來最著名的西餐館——一品香，華人掌廚的西餐館開業熱潮也就正式湧現。早期的上海西餐館大廚往往都是廣東人，不能完全排除他們從廣州西餐館學會做西餐的技巧。但從時間的吻合，加上《造洋飯書》出版之後，曾經至少再版三次，說明享有不少讀者，華人在上海經營的西餐館受《造洋飯書》啟蒙，可能性應該很高。

2 食不消西餐的華人

但是，請瑪姐來，不只是為了她這本書而已。實際上，除了這本書，她並沒有在烹飪方面再有貢獻。她來大清帝國，無論是在上海的十二年，或者是之後在山東的四十多年，目的都是為了傳教[3]。

那麼，她為什麼要寫這本書呢？

諷刺的是，正正是在飲食和服飾方面，我們看得出為什麼十九世紀的西方英語傳教士，無論來自美國或英國，為何都難以融入華人社會，傳道成功。正如許多華人無法接受西餐，覺得非常難食，傳教士也普遍不願放棄自己的飲食習慣，接受當地的菜餚。英國傳教士中，當時只有景雅各（James Gilmour）一人例外，起中文名字、穿中式工人服飾、及食素不食葷。怪不得一八八八年時佳能．泰勒（Canon Isaac Taylor）在《傳道的大敗》（The Great Missionary Failure）就指出，「穿黑上衣、跟循自己文化的餐飲及習俗的英國傳教士成功改換一位亞洲鄉下人宗教信仰的機會，和對方倒過來想成功說服他的機會相等[4]。」

十九世紀的人，不像現代人那樣慣於見和嘗不同食品。那時代的人世面見識有限，普遍保守、不願意探試新的經驗，更是富有民族自大狂，認為自己的菜餚才是最好的。對於不習慣聞過的氣味，或者未嘗過的滋味，他們都會覺得難以入口，容易反胃。對於當時華洋飲食的衝突，我們其實只需要想，唐宋年代中原地帶人士對嶺南人的飲食如何滿懷恐懼及排斥，便會完全明白。

這其實是雙向的。早期接觸時，華人對西菜也頗多貶詞，美國人亨特（William C. Hunter）一八八五年出版的回憶錄中，說他一八三一年時曾經邀請兩位華人來廣州十三行內的餐館用餐，其中一位從來未踏足十三行內，餐後致信在北京的朋友陳述食番鬼餐的光怪離奇經歷。副本後來給亨特看：「飲碗湯水，他們番話叫蘇披，隨後食的魚肉擺放得好像活的樣子，半生熟的肉……跟著上一盤使我喉嚨火燒的菜，我身邊的人用蠻語說叫咖里，陪著上的米飯是我唯一賞心的……然後又青又白的東西，氣味沖鼻……」這位朋友看樣是有錢的食家，信上長篇批評這些鬼佬飲食水平低，不會欣賞魚翅、鹿筋、狗仔、鼠餅和犀牛角[5]。一八六六年去歐洲的張德彝在《航海述奇》內對他在輪船上初初接觸西餐的經歷的描述，很可以代表不少華人當時的反應：「英國飲饌，與中國迥異，味非素嗜，食難下嚥。甜辣苦酸，調合成饌。牛羊肉皆切大塊，熟者黑而焦生者腥而硬。雞鴨不煮而烤，魚蝦味辣且酸，一嗅即吐。」

3 食不消中餐的西人

同樣，西方人會覺得西餐才是佳餚。早期去日本的西方人覺得日本餐餚味道惡劣，令人不快。對中餐，評論也同樣自我為尊，認為不好：一則次序莫名其妙，湯在後而非在前，二則口感、氣味古怪。三則食料莫名其妙。林語堂在二十世紀初時曾指住上海的西方人未嘗一試中餐者數以千計。而即使試了，也仍可能心有餘悸。我們二十世紀七〇年代時在澳洲遇上不少西方人，便雖然經常來中餐館，但總是只點一種菜餚，永不試新。有次華人婚宴，端上鮑魚時，坐在隔座的白人問，這食得嗎？我們可是拿來釣魚用的呀！即使現在，一般西方人對於滑潺潺口感的食物都抗拒。即使食中餐，皮蛋始終是多人不敢涉嘗的禁區。因此，十九世紀歐美傳教士對中菜抗拒，也實在無足詫異了。

中西餐還有一種明顯差異。英美西餐通常肉多蔬少。基督教視佛教為假想敵，領收信徒上的競爭對手。因此，傳教士便會攻擊素食，鼓勵肉食，認為打倒素食即是阻止信佛的必用手段。在過程中自然難免會出現貶中餐饍食模式，捧西式饍食模式的言論[6]。在生活中，於是更無可避免，必須遠離中餐。

但除了菜餚不同之外，另一個問題是階級。一七九三年馬戛爾尼（George Macartney）使團來華時，使團總稽核官約翰．巴羅爵士（Sir John Barrow）對他們所食的就讚不絕口[7]。英國教會一八五九年一份通訊說英國商人在寧波受邀赴餐，但又擔心會食到狗仔、蚯蚓、和豬油泡大小鼠。結果卻意外滿意：熱卷、甜點、甜肉、彩蛋、甜骨、雞、鴨、牛、羊、豬、魚、湯、飯、鮮果、乾果及最好的酒[8]。其實，即使法國公使隨員伊凡（Melchior Yvan）在廣州官宴上極其為難地食了田鼠，跟著來的湯和糕點卻讓他讚不絕口[9]。然而傳教士接觸的華人卻多是晚清時代的低下階層，他們的飲食及生活條件自然遠遠比不上傳教士來自的中產或富裕家庭背景。老實說，要晚清的鄉紳富商食村民走販同樣菜餚，恐怕也一樣會大皺眉頭，認為苦事。更何況來自另一文化及階層的傳教士。因此，美國傳教士家中都會配有美式烤爐，廚師都只煮傳教士家鄉的慣常菜餚[10]。

一八七〇年來華，在蒙古住了二十年的景雅各，自述是倫敦傳道會來華傳教士中唯一全部中式服裝，食中餐，生活得和本地人一樣。即使願意穿中式婦女服飾的著名傳道士慕拉蒂（Lottie Moon），也表示許多中菜令人反胃，難以嚥下，唯一方法是盡量找可以接受的來食。而她派給華人食自己做的餅，正說明她對自己家鄉的食品之必然好食，充滿信心。瑪姐和她的丈夫來華之後也是一直食西餐，直至二十九年後，才停止食西餐穿西服，完全和華人打成一片，穿華服，食中餐。但即使他們向人解釋，穿華服可以省錢，中式房屋居住合宜。中餐也不錯，這句話他們卻始終都沒有說出口。

4 烹飪的政治

在中西飲食風格及喜好差距之外，還有一個問題。十九世紀又剛剛好是歐美的烹飪國族意識思潮洶湧澎湃的年代。烹飪不只是果腹和美味的問題而已，而是一個人對國家的認同及肯定。美國人要表明自己的菜餚和英國及歐洲的不同，食玉米和火雞。英國自說是食牛肉的民族，「法國人的是繁瑣雌性的菜餚」！而法國人則說「一個民族的餐飲見證這民族的文化」（La Cuisine d'un peuple est le seul témoin exact de sa civilisation）。名廚馬里-安托萬·卡雷姆（Marie-Antoine Carême）宣稱：「法國是任何請客食飯者的母國，法國的菜餚和酒是烹飪的光榮，佳餚除卻法國並無他國。」義大利統一的前夕，學者鼓吹國內各區的菜餚、麵包的形狀都要一一記下，永載於史，毋容消失。來華的傳教士當然也不會例外，同樣必然堅守自己的國家烹飪認同。因此，他們頻頻互相警告，別穿著和餐飲都像當地人，否則會喪失你的身份！正因此，英國海外傳道會舉行聖餐眾會，寧可食不新鮮的進口麵包，與及加水的紅葡萄酒，也不用飯團和茶[11]。排斥中餐，是維持傳教士毋忘本的一項必要責任。

這也解釋了為什麼現代讀者看來，瑪妲的這本書有點怪。雖然是用中文寫給華人看，許多用料卻根本不容易買得到。即使買得到，價錢也會遠遠超出一般華人的消費能力。像她書中多處提到使用的土蛋，即薯仔，在清朝主要種植區在華西、西南，仍未廣泛流行。番柿（番茄）明朝傳入，雖然在上海和她居住的登州地區有，但在她年代也仍未普遍。牛奶、黃油、奶油更都不會在一般山東地區容易找得到的。但在某些地方，她又明顯將就，像檸檬糕，她就建議用桔子皮，可能是檸檬生產區在南方，當時不容易在山東買得到。同樣，蘋果方面，她的書也多數用花紅，一種當時常見的綿蘋果。

她出版這本書是一八五二年，即來華十四年後才出版。那時，她已經離開上海，去了山東。連上海華人食西餐都仍未成風氣的時候，這本書的讀者對象究竟是什麼人呢？

很遺憾，兩家不同出版社的近代版本都刪去原有的序，使人無法明瞭。我們也費了九牛二虎之力都找不出這篇序，直至最近才喜出望外在一篇討論此書版本的論文上見到原序的相片[12]，得以證實我們的推測。關鍵問題正在於傳教士對菜餚的態度。瑪姐一家從抵華開始就遇上烹飪問題。瑪姐自己不煮，要教本地人。他們最初的廚師是位鄉下人，只是從另一位傳教士的傭工私相教導幾下，就來為他們煮西餐。於是從買菜到做菜，都令他們經常啼笑皆非。所以，她這本書應該是最初教自己家廚的筆記，但後來考慮到其他傳教士也會有需要，才出版的。序說得很清楚，瑪姐原意是設計給自己和華人廚師間的溝通，只是因為友人也想要，才安排出版。英語讀者只需憑索引上英文菜名及號碼，則可按號索餚，指點廚師煮想要的菜餚。

5 《造洋飯書》的無心插柳

即使沒有找到她原著版本的解釋，或丈夫傳記中的注解[13]，從這本書由上海美國基督教會轄下的美華書館出版，我們也可以看出端倪。書其實並非寫給一般華人讀者，而是給傳教士的廚師所用，使傳教士可以安心繼續享用家鄉的菜餚，滿足口腹，保持健康之外，同樣非常重要，保存自己的國民身份感。至於說，後來影響到西餐館的發展，那應該只是無心插柳，柳成蔭，意外收穫而已。也可能因為這只是解決日常事務而已，她也從沒有覺得這本書值得宣揚，在筆記和文章中都懶得提。

但是對她的目標讀者——傳教士家庭，她應該是影響巨大。之後，在一八八九年，美華書館再出版了譯作《西法食譜》。我們暫時無法見到內容。但從目錄看來，排序幾乎和當年美國暢售的《巴羅亞小姐的新食譜》[14]一模一樣，只是少了「湯」和多了「論病人食的東西」幾項。跟著，香港在一八九〇年出了一本針對一般西方家庭廚師需要的中英對照食譜《西國品味求真》（The English Chinese Cookery Book）。一九〇四年另一位女傳教士在日本出版了第一本日文的西餐食譜《常磐西洋料理》（The Tokiwa Cook Book）。

《造洋飯書》教做噶喱（咖喱）雞。這應該也是中文最早出現的咖喱烹飪法。此前，雖然咖喱粉中個別配料，例如薑黃、豆蔻、丁香等早已抵達，但整體組合成的咖喱菜餚則未見文字。之後則要等到一九〇八年上海申報有關咖喱罐頭廣告，才見和咖喱的相關資料。

有分析認為書中教做咖喱雞表示她考慮到上海有不少英僑家庭，由於英國人喜歡咖喱，他們的家廚也可以成為讀者[15]。但美國當年流行的烹飪書其實幾乎無一不載咖喱。一八二四年出版的《維珍尼亞主婦》（The Virginian Housewife）就有如何做鯰魚咖喱、東印度式咖喱及為咖喱煮飯法。書中說明雞、牛、牛仔、羊、兔、魚等都可以煮成咖喱。近瑪姮來華年代，一八四六年的《廚師全鑑》[16]內更有教咖喱湯、咖喱汁、及在假甲魚湯、調味釀肉丸（forcemeat ball）、調味碎牛仔肉、椰菜花等菜餚中使用咖喱的方法。一八五二年的出版的《太太的新烹飪書》有咖喱雞[17]，一八五七年出版的《實務管家》有咖喱牛肉[18]。所以，咖喱根本是她家國當年的常見菜餚，而她也許更可能也是咖喱愛好者，並非為了書的銷售問題才教如何做咖喱。

6《造洋飯書》反應的食風

瑪妲的家鄉是美國南方阿拉巴馬州。對於阿拉巴馬州當時的烹飪，一般旅客都罕用恭維之詞。但從歷史的角度看，《造洋飯書》的確為我們保留了不少美國南方當年的烹飪風格，烘牛心、牛肝、熏牛腰子、豬肝、六種海蜊（蠔）的烹調方法、以及包米（玉米）、地蛋（薯仔）。這些內臟的食法當年也可見於好多本美國烹飪書，《維珍尼亞主婦》、《實務管家》等等。但是最早的美國烹飪書，一七九六年在北方出版的《美國烹調》（American Cookery），樹立了美國烹飪的自我風格，卻仍未收納玉米，只在一處提到乾蠔，也不教內臟的煮食。《造洋飯書》明顯反映的是美式烹調的另一時代及地區了。而書中的煮包米麵樸椗（Indian Pudding）當年很受歡迎，現在也只有在北方麻薩諸塞州才能偶瞥芳跡。

如果把她這本書的菜餚做法和清代華人的做法對比，我們其實會更明白華洋烹調的不同，為什麼在初步接觸時，來自英國和美國的人食不消中餐，而同樣地，華人也拒絕英美的菜餚。但是來自葡萄牙這些南歐國家的人對中餐沒有怨言。而我們今天也比較喜歡義大利、西班牙、葡萄牙的菜餚。

書中有道菜，她叫牛肉小炒（beef hash），實際上是烘，而不是中式的猛火炒。用料是牛肉、鹽、胡椒、蔥末、番茄醬、牛油、牛奶、地蛋（薯仔）。這些材料和牛肉的滋味化學成分都多重重疊。像牛肉和牛油自然相配，有八十處重疊，和番茄七十二種相似，薯仔六十二種相同，洋蔥最低只有三十。換言之，味道一致是這道牛肉小炒的特點。

如果拿相近年代的粵菜菜譜《美味求真》的炒牛肉比較，後者材料是牛肉、鹽、薑、苦瓜、旱芹、豆粉、糖、醋、麻油。除了豆粉，牛肉和其他滋味成分都不太相同，薑和牛肉味道二十八處相同、旱芹二十四，但醋十七，麻油三。糖和苦瓜更是完全不同。最相近牛肉味道的薑和旱芹，都比不上和洋蔥和牛肉的味道相似。中式菜餚特點是互不相干，甚至故意相衝，搭配成一種複雜味道的滋味宇宙。

這其實很有趣。華人文化信奉劃一，排斥異端。中式音樂力求一致相同，歐式則和而不同。和烹飪上的歐美力求一致，而中式和而不同，剛剛相反。近年來，有不少研究以大數據形式分析烹調菜餚的味道結構，便是指出西歐自古以來便是每道菜用料限於味道成分相同，東亞地區便相反地會刻意避放相似味道成分的材料在一起[19]。但這種搭配方法卻帶來一個效果，像上述的炒牛肉，華人當年會覺得美式牛肉味道太霸道、太濃郁又很單調。英國人美國人則以為牛肉應該只有鹹的味道，哪兒會一來就是甜酸苦辣鹹全齊！更不要說其他和牛肉無關的亂七八糟滋味。怪不得英美人和華人早期接觸，會互相指摘菜餚難食難聞。但南歐地區菜餚的味道結構和中餐一樣也是和而不同，盡量不用味道太相似的材料在一起。馬可波羅和其他南歐地區遊客嘗起中菜便臉有喜色，並無惱怒。

7 作廚子的，有三件事應留心

瑪妲和她丈夫以及同事成長時的美國南方，仍是解放黑奴戰爭之前。因此，她們一家的種族思想難免受到白人至上心態影響。而宗教更加深歧視，瑪妲和她的丈夫來大清傳教，心中覺得自己是上天眷顧的得道之人，而華人是等待拯救的低下民族。所以她來華時，有種族歧視或偏見，一點都不稀奇。她對她的家傭要求苛刻，用美國南方對黑奴的稱呼「boy」和「servant woman」稱呼他們。和幫她訪問村民的婦女關係也不好，再三衝突。

而烹調水平及衛生也似乎比自己的低很多，那就更容易加深偏見，把華人看低。

書開門見山，首先就教廚房條例：「作廚子的，有三件事應留心。第一，要將各樣器具、食物擺好，不可錯亂；第二，要按著時刻，該做什麼，就做，不可亂作，慌忙無主意；第三，要將各樣器具刷洗乾淨，食完了飯，當把器具洗淨，擦乾，放在原地方。若不洗不擦，不但不便，而且易壞。……煮飯的大爐，若有油膩落上，該立時擦去。但是，每一禮拜，雖無油膩也要擦一次……碗櫃，一禮拜一次，擦淨灰塵；一月一次，洗淨碗櫃……所有蛋皮、菜根、菜皮等類，不准丟在院內，必須放在筐裡……肉板、麵板使後即擦，不准別用……。」

當時，她接觸到的華人的烹飪衛生可能難以恭維。即是去到多年後，薛建猷一九三五年在山東鄉村建設研究所時寫的《鄉市衛生》內指出「我國鄉下人民，最不講究衛生……手指甲中是最髒不過，隨便拿著東西吃。……飲冷水，吃髒食。他們有幾句不衛生的諺語就是：『不乾不淨，吃了沒病』、『吃得躐蹋，做得菩薩』。談到食具那更污穢不堪，飯菜從不遮蓋，任憑蠅鼠吮食，塵土飛落。」瑪妲去了登州兩年後才寫好這本書，而不是在上海的前十二年，相信就是因為去到登州之後她遇上了更惡劣的衛生和飲食條件，所以她才有感而發，在書中特別重點強調廚師的清潔和衛生規則。

衛生條件也解釋了這本書的另一個特點，一本教西式烹飪的書竟然會半句不提沙拉，也不用綠葉菜。所有菜餚都必須煮過。

但是，只從種族歧視這種觀點來批評她，就會大錯特錯。

她在上海時，剛碰上小刀會占領上海縣城，殺了縣官。有天早上，聽到有人敲門，開窗一望，見到她家廚和十幾名大漢頭戴紅巾，手握長矛。她於是往他們喊：高第丕老師不在！他們聽完，向她鞠一鞠躬，然後離去。如果不是她平常對人好，應該不會有這種結果。在山東她讓家傭全家人都搬進她的屋內，過比一般登州平民更好的生活。她從不公開罵他們，且更不容許美國同工對家傭無禮喝罵。即使因為不滿意而辭退員工，她也會儘量幫她們找新的雇主。一八六七年捻軍在山東活動期間，不少難民湧進登州城。她在家中也收留了部分。

8 《造洋飯書》背後的女權

正如她的《造洋飯書》為西餐在中國的開先河，在男女平等方面，她也起了啟蒙作用。她堅信男女平等，不單是打破許多美國男尊女卑的禁忌，對華人她也一視同仁，寫「華人新娘」和「華人媳婦」希望把華裔婦女的受壓迫得以改變。她鼓吹男女平等，反對南方浸信會男女分別聚會的規條在華執行，大聲疾呼反對纏脚以及父母唯命的婚嫁，並且成功推動了好幾樁自由婚姻。雖然由於當時華人社會不接受男女同校，瑪妲在上海時辦了女校，但在登州就只能辦男生寄宿學校，她收生的要求卻是入學男生的姊妹也必須進讀其他傳教士辦的女校。她幾十年獨行獨往在登州鄉野傳教，樹立了一個獨行其是、不受男性束縛限制的女性模範給登州的婦女仿效。她在男校當教師，也是挑戰學生和家長固有的男女有別觀念。這家學校的畢業生許多後來都成為山東社會棟樑。據維基百科說，在山東省蓬萊市紫荊山街道的武霖基督教聖會堂內至今仍可見到高師母紀念碑。

她對女權的推行，並非無因。

如果瑪妲對華人有優越感，認為自己高人一等，是一種歧視，她自己卻也是受歧視者。

她是由美國教會派來中國的。而南方浸信會當時是一個父權唯上，對女性歧視的教會。正因為浸信會不肯讓婦女做傳教士，所以她為了要去中國傳教，只好急急忙忙和剛才相識三星期的傳教士高第丕（Tarleton Perry Crawford）結婚。終其一生，教會也不肯承認她在傳教士之妻的身份之外還應享有一名傳教士的地位。在教會的心中，只有男人才可以有資格稱為牧師和教會長老！即使寫她們傳教經歷的書，書題也只是《在華五十年，塔立頓．高第丕飽經滄桑的回憶錄》（Fifty Years in China an eventful memoir of Tarleton Perry Crawford, D. D.），將她當作隨同而已。按照在南方浸信會中最具影響力之一的牧師格雷夫（James Robinson Graves）的說法，上帝授予男性權力，使傭工和妻子都可以重新受訓、受提拔及信奉基督教。換言之，她只是比黑奴與其他民族高一級而已。然而，她不顧一切，仍舊忍辱負重，堅持下去。歷史家大都同意女性地位在南方浸信會提升，婦女可以成為浸信會傳教士都是由她在中國的傳教工作開始。

因此，我們應該理解《造洋飯書》其實並不是一本烹飪書那麼簡單。寫給廚師，並非是她自視高人一等，要人為她夫婦兩人下廚煮餐。她是在宣告，她不是來替她丈夫煮飯管家育兒，而是來傳教。這才是她的工作。為此，她必須有人為她做家務，使她有時間去訪問鄉民，宣揚信仰。這本書是她放下家務的其中一步。

9 瑪妲的蘋果

《造洋飯書》一書雖說是由三本書取料譯成，不算原創。但由於初衷只是為家廚而寫，所以內容還是很個人化。像雞蛋嗝格 eggnog 當年並不流行，完全不見於烹飪書中。書中有一個「小兒排」，內容和《比徹小姐的家庭食譜》的「小女孩餡餅」大同小異[20]。瑪妲卻把性別改了。

她寫成平果的蘋果在書中出現多次，有烘平果、煮平果花紅、平果絲、平果花紅醬、平果花紅凍、平果馬馬來。當然更少不了平果花紅排。蘋果排（派）是美國的愛國象徵，「像蘋果排（派）一樣地美國」（as American as apple pie）。一次世界大戰時士兵大聲喊著「為媽媽和蘋果派！」上戰場。

蘋果應該是她心愛的水果。但是，如果你想試做她的食譜，你就可能會像我們一樣，抓耳撓腮一番問哪裡去買蘋果花紅？網上買得到的花紅粉是工業染料，不是食用的。只有當你用沙果查，才會知道這就是她的蘋果花紅。

其實，這也很有趣。我們這一代人大概想像不到世界上可以很少、甚至沒有遍紅稍黃肉脆的蘋果。但是，《造洋飯書》出版的時候，山東蘋果並不是我們現在慣見的蘋果品種。現在這種蘋果是另一位美國傳教士倪維思（John L. Nevius）在一八七一才開始從美國帶來果苗，並在山東煙台種植的。

科學家目前相信蘋果最初的人類培植是在天山西邊的哈薩克。這種品種隨著遠古的足聲蹄聲傳到歐洲，經過和當他野蘋果雜交變出我們現在慣見的品種先祖。許多年後，這類蘋果再從歐洲傳去美洲。然後來到山東可以說是幾乎繞了世界一大圈。之前，在華夏地區生長的蘋果都是綿蘋果，和天山的蘋果老祖宗相近，沒有歐洲野蘋果的基因[21]。古代品種稱柰或林檎，但名稱很亂，花紅、沙果、楸子、海棠都屬同名之下。農業家現在跟基因把綿蘋果分兩種，但現代名稱是否真的和古代人說的名實同一，則無法考實。花紅／沙果的基因看來是天山蘋果東來後，被培植成比較甜味的品種，但仍舊有點酸味。所以用時，口感和甜酸感都和脆蘋果不同。瑪姐應該是勉強才能買得到脆蘋果，常見的只是綿蘋果。所以在她食譜中，蘋果花紅是用綿軟的蘋果。烘蘋果要用大蘋果，意思不是體積大小，而是脆蘋果，因為這種就是小的也通常會比綿蘋果大。

但以前沒有現代蘋果，華人就沒有用蘋果做過甜品？那又不是。《山家清供》裡就有提供大柰糕的做法。《事林廣記》也有砂糖和青林檎做的燒林檎。但《齊民要術》的林檎麨就應該只是乾林檎粉而已。

書中她有許多自創字和罕見字，custard 譯成⿰口刻嗧呔，刻、師兩字加多口旁。這兩個《康熙字典》和《漢語大字典》都不見的字⿰口刻、嗧，應該是她自創的。她後來大概忘了，又把 custard 譯成刻嗯嗒，同樣自創了一個不存在的嗯字，eggnog 的⿰口𡿺同樣是原創字。她教煮熟魚後放雞蛋丁、奶油和罕見字⿰口开咟嘶譯名的用料。

如果是她一人完成，沒有靠教她中文的老師，可以說是驚人的成就。

10 瑪妲的樸定和信不斷

瑪妲應該是很喜歡甜食的。她在《造洋飯書》中教做糕餅、饅頭（麵包），排（餡餅）和樸定（布甸、布丁）做法數目多過教做肉菜和湯。單就樸定就有十四種。其中一段教做「飯樸定」：「把米洗淨，煮一刻時候，加鹽，蓖去飯湯，加牛奶煮成厚粥，盛在幾個茶杯內，冷後，將各杯內粥倒在大盆內，每個用小匙挖一個洞，加上糖食，拿冷啲嘛呔倒在上面。照第二法做厚粥，冷後切成片，放於樸定盆內，一層凍粥，一層鉋好的蘋果、糖、香料，層層加滿，把厚粥蓋在上面，用匙攤平，烘三刻時候，蘋果熟時可食。不用蘋果、花紅，刻用桃、梨等果烘之。」

既然瑪妲那麼喜歡布丁，就請她食個棗泥西米布丁，她喜歡的布丁加進華人的材料！另外就請她食曲奇三文治*。英國人稱為餅乾 biscuit 的，美國人叫曲奇 cookie。字來自荷蘭字 koekje 小糕。她當然知道三文治是什麼，這是十八世紀中期，英國嗜賭如命的三文治伯爵（Earl of Sandwich）賭到興起連餐都要邊打牌邊食，所創的。在瑪妲來華之前，美國烹飪書上都有教做了。但她未必熟曲奇之名，因為雖然十九世紀初已經出現，在她年代的烹飪書上都未見芳蹤。然而，她在書中有教做的「信不斷」（jumbles），現在也算是曲奇的一種。至於曲奇三文治這名稱，那更是要到二十世紀初以三文治餅乾（sandwich biscuit）之名才在美國露面。在她的年代，她應該只聽過曲奇三文治的始祖，法國馬卡龍（macaron）的大名。

* 由於讀音不同，粵語稱為三文治，國語區則稱為三明治。

棗泥西米布丁

曲奇三文治

Recipe

棗泥西米布丁（6 杯份）

紅棗有一種十分吸引人的棗香味，一聞到這種香味就不由自主味蕾大開。震遐更是棗泥迷。自必然要千方百計尋找好食的棗泥。

雖然台灣出品算是很不錯了，但始終不是百分百的純棗泥味。基於這個原因決定自己做。由於比較麻煩所以每次都做一大盒，放在冰箱裡慢慢食。有一天趁着做棗泥多煮一些紅棗，做了一個棗泥年糕自己都覺得很滿意。

- 新疆紅棗 1500 克，用水 4 杯煮軟。過網成棗蓉，必須過網多次至完全滑泥狀。
- 冰糖 80 克打成糊狀，加油炒 30 分鐘。
- 西米 80 克、水 1000 毫升、糖 80 克、蛋黃 4、牛油 40 克。
- 水煮開後下，加西米，中火滾 15 分鐘，加糖、蛋黃、牛油。
- 生粉 22 克、吉士粉 22 克、鮮奶 100 毫升，三種材料拌勻，加入西米中小火煮至香味溢出，約 1 分鐘後熄火。
- 將以上糊和棗泥注入焗杯內，先放西米糊，再放棗泥，再一層西米糊。
- 預熱焗爐至攝氏 200 度。放棗泥西米布丁放焗爐 30 分鐘，見表面焦黃即好。

Recipe

曲奇三文治（14 客份）

下午茶時做了一個松子、核桃和夏威夷果仁的曲奇三文治。中間夾住牛油、雞蛋、糖、杏仁粉、檸檬汁及檸檬皮做的 Cream。和一般的夾心餅不同是不會過甜，微酸並帶有檸檬皮的香味。伴着略略苦味的紅茶是一個不錯的選擇。

曲奇
- 牛油 126 克、細砂糖 70 克、蛋黃 2 隻、香草 2 茶匙、麵粉 250 克。
- 松子 10 克、核桃 15 克、夏威夷果仁 15 克，共 40 克，切碎。

- 鹽 1/8 茶匙。
- 放牛油及糖入大碗拌勻成漿狀。
- 加入蛋黃及香草，拌勻。
- 篩入麵粉，加鹽，拌勻。
- 加入雜果拌勻。
- 麵團放入冰箱冷卻過夜。

餡

- 蛋 225 克、細砂糖 240 克、檸檬皮 8 克、檸檬汁 160 克、牛油 350 克、杏仁粉 100 克。
- 糖、檸檬皮用手揸在一起。
- 檸檬汁、檸皮糖混合物、蛋，放入大碗中，坐在熱水上，不斷打至攝氏 83-84 度。
- 涼至攝氏 60 度，加入牛油塊，不斷打約 10 分鐘。
- 把打好的材料放入焗盒中，盒上按放保鮮膜，冷卻後放入冰箱過夜。

第一天

- 做好麵團和餡料，放入冰箱。

第二天

- 焗爐校至攝氏 190 度（溫度及時間視爐而異，朋友用攝氏 170 度烤 13 分鐘）。
- 取出麵團切成 5 公釐厚，放焗盤上。
- 焗 15 分鐘。
- 取出餡料，加入杏仁粉拌勻，放入唧袋中備用。
- 餅烘焙好，冷卻後，塗上餡料。

第二十三章　請法蘭茲．約瑟夫一世食什麼好？

1 不能錯過的午餐

難怪法蘭茲．約瑟夫一世（Franz Joseph I）受奧地利人民敬愛。

華人幾千年來世世代代強調忠君。為君王殉節的人也不少。但是，誰也想不起哪一位華夏地區統治者可以說是真正曾經被人民愛過。

同樣曾是皇城，北京的故宮和維也納的皇宮各有千秋。但是去到民房，就無法並論。在維也納舊城區和鄰近地區走，建築的氣派和照片上當年北京老百姓生活行走的環境兩相比較，便知道華人的盛世往往只是朝廷富、官府富，不見得是百姓也富。

清朝皇室收藏的珍貴文物和藝術品，一直都只有皇上和身邊的人有福玩賞。洋人闖進皇宮和圓明園，有些華人覺得是奇恥大辱。但是大清一代，沒一位普通老百姓可以目睹裡面的一磚一物，更甭想去欣賞其中珍藏。

奧匈帝國皇帝法蘭茲．約瑟夫一世卻要讓人民都有機會欣賞皇室收藏的美術品而起了藝術史博物館

（Kunsthistorisches Museum）。

從歌劇院，往左信步不久，便可以見到兩座巨型建築，藝術史博物館和自然史博物館。實為美術館的藝術史博物館一八八一年落成，觀眾卻要企頸以待，苦等裝飾完成足足十一年才能進入。

但這苦等卻是物有所值。建築不是金玉其外而已，踏足進去就是置身於一座古典美術品。單是那令人目不暇接，美輪美奐的大堂、氣派十足的大理石梯級、以及天花及四周布滿的壁畫都已經夠人觀摩多時。一樓前庭的博物館餐廳，菜餚雖然無驚喜可言，氣氛卻是世上罕見其匹。我們本來只是打算來看畫，走到這裡也禁不住要腳步放慢，明明掃完早餐不久竟也胃酸上湧，食慾難拒！在那裡用饍，人就宛如回到暱稱茜茜（Sisi）的依莉莎白皇后（Elisabeth von Österreich-Ungarn）在維也納受民眾夾道歡呼的時代。紅顏薄命如斯的她不知道有沒有來過此處用饍？看她的畫像，真難明白她的夫君法蘭茲．約瑟夫一世為何會只愛江山不愛美人，長期都冷落她。難道真相是有些人所說的，其實是法蘭茲．約瑟夫單戀，在她十六歲芳齡就娶她進宮？但她未嘗愛過他，所以才會年復一年外出，遍遊歐洲各地。

在這博物館觀畫豈止只是賞心悅目。香港、上海、台北的美術館都只著重提供讓人走過陳列品的空間。藝術史博物館卻真的很體貼欣賞美術的人。每一間展覽室中間面向四壁都有舒適的沙發供人坐，讓人可以慢慢凝神享受眼福，更當然不用擔憂流連多時雙腳疲憊如何是好。

2 畫裡的飲食

在這美術館眾多古典名畫中，不少和食有關。十六世紀的西歐很幸運，戰亂少，天災也少，只是偶爾出現局部地區性的災荒。老布勒哲爾（Pieter Bruegel the Elder）在一五六八年畫的〈農民婚禮〉（Die Bauernhochzeit），新娘得意到滿臉傻笑，一桌親友興高采烈。十九世紀之前，歐洲大陸地區只有貴族和大富人家才知肉味，一般農戶只有在過年過節和特別喜慶日子才和肉打交道。〈農民婚禮〉畫上看得出當時的人主要是食餡餅或者麥片粥。老布勒哲爾的兒子小布勒哲爾（Pieter Bruegel the Younger）五十年後在一六一六年畫的〈農民婚宴舞〉（Tanz der Bauern im Freien），桌上盤中所見似乎也沒有什麼改進，還是餡餅之類。雖然沒有大魚大肉，圖上所見的農民卻身壯體健，可見不會欠缺營養。

老布勒哲爾
〈農民婚禮〉

這應該是西歐營養改善的年代。哥倫布未去美洲之前，西歐的農民只是食餅、燕麥和蔬菜。由於糧食種植不易，飢荒經常出現。發現美洲之後，食品多了來自北美的玉蜀黍、薯仔、山藥、樹薯粉、南瓜、矮瓜、番茄及各種菜豆等等。

過去，一般以為玉蜀黍先是兜了個圈，一五二〇年代去了中東，幾十年之後才傳到中歐。其實不然。阿戈斯蒂諾．基吉（Agostino Andrea Chigi）從家鄉西恩納（Sienna）去到羅馬，靠做銀行家發跡之後在一五〇六至一五一〇年間起了座豪宅。如果去這座法爾內西納別墅（Villa Farnesina），或者去梵蒂岡一五一七年左右完成的濕壁畫，便都可以清楚看得見玉蜀黍的形象[1]，說明當時已有人開始種植。之後幾十年，德國和義大利北部玉蜀黍種植更見廣泛。和傳統華人畫家的菜果繪畫範圍狹窄不同，西方畫家在植物畫中合併美術與科學觀察。以蔬菜、水果、樹、和花堆砌成人像，而聞名的畫家阿爾欽博托（Giuseppe Arcimboldo）在一五七三年與一五九〇年畫的〈夏〉和〈魯道夫二世〉（Rudolph II）上便都可以見到由玉蜀黍形成臉部和耳朵。

到了十七世紀，玉米已經是南歐地區農民和畜牧的主食。

相比起來，十六世紀華人在糧食方面就沒有那麼幸運。明朝初葉災荒只是偶發，鄺璠於明弘治六年（一四九三）首刻的《便民圖纂》內有一幅插圖〈田家樂〉，畫中的農民正在慶祝豐收，大家都食得興高采烈，有位還大概食得過多，忍不住要嘔吐！二十年後，此情不再。正德十一年（一五一六）京師、德平、靖州旱災。周臣該年畫〈乞食圖〉。把畫中瘦骨嶙峋、衣不蔽體的流民和〈田家樂〉相比，則會感覺，明朝已經出現敗象。跟著下來每隔幾年各地都會出現旱災、餓死和飢民相食。

3 西門慶的玉米

我們這世紀的人擔心溫室效應，驚呼兩極的冰川溶解，憂慮氣溫上升對農業和疾病的影響。明朝中後期卻是氣溫下降，一五〇九年，潮州居然積雪尺許！氣溫下降向來和明代自然災害及戰爭有關[2]，內生騷亂，外來北方游牧民族南下。正德開始，明朝進入災荒多發時期，嘉靖年代更是有明以來，最多災荒的[3]。單是一五五八年，北受土蠻侵犯遼陽、薊鎮。西有蒙古俺答犯大同、南有廣東流寇。山東、河南、湖北各地都有嚴重災情。嘉靖之後，戰亂繼續頻仍，各地災荒此起彼伏，無年不有。老布勒哲爾畫〈農民婚禮〉的那年，一五六八，是明穆宗朱載坖的隆慶二年。從這年到小布勒哲爾一六一六年畫〈農民婚宴舞〉時，五十年中，明代不是旱災就是水災，「民大飢，食糠秕，繼以草根木葉……」。

當時的農產品豐收還是歉收很受天公主裁。明代的糧食主要靠水稻，霜凍和冷害都會減少稻米產量。玉米、甘薯和薯仔都比較耐旱抗澇，即使砂礫瘠土都可種植，在旱災時應該仍可提供糧食。但是玉米，甘薯和薯仔不只是進入中土比西方為遲，廣泛耕種更是遲。玉米和甘薯雖然在明代後期開始引進，真正大規模推廣還要等到清代乾隆、嘉慶之際。

十六世紀中期時，李時珍雖然知道有玉米，卻發現極少人種。但去到十六世紀末期，玉米已經成為高級食品。當時的小說《金瓶梅》在三十一回便有「迎春從上邊拿下一盤子燒鵝肉、一碟玉米麵玫瑰果餡蒸餅兒……」，三十五回西門慶請應伯爵、謝希大、韓道國食飯，剛入席「登時四盤四碗拿來，桌上搬了許多嗄飯，吃不了，又是兩大盤玉米麵鵝油蒸餅兒堆集的」。

到了清朝，成為一般人的食品之後，農民才可增加米的出售，有利清代中後期的人口和經濟發展。有學者估計清代，北方有玉米參加輪作複種的耕地，比不種玉米的耕地可增產百分之三十二・七，南方百分之二十八・三；在同塊土地上種植番薯，比不種番薯的，北方可增產百分之五十，南方可增產百分之八十六・七[4]。

但這已是後話。

4 晚餐桌上的皇朝

法蘭茲．約瑟夫一世在位幾乎六十八年，比乾隆的六十四年還要長。他統治奧匈帝國的時間（一八四八－一九一六）與慈禧兩宮聽政及獨攬大權四十七年（一八六一－一九〇八）的時代多年疊合。奧匈帝國人口五千多萬，地占六十二萬一千五百三十八平方公里，大清人口四億多，地占一千三百多萬平方公里。兩人都是面臨風雨飄搖，帝國黃昏、財政緊絀時刻。

法蘭茲．約瑟夫一世和慈禧都是早起工作的。但我們不能憑起床時間判斷是否勤政，因為在沒有電力照明的年代，如果是入夜不久就上床，到清晨三、四點睡眠時間其實也差不多夠了。而且除非知道一天時間安排，更無法知悉早朝之後，其他時間忙於什麼，實際工作時間多久。但從食的方面看兩位就有天涯之別。

慈禧食用毫不節儉。每天伙食費就要六十兩白銀，相等於七千多斤大米的價錢。[5]只要看她這一頓晚餐就會明白為什麼要那麼多錢：

養心殿晚膳

口蘑肥雞、三鮮鴨子、肥雞絲木耳、肘子、炖吊子、肉片炖白菜、大炒肉、雞湯白菜、味羊肉汆黃瓜、豆秧汆銀魚、鮮蝦丸子、肉片炖蘿蔔白菜、排骨、醬爆肉、鑲冬瓜、熏雞絲、熘脊髓、里脊丁黃瓜醬、肉片燜雲藊豆、冬筍絲炒肉、包三樣、炒苜蓿肉、炸汁、小蔥炒肉、口蘑羅漢麵筋、烹掐菜、蘇造五香肉、豬肉絲湯、脂油方脯白蜂糕、豆腐湯、老米膳、溪膳、早稻粳米粥、甜醬粥、熇米粥、小米粥。

當年的奧匈帝國的子民，總共有十四種語言。法蘭茲．約瑟夫一世是一位開明皇帝，他不願像秦始皇那樣一統天下，消滅春秋時代華夏地區多樣化下洶湧澎湃的創意。所有十四種語言及文化都受到尊重及保障。他童年時的教育已經包括帝國領土說寫的德語、匈牙利語、波蘭語、義大利語和捷克語。此外，他還學會了法文、拉丁文和希臘文。法蘭茲．約瑟夫一世執政時，維也納的烹調多色多樣，除了奧地利本邦美食，還有的是帝國各地的風味，匈牙利的蔬菜燉牛肉（gulyás）、來自當時屬於帝國領土的米蘭的維也納炸肉排（Wiener schnitzel）、斯拉夫地區的切巴契契雜肉卷（ћевапчићи）等等。

但是，我們知道法蘭茲．約瑟夫一世只食簡單的早餐，對一般餐飲要求不高，經常只是狼吞虎嚥，幾分鐘食完一盤。有時，飲杯牛奶，食個黑麥麵包，就算一餐。午餐十二點到十二點半，三道。晚餐五點鐘，四道，主菜幾乎晚晚都萬宗不變，只是重複食水煮牛臀蓋肉（Tafelspitz）。比起慈禧御饍的千變萬化，單調得多。水煮牛臀蓋當年是一牛兩食，上好的臀蓋肉慢火煨了幾小時後，嫩後撈起。先飲湯，才上牛臀尖肉、紅蘿蔔、黃蘿蔔、歐洲蘿蔔、拉維紀草、大蔥、芹菜、歐芹根及辣根醬。可能因為皇上愛好，維也納平民百姓家家戶戶當年也爭相仿效，莫不每週都要幾次水煮牛臀肉雜菜。

皇上那麼好食，是不是真的很好食？很可惜，我們在維也納，沒有嘗過什麼特別值得懷念的水煮牛臀蓋肉。不知道，究竟這道菜正確做法已經失傳了，還是當年的水平要求不高？

5 皇上的水煮牛肉

皇上雖然食得簡單和快，卻不是對飲食完全沒有要求。據他的貼身男僕說，有次奧匈帝國和德意志帝國舉行聯合軍事演習。午餐的湯和肉都糟透，德國皇帝和軍官照食不誤，法蘭茲．約瑟夫一世卻隨即向附近的酒店叫了菜。

看來，水煮牛臀蓋肉如今不怎麼，應該是現在偷工減料，沒有按照要求。當年即使在民間食，水煮牛臀蓋肉都不是尋常事。像讀張岱對金陵美食的回憶一樣，試看美食家約瑟．韋克斯伯格（Joseph Wechsberg）的解釋[6]：當年在 Meissl & Schadn 酒店的餐廳，只有鄉巴佬首次光臨才立即叫牛臀蓋肉，似乎天下只有一種肉。懂食的是會指明要什麼部分的肉，前腿肩胛肉（Schulterscherzl），或較高、相近華人翼板頂肉（Kavalierspitz）。皇上和大臣喜歡的是小牛尾巴根的臀蓋肉（Tafelspitz）。雖然餐廳推薦最美味的應該是嫩角尖肉（Hiefer-schwanzl）。

這可不是一般食牛肉。像日本的和牛，Meissl & Schadn 有自己的私有牧場，牛餵食糖蜜和甜菜糊。適時宰殺後，肉先掛懸兩星期才用。

上菜時，侍應會端一只蓋著的大銀盤到你桌前，然後恭立，等候助手把辣根、芥末、水煮薯仔、捲心菜、波菜和泡菜一一放齊在你身旁的小几。酒水倒完，侍應才會走前，掀開盤蓋，讓你眼見那塊美妙香嫩，嫩到不用刀，用叉就可挑起放進嘴的肉塊。

你要點點頭，表示滿意。然後侍應才敢踏前一步。把肉放在暖好的碟子，畢恭畢敬地放在你桌子上。

如果你飢不擇食，馬上舉起刀叉搶著食那口入口即化的肉，那你就丟人現眼了。

且慢，你仍未可撿起刀叉。你要等侍應退後一步，等他往總管望一眼。你也要跟隨向總管望。

然後，總管才會瞇着眼用他熟練的眼掃描桌上擺好的肉、菜、酒水。你要等他點頭，表示一切合格，夠標準讓你這位貴客食，才可舉起刀叉把那等候已久的美食放進你的嘴。

可惜，這家馬勒（Gustav Mahler）、史特勞斯（Richard Strauss）、佛洛伊德等十九、二十世紀奧匈帝國君臣名士無不光顧的 Meissl & Schadn，在二次大戰後關門榮休。現在的，只是同名同姓而已。

6 維也納的甜食

還好，法蘭茲．約瑟夫一世和茜茜當年喜愛的甜食店德梅爾（Demel）還在。維也納今時仍是甜食之都，單是從一家走到另一家咖啡店，飲一杯香濃乳油的維也納咖啡，嘗一塊鬆軟柔滑的鎮店蛋糕，已經是遊客值得留連多天的節目。米蘭的蛋糕精雕細鏤，巴黎的富麗莊重，巴塞隆納的熱情豪放，而維也納的依舊如帝國年代那樣豐艷縱慾，使你非得食完一家再去另一家品嘗。你絕不會失望，像觀看克林姆（Gustav Klimt）、席勒（Egon Schiele）、柯克西卡（Oskar Kokoschka）等人的畫都風騷各異，並不相同。

法蘭茲．約瑟夫一世雖然對餐飲不甚講究，在糕餅方面卻當然不可以不留下一絲痕跡。

帝皇垃雜（Kaiserschmarrn）這道蓬鬆碎班戟的來源有很多傳說。有說是法蘭茲．約瑟夫和愛妻在宮中用餐，茜茜想食甜品，但力求身材苗條的她，嘗了這道班戟煎餅一口就嫌過於濃郁，不願再碰。倒是法蘭茲．約瑟夫搶過來，邊罵：「廚房弄了什麼 Schmarrn 垃雜東西來？」邊試一口。怎知，竟是一食鍾情！

另一個版本則說，法蘭茲．約瑟夫在郊野打獵，飢腸轆轆之下走馬到農家求助。倉卒之間，主人沒有什麼佳餚可以給皇上食，臨急臨忙只好做出一份鄉下人食的斬柴人垃雜（Holzfällerschmarrn）改良版，加進牛奶、雞蛋和葡萄乾。傳回宮後就升級改名為帝皇垃雜。

帝皇垃雜不只是和法蘭茲．約瑟夫一世有各種傳說，更還能使人時光倒流，感到奧匈帝國當年的輝煌及滄桑。去東歐旅行，就可在曾經都屬於帝國版圖的地區一一再品，匈牙利叫 császármorzsa、斯洛維尼亞叫 cesarski praženec、捷克叫 kajzršmorn、克羅埃西亞叫 kajzeršmar。

如果帝皇垃雜不是你那口餅食，我們食過最美味的維也納蘋果卷（Apfelstrudel）不是在十七世紀發源地維也納，而是在布拉提斯拉瓦（Bratislava），斯洛伐克的首都一家小店。這已經應該讓你想知兩國當年關係，為何和奧地利組成一國幾百多年後斯洛伐克仍有自己的語言及文化。

如果甜品不是你所好，沒有關係。早點起來，去咖啡館食早餐。皇上在未登基之前也許去過，但他那種認真趕時的態度會和咖啡館格格不入。我們有年去到中央咖啡館，半小時過了，早餐還沒有上桌。同行的朋友忍不住，催。「我又不會飛」是侍應的回答。

你要像幾百年來的顧客，慢條斯理，看早報，聊天下大事，文學、美學、藝術，別要急，讓世上一切的悲歡苦樂都在窗外滑走。然後，你會得到好咖啡好餐餚，使你一再想回去。

7 滄桑盡在國宴中

食，的確可以反映許多歷史。在東歐旅行，你到處都會找到和奧匈帝國相關的歷史。在塞拉耶佛一個不顯眼的小街轉角，你會找到一幅碑告訴你這是法蘭茲．約瑟夫一世的皇儲法蘭茲．斐迪南大公爵（Franz Ferdinand von Österreich-Este）被暗殺的地點。走不久，有很多食店，菜餚接近中東風味。布達佩斯小店的匈牙利蔬菜燉牛肉當然也是帝國時代維也納的菜單常客……。

這是一八九一年十一月，法蘭茲．約瑟夫一世和茜茜宴請薩克森國皇及皇后（King Albert and Queen Carola of Saxony）的餐宴，一百七十三人客，十四道菜，下午四點鐘開始。法蘭茲．約瑟夫一世平時是以快食著名，即使十四道菜如果只是和大臣食，也要風捲雲散式在一小時內完結。這次應該是例外地費時。

因此，請了愛德華．史特勞斯（Eduard Strauß）指揮樂隊伴奏。選曲也凸顯出奧匈帝國當年在樂壇上的威風：除了他和兩位哥哥的多首華爾滋及波爾卡舞曲之外，各占一曲的蕭邦、馬斯卡尼（Pietro Mascagni）也可算是和奧匈帝國有關，因為波蘭當時由帝國和德國瓜分，義大利北部也屬奧匈帝國。所以只有德國舒曼的一首，以及俄羅斯魯賓斯坦（Rubinstein）、和法國比才（Bizet）的片斷，才默認帝國之外也有可取的音樂！*

* 感謝 Ingrid Haslinger 博士特地查核奧地利國家檔案並為我們提供這段資料。

菜餚名稱法式，產品來自歐洲各地，顯示出帝國的氣派。

前菜是來自比利時的新鮮蠔。

英式濃湯後，主菜海陸空全齊：水有龍蝦泡芙、拉维戈特汁*魚子醬沙文魚排、地有奧地利茨威格酒醬牛排、扁桃汁燉連翼雞胸肉伴鵝肝慕斯、天上更降百靈鳥釀鵝肝。

雪葩清口後，再上烘燒野雞沙拉及水果蜜餞、洋薊心伴嫩青豆、然後以菠蘿塊蓉餡糕、芝士、草莓白咖啡雪糕、和各式甜品圓場。

特別的是為德意志帝國成員之一的薩克森國，國皇伉儷設宴，宴席上卻有三道菜和英國有關：以英女皇維多利亞少年時住過的 Wynnstay 莊園為名的濃海鮮奶油韭蔥湯、維多利亞式龍蝦黑露松慕斯泡芙、以及喬治皇帝式扁桃汁燉連翼雞胸肉。

翻查歷史，我們才會恍然大悟，明白為什麼席上有這三道菜。原來薩克森國皇和英國維多利亞女皇是親戚。英國現今的溫莎皇朝，其實就是薩克森國皇的薩克森-科堡-哥達皇朝（Sachsen-Coburg und Gotha）的分支。維多利亞母親來自此皇朝，維多利亞的夫婿也是此皇朝成員。由於親上加親，維多利亞死後，她的兒子便正式將英國皇朝稱為薩克森-科堡-哥達皇朝。所以宴席上這三道菜也就是客人的皇朝菜。

雖然國宴餐牌用法文和英國色彩濃厚的菜餚請客，英法在這宴席二十三年後的世界戰爭中會和奧匈帝國對敵。英、德也將會兵戈相對。戰後，英國皇室為了平息人民仇德情緒，把皇朝名稱更改為現在所用的溫莎皇朝。和華人的歷代皇朝不同，國家不是一個皇朝的私有財產，而是屬於人民的。

在這宴席二十二年後，德意志帝國皇帝威廉二世（Willhelm II）在柏林為女兒出嫁舉辦了一次午宴。即使是唯一女兒，即使遠隔萬里的日本和美國傳媒都派員採訪報導，即使來賓千人以上，德國人的實用價值表露無遺在簡約很多的婚宴中。

在這歐洲大國君皇最後一次的聚會上，餐牌不用法文，用德文。表示德意志已經不再將當年法國菜是美食標準的看法放在眼中。

沒有前菜，一上就是尋常人家都能享用的甲魚湯。跟著的比利時比目魚和醬是唯一給外鄉人的讓步。隨後，都是德國人喜愛的食風，閹母雞義大利醬、火腿新鮮羊肚菌鍋、鹿背肉沙拉。之後便是雪糕、芝士和甜品。感覺上，沒有一道菜不是任何比較富裕家庭都食得起的。

法蘭茲．約瑟夫一世當時大概因為歲數大，沒有參加這次宴會。他的皇儲一年後在塞拉耶佛遭受暗殺，觸發了第一次世界大戰。出席的嘉賓包括英國的喬治五世（George V）伉儷和俄羅斯的尼古拉二世（Nicholas II of Russia）。三人和威廉二世不再會有機會重逢。儘管威廉二世和喬治五世是表兄弟。他們的兩國聯盟不同，陷入兵戎相見。威廉二世在戰後被迫退位。由於英國戰後繼續仇德，喬治五世把家族的德國姓刪除。尼古拉二世在極嚴密保安下從俄羅斯來到柏林，也沒想到德俄很快成為敵人。他會被戰爭觸發的革命推翻。

* 拉维戈特酱 Ravigote 汁是用洋蔥、刺山柑、芥末、山蘿蔔／香葉芹做的醬汁。

宴會那天早上，托洛斯基（Leon Trotsky）大概在維也納的中央咖啡館下棋。希特勒也許在維也納的西火車站附近發愁，今天賣不出去水彩畫怎樣辦？都是那該死的猶太人控制的維也納美術學院，居然看不起我的傑作！

那麼，請法蘭茲．約瑟夫食什麼好呢？

他對中菜應該是知道很少。奧匈帝國和大清來往不多，帝國手上已經太多事要理。八國聯軍時，奧匈帝國礙於情面和歐洲其他國家聯手，但只是派了象徵式的兩百多名士兵軍隊。之後，得到了天津○．六平方公里的租界，留下在海河岸上很維也納式的建築。但可能因為只持續了十五年，沒有為天津留下任何奧地利美食。

法蘭茲．約瑟夫喜歡打獵，在郊野地區追逐半天，食總會是問題。也許給他試個粽子，會給他一個驚喜，即使是冷了，粽子還是既可充饑，又味道不錯。可稱是一流的郊野遠行的良饍。

但既然他那麼喜歡食水煮牛肉，又不愛排場，索性請他來一碗牛肉湯河吧。茜茜喜歡旅行，走遍歐洲各地，他卻是極少出國，所以給他一個異國風味的菜餚，也可當作是一種虛擬旅行吧！

Recipe

牛肉湯河

- 牛肉 2 斤、牛骨 2 斤半、水 6 公升、鹽 1 湯匙、魚露 7 湯匙、洋蔥 2 個大的、薑 1 大塊。
- 桂皮 2、八角 3、白胡椒、草果 2、芫茜頭，全烤香。放河粉上。
- 洋蔥絲切很細，在冰水中洗一下。
- 生牛肉片。
- 蔥花、芫茜、指天椒、青檸、九層塔、豆芽。
- 汁成分比：糖 4、水 3、檸汁 2、魚露 2。

牛肉湯河的河是指河粉，由大米磨成粉，蒸成片後切條而成。相傳是在清朝廣州沙河出現，所以正名是沙河粉，不過大家都縮成叫河粉。比較寬的陳村粉是另一種米粉。但河粉實際上和福建的貴刁（粿條）、客家人的粄條大同小異，來源已經很難澄清。風捲全球的越南河粉（pho）極可能是粵式河粉去越南後，像星馬一帶的 Peranakan 菜一樣，揉合了當地香料和調味料而成。有說 pho 是由河粉兩字的粵語讀音合拼濃縮變出。

跟著，請他食驢打滾，這是滿族小食，也是宮廷中的食品。名稱來源傳聞紛紜，康熙、香妃、慈禧全都說是有關，但基本上不離色相使人想起驢子在黃土中打滾。最初是以黃米捲紅糖做，清末《燕都小食品雜詠》云：「紅糖水餡巧安排，黃麵成團豆裡埋。何事群呼驢打滾，稱名未免近詼諧。」但現代一般用糯米捲豆沙。八〇年代時蒙協和醫院趙教授幫忙，在北京仿膳飯莊觀摩過製作過程，得到啟發。

Recipe

驢打滾

- 糯米粉 400 克、冰糖 100 克、棗泥、黃豆粉。
- 將糯米粉放入器皿，慢慢逐小注入室溫水，順方向攪拌，直至粉漿順滑，無粉粒。用薄碟或者淺器皿，碟底搽油，注入粉漿，用保鮮紙蓋在碟上，用牙簽在保鮮紙上刺穿幾個小孔，以便疏氣，蒸 20 至 30 分鐘。蒸熟後，放涼一會。
- 黃豆粉，爐烤過，過篩在砧板上，再放入蒸熟的糯米粉團，粉團兩邊都要均勻沾上黃豆粉。
- 放一張保鮮紙在粉團上面，用棍推致薄長方形，愈薄愈軟，口感更佳。
- 放棗泥在長形保鮮紙上，用刀推平，對折保鮮紙，再用棍推棗泥成薄薄長方形後放棗泥在粉團上（直接塗棗泥在粉皮上較難均勻）。最長一邊用手輕輕覆上去，捲成一條長筒狀。然後將已捲起的長條，放在保鮮紙上，似做壽司樣捲起，然後慢慢在中間向兩邊揸及推，使長條形狀均勻。取去保鮮紙後，放長條在砧板上，切去頭尾不均勻的粉皮，再切成一段段，大約兩公分，灑上過篩的黃豆粉，就成為美味，柔軟的驢打滾。

注意事項

- 可以用棗泥或紅豆蓉，棗泥會比較甜及味道香濃！如果用紅豆蓉就加冰糖。
- 黃豆粉可以自己做或現成買。自己做會更香！
- 下刀要快斬切。

第二十四章　請王清福食什麼好？

1 最早介紹中餐的人

美國的第一本中菜食譜出版在一九一一年，作者是潔西．諾頓（Jessie Louise Nolton）。書名叫《居家廚房的中式烹飪：如何在家裡做最流行的中菜》（Chinese cookery in the home kitchen: being preparation of the most popular Chinese dishes at home）。許多年後，楊步偉才和她的丈夫趙元任寫下成為經典之作的《中式煮食》（How to Cook and Eat in Chinese）。但首先用流利英文向美國人講解中菜的，卻是更早的王清福[1]。

瑪妲．高第丕在一八六六年出版第一本中文的西餐烹飪書《造洋飯書》前三年，去了山東登州。這會是她以後幾十年的傳教地區。當時，南方浸信會在山東有不少傳教士。其中兩位花薩利（Sallie Little Holmes）和她的丈夫花雅各（J. Landrum Holmes）去了登州以東六十英里的芝罘。不久之後，他們收養了兩名華裔孩子。其中一位是王清福。

王清福家境原本應該很好。但是，族人欺負他父親，把家產剝奪。父子兩人流落街頭，父親無法照顧清福，只好把他送給人。清福於是輾轉去到花雅各家。同胞使他蒙難，在這兩位美國人家庭他卻得到溫暖。

豈知，一個月後，花雅各被殺害。捻軍和清軍作戰中，局勢緊張，連葬都要在海上荒島陀螺頂[2]。但花薩利個性堅強，沒有選擇放棄傳道工作，只是舉家搬遷去登州，和瑪姐．高第丕住一起。不只是清福同行，連他父親也都一起帶去。七年後，二十歲那年，他跟了花薩利去美國，唸了年多書，然後回到登州結婚，工作。但是，兩年後，因為反清活動被通緝，被迫匆匆忙忙濳回美國。一年後，一八七四年，他成為第二名華裔的美國歸化公民。

雖然花薩利本意是把他培養成基督教牧師，這時，清福在美國卻宣布要做佛教傳道士。但是他主力實際上是用在宣揚中華文化以及替海外華人出聲。由於他中英文都流利暢順，便可以靠演講和寫作、甚至富人贊助來維生。他演講中往往鼓吹反清情緒。一八七四年他在《紐約時報》撰文描述華人賣豬仔去古巴的慘情，怪責清政府對人民視若無睹，引起清廷注意。那時，清政府並無駐在美國的使節，但是親政府的容閎正在北美安排幼童留學事宜。由於是耶魯大學畢業，容閎在美國人脈和情面都非常。很快，美國報章便出現對清福的人身攻擊，清政府恭親王也親筆寫信美國使館要求引渡清福回大清國。還好，美國政府沒有這樣做。

清福在那時代是單人匹馬，家人都在千里之外，自己又四面遇敵。一方面他要面對美國白人對華人的偏歧視。另一方面，在美國的華人中，北方人很少。幾乎全是廣東人。而北方人向來蔑視南方人，王清福也不例外。廣東人對言語不太通的王清福也很難建立好感。濳回美國時，他更曾經在船上遇見兩百名少女受拐騙去美國為娼。於是一上岸他便去法院告發。結果少女得救遣回家鄉，清福則與華埠黑幫結下仇，頭上懸紅一千五百美元。但是他見義勇為的本性難移，見到華埠不當總是出聲，因為批評賭檔及鴉片煙，幾乎被殺。一八八三出版的一份報紙說他是幾乎所有華人都想殺的對象。雖然誇張，不過也反應他的窘境。

2 何謂雜碎？

在第一本介紹中菜的美國食譜裡，作者潔西．諾頓說，雜碎是四分三中菜館的基本菜，所以特別教了十一種雜碎食譜，包括普通中式雜碎、雞雜碎連或不連同內臟、青薑雞雜碎、羊雜碎、牛仔肉雜碎等等。

華人大批移民美國是在加州淘金熱潮的一八四〇至五〇年代。跟著，在美國建設跨州鐵路期間，又來了很多華人。在工地自然找得到什麼就食什麼。華工當時主要是食米飯、除了當地的新鮮雞和豬，就是家鄉帶來的菜乾、花生、瓜子、棗、醬油[3]。另外，也有收集鮑魚，做乾鮑[4]。於是慢慢地華工的營地也出現了中菜館。白人通常不屑一試中餐，只有窮的白人、非裔人，囊中羞澀、受盡歧視也是天涯淪落人的才會光顧。由於食料不穩定，廚師可能迫於無奈，手上有什麼就用什麼。雜碎（Chop suey），因此應境而生。來源的傳說中，有說是廚師在某家鐵路地盤中菜館首創的。也有說是三藩市某中菜館臨打烊前來了一批半醉礦工，總而言之，都是迫不得已急就章，錯打錯著，卻擊中白人味蕾，大受歡迎[5]。情形和義大利煙花女麵（Spaghetti alla puttanesca）由來傳說差不多。這據說也是大廚臨打烊前來了一班顧客，喊叫著：餓壞了，給我們什麼垃圾都行（Facci una puttanata qualsiasi）。廚師於是用了唯一剩餘的番茄、橄欖和刺山柑拌了麵條上了菜。但之後他為了吸引眼球，替菜起了個雙關名稱 Spaghetti alla puttanesca，因為 puttanesca 也可以表示風塵女子。大家現在都見名而想入非非，再也不會想起這其實也是雜碎起家了。

有些人以為雜碎是台山原有的菜餚。其實，中文雜碎一詞顧名思義，並非指某種固定菜餚，而是指用料雜及未必固定。因此，清宮食饍中，也曾出現過炒雜碎一次，用料包括豬肉、火腿、冬筍、水發冬姑、麵筋、雞肉、水發海米[6]。台山的炒雜碎則是指炒內臟而已。

當年美國華人餐館 chop suey ／ chop sooy 中文當初不一定寫雜碎，而是叫碎什、或什碎、什香、什菇……[7]。但餐牌上的 Chop suey 內容卻是固定的，豬肉雜碎、菠蘿雞雜碎、番茄雞雜碎、杏仁什碎、雞肝雜碎、雜碎菰摩。某餐廳介紹李鴻章雜碎注明用料包括豬、雞、菇、芹菜等等。像潔西．諾頓所教做牛雜碎的步驟是一磅牛里脊肉用一湯匙熱橄欖油在鍋內燒棕後轉文火，加一杯切好洋蔥再煎五分鐘。小心圍著加一杯熱水、一茶匙花生油。加一杯「chinese potato」*、芹菜、蘑菇，上好蓋煮十五分鐘。煮完五分鐘前加一茶湯匙豉油。用一點心匙粟粉或米粉加調味醬打芡。可見即使都是雜碎，此美國雜碎也非彼廣東或北京雜碎，只是同名而非同物。

李鴻章雜碎帶出雜碎來源的另一版本，說是一八九六年，李鴻章去美國時，在中餐館用餐幾次。被人問到食了什麼，懶於詳細解釋，就統名為「雜碎」。「自此雜碎之名大噪，僅美之紐約一埠，已有雜碎館三四百家。此外東方各埠，如費爾特費、波士頓、華盛頓、芝加高、必珠卜等，亦無不有之。全美華僑衣食於是者，凡三千餘人，所入可銀數百萬。凡雜碎館之食單，莫不大書曰李鴻章雜碎、李鴻章飯、李鴻章麵等名[8]」。這故事明顯是炒作，因為王清福早十多年前，一八八四年時，已經教美國人：「雜碎是一種 ragout（菜燉肉），堪稱中國國菜。每位廚師都有自己的配方，主要用料是豬肉、熏肉、雞、蘑菇、竹筍、洋蔥、胡椒……。」

3 食的文化宣言

十九世紀時，像王清福這樣不斷在美國的重要報章和雜誌發表文章，華裔別無他人。你不嫌麻煩的話去《柯夢波丹》（Cosmopolitan）、《哈潑》（Harper）、《大西洋月刊》（Atlantic Monthly）、《北美評論》（North American Review）、《肖托諤》（The Chautauquan）之類重要刊物找尋，都可以找到他的舊文。他的讀者甚多，馬克・吐溫（Mark Twain）作品《康州美國佬大鬧亞瑟王朝》（A Connecticut Yankee in King Arthur's Court）都可能是受他影響[9]。除了英文之外，他更發行過美國最早的華文報紙，《華美新報》和《華洋新報》。很可惜，可能由於華人圈中，文盲居多，兩份報紙都只有很短壽命。

王清福在各報紙和雜誌發表的文章表面上看來並無什麼共同理念或範圍。然而，透過他的東南西北，一下講宗教，另一天絲綢，又一時寫玩具，再一篇講服裝，內容始終都萬變不離其宗，追求重塑白人對華人的想法[10]。

讀他這篇一八八四年七月六日在《布魯克林每日鷹報》（Brooklyn Eagle）的文章〈中式烹飪〉便可見他的策略。文章開始不久，便來個下馬威：「布里亞-薩瓦蘭（Brillat Saverin）和布羅（Blot）促使盛名的藝術，孔子和佛祖的跟隨者很多代都研究過，並且演繹出一套系統。西方民族未必讚賞這系統，但這系統具有至高的個性及優點。這系統和西方的主要分別在於更寬闊。後者的菜餚無一會在華人桌上見得奇異，而華人

---

* Chinese potato 作者說是水生植物的根或塊莖，脆甜，似是指馬蹄或蓮藕，但也有美國書稱 Chinese potato 為山藥／淮山。

卻有基督教地區見所未見的百千種。舉例來說，法國廚師會用調味劑，鹽、黑紅胡椒、芥辣、番紅花、丁子香、桂皮、檸檬皮、豆蔻香料、五香粉、辣根等等，他的廣東兄弟就會在此之外，還用薑、零陵香豆、玫瑰花葉、丁香、紫蘿蘭葉、百合花葉、冬清、樺木、竹、胡椒草、酢醬草、水生酸模、南伊朗阿魏、月桂葉、海蓮子、海苔、山谷百合、馬鞭草、天竺葵、葡萄醬、乾榲桲、梨、香蕉、鳳梨、以及各形各式沒有英文的花、果及草木。

跟著，他就解釋中西菜餚以及上菜次序的異同，以及各式菜色，荷葉飯、雲吞、西粉等等。「鴨腳、雞腳、火雞腳、鵝腳、孔雀腳、珍珠雞腳，處理方法和我們處理牛仔腳和豬腳一樣。華女病人吸啜她的鴨腳膠時，和她的美國姊妹吸啜牛仔腳的喜悅無何分別……」你看他說這道菜像義大利的油條，那道菜像德國的 nuidein 麵條，「雜碎是一種 ragout」，就是把當時在美國白人心中仍然披著神祕奇特風采的菜餚——雜碎——說成是其實和英法歐洲家常食的菜燉肉一樣，毋須害怕。如果是比較有文化的，更會知道法國文豪大仲馬（Alexandre Dumas）曾經說過，全靠 ragout 使法國傳統菜出色，雜碎也未可小覷了。

「典型美式中菜價格是米飯十五分錢，雞、鴨、火雞二十分，牛羊豬十五分，薯仔、薯、豆、玉米、洋蔥五或十分。中式中菜就貴多了，燕窩一元，魚翅九十分，海參一．二五元。」煲鴨是在加了香料的鹽水裡煲很久，釀了馬蹄、薯、蔥、橙和橙皮、百里香等等。這是貴族菜餚，要兩塊半至五塊錢才食得到。

儘管有些言過其實，整篇文章非常得體，不卑不亢。一方面他提一些奇怪食物，可食的蜥蜴，另一方面，他在結尾指出「至於大小鼠類、以及貓狗純屬故事。中國的窮人有時會食，正如任何地方飢饉之人。但這些戴爾莫尼科（Delmonico）或布朗史維克（The Brunswick）不會，上等餐室也都不會承認為食品」。戴爾莫尼科是紐約當時最頂級餐廳，戴爾莫尼科牛排之外、聞名的火燒冰淇淋、班尼迪克蛋（Egg Benedict）都據說是戴爾莫尼科首創。英國狄更斯（Charles Dickens）去訪美國時也在戴爾莫尼科用過餐（不過食完也沒有因此改變對美國烹調的惡評）。

4 遊說的宴會

一八八○至九○年間，是美國一般白人開始光顧華埠餐廳的年代。這應該是為什麼《布魯克林每日鷹報》的文章〈中式烹飪〉見報的次年，一份紐約飲食雜誌《廚師》（The Cook）約了王清福寫一連串十二篇文章介紹中菜。美國白人對中菜當時是充滿誤會及成見，可能的確因為有些來自華南地區的華工繼續維持家鄉食小鼠和狗的習俗，白人便以為這就是華人的日常飲食習慣。也因為這緣故，白人對非洲裔雖然歧視仍深，非洲裔烹飪教材卻比介紹中菜的食譜早整整三、四十年，在一八六六和一八八一經已出現。

王清福在《廚師》登的一篇文章便譏諷這種心態，來到「天眷」之地首次用餐，「儘管再三安慰，仍然忐忑不安，擔心會食小貓、小狗、小鼠之類不文明食品」。然後，他逐篇文章以「醬油相似沖淡的伍斯特醬（Worcester Sauce）」之類西方人容易接受認同的文字解釋中菜和西餐的異同，中式廚房、用料、如何做中菜、如何泡飲中式茶等等，勸告白人大可安心來試。

諷刺也好，一八八○年代是美國白人開始覺得中菜並不恐怖，不妨一試，一八八○年代卻也是美國排華時代開始。

華工進入初期，其實曾被接受。但隨著人數不斷增加，利益衝突使爭相淘金的白人不滿。建完鐵路後，華工開始進入工廠及其他行業，又使同屬經濟及社會底下層的愛爾蘭和德國移民感到生計薪酬受到威脅，再度掀起排華浪潮。王清福多年來批評美國基督教為了籌款支持傳道活動而故意貶低華人形象，結果使美國白人容易對華人有偏見，完全成真。一八七一年洛杉磯暴動，火燒唐人街。長期慣於向政權低聲下氣的華人缺乏以公民身份爭取權益的思想。唐人街被燒後五年，英文稱為 Six Companies 的中華會館，只是上書美國總統表示華人良善守法。一八八二年美國國會通過了《排華法》（Chinese Exclusion Act），禁止華人移民美國，禁止華人歸化成為美國公民。

在美國的華人因此需要進行遊說，以圖修改法律，或在法律罅中求存。一八八六年王清福和華埠團體在廣告上號稱中式戴爾莫尼科的餐廳——萬里雲，宴請了紐約的稅務局長。這席餐宴為時三小時，十四道菜，時人嘆為觀止，留下記錄：茶點、荔枝、甜肉、燒鴨、燒雞、菇筍炒鴨掌、甜泡菜薑芹炸雞骨、冬菇蓮藕炸美洲狗魚、墨魚細粉豆甜菜、冬菇芹菜雞絲炒麵、中式臘腸、檸檬蝦湯、杏子蓮子湯。配茶、梨酒、米酒、杏酒[11]。

這是清福為華人在美權益奮鬥年代的一個里程碑而已。宴席後一年，他和美國當代排華言論最兇悍的卡尼（Dennis Kerney）進行了一場辯論。

5 用筷子、愛爾蘭薯仔決鬥

在《排華法》未成法律的六年前，王清福已經知道時不容緩，在單單一八七六年一年內他就給了八十次演講，希望改變美國白人對華人的偏見。他甚至刻意帶人去登記入籍。但是像他這樣努力的人，絕無僅有。美國國會辯論法案前，華人沒有組織任何遊說活動來勸阻。和他們在母國的行為一樣，只是繼續默默接受政府安排的命運。

法案通過後，排華聲浪沒有減低，一八八三年時清福向卡尼下戰書，要求來場決鬥至死，用筷子、愛爾蘭薯仔或手槍。他這句話含意極深，既不是野蠻的戰狼作風，也不是美國人眼中一貫以來懦弱無力又無知的華人作風，而是飽讀群書，又充滿西方的尚武精神。決鬥是西方上層社會解決問題的專有風俗，下層人是不興這套。提出決鬥，擺明他的上流地位。筷子代表華人傳統，愛爾蘭薯仔暗示卡尼是白人中最底層的愛爾蘭身份，本身也是受歧視的對象，槍象徵美國人的暴力崇拜。結果卡尼只好邊罵邊退，狼狽避戰。

一八八七年，卡尼避無可避，終於應承和清福辯論，但是不願公開，只是閉門辯論，聽眾要買門票。清福引美國的開國元老來反對排華，稱他們為「我們的祖先」把卡尼氣得要死。卡尼說給多千年，華人都不會融入，清福說單是紐約就有兩千名華人像我一樣，衣著、飲食，都和一般美國人毫無二致。結果裁判判清福得勝。

一八八六年王清福和華埠宴請紐約的稅務局長，其實應該是繼清福一八八四年和五十名華裔美國公民開會組織華人在美國大選中投票，意圖影響政黨對華人立場的後繼活動。一八九二年，清福終於說服眾人在美國東岸成立「華人平等權利聯盟」（Chinese Equal Rights League）。這其實比清福原本起草的名字層次低，清福是想叫「華人民權聯盟」，強調華人的公民地位。大會選出會長 Sam Ping Lee，王清福雖然只是祕書卻明顯是主要推動力。第二年，王清福接任為會長，更在美國國會作證，希望可以推翻排華法案。他據理力爭，公開呼籲要的不是美國給在美國的十五萬名華人恩惠，而是公正。雖然，他究竟不夠政治經驗，在國會的唇槍舌劍中敗陣，但是他強調華人反對政府強逼照相卻生效。政府在執行法案時作出讓步，不再要求華人必須具有含照片的證件。

6 被遺忘的先驅者

王清福首創華裔美國人（Chinese American）這個觀念和名詞，首創了第一個北美華裔民權組織，首創了北美第一份華人報章。現代人覺得稱他為華裔的馬丁·路德·金，他應當是當之無愧。

然而，在美國華人史中那麼關鍵性的人物，之後卻長期被歷史遺忘。如果不是賽格利曼（Scott D. Seligman）寫他的傳記，學術之外更無人會知道。徐旋說，在美國是因為他的著作和近世亞裔美國人文化史的地理或正統架構抵觸有關[12]。但是，實際上應該說更有一層。

當然，他的民權運動戛然而止和他的逝世有關。他未能勸服其他華人成立一個代表華裔美國人的政治組織，一八九八年回鄉探親，急病身亡。隨著他的逝世，華人的早期民權運動也停滯下來。

但這也只是部分原因。

更重要應該是無論是對十九世紀，甚至二十一世紀，他都太前衛、太邊緣。華人在海外長期對自己的身份都是迷惘難定。究竟融入他國好，還是始終保留原有國籍的身份好？到上世紀五〇年代時，還聽得到華人對於宣誓入籍他國覺得難過。現代人不當回事，但明明已經歸化為另一國人，心中卻仍是漂流者，仍舊稱自己為中國人的，依舊為數不少。接受新的國家公民身份之後，對本有的文化身份，對母國的感情又如何處理？從他的言論及文章看來，王清福一樣都是一再迷失，一再徬徨過。

對王清福一早宣稱凡能夠融入美國的華人應該有資格享有公民權，稱美國為自己的國家，美國的開國元老為自己的祖先，許多仍舊無法擺脫國族觀念的華人都覺得格格不入，明顯無法接受。美國人大多數人當時又不會珍惜王清福的努力，接受華人文化為美國文化一部分。而能夠融入美國的華人，又無法承接他對華人文化的堅持。在美國第一位用英文著書的華人李恩富（Yan Phou Lee）曾經和清福在美國為信不信基督教筆戰過，也曾為華人地位出聲過，晚年回廣東，死在二戰期間。但留在美國的兒女都完全埋沒華人身份[13]。

王清福究竟是太前衛了，太顛覆性了。對當時美國人來說，王清福身穿典型華服，卻又戴著金飾，談吐文雅，英語流利，完全顛覆視華人為貧窮骯髒，文盲落後的印象。對當時華人來說，他倡議推翻大清政府，支持孫中山；要求華人剪辮棄袍，成為美國人，又都是難以接受。對後世要依賴「強大祖國」才敢發聲的華人來說，一位敢作敢為，獨立行事，又提倡成為「外國人」的華人也是無法理解，更遑論讚許的。在後世聲討西方排華的浪潮中，一位能夠在美國公開活動，廣為歡迎，撰文演講的華人現象也太不和諧協調了。

反而，儘管是首名歸化美國的華人，卻長期效忠清廷，到晚年才大夢醒來，轉輸支持孫中山的容閎，就容易為人受落更多。

王清福的前衛努力中，包括想在美國成立華語劇場。這當然也是他無法圓夢的理想之一。不過，二〇一五年，紐約法拉盛文藝中心攜手泛亞劇社（Pan Asian Repertory Theatre）上演了《大公民王清福》劇本朗讀會。劇作家張德勝花了長達十五年的時間撰寫劇本，更在山東找到了王清福的曾曾孫。

那麼，對這位跨著兩個世界的邊緣人，請他食什麼好呢？

7 肉抑或米飯

一個選擇是請他食鮑魚。他的家鄉，登州是歷代以產鮑魚聞名的。名人如王莽、曹操、蘇東坡都對此地的鮑魚著迷。即使到了清代，登州鮑魚也仍舊是宮中的珍貴佳餚。然而對王清福可能更富意義的會是，美國在十九世紀時對華貿易是多進少出，找不到可以輸向清帝國的產品。但是來美國淘金或建設鐵路的華工發現美國西部沿海地區盛產鮑魚，而白人普遍不會捕食。於是開始有人以採賣鮑魚為生。顧客起始可能只是華工及大城市的中菜館。但生意愈做愈大，到一八八三年每年出口去廣東四十噸[14]。如果不是排華法律通過，相信應該會是更厲害。

然而，王清福和中華會館的關係似乎不太好。在爭取華人民權方面，雙方從未合作。請他食鮑魚，也許會引發他吐一場苦水。

一九〇一年時美國勞工聯會印行了一本小冊子：《一些為何要排斥的理由：肉抑或米飯，美國男子氣概對抗亞洲苦力主義，誰會存活？》（Some reasons for Chinese exclusion: meat vs. rice, American manhood against Asiatic coolieism. Which shall survive?）暗示華人的來臨對美國人的男子氣概有損無益。

假使說，肉代表美國，米飯代表母國，那麼就請他食家鄉的山東素包子和有肉有飯的滷肉飯吧。台灣出名的滷肉飯應該是不錯選擇。滷肉飯用豬肉。當年很多華人都是被賣豬仔，賣到海外異鄉。王清福首篇報刊文章就是講賣豬仔去古巴的故事。賣豬仔這名稱來源，清代小說《二十年目睹之怪現狀》說得不能更清楚了：

我道：「賣豬仔之說，我也常有得聽見，但不知是怎麼個情形。說的那麼苦，誰還去呢？」

理之道：「賣豬仔其實並不是賣斷了，就是那招工館代外國人招的工，招去做工，不過訂定了幾年合同，合同滿了，就可以回來。外國人本來招去做工，也未必一定要怎麼苛待。後來偶然苛待了一兩次，我們中國政府也不過問。那沒有中國領事的地方，不要說了；就是設有中國領事的地方，中國人被人苛虐了，那領事就和不見不聞，與他絕不相干的一般。外國人從此知道中國人不護衛自己百姓的，便一天苛似一天起來了。」

我道：「那苛虐的情形，是怎麼樣的呢？」

理之道：「這個我也不仔細，大約各處的辦法不同。聽說南洋那邊有一個軟辦法：他招工的時候，恐怕人家不去，把工錢定得極優。他卻在工場旁邊，設了許多妓館、賭館、酒館、煙館之類，無非是銷耗錢財的所在。做工的進了工場，合同未滿，本來不能出工場一步的，惟有這個地方，他准你到。若是一無嗜好的，就不必說了；倘使有了一門嗜好，任從你工錢怎麼優，也都被他賺了回去，依然兩手空空。他又肯借給你，等你十年八年的合同滿了，總要虧空他幾年工錢，脫身不得，只得又聯幾年合同下去。你想這個人這一輩子還可以望有回來的一天麼，還不和賣了給他一樣麼。因此廣東人起他一個名字，叫他賣豬仔。」

有些人寫滷肉飯寫了別字，滷寫成同音的魯，變成魯肉飯。於是其他人就附會說滷肉飯源由山東，儘管山東以前從所未見這道飯菜。但既然王清福是山東人，給他一碗具有家鄉名字同音的飯食，或多或少都會有點鄉情味。但像 choy suey 不是台山的一樣，卻又是新的經驗。

Recipe

山東素菜包

皮：

- 麵粉 500 克、酵母 5 克、牛奶 200 毫升、水 100 毫升（要看情形加或減）、糖 20 克、油 1 湯匙。
- 全部材料放在大盤內，將牛奶和水分別加熱至攝氏 36 度左右奶先慢慢倒入麵粉中攪拌，再加入水直至完成麵團，蓋上保鮮膜放在溫熱的地方發酵至兩倍大。

餡料

- 椰菜洗淨除去中間硬梗，撕成小片用鹽腌 30 分鐘，揸乾水分（300 克），備用。
- 胡蘿蔔 1 細條，去皮切成絲。
- 木耳 60 克。

Recipe

滷肉飯

台灣南北不一樣，我們以下方法是沒得去台灣，家中方便版本。在外國的親友，可以一次過煮多些，分別放在冷凍庫，這樣方便隨時享用。

- 豬皮 300 克、豬肉 600 克，切小塊 （也可以用絞碎肉但口感沒有那麼好）。
- 油 70 毫升、紅蔥頭 200 克。
- 高湯 1200 毫升，我家高湯用老母雞一隻熬。
- 頭抽 100 毫升（不同醬油鹹味不同，不要一次過加入，不夠鹹再加）。
- 冰糖 35 克（用水煮溶然後炒就棗紅色，千萬不要炒濃變苦，加上上湯備用）、紹酒 40 毫升、胡椒粉 1/8 茶匙、五香粉半茶匙。
- 豬皮切片，沸水中汆燙約 20 分鐘後取出，用冷水冷卻去毛切小塊 （用皮湯汁濃滑）。
- 紅蔥頭去頭尾，爆香，然後小火炒到金王色，取出約 20 克備後用。
- 鍋中加油，用中小火把紅蔥頭炸成金黃色，取出紅蔥酥，留作上桌時加在上面，這樣又香又美觀。
- 加入豬肉拌炒，炒到肉色變白後，加入全部調料及已備好的糖水，大火煮滾，轉小火煮約 1 小時 15 分左右。
- 放飯上。

第二十五章　請曾懿食什麼好？

1 中餐食譜的首位華裔女作家

Martha Crawford 用高第丕夫人的中譯名在一八六六年出版的《造洋飯書》不只是第一本中文的西餐食譜，且可能是中文食譜中第一或第二名女作家。在她之前，中文食譜都只是由男性所寫，唯一例外是一本元代陶宗儀的《說郛》中所收的《浦江吳氏中饋錄》，作者，顧名思義，應該是一位婦女。但作者既未署名，陶宗儀也沒有交待。所以我們只能存疑。

真正能夠確認無疑為中餐食譜首位華裔女作家，應該是遲《造洋飯書》四十年後出版的《中饋錄》作者——曾懿。她也應該是繼韓國一六七〇年出版《閨壼是議方》的作者張桂香之後，第二名最早亞裔食譜女作家。

曾懿是一位很有意思的人。《中饋錄》是她唯一的烹飪著作。我們對她的烹調經歷一無所知，在她的詩集中談及烹飪的只有過新年時「自理杯盤薦五辛，酒香梅影度初春」，及另一首詩中「春醞釀泉供晚酌，園葵帶露乘早烹」兩處。花費她更多時間的似乎是行醫、寫詩、和養大六個孩子[1]。但是由她兒子替她刊刻的文集，我們知道她除了是詩人之外，對醫學、女性的權力和責任都有獨特見解。而她的烹調經驗更是可以解釋她的一些行醫行為及醫學觀點。

要是能夠和她食頓飯，聊聊天，肯定會是一個很有價值的經驗。因為她不只是首位可以確實寫中菜食譜的華裔婦女。她也是極少數留有存世醫學著作的古代女中醫。

曾懿十歲時父親病逝，母親一人養大幾個子女，家境即使不是清貧也會難免拮据。曾懿自己又是身體不好，「工詩兼善病，人影瘦如花，瘦骨怯風尖，經秋病暗添，藥爐煙不斷，吞霧漫書奩」。沒有錢自然難找好的醫生治療，十五歲時便病了足足五年。她覺得自己是給庸醫誤事，導致久病不癒，所以自學中醫文獻，不單是試過幫母親醫背病，二十歲時還可能是救了她妹妹一命。據她在《醫學篇》卷二說，她的三妹「人本瘦弱，生第三胎，產時艱難，小兒下地即暈去」，用藥未見生效之後，曾懿就自己查書，然後加用臨產所用的濃參湯醫好了她。

古代中醫很多都是無師自通，曾懿父母都是飽學之士，家中藏的醫書也不少，因此她有條件博覽群書，學了很多中醫的理論，逐步踏上為醫之道。

2 待在邊緣的女醫

古代婦女是被忽略的人口。在華人的族譜中，男士的生卒大多記載下來，而女性，除非顯貴，就鮮有機會。但好像董小宛、陳宛、蘇東坡的妻妾，都是紅顏未老先逝。陸游七十五歲時追悼他表妹的詩：

城上斜陽畫角哀，沈園非復舊池台，傷心橋下春波綠，曾是驚鴻照影來。

夢斷香消四十年，沈園柳老不吹綿。此身行作稽山土，猶吊遺蹤一泫然。

也說明唐婉是年輕離世的。從古墓考古的研究看來，一般婦女自古至到清代在三十五歲前死去的比例也的確比男性為高。得不到適當醫治相信是其中重要原因。

古代華人的醫學界是男性主導的世界。女醫雖然很早便已出現，始終都被邊緣化。從明代的男醫生蕭京的言論便可知道，女醫生受歧視多深：「語云寧醫十男子莫醫一婦人。誠難之矣。世間有等癡愚蠢漢。以妻外家子女之性命付之醫婆之手。被其妄治傷生者眾矣。夫男子業醫。尚且庸謬。況婦人目不識丁。手不辨脈。一憑長舌取悅裙釵。三指藏刀。甘受隱戮。良足鑒耳。雖然此等狂潑。豈無所長乎。但其所挾下胎之藥。自謂最驗，故每見閨閫失節之婦。信其誘弄曖昧隱曲。無所不為。所以先輩著治家訓禁。六婆不入門。思之[2]。」一方面表示根本不想替婦女看病，一方面又怪責病人家屬找女性醫護者。而在他眼中，凡是女人都必定是文盲，沒有醫學常識。

所以，無論是李濂的《醫史》或《欽定古今圖書集成醫部醫術名流列》中都不見任何女醫蹤影。女醫人數少，女醫的著作更少。在清朝時，據我們所知，只有三位女醫有著作問世，江蘇的顧德華及其《花韻樓醫案》、廣東的孫西台及其《晝星樓醫案》、以及曾懿的《醫學篇》。另外，還有一位王恆其，據說著有《女科纂要》，但可惜未經刊刻。

現代醫學是按照年齡分隔為老年科、兒科及一般，然後再橫切為各分科：內、外、骨、內分泌、心臟、腦神經等等。在古代華人地區，分隔卻是在於性別。由於男女有別，以及男女授受不親的原因，一般人不想男性醫生為婦女看病，男醫生也很怕為婦女看病。明代李梴著的《醫學入門．習醫規格》特別警告初學醫者：「如診婦女，須托其至親，先問證色與舌及所飲食，然後隨其所便，或證重而就床隔帳診之，或證輕而就門隔帷診之，亦必以薄紗罩手。貧家不便，醫者自袖薄紗。寡婦室女，愈加敬謹，此非小節。」男醫生最好少和女病人說話，症狀病史都要托親人代問，然後隔門隔簾隔帳，不見面，更不能有身體接觸，按脈都要隔層薄紗。在這種制度下，能為病人提供正確診治方案，明顯會是難而又難。

反過來說，女醫也一樣受男女授受不親的限制。顧德華、孫西台、王恆其、曾懿四人行醫對象都基本上限於女性和兒童，只有在特殊情形下才會為男性診治。

清代女醫絕大多數都是出於醫術之家，或出家為尼才學到。顧德華生於世醫之家，哥哥也是中醫。孫西台則是丈夫對醫學很有興趣。兩人可以說是近水樓臺，便以成醫。曾懿並非世醫之後，丈夫也和醫學無關，殊屬異數。但兩人和曾懿也有共同之處，都是因為自己或家人久病成醫。

和曾懿相似，顧德華也是年幼多病，十六歲時患傷暑症，幾乎死去。二十多歲時因為咳血求醫，認識了名醫李青崖。在醫病期內她拜了李青崖為師。由於那時剛好不少當地婦女患了中醫稱為「三陰症」的症狀，顧德華在李青崖的支持下便逐漸成為江蘇的著名婦科醫生[3]。孫西台雖然不是自己病，也是因為大兒子患病發燒整整三個月，骨瘦柴立，幾乎危殆，才去閱讀醫書，繼而成醫[4]。

3 行醫和烹飪有沒有關係？

顧德華的著作除了醫案詳盡列明醫人的年齡及地址，觀點基本上都是循從傳統中醫思想，偶爾才有修訂。曾懿則不同，寫的不是講自己經驗的醫案而已，而是透過書，表達自己對醫學的觀點。一是她引入西方科學觀點，「時吸新鮮空氣，以保肺氣，兼能運動，使血絡流通，自能百病不生」。同樣，在《女學篇》內她說：「肉質能增人脂肪菜蔬多含澱粉……故羸瘦之人宜食肉類，肥壯之人多食肉類反增痰疾且傷胃。脂膏太重失其運化之力，易生壅滯之患。」

另一方面，她的行醫和醫學衛生著述都明顯受她身為主婦，烹調經驗的影響。認識她的胡翹武說，她像廚師買菜時會口嘗一下，她也經常會去藥店嘗試草藥[5]。尤其令人注目的是她在寫單方時會注明草藥的來源地，什麼滁菊花、杭白芍、宣木瓜。這都說明她已經明白材料產地會影響藥材的成分比重，草藥的重量並非等同於成分的含量。這種領悟似乎都是來自主婦烹調的經驗，知道不同來源、不同季節的菜，質素都會有差別。

《醫學篇》像現代營養學一樣，注重飲食，並且用來輔助藥物。像「虐偏於熱重者」用青蒿鰲甲湯，「腎虛耳聾」用白毛烏骨雞一隻甜酒三大碗煮熟食之，「久咳肺燥無風寒者」「用小豬肺一副不見水去心將小磨麻油灌入肺管內以線紺管頭入砂罐內加水燉爛早起空心食肺不用鹽去浮油」，「患瘰癧者」每飯用海帶煨肉湯兼海蜇代小菜等等，她都是以食療代替或補充藥物。她所提的瘰癧應該是相等於甲狀腺肥腫，如果是因為缺少碘而出現，用海帶確實該會有幫助。而在《女學篇》她有兩章專門討論妊婦健康和嬰兒飲食哺育問題，指出產後要食什麼；嬰兒應該幾時開始食粥，幾時斷奶。母親自己餵奶給嬰兒是最好的，次之才找奶媽代哺，牛奶則應該是最後選擇。

中醫學和現代醫學的最大分野在於後者敢於日日更新，不斷檢討及刪除昨日之錯。現代醫學尊重先賢所作出的種種貢獻，但在此同時也不會因此而把他們的錯誤放上神壇，不離不捨。中醫學則不太願意承認先賢的局限，因此使千年來的錯誤累積，阻礙進步。量化及瞭解藥方成分的配搭理論基礎少，也無法讓現代科學的發展和中醫學的理論系統融合貫通。

可能因為她是無師自通，曾懿對古籍或中醫學的前輩便毋須要有畢恭畢敬的心理負擔。她的《醫學篇》的一個非常突出的特徵就是寫下對古代的意見及加插來自自己經驗的改革。也許，這種對藥方的調節和更改，也是受烹飪的啟發，知道需要按照材料的特性以及進食者的口味，調整加鹽添醋、香料、火候。

4《中饋錄》的四川菜

那麼，《中饋錄》又是怎樣的書呢？

書其實內容不多，只有二十篇文章。其中，除了教如何製造酥月餅之外，都只是教如何做一些基本食料及調味品：做醉蟹、風魚、糟魚、五香燻魚、香腸、火腿、肉鬆、魚鬆、皮蛋、糟蛋、醬菜、泡鹽菜、冬菜、腐乳和甜醪酒，以及調味料辣豆瓣、豆豉、醬油、甜醬。另外一篇則講如何貯藏蟹肉。

正如她的醫學著作反映新舊思想的衝突及處理，曾懿在《女學篇》內支持廢除纏足、贊成男女平等、婦女應該受教育，但又在同時覺得男女有別，女性不可能參政，都可以反映她生活在中國新舊更替，思想變換的年代。那麼她的烹飪著作又有沒有時代的縮影？

曾懿是四川成都人。但婚後一直都生活在福建、安徽、湖南、江西和北京。《中饋錄》是離開四川三十年後才寫成，一九〇六年刊刻。她在一首追憶故鄉的詩中提到很多景色，但對川菜則似乎不感興趣，未曾半句。所以書中有火腿、醉蟹、肉鬆、魚鬆、糟蛋之類江南菜。曾懿更是為江南菜記錄了熏魚走向現代製法的過程：以花椒、鹽、糖腌，再浸紹酒、醬油一日夜後，煎。但繼後的步驟卻依然是要放在鐵絲罩上用煙燻，而不是油炸再腌。可見現代製法應該是更遲的變化。

所以，《中饋錄》乍看起來沒有明顯的四川特色菜餚也不稀奇。其實，這正是因為川菜也只是在這段時期逐漸形成。而曾懿正是記錄了川菜在毫不著眼中成長的過程。

現代川菜的特點是又辣又麻。兩樣都是在中菜中名列榜首。但古代時，川菜並非以辛辣聞名。

諸葛亮年代的蜀菜未曾有人評為辣。晉代的《華陽國志．蜀志》雖然說四川人好幸香，但幸香可以是來自薑和蔥未必只是花椒。真正見到用花椒在菜餚方面的記錄是要等到公元六世紀北魏時代賈思勰《齊民要術》。當時花椒在烹飪用味上就非常普遍，五味脯、度夏白脯、鱧魚脯、鱧魚臛都下椒末；鱧魚湯、缹豬肉、蒸豬頭、煮鹿頭、羊腸、豬腸都用椒。但是，即使去到宋代，多數四川菜應該和中原地帶口味差別並不太大。至少，沒有聽過來自四川的蘇東坡煮辣或麻的菜。看陸游在四川寫的詩，也感覺不到有什麼明顯不同：〈飯罷戲作〉，「……東門買彘骨，醯醬點橙薤。蒸雞最知名，美不數魚蟹。輪囷犀浦芋，磊落新都菜……」；〈冬夜與溥庵主說川食戲作〉，「唐安薏米白如玉，漢嘉栮脯美勝肉。大巢初生蠶正浴，小巢漸老麥米熟。龍鶴作羹香出釜，木魚瀹菹子盈腹。未論索餅與饡飯，掫愛紅糟並缹粥。東來坐閱七寒暑，未嘗舉箸忘吾蜀。何時一飽與子同，更煎土茗浮甘菊」；〈夢蜀〉，「自計前生定蜀人，錦官來往九經春。堆盤丙穴魚腴美，下箸峨眉栮脯珍」。

5 川菜幾時變辣？

雖然宋代汴梁有川菜館，賣的是不是四川菜卻不清楚。汴梁菜餚中有西川乳糖獅子，西川是當年四川益州地區的別名，應該是四川菜。可是聽菜名卻像是甜品，與辣無緣。來到南宋臨安元兵南下前夕，南北食法已經混雜，不再標明是川菜館或川菜。菜中卻不少含有辣字的：青蝦辣羹、芥辣蝦蹄膾、柰香盒蟹辣羹、辣菜餅、白魚辣羹飯等等[6]，比北宋汴京只有芥辣瓜兒、辣熝、辣菜、辣腳子等簡單菜餚，辣味烹調已經演進很多。但這些菜極可能都是在臨安本地誕生，和四川無關。而當時的辣味也不是來自辣椒。應該只是指芥辣、薑或茱萸而已。

辣椒是在明朝經海路傳入。抵達之後，像在歐洲一樣最初只是當花來欣賞。湯顯祖在十六世紀末所作的《牡丹亭》第二十三齣〈冥判〉裡就可見到：判官問花神杜麗娘的事時刻意為難花神，要花神說出不同的花來，「……（判官）做裙褶帶。（花神）合歡花。（判官）頭懶抬。（花神）楊柳花。（判官）腰恁擺。（花神）凌霄花。（判官）陽壯的咍。（花神）辣椒花……」。

其實美食家高濂早《牡丹亭》幾年前，在一五九一年刊刻的《遵生八箋》[7]中已經寫下辣椒來華後最早記錄。他當時已經注意到辣椒可以用來調味：「番椒，叢生白花，子儼禿筆頭，味辣色紅，甚可觀。子種。」但不知道為什麼，他竟是走了寶，知道辣椒味辣，卻沒有進一步嘗試用在烹調中。

八十七年後，一六七八年，即康熙十七年時，屈大均寫完了《廣東新語》，在書中說「廣州望縣。人多務賈與時逐。以香、糖、果、箱、鐵器、藤、蠟、番椒、蘇木、蒲葵諸貨。北走豫章、吳、浙。西北走長沙、漢口。其黠者南走澳門。至於紅毛、日本、琉球、暹羅斛、呂宋。帆蹄二洋。倏忽數千萬里。以中國珍麗之物相貿易。獲大贏利」。番椒／辣椒已經成為重要貿易商品，運華中、華北及海外。但再一年後陳淏子寫的《花鏡》說番椒味道很辣，人們會研成粉末，在冬天時用來代替胡椒。可見，當時仍舊只是磨成粉末後作調味之用，並沒有像蔬菜那樣，整個食。

即使辣椒在十七世紀已經以調料陸續出現，四川人李化楠在十八世紀乾隆年間寫成，一七八二年由他的兒子李調元付印的《醒園錄》，所載的菜餚和我們現在認識的川菜仍然完全不相似，根本不用辣椒。《醒園錄》不提辣椒，只提花椒，不能歸咎於李化楠長期在浙江、天津做官。他曾多次回家鄉，不可能對川菜生疏。而李調元又是自述「不好吳餐好蜀餐」。不提辣椒，應該只是因為辣椒當時還沒有成為四川人的重要調味用料。

6 遲來的辣味

等到《醒園錄》又三十一年後，在江西行醫的章穆才在《調疾飲食辯》中記載說「近數十年，群嗜一物，名辣椒……嗜者眾，或鹽腌，或生食，或拌鹽豉炸食，不少間斷」的狂熱現象。這應該是辣開始受寵的年代。但真正成為四川人菜餚特徵還是要等很多年。即使去到民國初年，一九一六年出版的《清稗類鈔》，書中仍只提「湘、鄂之人日二餐，喜辛辣品，雖食前方丈，珍錯滿前，無椒芥不下箸也。湯則多有之」。湖北、湖南菜已經轉辣，但四川菜還沒有。書中提到四川多處，卻無一提到辣字。

曾懿的《中饋錄》其實是最早記錄到現代川菜辣味的食譜。李化楠的《醒園錄》教做豆豉和腐乳時都不用辣椒。曾懿的《中饋錄》做豆豉「用前，豆汁浸之，略加辣椒末、蘿蔔乾，可另裝一罐。味尤鮮美」。做腐乳「如食辣音則拌鹽時灑紅椒末」。兩菜都已轉辣。而泡鹽菜就「各種蔬菜均宜尤以豇豆青紅椒為美」，製辣豆瓣法用紅椒切碎。也就是說，不只是像前人用辣椒末做調味，她已經用整條辣椒或略為切碎食了。豆豉、腐乳、泡鹽菜、辣豆瓣這種家常便飯食品都用辣椒，說明辣椒在曾懿的年代已經是四川一般人家所慣用的。

為什麼在浙江登陸之後，辣椒要經過幾百年才成為湖南、貴州、四川菜不可或缺的材料？這的確是一個有趣而仍無公認滿意的解釋。有些人說這是因為沿海地區都是淡辣區。但這只是現象描述，並不存在因果關係。古代四川也不是重辣區，只是和其他地方一樣會用花椒而已。

我們偏向相信這段歷史是由眾多因素結合造成。到達時間應該並不重要。最早用辣椒替代花椒的地區其實是山東，而不是湖南或者四川。但是山東菜始終都不是以辣味聞名。這說明，用和愛辣是兩回事。

售價應該重要。印度咖喱在辣椒出現之前，是用胡椒提供辣味。但是辣椒比胡椒容易種，價格因此比較便宜，於是從葡萄牙人帶進果亞（Goa）之後，取代了胡椒，成為咖喱的辣味來源。食物廉貴對食料選擇的影響可以解釋為什麼最初把辣椒當作是蔬菜來食的人是貧民、貧區為主。清代順治、乾隆年代湖南和四川的人口大多數都是貧民，即使清政府免幾年賦稅，也不可能是富裕的。

7 川菜變辣未必因為愛辣

辣椒最初的角色是和花椒一樣用於調味，而不是作蔬菜用。轉變就牽涉到另一個因素。貴州的食鹽完全來自外地，因此價格無可避免，必然昂貴。四川是產鹽區，但是鹽是來自開鑿，不但是生產成本高，投資風險也高。價格也自然比海鹽貴。清初時，天津的鹽價為一斤一、二文錢，道光年時漲到十六文錢[8]。而四川近鹽井地區，乾隆二年就要每斤六、七厘至十二厘（厘=文），遠的就要十六厘[9]。可見鹽在四川貴很多。靠勞動力為生的人出汗多，流失的鹽多，對鹹味食物要求提升。需要食鹽，鹽又貴，怎麼是好？

這就造成有利辣椒的條件。辣椒可以騙大腦，使人以為在食含鹽食物。大腦眶額區及島區的鹽感應區域分不出辣椒素或鹽，食到鹽同食辣椒，反應一樣。因此，食辣椒時，會覺得食物比較鹹，從而減少食鹽的要求。我們自己試過好幾次，菜故意不下鹽，食起來淡而無味。但一加幾片辣椒，馬上就覺得有鹹味。有研究發現喜歡食辣的人每天會平均少食二．五克鹽[10]。食辣椒既可以滿足鹹味的需要，從而減少買鹽的經濟負擔，更又可以果腹充饑。一石三鳥，可見會是食辣椒的重要誘因。這可以解釋為什麼康熙年間，貴州臨近湖南地區的思州府已經出現土族以辣椒代鹽的記載。湖南最早食辣椒比較多的地區都是山區，相信也是因為鹽價比較貴。但是要等到乾隆後期，人口過多現象呈現，湖南、四川耕地愈來愈不足夠，當地人消費能力下滑，四川菜才正式轉辣。

辣椒固然可以減少人因為身體耗失鹽而想食含鹽食品的慾望，但是代替不了鹽的功能。因此，如果身體因而長期食鹽不足而缺乏鹽，便可能疲弱無力。貧民難以透過食肉來攝取鹽分，而蔬菜不含鹽。因此，靠辣椒來降低食鹽的需要會造成基因的競擇壓力，基因善於吸收或利用鹽的人會生存下來，而沒有這種基因的人會被淘汰。在少鹽的情況下，這種基因提供優勢。但是，當鹽價下降或者消費能力上升，每天食物含鹽量上升時，善於吸收或利用鹽的基因反而會導致血壓高升。

在現代社會，辣椒對身體的影響就可能複雜很多。現在辣食並非為減少鹽的需要，而是調味及嗜好。不少研究發現嗜辣的人糖尿病和高血壓都比較少。但是，嗜辣者中又比較多嗜煙、酒、煎炸食物、鹹食者[11]。辣椒的好處已可能被其他不良嗜好淹沒。

8 曾懿食過麻婆豆腐嗎？

曾懿的《中饋錄》沒有提到麻婆豆腐。麻婆豆腐最早的記載見於周詢的《芙蓉話舊錄》：「北門外有陳麻婆者，善治豆腐，連調和物料及烹飪工資一併加人豆腐價內，每碗售錢八文，兼售酒飯，若須加豬、牛肉，則或食客自攜以往，或代客往割，均可。其牌號人多不知，但言陳麻婆，則無不知者。其地距城四五里，往食者均不憚遠，與王包子同以業致。」離城中心四五華里路，當時交通不方便，已算是遠。清末詩人馮家吉〈成都竹枝詞〉，「麻婆陳氏尚傳名，豆腐烘來味最精，萬福橋邊簾影動，合沽春酒醉先生」，說明店是在萬福橋。以現在的公路距離算，離曾懿家至少十多華里，比從城中去更是蜀道難了。所以，她一八七二至一八七七年間住成都時，即使知道有這家店，也應該不曾去過。何況，她那時家窮，更不會為食一碗豆腐花錢遠行。豆瓣醬是麻婆豆腐的必須用料。當時最著名的是成都之南兩百六十公里的隆昌，清末時《清稗類鈔》說「豆豉之製，四川為最，出隆昌者尤佳」。但一般人現在都偏向用郫縣豆瓣醬。據張茜的分析[12]，郫縣豆瓣醬是由一位來自福建的陳姓移民創出，在一八〇四年在縣城中開醬園。曾懿一八五三年出生。十九歲時住成都浣花溪旁。以當時交通論，郫縣縣城離得遠。隆昌更遠。但辣豆瓣可能已銷售到成都，所以她仍可能買過食過。那時當然沒有郵購服務，婚後一直在華東地區，所以只好自製。

就請她來碗麻婆豆腐、擔擔麵，跟著來碗杏仁露，聽她高見吧！

Recipe

麻婆豆腐

- 豆腐 500 克用鹽水煮，隔水備用。
- 菜油、豬肉或牛肉 50 克，切碎。
- 薑、蒜頭各 25 克，郫縣豆瓣 20 克，辣椒粉 3 克，豆豉 3 克，青蒜 20 克，高湯花椒粉少少。
- 炒肉後加郫縣豆瓣，再加豆豉炒。
- 加高湯及其他煮。
- 加入豆腐煮。

擔擔麵當年是小街小巷小販擔著擔子來賣的小食，沒有固定食譜，各家各戶自有自己做法。食譜書和網上也五花八門，各投其好。唯一可說是用料除了麵都離不開辣椒、蔥和芝麻醬。我們喜歡爆香花生，加自己磨的花生醬，下夠麻油，用上湯煮麵。

現在一般小食的杏仁，和杏仁露的杏仁是完全不同的食物。小食的杏仁，其實是扁桃仁。而杏仁露的南北杏是杏子的核仁。曾懿當然會熟悉杏仁，因為南杏（甜杏仁）用來食。北杏（苦杏仁）是中藥。北杏含有比南杏多三至十倍的氰化物[13]，所以可以導致中毒。由於北杏香味較濃，烹飪仍會用。好處是因為苦味，一般人都不會認為可口，不會多用。但是農村小孩，仍舊出現誤食中毒的病案。元代時，一般人仍舊弄不清楚，也沒有甜苦杏仁，南北杏仁的概念。所以賈銘在《飲食須知》書中特別解釋了一大段，包括有中毒風險：「雙仁者誤食，或食杏仁多，致迷亂將死。」按他說法，有毒的杏仁是來

Recipe

蛋白杏仁露

- 水 10 杯，用其中一杯把冰糖 200 克煮成糖水。
- 南杏 250 克、北杏 50 克、糯米 50 克、蛋白 4 隻。
- 杏仁、糯米泡過夜，放入冰箱。
- 杏仁、糯米放 3 杯水，入攪拌機打成茸，倒入布袋中隔渣。
- 把渣倒回攪拌機中再加 3 杯水打一下後，再倒入袋內隔渣。
- 把餘下的 3 杯水倒入布袋中，和渣拌，擠乾布袋。渣倒掉。
- 把杏仁水和糖水倒入鍋中。中火煮滾並不時攪拌，以免粘鍋。
- 看至滾時熄火，倒入蛋白，順時鐘方向轉兩下，2-3 分鐘則成。
- 如飯後食得太飽，則可減蛋白至 3 隻，使杏仁露比較稀。冰糖也可自行加減。杏仁露上可以用南瓜汁畫圖案。

自杏內有兩仁的。但現代消費者買到杏仁時當然無從知道。中藥炮製只是使苦杏仁的成分穩定，便以儲藏，而不是減少有毒成分[14]。所以中藥店買到的苦杏仁仍非適合多食。理論上來，即使甜杏仁長期食也可以導致慢性氰中毒。但醫學報告中，杏仁中毒案例都是由食生杏仁、炒杏仁、涼拌杏仁或藥用杏仁引起。唯一例外是三位病人曾同食杏仁豆腐而中毒。但相關報告未提供詳情，所以我們無法知道此豆腐製造過程是否出錯。更可惜是沒有人分析過烹調後杏仁汁食品仍存有毒成分多少，所以有些國家根本禁止杏仁出賣。但無論如何，相信烹飪過程應該已經將中毒風險大幅降低。

第二十六章　請維吉尼亞・吳爾芙食什麼好？

1 布盧姆茨伯里派的糕點

假如維吉尼亞・吳爾芙（Virginia Woolf）肯光臨寒舍的話，我們跟著叫她什麼好呢？

無論是台灣或者是大陸，很多人喜歡在文章標題或內文中稱呼維吉尼亞為吳爾芙、吳爾夫或伍爾夫。這其實很怪異。達文西現在是沒有同姓的人。莎士比亞沒有後人，但同姓的人仍不少，單是和他同名同姓叫威廉・莎士比亞的，上網查查就有七千多人，只是查詢起來，全都是未見經傳的。所以，大家叫慣了，也似乎天下只有他一位莎士比亞。

但她可不是姓吳或者姓伍，更不是名為爾芙或爾夫。Woolf 是她的夫姓。她娘家姓 Stephan。她的丈夫倫納德（Leonard）好歹也薄有虛名，寫過好幾本書。這樣稱呼方法，如果西方人也學了，豈不是討論到蘇東坡時就只說蘇，似乎全個華文世界中，只有蘇東坡才配稱姓蘇？

如果整天都說吳爾芙夫人，那又太莊重嚴肅，氣氛凝重了，下午茶要輕鬆愉快就只能是三幾好友促膝暢談。所以，我們最好按照西方禮節常規叫她維吉尼亞。當然，很多英國人都會縮短維吉尼亞為維琪（Vicki）。

但我們不清楚她喜不喜歡這樣叫。

我們知道她喜歡下午茶。這是傳統英國的特徵。她曾經在《歲月》（The Years）中，借下午茶地位從維多利亞女皇年代到二十世紀間的衰落，隱喻世道的易變。她在日記裡特別注明她的名著《奧蘭多》（Orlando）是「飲完茶寫的」。她和她的一群號稱布盧姆茨伯里派（Bloomsbury Group）好友，也正是經常在餐聚或下午茶的 Earl Grey 伯爵茶巧克力蛋糕、司康及果醬、三文治中激起火花，互相啓發，互相開竅。

華人愛食，天下聞名。也因為這樣，統治階層向來都認為華人只需要提供溫飽，就已會滿足，其他一切都是多餘。但奇怪的是，華人的小說中，食物過往一直都只是跑龍套。連配角也未曾擔任過。古典小說中，幾本寫得最多有關食物的小說，《金瓶梅》、《西遊記》、《儒林外史》，雖然有不少菜餚現身，但只都見其名，不見其實。現身的作用只是布景，陪襯和凸顯主人翁的態度或身份。

維吉尼亞的小說可就完全不同。

2 食的文學

在她的小說和散文中，食物就升為關鍵的聚焦點。她在《自己的房間》（A Room of One's Own）時發難批評說：「怪得很，小說家有辦法使我們覺得午餐久憶難忘無非是因為當時有人說了很有趣的話，或者做了充滿智慧的事。可他們很少提到食了什麼。小說家的行規是不提湯、鮭魚或乳鴨，似乎湯、鮭魚或乳鴨都不重要，似乎沒人抽過雪茄或者飲過酒。」跟著，她便洋洋灑灑幾百字詳詳細細地描述「牛橋」的菜餚：「今次午餐由鰈魚開始，盛在深盤，由學院的廚師披上一層純白的乳油被罩，罩面散落母鹿身上斑點一樣的棕色小點。隨後來了鷓鴣。如果你以為這只是幾隻禿體棕色鳥隻，就錯了，那些鷓鴣，類多數眾，領著隨從，汁醬、沙拉，或烈或甜，各按次序而至，然後薯仔，薄如銀幣卻不硬，芽葉如玫瑰，但更可口……。」

跟著，筆鋒一轉，從描述男生才能踏足進入的「牛橋」的午餐，去到女生上的「費納姆」的晚餐：「晚餐準備好了。一盤清澈的肉汁湯……跟著是牛肉和蔬菜薯仔，簡約的家常三英會，讓人想起泥濘滿集市中見到的牛後，捲起的芽邊發黃……」。透過這兩家烏有學院餐飲的對比，她凸顯出男女的不平等，以及為什麼生活質素對創意影響重大，「有了錢和自己的房間女人才能寫小說。」

她也的確言行一致，在小說中，不是陳列一些菜名，而是讓讀者經歷到食的經驗和感想，像奈維爾（Neville）在《海浪》（The Waves）中的自白：「可我食。我在食中慢慢地忘掉了一切細節。我給食物壓住。那些一口口可口的烤鴨，堆積適到其好的蔬菜，冷暖、輕重、甜苦，精美地輪流更替，過我的上顎，下我的食道，進我的胃，使我的身體紮實。我覺得寧靜、安穩、自在。一切都是實在了。我的上顎現在需要而且期望甜和輕快的味覺，似糖又一觸即逝；還有涼快的酒，如同手套一樣貼著我嘴腔頂處彷彿顫抖中的纖嫩神經，隨著我的飲喝流散進入這圓頂的空穴，藤葉的青綠，林麝的芬香，葡萄的紫色。」

3 我仍是食，食，食

如果不是愛美食和煮食，她不可能寫得出這種精細的詞句出來[1]。她一九一四年時上了烹飪班，告訴朋友，

「我把結婚戒指煮進羊脂布丁而聞名了，真是好玩！」在日記上她記錄下採集蘑菇和黑莓，收割蘆筍的樂趣，及食的經驗：「陽光曬暖的梨，邊食邊流汁……我們在歡笑聲中食三文治和草莓……我們坐一張用頭巾鋪蓋的低桌，從一碟碟不同的豆或生菜食。」現代人喜歡用手機傳訊給朋友知道食了什麼。她也一樣，在信上，她不只是告訴朋友她食了，而是食了「美味的午餐，飯、熏肉、橄欖油、蔥、無花果和糖摻和在一起」。

她愛食，寫給閨友維塔（Vita）說：「我告訴自己我會胖到維塔不喜歡我。可我仍是食，食，食。」但她也愛下廚。買了新的油爐後，她寫：「我細點了我要煮的菜，濃厚的燉菜和醬。那些異奇、冒新獵險、略為含酒的菜式。」她更是寫給維塔說：「我生來只有一個愛好，烹飪。」她也告訴詩人艾略特（T. S. Elliot）：「單是為了烹飪，我便樂於再三出售我的靈魂。」不過，維吉尼亞無法一心兩用，又要寫書又要學煮食，烹飪技術大概只是一般。她的佣人就曾經抱怨過，她用盡了所有的盤碟，留下來給洗。有一次，佣人外出，她需要親自下廚弄午餐，連米飯都不會煮，要看烹飪書才行，生氣到手都發抖。

也正因為她愛食，食物才不是布景、跑龍套，而可以升為主角。像《到燈塔去》（To the light house）裡，拉姆齊夫人（Mrs. Ramsay）為客人的遲到生氣，因為他們要食傭人的傑作法式燉牛肉（Boeuf en Daube）。「全靠準備就緒立即就上。那牛肉、月桂葉、和酒剛剛完美。等，是絕不可能的。然而，就是今晚，偏偏今晚，他們出了去，他們遲來了。東西要拿出去，東西要熱著，那法式燉牛肉全完蛋了。」等到客人進門，拉姆齊夫人像王后一樣下樓迎接，突然聞到燒焦味。「他們會不會把那法式燉牛肉煮過龍了？她想，求求上天不會！」

4 食的折磨

維吉尼亞的小說不只是陳鋪出食物給人的感官感覺，食物和婦女的人生也息息相關。《海浪》中，她描述蘇珊（Susan）做麵包的過程和人生的經歷，沃克太太（Mrs. Walker）在《達洛維夫人》（Mrs. Dalloway）做餐的戰戰兢兢和疲頓。在維多利亞時代的英國，婦女在家外飲食會被人認為不雅；食肉是男性的專利，只有色情狂的女性才會食肉。所以拉姆齊夫人只是為家人忙來忙去，晚餐時也只是幫人倒湯，就是廚師的拿手好戲法式燉牛肉，那盤「令人目眩心亂的棕色黃色鮮美肉塊、月桂葉和酒」，自己也不食。只有《夜與日》（Night and Day）中，二十世紀初爭取女權的新女性瑪麗則令左右的男性不安。她獨自午餐光顧的餐廳，花哨，而且可以叫兩英寸厚的牛排，和「錫碟裡遊弋的燒雞」[2]。

但是，偏偏是如此愛食愛煮的人，卻要遭受造物玩弄。

她的丈夫倫納德在她一九一三年第三次病發時寫道：最困難的事就是使她進食，如果不理，她就會餓死，「每一餐都要一或兩個小時，我要坐在她身旁，放支匙羹或叉在她手裡，久不久低聲勸她食……和她辯論要她做什麼必然會徒勞無功，譬如說叫她食早餐，她就可以絕無餘問地證明她為什麼不應該食早餐」。她身高幾乎一百八十三公分，當年九月時，只有五十四公斤，身體質量指數ＢＭＩ 16明顯過瘦。當時的醫生根本不懂得怎麼醫她的病，只是叫她休息，和食、食、食，不斷地食。於是她的可憐丈夫和她足足兩年每天都要為要她多食而吵架，到一九一五年康復後，她的ＢＭＩ才恢復到健康的24左右。

還好，之後多年，雖然文學界喜歡說她有厭食症，她一直都不再呈現這問題，只是每一次寫完書心情緊張時，胃口都比較差。但二次大戰期間，戰情緊迫，倫納德買好了毒藥，準備德軍殺到時，雙雙自殺。英國糧食供應困難，糧票限制每一個人每星期茶葉、牛油、芝士各五十七克，一顆蛋、一百一十三克熏肉或火腿、兩塊肉、煮用油九十三克、糖二百二十六克……。她寫在日記裡，食物已經成為偏執對象……我假裝擁有想像中的菜式。朋友送她牛油、乳酪和牛奶，「你忘記了牛油什麼味道，我告訴你，是像是露水和蜜糖之間的一東西」，然而，她依舊骨瘦如柴。一九四一年，五十九歲的維吉尼亞，剛為《幕間》（Between the Acts）寫完稿不久，便留下張紙條給倫納德，「親親，我確定自己又要瘋了……我們挨不過又一次同樣的恐怖日子」，然後投河自盡。

5 維吉尼亞的華裔眼睛

文學界中不少人認為維吉尼亞患的病總的來說是複雜、無以命名歸類，甚至任何推測對她會是一種侮辱、褻瀆，醫學界普遍認為她是患有雙極症。但這也只可以算是比較專業的遠距猜疑，因為始終都沒有詳細的診治細節出現過。實際上她幾次病發都是在情緒受到嚴重打擊或沉重壓力之後發生的，母親、父親的離世，書寫帶有自傳成分的處女作《遠航》（The Voyage Out）。而在一九一五至一九四一年的二十多年中，她卻都沒有明顯發過病。如果沒有原始的診治記錄，從日記、信件或親朋的回憶來重構她的正確診斷都會困難重重容易出錯。但無論如何，當時根本沒有什麼對精神疾病有效的藥，醫生也通常只是用權威性高壓態度迫她接受無效的方案。

她的患病經歷充斥她的著作，但她仍在《說患病》（On Being Ill）埋怨文學未能足夠把疾病的聲音說得清楚。雖然她對醫生多為不滿，但她靈敏的觸感也可能已經意識到，醫患之間的對話其實永遠都是兩個異鄉人企圖透過翻譯對方的語句來交換信息。如果醫生聽不懂，或者企圖以他原有的概念和抽屜格子來收納患者的信息，甚至圓方不顧，削足適履，患者和文學家也有需要重組自己的語言使對方更為明白，更能感同身受。

從這角度想，她對東方，尤其是對華人的好奇及認識也可以說是一種翻譯，像她的醫患經歷一樣。她在多處提到華裔眼睛，意會難以看透。她心目中的華人世界，充滿著矛盾和神祕，難為人知。拉姆齊夫人在《到燈塔去》覺得莉莉．布里斯科（Lily Briscoe）「華裔眼睛和噘嘴臉，她永遠不會結婚；沒人會認真看待她的畫；她是一個獨立的小東西……莉莉迷人之處就在她的華裔眼睛，斜放在她那小白噘嘴臉，但這會需要一個聰明男子才得得見。」她大概也會以充滿迷惑的眼神問，為什麼在二十一世紀，有些華人會自卑地覺得華裔眼睛是辱華？她評論一本《中國故事集》後說，這些小故事的氣氛奇異，顛三倒四，使人覺得像在維多利亞英國鍾愛的青柳紋碟上的橋上行走。她的小圈子，布盧姆茨伯里派的成員，對遠東也同樣興趣十足，弗萊（Roger Fry）和徐志摩、福斯特（E.M. Foster）和蕭乾是朋友，維吉尼亞的外甥去了武漢大學教書，斯特拉其（Lytton Strachey）每天都要食米飯布丁。維吉尼亞自己也曾對外甥寫，「你很令人妒忌，我真想曾經在你的年紀待過在中國三年！」透過他的介紹，她和凌淑華通信，之後幫了凌淑華用英文書寫《古韻》（Ancient Melody）。

6 請維吉尼亞食茶葉蛋

她可能沒有食過華人的菜餚，倫敦雖然一九〇七年左右開了華人餐廳，但賣的是雜碎、咖喱之類布盧姆茨伯里名門兒女可會不屑一顧的餐點。請她來個下午茶，鐵觀音、或者伯爵茶，這杯茶必須泡得好。維吉尼亞在《奧蘭多》表示過，主角飲完糟糕透頂的茶後，寫的竟是她一生最淡而無味的詩句出來！

要不要請她試試一件曲奇三文治。英國下午茶是少不了三文治的。不過她可能會食膩了傳統的黃瓜三文治、鮭魚魚三文治或蛋三文治。而曲奇三文治她又也許會嫌甜吧。

請她食顆茶葉蛋吧。唐魯孫說江浙人以前過年時食茶葉蛋叫捧元寶。他在台灣就推薦茶葉要用花蓮鶴岡出的紅茶[3]。我們有年在倫敦機場買了新牌子的 Earl Grey 茶，飲起來味道和平時的好不一樣，有些接受不了。正好就快過年，靈機一動，不如用來做茶葉蛋。想不到，和其他香料搭配在一起，收到絕妙的效果！比我以往的茶葉蛋更好味。之後，我們一直都是以伯爵茶做茶葉蛋。食這種茶葉蛋，可以算是中西合璧，像她提到的英國仿華輪外瓷器中的青柳紋碟，既華又非華，既洋又非洋，卻又含蓄另種風情，另種美好。

當然，她會好奇問，茶葉蛋是哪一朝哪一代出現的？這就夠她又寫一本小說了，說那神祕的東方人，宋詡，不知來歷，不知生死，只知道在明朝時代住在松江，不知為何會在一五〇四年，明孝宗朱祐的弘治甲子年寫成了一本《宋氏養生部》長篇大論講食料以及相關的菜餚做法。書中菜餚不僅有南有北，更是收集了一些外來食品。朱祐和他兒子那兩朝當然也就是中式瓷器向西方推進的時代。英國後來流行的青柳紋碟也就

Recipe

茶葉蛋

用伯爵茶葉，不用茶包。略加鹽，份量按自己喜好。

浸雞蛋於茶中，煮茶水至滾就熄火。每天煮一次。至少浸和煮7天。煮熟的蛋要輕輕敲碎蛋殼，使茶可以滲透入蛋。敲得愈細膩，蛋上花紋更美，蛋的茶香也更濃。茶各有不同香味。我們喜歡的是伯爵茶。但不同牌子的伯爵茶也香味不同。

調校到食時略帶茶苦，稍覺鹹味，茶香沖鼻，為適當。

是仿製那時代的藍白風格而成的。

宋翊在這本書談論各種各式烹調蛋的做法中提到「用卵微烹，擊裂。醬油、鹽、茶清、同在罌糠火熱透。留經數月……熟味優於烹。[4]」。這和現代茶葉蛋做法基本上大同小異。但在這基礎上，發展大概很慢，而且也不為太多人知。所以袁枚在《隨園食單》也要教做法。雖然他比宋翊詳細卻仍然簡單「雞蛋百個，用鹽一兩，粗茶煮，兩枝線香為度，如蛋五十個，只用五錢鹽，照數加減，可作點心」。

食完茶葉蛋，然後再請維吉尼亞嘗嘗北京的仿饍點心吧！豌豆黃、芸豆卷、窩窩頭。這都是老北京的食品。和她講那些故事，也許可以補償她未來訪華的遺憾，她更也許會在她下一本書中也描述一番呢！

7 請維吉尼亞品窩窩頭

維吉尼亞的小說中，食甜品的婦女往往是傳統守規守矩的妻子或是浮淺無知之徒[5]。但這三種食品都不能算是甜品，應該沒有問題。

齊如山說，北方凡下圓上尖的都叫窩窩。窩窩頭本來是窮人家的糧食，民國初年時，北京便有一個叫窩窩頭會的救濟貧民的慈善組織。現在名列仿饍點心之一員，登上枝頭變鳳凰的轉變，背景是慈禧一八九八年經過戊戌政變軟禁光緒僭奪政權，然後縱容義和團拳民四處鬧事。結果引致八國聯軍攻打北京。由於慈禧政權並非合法，政策亦極錯誤，各省巡撫，包括山東的袁世凱，都以東南自保及慈禧的對外宣戰詔書無非拳民脅持之下的矯詔，兩大理由，拒絕出兵勤王，並且和外國簽署和平協議。慈禧於是迫得只好倉皇逃亡。

唐玄宗當年有六軍護駕，逃難中都饍食不保，要楊國忠去買胡餅充饑。慈禧處境就更不堪。事後傳說，餓了幾天後有人送上窩窩頭給她食，食完覺得異常好味。於是回到宮後，要御廚也做來食。不過，正史就不見有這記載。對這次逃難寫得最詳細的《庚子西狩叢談》的報導只說慈禧一眾，逃了兩天沒食，去到離紫禁城八十公里外的驛站榆林堡，仍然向當地縣官發出命令要求：

皇太后 皇上 滿漢全席一桌

慶王、禮王、端正各一品鍋

肅王、那王、瀾公爺、澤公爺、定公爺、肅貝子、倫貝子、振大爺、軍機大臣剛中堂 各一品鍋

趙大人、英大人各一品鍋

神機營、虎神營、隨駕官員軍兵，不知多少，應多備食物糧草。

但窮鄉僻壤，何來糧食?附近的懷來縣官只好勉為其難，央求縣城人提供米飯、蒸饃、烙餅、稀粥，再殺三頭豬，用大鍋三口，煮雜膾蔬肉。怎知又給亂兵搶走，只剩下綠豆小米粥一鍋。

縣官去到縣城外二十五華里的榆林堡，接到狼狽不堪的慈禧。她大哭一場後向他苦述「連日奔走，又不得飲食，即冷且餓。途中口渴，命太監取水，有井矣而無汲器，或井內浮有人頭」，不得已，只好和光緒兩人嚼高粱桿，吸得漿汁解渴。「我已完全成一鄉姥姥，即皇帝亦甚辛苦。今至此已兩日不得食，腹餒殊甚，此間曾否備有食物?」聽到劫後只剩小米粥一鍋，慈禧亦飢不擇食，「有小米粥，甚好甚好，可速進。患難之中得此已足，寧復較量美惡?」縣官送上粥後「俄聞內中爭飲豆粥，唼喋有聲，似得之甚甘者」，跟著，李蓮英出來，翹拇指說，「你做得好，老佛爺非常歡喜，你小心伺候，必有好處。」縣官隨後再找到五隻雞蛋，慈禧也一口氣食了三隻，分兩隻給光緒。所以，實際上窩窩頭應該是冒牌貨，盜領了綠豆小米粥的功。

Recipe

窩窩頭

- 玉米粉 1 包、麵粉 500 克、砂糖 100 克、乾酵母 1 包、牛奶 500 克。
- 玉米粉、麵粉過篩後，加糖，逐少加牛奶，和麵至粉團滑，光身。
- 放布在麵團上醒 20 分鐘。
- 搓成細長圈，切成均等小份（約 50 克），揉成圓球，插大姆指進球，然後揉轉便可成上尖下圓，中空的小窩窩頭。
- 在蒸籠內放紗布，窩窩頭放布上，大火蒸 10 分鐘。

這當然是改良版。如是往年，貧窮農村食的，據齊如山所述，玉米通常是連皮磨成，口感很差。相片中的窩窩頭是加了棗泥的版本。

第二十七章　請鐵達尼號的華工食什麼好？

1 苦海逃生的六人

大家對於「鐵達尼號」（RMS Titanic）的慘劇相信都耳熟能詳，即使沒有看過文獻，也會看過或聽過有關鐵達尼號的電影和電視片。總之，這艘當年最豪華先進的郵輪在一九一二年四月十日首航。船上滿載富翁名媛及移民。怎知五天後碰撞冰山沉沒，造成千五百多人罹難，七百餘人死裡逃生。

多年來，故事焦點都放在乘客和高級員工身上。只有近年來，才有人記得原來生還者中有六名華人，他們的故事一直都被忘卻。直至到施萬克（Steven Schwankert）和瓊斯（Arthur Jones）拍了齣紀錄片。

如果找得到，請他們食什麼好呢？

困難是我們不知道他們的中文姓名。我們只知道其中一位叫 Fang Lang，一名年輕人，船沉沒後下了海，緊抓著一扇木板，幸運地在黑夜中給救生艇見到了。其他幾位叫 Lee Bing、Chang Chip、Ah Lam、Chung Foo、Ling Hee。由於排華的原因，他們到了美國，一上岸，便被驅逐出境。儘管 Fang Lang 上了救生艇後幫手搖槳救人，其餘四人都是乘最後的救生艇，報紙仍然落井下石，或是造謠誹謗說這些「畜生」，一嗅到危險，就跳了上救生艇，躲在椅下；不然就是男扮女裝，方才得救。

從美國，他們輾轉經古巴去到英國。其中一位，兩年後因病身亡，葬在倫敦某無名塚中。其餘五人在英國工作至一九二〇年之後各散東西[1]。

他們六人和另外兩名華人本來都是鐵達尼號的三等乘客，受英國雇主調派去紐約轉「安妮特號」（Annette）貨船工作。在紐約，他們沒有機會療傷，囚禁後第二天便給逐出境，上安妮特號[2]。

他們不是最早在歐美船隻上工作的華工。記錄顯示十七世紀時已經有少數華裔海員為英國的東印度公司工作。自十八世紀起，便更多華人以此為生。起始，他們只是活躍在印度和東亞地區。但一七九九年時有位改姓換名叫約翰．安東尼（John Anthony）的華人居然在英國開了間華裔海員宿舍，說明那時已有不少華工去到歐洲[3]。

在一八七〇至一九一三間，世界的船運增長了四倍，華人隨而也成為國際貨運的重要員工來源[4]。由於英國當時的造船工業領先，許多船在英國下水。香港人、廣東人近水樓台，自然也成為華工的主要組成部分。一九二一年時，英國的人口調查發現二千四百一十九名華人居住在英國。其中，五百四十七名從事洗衣業，四百五十五名是海員。

2 海事華工的經歷

一八八四年，美國排華法律剛通過兩年後，一名叫 Ah Kee 的香港船員跟了艘美國船理查・帕森斯號（Richard Parsons）從印度去到紐約。他大概不知道不准上岸，或者明知故犯，偷偷離船上岸觀光或尋找工作。總之，結果是被抓到，送人監獄。但這位 Ah Kee 卻不示弱，居然申請釋放，並且勝訴[5]。

這件案凸顯出當時一個矛盾，一方面，法官判案時覺得船運的海員，路經而上岸無害，另一方面，也的確有華工一旦上岸，便黃鶴一去不回，潛入華埠人海中。華工後來便被強迫留在船上不得上岸，或要交按金，後來更規定打指模、照相、取身份證明。政策其實只是針對華工，因為歐洲船員在美國上岸後非法入境者為數也不少。但美國並無規管限制。

我們太容易把排華當作是一個種族歧視問題。其實，躲在簡單的標籤後更是利益衝突。海運上排華的最大動力其實是西方船員。在供求關係下，他們眼看華工人眾已會有利資方議價。船東也確實經常在遠東僱請船員，薪酬比在美國請人低近四倍[6]，有些貨船公司就故意專在遠東僱請船員。研究指一八七九至一九〇六年間有三家公司旗下總共有至少八萬華工[7]！英美船員為了保飯碗排華，結果其實適得其反。限制華人船員上岸，對公司來說更是有百利而無一害，因為這樣，在船隻泊停期間，就毋須僱請臨時工留守，又省了一筆錢。這又使英美船員的工資上升受阻。

但英美船員不怪東主，反而遷怒華工願意以低薪工作，是可忍孰不可忍。其實，這不是華工造成的問題，而是各地薪酬不同，在英國受僱的華工和白人薪酬相差無幾，明顯高過在遠東。而美國港口請人薪酬條件比較高，所以就是歐洲船員去到美國也會跳槽，換新僱主。但是華工是無力無勢的對手，打擊華工遠比攻擊公司老闆輕鬆。種族不同，更容易識別打擊的目標。於是，矛頭只是指向來自東方的華人和南亞裔人。排斥結果造成自我證實的怪圈，華工找不到更高薪的職位，只能做白人不願做的苦工，燒煤、加油、廚房及清潔。這又成為低薪搶活的鐵證。

利益衝突下，二十世紀初葉時，儘管共產國際高唱工人階級團結，現實中，英美船員卻是集中火頭向華工及東南亞船員，要求政府限制他們的就業。鐵達尼號六名華工生還者在紐約的經歷，事實上只是華工當年遇上的一個縮影。

3 早餐的郵輪等級

郵輪現在是休閒度假的場所，一般都不分等級。即使是住在最低層，僅有小窗見海的乘客，用餐看戲隔席都可能是入住頂層套房兼有私人服務員的豪客。但十九世紀至二十世紀初葉的郵船卻是等級楚河漢界，不容僭越。

當時，一般客船上，三等客是：公廁，在艙外甲板上用餐，共住一間大艙。鐵達尼號算是進步，有兩至十人共住的私用房間，及三等客餐廳及休閒室。相對來說，頭等客的設施是以豪華酒店為標準：臥室不用說，客廳布置以凡爾賽宮為師，法式咖啡廳，陽台咖啡店，兩家餐廳中，任意點菜餚的仿麗晶酒店；此外還有圖書室、吸煙室等等。要運動就有壁球室、健身室、游泳池。運動完更可去土耳其浴室，浴完再按摩。

當然，你會說，這沒什麼了不起。現代的郵輪哪艘不是這樣？但在百多年前，這是令人驚訝，嘆為觀止的享受。

而最重要一點，在生還率上就看得一清二楚。

那時代，西方儘管仍然男女不公平（英國在一九一八年才容許女性滿三十歲後可以擁有投票權，美國也在一九二〇給女性投票權），在逃生方面卻深信應該是婦女和小孩優先。因此，鐵達尼號生還者中，婦女和小童居多很自然。

但是，無論是女、男或兒童，都是頭等乘客生還率最高。頭、二等兒童中，二十九名中二十八名得救。三等的七十九名小童，只有二十七名得救。一百四十四名頭等女乘客，只有四名喪生。三等的一百六十五人，生還者不及一半。男性的頭等乘客三分之一得救，比三等的多一倍。唯一奇怪是二等男乘客不知為何，死亡率特別高。

很明顯頭等客得到的照顧不同。

在餐飲方面這種差別，從存世的幾張餐牌可以看到。

出事那天，一九一二年四月十四日：

三等客早餐

燕麥粥及奶

煙熏鯡魚　帶皮薯仔

火腿伴蛋

新鮮麵包　牛油

果醬　瑞典式麵包

茶　咖啡

頭等客早餐

烤蘋果　鮮果　燉李子

桂格牌燕麥　玉米粥　爆米花

新鮮鯡魚

蘇格蘭findon黑線鱈　煙熏鮭魚

烤羊肉　腰子伴煙肉

烤火腿　烤香腸

羊肉片　蔬菜羹

煎蛋、牛油烤蛋、炖蛋、水煮蛋

簡單或番茄奄列　任點
西冷牛排或羊排　任點
薯仔泥、炒薯仔、或帶皮薯仔
冷肉
維也納卷麵包　格雷姆全麥麵包
蘇打及葡萄司康　玉米麵包
蕎麥薄餅
黑加倫果醬　法國 Narbonne 蜂蜜
牛津果醬
西洋菜

食完這早餐，真的不做運動不行。

4 最後的晚餐

那天晚上，乘客食了以下晚餐，對某些人來說也是，最後的晚餐。晚上十一點四十分鐵達尼號碰了冰山。兩個多小時後，沉沒。

船上的八位華裔屬三等乘客，晚餐、午餐、早餐，都印在一張紙上。他們食的晚餐是：

米湯
新鮮麵包　船艙餅乾
燒牛肉　棕色肉汁
甜玉米　水煮薯仔
梅子布丁　甜汁
水果

不過，別把晚餐這個名稱騙了你。三等客的晚餐，像一般勞工的一樣，是中午食的。肚子餓的話，可以在真正黃昏時間來客茶點：

冷肉、芝士、腌菜、新鮮麵包和牛油、燉無花果、飯、茶。

更夜些，再補食消夜：

粥、船艙餅乾、芝士。

二等餐廳，晚餐和頭等都一樣，晚上七點半，標準英國上流社會的時間。

木薯清湯

Sharp 醬烘黑線鱈

咖喱雞飯

薄荷醬香羊仔

紅莓醬燒土雞

青豌豆　大頭菜泥

飯

水煮及烤薯仔

李子布丁

果凍酒　椰子三文治

美式雪糕

果雜

新鮮水果

芝士　餅乾

咖啡

在頭等餐廳，早、午、晚餐，各一餐牌。那天晚上：

開胃菜（鯷魚、紅蘿蔔、橄欖、醃腓魚）

蠔

Olga 清炖肉湯　奶油大麥

鮭魚　慕斯琳醬　黃瓜

里黎烤里脊肉片

里昂煎雞胸肉

法哈奇西葫蘆

羊仔肉　薄荷醬

燒乳鴨　蘋果醬

西冷牛排　牛油燉薯仔

青豌豆　奶油紅蘿蔔

米飯

蒜炸薯仔　水煮新鮮薯仔

Romaine 雞尾酒

水芹燒乳雞

凍蘆筍　油醋汁

鵝肝
芹菜
華德福布丁
蕁麻酒浸桃
巧克力香草泡芙
法國雪糕
咖啡　酒

對這三種不同等級的餐餚，不要只是從簡約或奢侈、美味與否來看。我們也曾經這樣做，但看了布倫菲爾德（Andrea Broomfield）替我們做的分析[8]，恍然大悟，原來背後大有文章，並非只是食，那麼簡單！

5 餐牌字後的含義

三等的饍食，從今天的眼光看來，甚為寒酸。一天三餐竟是偷工減料，少了午餐。但我們這幾位華工和其他三等乘客，其實已經會是受寵若驚。在那時代，一般從歐洲去美國的三等客都是慣於三餐不飽的窮人，從歐洲移民去比較好機會的地區，或者像我們這幾位朋友，是公司調派異地工作的低層勞工。船上饍食常例是在狹窄的空間，廚師拿一個大壺來，給每位客人掏出食物，放進菜桶。能食得飽，就應該安分滿足了。

在鐵達尼號上，你卻可以安樂地坐在長桌前，等侍應端上一碟碟菜放在桌上。窮光蛋也有人來服侍你，可不神氣！不是一個菜桶，所有菜都混在一起，而是菜分盤各據，讓你想撿起食時才嘗試其味。晚餐頭盤的米湯是當年不少窮人一餐僅有的食物。但在鐵達尼號上，卻像頭等一樣，只是餐食的開始而已。跟著來的是燒牛肉和李子布丁。牛肉是窮人一年才能祭胃一次的享受。梅子布丁是每家辛辛苦苦積蓄希望在過節慶典時可以見到的過節食品。居然可在船上尋常的一天食到！

船公司知道，時代變了，移民人多，儘管每人船費有限，金額總數卻不容輕視。三等客口碑好，傳回家鄉，會勝無數廣告，帶來源源不絕的客人。而且，儘管今天窮，這些移民中誰能擔保明天不會出現幾位富翁，來坐頭等？可不能得罪呀。

至於二等客，這些會是一些比較少有積蓄的白領移民，工程師、藥劑師、律師、祕書，以及去會親人的婦女。他們自恃比勞工高一級，自然不能住食和他們類同。所以，他們食的時間都要和頭等相同，晚餐是晚上七點半。端給他們食的菜，要逐碟逐盤體面的俄羅斯式 à la russe 上，不能用法式服侍 à la française 一齊全都擺在桌上。桌布雪白，刀叉閃銀，在在都顯出體面莊重，合乎身份，而不花巧喧嘩。

別小看這逐盤上菜的意義。連上等人家也是在十九世紀才開始跟得上貴族，可以這樣食法。比起一齊上菜，這需要更多侍從服侍，撤盤上盤。在船上能享受此等服務，告訴這些移民，你身價可已提升了！鐵達尼號的老闆也會下些功夫，用些所費不多的小加工，抬高菜餚的身價：不是別的公司二等客的豌豆湯、鮮魚荷蘭芹白醬、春季菜牛尾或燒牛肉或熏肉奶油煮雞，而是木薯清湯、Sharp 醬烘黑線鱈、咖喱雞飯或薄荷醬香羊仔或紅莓醬燒土雞。Sharp 醬可不是家裡容易做的，要多道工序，用牛油、洋蔥、番茄醬、醋、芥末、伍斯特醬和辣椒醬。

鐵達尼號所屬的公司——白星——是該時世界頂級富豪，美國人摩根（JP Morgan）所擁有的。白星競爭對手是英國船公司丘納德（Cunard）。現在，丘納德是一家英美合資公司所擁有。但當年，是美國崛起，大英帝國夕陽無限好之際。因此，兩家公司的競爭，也暗藏兩國之間的一決雌雄。當然，從生意角度，白星無意得罪英國顧客，所以不僅沒有戰狼姿態，更是為了討好，故意掛英國旗，仿效英國傳統。定食餐廳布置是以古典英國為主調。即使上流社會推崇法式烹調，也必須是英式法國菜。食菜更是不能忘愛國，英國是食烘燒牛肉長大的，所以每晚提醒客人進餐廳是以小號奏〈老英國的燒牛肉〉這首愛國歌。

而且，英國對好餐的要求是有魚、有走獸肉、有鳥。法式上菜次序，是從脹胃的到輕食，而英式則是倒過來從輕至豐碩大餐。鐵達尼號頭等定食跟英式次序上菜。有錢，又喜歡法國菜的可以去單點餐廳，自行和經理商討要什麼。

雖然這樣，船的首航頭等客中，大多數仍是美國人。看來，在選擇船時，英國的上流社會仍然會忠心支持自己國家的船公司。

6 木筏上的飲食

Fang Lang、Lee Bing、Chang Chip、Ah Lam、Cheong Foo、Ling Hee 在鐵達尼號沉船之後，被人忘卻，也不是唯一沉船而被人忘卻的罹難者或生還者。鐵達尼號事件後兩年，第一次世界大戰揭幕。一戰期間，不少船上有華工葬身大海。一九一七年，「阿帕利瑪號」（Aparima）被魚雷擊中，死者中包括一位 Ah Sing。中魚雷沉沒的「維尼歐維亞號」（Vinovia），船員大部分都是華人，其中七人喪生：Ah Soo、Chai Chong、Ching San、Chong Sing、Kow Chong、Ti Lo。總共五百三十二位華裔海員在一戰期間捐軀，名字只留在香港植物公園的紀念碑上。[9]

當乘務員的海南人潘濂（Poon Lim）在二次大戰沉船後海上漂流了一百一十三天才獲救。他在這三個多月的饍食卻真的值得留諸青史。

貨船在南美巴西以東一千二百公里左右，受魚雷擊中幾分鐘後就沉沒。唯一生還的潘濂靠救生衣，海上漂了兩小時後爬上了一艘八尺方的救生木筏，木筏上備有幾罐餅乾、四十公升清水、及一些巧克力和糖。每天早晚兩塊餅乾，幾口水，捱了大概一個月。之後，他只好靠釣魚和用筏上的帆布收集雨水來維生。沒有魚鈎，只好用罐頭敲打電筒的電線和筏上的釘製成。魚絲正好用綑綁罐頭的繩子做。第一條魚是用塊餅乾做餌。夠幸運，餅乾未給海水沖溶掉之前，居然釣到了條魚。魚肉食完，餘下的魚骨又可當作魚餌，釣第二條。

食不完的魚，他會曬乾先。看見海鷗，他又靈機一觸，把筏旁的海草裝成鳥巢樣，放魚在內。果然，一隻倒楣的鳥中了計，給他抓到。飲了鳥血後，又用食不了的鳥骸做魚餌。憑這，他居然捉到尾小鯊魚。那幾天沒有下雨，全靠鯊魚的血、他才度過死門關。他飽飫肉和內臟後，更是割下鯊魚翅，來頓魚翅。即使不太好食，也是在大難中，有頓高級食品，可以無憾了。

最後，巴西漁夫在第一百三十三天見到了他。

他的經歷目前仍舊是最長沉船後生還記錄。

二〇一三年有位墨西哥漁民的船被風吹離漁場，在沒有自身動力下漂了十四個月才獲救，成為在海上最長生存歸來的記錄。但這位漁民稱是靠徒手捉鳥、龜、魚而得以保持營養，實在令人難以信其為真。

7 長途海員的饍食

十七、十八世紀參加國際航運的華裔海員，饍食和其他海員一樣，是極差的：一六七七年英國海軍部長訂下的規定是每天一鎊餅乾、一加侖啤酒；每星期供應四磅牛肉、兩磅鹹豬肉、二十四英寸鱈魚的八分之三、兩品脫豌豆、六盎司牛油、八至十二盎司芝士[10]。所謂餅乾用未發酵的廉價麵粉和水做，每天三至五塊，大如盤碟。味道如何，可想而知。十八世紀時，變化只是將鱈魚改為兩品脫豆湯、兩磅半燕麥片、及增加牛油至八盎司[11]。商船員工的饍食通常也按照同一標準，可能較差，也可能在船上養雞鴨、豬羊而有新鮮肉食。但都缺乏蔬菜果實供應，維他命C不足。

十九世紀時，西方已經知道了蔬菜水果的重要性，因此海員的饍食營養價值好了很多。但質素就仍待改善。一八八二年時，一位從英國移民去澳洲的三等乘客在日記寫，星期天，罐頭牛肉、紅蘿蔔。星期一，湯和豬肉。星期二，水煮鹹牛肉薯仔。星期三，罐頭牛肉、紅蘿蔔或洋蔥。星期四，又是湯和豬肉……[12]。相信船上的海員食的也好不了多少。

很可惜，沒有人寫下，那些早年在西方船隻上工作的華工如何適應饍食，有沒有帶過自己的米飯和鹹菜鹹魚上船。

請 Fang Lang、Lee Bing、Chang Chip、Ah Lam、Cheong Foo、Ling Hee，這六位鐵達尼號的生還者來頓飯，也算是以他們代表幾百年中，有名的和無名的華人海員的經歷，幸與不幸。

因為他們多數都是來自南方，尤其是香港和廣東，就請他們食粵菜吧。

先來個臘味煲仔飯。再來一盤豬腳薑醋。兩道菜都是經典廣東菜。冷風一起，大家都會流口水，想那香噴噴，熱辣辣，食得人暖笠笠的煲仔飯。

Recipe

臘味煲仔飯

冬天食煲仔飯是一大享受，怎樣才能做出一煲又美觀又美味的臘味煲仔飯，經過一番研究終於想出以下辦法：

- 先將蠟味蒸熟並切好。
- 將米、臘味汁和水混合一齊放入煲仔煮成飯。
- 將切好的臘味排列在飯上面，蓋上煲蓋，慢火焗 10 分鐘。
- 再將煲仔放入攝氏 160 度的焗爐中焗 30 分鐘。雖然麻煩，但可以達到我的要求（我特別用了日本藝術家田中恒子創作的陶器，看起來更加美觀）。

Recipe

豬腳薑醋

每年都會醃製一大樽子薑。嫩的可以和皮蛋上桌。不夠嫩的用來煮豬腳薑。

做法：

- 豬腳洗淨放入薑醋中，煮至離骨。
- 將豬腳拆肉後全部放入冰箱，豬骨放回煲繼續慢火煲 30 分鐘，熄火完全冷卻後拿出豬骨不要。
- 上檯前將豬腳放回煲中煮熱，這樣就不會出現不雅觀的食相。

第二十八章　請張愛玲食什麼好？

1 張愛玲的香港飲食

張愛玲寫的小說不少。其中好幾篇都和香港有緊密聯繫。家裡那本《張愛玲短篇小說集》也幾十年了，書頁都上了年紀，變得暗灰。翻讀那些小說，就像旅遊到一個似曾相識又未見過的香港。有些地名很熟，但是景色和二十一世紀高樓大廈擠得實實的香港，如何陌生！二〇二二年代的香港已經和十年前的香港形同隔世，何況是二戰前的香港。

印象中，好像沒有組織過什麼張愛玲行徑旅遊團，帶張迷去步行參拜她筆下出現過的舊香港景點。如果有，可能也會像去倫敦參加狄更斯倫敦團，或者維吉尼亞．吳爾芙倫敦團那樣，去前去後都想再刨一輪她的散文故事。北地說啃書，粵語說刨書，一用口咬下去，一用器材挖下去。來過香港，張愛玲的香港故事中偶然也出現幾句粵語，應該會知道我們說的是什麼。

吳爾芙的主角會很投入，告訴你碟裡那道菜給的感受，有時使你恨不得馬上去搶來試一試。可惜張愛玲的主角對食物都似乎不太有胃口或興趣，即使去了什麼餐廳，都懶得給讀者任何蛛絲馬跡的暗示，值不值得去那裡嘗嘗。只有寫散文時，她才會讓讀者略為知道她自己的喜好。

這真的很可惜，二戰後的香港慢慢地成為亞洲的美食之都。但是，要找到之前的飲食歷史就非常艱難。像連電影、電視連續劇都上過的《傾城之戀》裡，流蘇初到，為徐家和她接風所在的香港飯店、流蘇和柳原去過的格羅士打飯店、思豪酒店、青島咖啡館、上海菜的大中華，甚至住過、用餐過的淺水灣道酒店，有什麼可以點、好食、不好食，張愛玲都筆下吝墨，不透一字。起碼，劉以鬯還會抛我們一些誘惑，「汽車裡的大胖子想去淺水灣吃一客煎牛扒——喂，老劉，很久不見了，你好？安樂園的燒雞在戲弄窮人的慾望[1]」。

香港飯店應該就是Hongkong Hotel，香港人一般叫香港大酒店，五〇年代拆後改建成今天的中建大廈。六〇年代時，我們還見過格羅士打飯店。這是高級酒店，梅蘭芳來香港時住過。日軍占領時，飯店改名叫松原飯店，內有中、日、歐式餐廳。以阿一鮑魚聞名國際的楊貫一據說曾在頂樓的中菜館「告羅士打酒樓」工作過。依稀記得那家當時是有粵式點心和早茶。劉以鬯的酒徒去格羅士打那裡飲酒，但推薦食的卻不是這家。印象中，思豪酒店就在街對面。蕭紅兩家都住過，雖然以她那時的經濟條件，有點奇怪。要謝小思指教，才知道是全靠周鯨文的慷慨解囊[2]。

也是上海人的劉以鬯可能住得久，會提食及第粥、豬肝粥、揚州炒飯、蝦餃，張愛玲戰前來香港，不知道究竟粵式烹調不是她那碗羹，還是她當年沒有學本地人那樣所謂通街走，五〇年代逃難到香港又無心情，所以筆下少見提香港的特式食品，提最多一次可能只是《張看》那篇自序，好友炎櫻請她食味道不錯的浸透加糖雞蛋的煎麵包、和介紹給她廣東茶樓裡「第一次吃到菊花茶，擱糖」。（擱糖這句話應該不是對伙計說的，因為南方人會不知所謂，北方擱可以意味加，但南方則只會有擱置不加的意思。我們更是想多了，查了好久有沒有擱糖這種點心）。她記得小時候在天津，認到兩個字，她母親就會給她食兩塊綠豆糕。這其實也是典型粵式糕點。綠豆糕沒有在香港觸發她的往日情景不知是她不去香港的茶樓，還是她不太想回憶她的母親，怕撩起她父親娶了姨太太，母親出洋離去的痛苦？

也許，像一般大陸人，儘管她的敏銳，她無法真正明白香港。她比喻上海女人是粉蒸肉，湘粵女子是糖醋排骨。其實，同樣有殖民地史的上海像她故事中遍見的主人翁只能無奈地委屈求存在一個不能自己的環境中，像敦鳳在《留情》裡為了生活要嫁入一個沒有愛情的婚姻，為丈夫準備的砂鍋、魚凍子都不是自己想食的。而香港卻可以俘虜她的征服者，像她的食品，用牛油或人造牛油和砂糖漿做成奶油代替乳油的香港蛋糕甜中帶鹹；楊玉環可不能碰的奶油多士：厚厚一層的牛油、四溢濃香的罐頭奶油躺在一片炸得金黃的法式多士上，或者蛋撻、烘底蛋治、菠蘿包……融合出一種獨特自在的生命。

總之，她對香港或粵式飲食似乎不太欣賞，因為小說提到的不是西式就是上海、北方食肆，戰前香港有名的粵菜店，杏花樓、大三元、陸羽、蓮香樓，居然一家都沒進她的記憶。喜歡飲濃茶的她，連濃馥香滑的港式絲襪奶茶，華洋混雜才會冒出的鴛鴦（紅茶加咖啡），醇厚如瓊漿的普洱，也都一一略過，不屑半句。大概是這原因，評美國食物時，她對唐人街的眾多粵式食肆也欠缺意見。唯一能夠令她滿意的似乎是去日本船上的「闊米粉麵條炒青菜肉片」[3]沒有食膩。這應該是粵式的炒河，菜遠肉片炒河。

2 張愛玲的蛋糕

相對於廣東菜來說，張愛玲喜歡的明顯是天津菜、江浙菜、肉和西式蛋糕、麵包、糕點。

小時候在天津常吃鴨舌小蘿蔔湯，學會了咬住鴨舌頭根上的一隻小扁骨頭，往外一抽抽出來，像拔鞋拔。與豆大的鴨腦子比起來，鴨子真是長舌婦，怪不得它們人矮聲高，「咖咖咖咖」叫得那麼響。湯裡的鴨舌頭淡白色，非常清腆嫩滑。到了上海就沒見過這樣菜。南來後也沒有見過燒鴨湯——買現成的燒鴨鍛湯，湯清而鮮美。燒鴨很小，也不知道是乳鴨還是燒烤過程中縮小的，赭黃的皺皮上毛孔放大了，一粒粒雞皮疙瘩突出，成為小方塊圖案。這皮尤其好吃，整個是個洗盡油脂，消瘦淨化的烤鴨。

上海人，自然愛的是江浙菜，像陳芸一樣，她是臭豆腐迷，「聽見門口賣臭豆腐乾的過來了，便抓起一隻碗來，噔噔奔下六層樓梯，跟蹤前往。在遠遠的一條街上訪到了臭豆腐乾擔子的下落，買到了之後，再乘電梯上來，似乎總有點可笑」[4]。在香港住大學宿舍時，因為要食油條，從阿嬸學會了香港叫法——油炸檜。但和一般上海、江浙人不同，她不喜歡食麵，寧可只飲湯，對「一切脆薄爽口的，如腌菜、醬蘿蔔、蛤蟆酥，都不喜歡，瓜子也不會嗑，細緻些的菜如魚蝦完全不會吃」。她自認是肉食者，愛的是上海牛肉莊，「他們的茄子特別大，他們的洋蔥特別香，他們的豬特別的該殺」，以及甜的爛的食品[5]。

甜的，她最愛的應該是西方的茶點、麵包和小食。

胡蘭成說：「她飲濃茶，喫油熟爛之物。她極少買東西，飯菜上頭卻不慳刻，又每天必喫點心，她調養自己像隻紅嘴綠鸚哥[6]。」她也承認：和好友獏夢「在咖啡館裡，每人一塊奶油蛋糕，另外要一份奶油；一杯熱巧克力加奶油，另外要一份奶油。雖然是各自出錢，仍舊非常熱心地互相勸誘：『不要再添點什麼嗎？真的一點都吃不下了嗎？』主人讓客人的口吻[7]。」

奶油蛋糕是歐洲人的天下，法式、德式、奧地利式、西班牙式、義大利式、東歐式各有千秋。我們有次在地中海某小島山上，一家家庭式小店竟嘗了一種前未所遇的品種。可知奶油蛋糕高手真的是布滿全歐。但不知道為什麼逾淮為枳，美國的蛋糕就不是那回事。怪不得張愛玲去了美國會念念不忘老家的飛達，拿破崙、栗子粉蛋糕與乳酪稻草[8]。雖然她從未透露和獏夢去食蛋糕的咖啡店是哪一家，在《色戒》把以栗子蛋糕出名的凱司令咖啡店寫了進去，她鍾愛的卻似乎是凱司令對面的飛達多一些。可能，這是因為父親曾經在她小時就去飛達買蛋糕食，而且飛達的香腸卷是美國買不到，加拿大做不到的。至於說，咖啡評價飛達當年也比凱司高一層，有沒有影響她的判斷，她就沒有說了。但從她家中的咖啡品種和壺看來，她對咖啡也應會有要求的。

3 麵包也是至愛

除了蛋糕，麵包應該是她喜愛的。

在上海我們家隔壁就是戰時天津新搬來的起士林咖啡館，每天黎明製麵包，拉起嗅覺的警報，一股噴香的浩然之氣破空而來，有長風萬里之勢，而又是最軟性的鬧鐘，無如鬧得不是時候，白吵醒了人，像惱人春色一樣使人沒奈何。有了這位「芳」鄰，實在是一種騷擾。

只有他家有一種方角德國麵包，外皮相當厚而脆，中心微濕，是普通麵包中的極品，與美國加了防腐劑的軟綿綿的枕頭麵包不可同日而語。我姑姑說可以不抹黃油，白吃[9]。

雖然她喜歡上海的牛肉莊氣氛和菜餚，甚至說「很願意在牛肉莊上找個事，坐在計算機前面專管收錢。那裡是空氣清新的精神療養院。凡事想得太多了是不行的」，她對一般西餐卻沒有什麼好話說過。士林咖啡館也似乎沒有給她供應過德國菜試。這也不能怪她，究竟，德國菜餚令人思念的確不多。唯一是季節新出的白蘆筍香嫩可口，夠你消魂。香腸雖然也有可以飽餐的，但正如我們德國旅行中的日籍同伴在連續多天之後所嘆說：Wurst, Wurst, nothing but the Wurst。可口的確實只可偶然一遇。但德國麵包就另一回事。如果你沒有去過柏林，一清早爬起身，上家麵包店，看著，聞著香噴噴的麵包新鮮出爐，然後意氣風發地領著熏肉和芝士在你桌上出現，你真的會錯過了天下無敵的早餐！食的時候，更的確可以深深體會到張愛玲對士林咖啡館清晨香氣的念念不忘。

那麼喜歡麵包，真可惜她戰前，戰後來到香港時，香港特色的麵包都未面世：由白俄賣的圓形麵包變出來的菠蘿包，在麵包上加一層雞蛋、奶油、砂糖烘焙而成。或者西多士，沾了蛋黃的麵包油炸後，淋上牛油和煉奶，外脆內軟，香氣四散。更少不了烘底蛋治，兩塊毫不出色的白麵包夾了厚厚的滑蛋和蔥，烘烤香脆，蛻變成令人思念不已的尤物。否則的話，她應該會在〈沉香屑〉中加插進去，這些既洋又中的食物傳遞出來香港的風情和魅力。更也許會提到烘底蛋治又何其和葛薇龍自身的故事貼近。

但她最愛的應該是Scone：

香港中環近天星碼頭有一家青島咖啡館，我進大學的時候每次上城都去買半打「司空」scone，一種三角形小扁麵包——源出中期英語schoon brot……這「司空」的確名下無虛，比蛋糕都細潤，麵粉顆粒小些，吃著更「麵」些，但是輕清而不甜膩。

一九五五年，她去了美國，買不到。應該是一九六一年回香港，再想食多一次。

還好，青島咖啡館還在，那低矮的小樓房倒沒拆建大廈。一進門也還是那熟悉的半環形玻璃櫃檯，但是沒有「司空」。我還不死心，又上樓去。樓上沒去過，原來地方很大，整個樓面一大統間，黑洞洞的許多卡位，正是下午茶上座的時候。也並不是黑燈咖啡廳，不過老洋房光線不足，白天也沒點燈。樓梯口有個小玻璃櫃檯，裡面全是像蠟製的小蛋糕。半黑暗中人聲嘈嘈，都是上海人在談生意。雖然鄉音盈耳，我頓時惶惶如喪家之犬，假裝找人匆匆掃視了一下，趕緊下樓去。香港買不到「司空」，顯示英國的影響的消退[10]。

風物依舊，美食已亡，大失所望了。

4 蒙古留下的食物

同樣令她失望的是上海離學校不遠有家俄式麵包店，老大昌（Tchakalian）賣的甜麵包也會不時憶起。在香港一條橫街見到英文同名同姓的店，賣的麵包卻「其硬如鐵，像塊大圓石頭，切都切不動」。

上海的老大昌賣一種餡煎餅叫「匹若嘰」（pierogie）。她因為嫌油煎的不易消化沒有買過，但後來卻在日本的土耳其友人家中吃了，覺得可口。這相信應該就是我們在波蘭食過的 pierogi。那次，我們克拉科夫（Kraków）酒店附近有家小店，櫥窗放滿我們會叫作餃子的匹若嘰。味道卻比不上。這種小食，整個東歐、俄羅斯、中東地帶都找得到。各地形狀和餡略有變異。俄羅斯的其實正名是 vereniki，但西方人比較叫得多則是 pierogi（張愛玲應該是寫多了一個 e）。

這可能是蒙古西征時遺留下的烹飪影響。波蘭在十三世紀傳入，傳說是由一位蒙古軍攻打乞瓦，現今的基輔時居住該城的教士所帶來。在波蘭的首本烹飪書，一六八二年 Compendium ferculorum, albo zebranie potraw 已經名列榜上。早期用腰子和蔬菜仍接近中式餃子，現在流行的芝士和薯仔餡料，味道就已大相徑庭。土耳其，其實不用 pierogi 這稱謂，而是叫 manti。可能因為形狀與老大昌的相若，張愛玲以為是同名。餡和食法又不同，比如其中一種是牛肉、香芹、蔥、蒜、紅胡椒等等，熟了再鋪上乳酪食。manti 這名字，一讀就會觸動華人的神經，這詞會不會是來自饅頭？如果張愛玲當時知道，相信肯定又會是一篇大作。可惜是，餃子儘管古代名稱十分混亂，可以稱為角兒、餛飩、扁食、水煮餑餑等等，卻又似乎從未叫作饅頭。pierogi／manti 名與形，和華人的饅頭／餃子如何對上，沒有她的意象飛騰四躍，恐怕真的難以進行了。

那麼，請她食什麼好呢？

當然最佳選擇應該是下午茶，格雷伯爵茶，司空、澳洲奶油、香港文華酒店的玫瑰醬。然後，再來一杯栗子蓉鮮奶油。

格雷伯爵茶，我們家最喜好的西式茶，是英國茶商唐寧（Twinings）十九世紀自創用祁門紅茶或者武夷山的正山小種搭配錫蘭紅茶混合為一，然後再加此茶特具香味——香檸檬精油（oil of bergamot）。由於這幾種變項，不同茶商所配成分不同而殊異，不同年分的產品也會有變化。在我們經驗中，每年都要試試才知道哪年哪一家最合自己的口味。

奶油，試來試去，澳洲的最香濃滑膩。至於玫瑰醬，去保加利亞，以為玫瑰之國，應該有上好的醬。怎知找來找去，卻始終空手而歸。香、甜、細膩最穩定來源似乎是香港文華酒店的。超級市場的差遠了。

5 司康的空

古老歐洲笑話說，地獄是德國人做情人，法國人當法官、義大利人執政、英格蘭人當廚師。

由英格蘭、蘇格蘭、威爾斯和北愛爾蘭組成的大英聯合帝國，傳統烹飪是以糟糕聞名。但帝國的scone對世界美味卻確實是一大貢獻。這一五一三年首次在蘇格蘭詩中出現的食物名稱，來源議論紛紜，既可能來自張愛玲也略有介紹的蘇格蘭舊首都斯昆（Scuin）和蘇格蘭及英格蘭歷代皇帝加冕用的石頭（Stane o Scuin），也可能源由古蘇格蘭的蓋爾字「塊」（sgonn），甚至荷蘭文「精白麵包」（Schoonbrood）或德文的「精細麵包」（Sconbrot）。中文方面，有叫英式鬆餅或司康。張愛玲則獨創一格，

Recipe

栗子蓉鮮奶油

- 栗子 600 克（己去殼、去皮）、金黃砂糖 150 克、雲尼拿豆（即香草）一條。
- 三種材料全部放入鍋中，加水剛剛蓋過栗子，大火煮滾轉中小火把栗子煮軟（大約 30 分鐘）。
- 留起一半煮栗子水，將栗子和剩下的水用攪拌機將打成茸，如果太乾可以適量加入栗子水。
- 牛油 40 克（室溫）栗子蓉攪拌均勻，如果太乾可以適量加入鮮奶油。
- 高脂鮮奶油 （Thickened Cream）加 10 克砂糖打發，如果喜歡甜的可以適量增加糖分。

Recipe

司康

- 麵粉 480 克、牛油 170 克、發粉 9 克、鹽 70 克、糖 90 克、葡萄乾 64 克、蛋 2、牛奶 140 毫升。
- 先將麵粉、發粉、鹽、牛油，搓揉成沙粒狀。
- 再加糖、葡萄乾。
- 在麵團中央加蛋及牛奶，拌攪揉成細柔狀。
- 麵團必須用手，不用棒擀。成成半寸厚，用兩寸圓形模型刀切好，上面塗蛋液。
- 醒 60 分鐘。
- 用攝氏 180 度爐烤 18 分鐘，至淺金黃色。

名其為司空。

司空其實古有其名，但說的是一種官職。周朝金文一直都寫司工，工作也限於土木工程。但戰國期間，秦國人寫別字，應該是司工，卻寫了近音的司空。秦得勢之後，當然無人敢與其辯。後世人以通假字為前人別字辯護，於是歷代一直至清朝都繼續是一種官級官員的稱呼。唐代的房玄齡，宋代的王安石都任過此職。鄭板橋那帖瀟灑的「裴相功名冠四朝，許渾身世落魚樵。若論風月江山主，丁卯橋應勝午橋」提到的裴度也曾是司空。司空和政治的瓜葛，是否觸發了張愛玲的潛意識使她聯想到蘇格蘭的那塊 Stane o Scuin？甚至令她記起也在 Scone 加冕的馬克白，如何在莎士比亞筆下變得萬種計謀俱落空？

稱之為鬆餅者，大概沒有真真食過好的

scone。如果真的鬆如香港點心的馬拉糕，或者 pancake 那樣，軟綿綿的，或者像餅那樣脆，那就真的是遠之千里了。

張愛玲的司空，有論者以為這令人聯想到空無，卻也是誤錯意。

我們有年去金澤，當地有家壽司店，「小松彌助」，老闆森田一夫先生。日本美食評說其飯團中可感空氣，是為一絕。更給予「東有二郎、西有彌助」的美譽。我們讀而不明，想不通究竟什麼意思。小店只有夫妻兩人和兒子。店主已七十以上，兒子看來四十多，仍只是助手。壽司進口，才知道原來飯粒之間有顆顆氣墊，襯托著飯上蓋的魚生。真是絕無僅有，畢生難忘。好的 scone，正是如此，外實裡鬆，內含空氣。進口之後，麵粒知趣散開，奶油芬香隨氣泡而上升。張愛玲名之為司空而非更近音的司康，應該正是因為捉摸到了真正好 scone 的精神。

所以，就請她試試這做法吧，據說是來自英國皇宮御廚的食方。

注釋

第一章　請原始人食什麼好？

1 Teaford MF, Ungar PS, "Diet and the evolution of the earliest human ancestors", *Proc Natl Acad Sci USA* 5;97(25) (2000/12):13506-11.

2 Perry GH, Kistler L, Kelaita MA, Sams AJ, "Insights into hominin phenotypic and dietary evolution from ancient DNA sequence data", *J Hum Evol* 79(2015/02) :55-63.

3 Wobber V, Hare B, Wrangham R, "Great apes prefer cooked food", *J Hum Evol* 55(2) (2008/08):340-8. doi: 10.1016/j.jhevol.2008.03.003. Warneken F, Rosati AG, "Cognitive capacities for cooking in chimpanzees", *Proc Biol Sci* 282(1809) (2015/06/22):20150229. doi: 10.1098/rspb.2015.0229.

4 Lesnik JJ, "Not just a fallback food: global patterns of insect consumption related to geography, not agriculture", *Am J Hum Biol* 29(4) (2017/07/08). doi:10.1002/ajhb.22976.

5 Jantzen da Silva Lucas A, Menegon de Oliveira L, da Rocha M, Prentice C, "Edible insects: An alternative of nutritional, functional and bioactive compounds", *Food Chem* 311(2020/05/01):126022. doi:10.1016/j.foodchem.2019.126022.

6 Melin AD, Young HC, Mosdossy KN, Fedigan LM, "Seasonality, extractive foraging and the evolution of primate sensorimotor intelligence", *J Hum Evol* 71(2014/06):77-86.

7 Sasaki T, Kondo O, "Maximum likelihood estimate of life expectancy in the prehistoric Jomon: Canine pulp volume reduction suggests a longer life expectancy than previously thought". *Am J Phys Anthropol* 161(1)(2016/09):170-80.

8 Monteiro CA, Cannon G, Levy RB, Moubarac JC, Louzada ML, Rauber F, Khandpur N, Cediel G, Neri D, Martinez-Steele E, Baraldi LG, Jaime PC, "Ultra-processed foods: what they are and how to identify them", *Public Health Nutr* 22(5)(2019/04):936-941.

9 Mariotti Lippi M, Foggi B, Aranguren B, Ronchitelli A, Revedin A, "Multistep food plant processing at Grotta Paglicci (Southern Italy) around 32,600 cal B.P.", *Proc Natl Acad Sci USA* 112(39)(2015/06/29):12075-80.

10 Wang C, Lu H, Zhang J, He K, Huan X, "Macro-Process of Past Plant Subsistence from the Upper Paleolithic to Middle Neolithic in China: A Quantitative Analysis of Multi-Archaeobotanical Data", *PLoS One* 11(2)(2016/02/03):e0148136.

11 Pobiner B, "Evidence for Meat-Eating by Early Humans", *Nature Education Knowledge* 4(6) (2013):1.

12 Paulin CD, "Perspectives of Mäori Fishing History and Techniques", *Tuhinga* 18(2007):11-47.

13 Pedergnana A, Cristiani E, Munro N, Valletta F, Sharon G, "Early line and hook fishing at the Epipaleolithic site of Jordan River Dureijat (Northern Israel)", *PLoS One* 16(10)(2021/10/6):e0257710.

14 WANG Xiaomin, MEI Huijie, XIE Fei, GAO Xing, "Human use of ostrich eggshells at the Yujiagou site, Nihewan Basin[J]", *Acta Anthropologica Sinica* 39(02)(2020): 236-248.

15 Jantzen da Silva Lucas A, Menegon de Oliveira L, da Rocha M, Prentice C, "Edible insects: An alternative of nutritional, functional and bioactive compounds", *Food Chem* (2020/05/01):126022. doi:10.1016/j.foodchem.2019.126022.

16 McClelland W, and E. DuBois, "Prolonged meat diets with a study of kidney function and ketosis", *J. Biochem* 87(1930):651-680.

17 Cordain L, Miller JB, Eaton SB, Mann N, Holt SH, Speth JD, "Plant-animal subsistence ratios and macronutrient energy estimations in worldwide hunter-gatherer diets", Am J Clin Nutr 71(3)(2000/03):682-92.

18 Pontzer H, Wood BM, Raichlen DA, "Hunter-gatherers as models in public health", *Obes Rev.* 19 Suppl 1(2018/12):24-35.

19 Cole J, "Consuming Passions: Reviewing the Evidence for Cannibalism within the Prehistoric Archaeological Record", Assemblage (Sheffield University Graduate Journal) issue 9, https://archaeologydataservice.ac.uk/archives/view/assemblage/html/index.html

20 Mead S, Whitfield J, Poulter M, Shah P, Uphill J, Beck J, Campbell T, Al-Dujaily H, Hummerich H, Alpers MP, Collinge J, "Genetic susceptibility, evolution and the kuru epidemic", *Philos Trans R Soc Lond B Biol Sci* 363(1510)(2008/11/27):3741-6.

21 楊泉，《物理論》，《平津館叢書》本。

22 陳壽，《三國志．魏書十四．程昱傳》，《武英殿二十四史》本。

23 莊季裕撰，《雞肋編》卷中，《雞肋編：附校勘記續校蓼花洲閑錄》（上海：商務印書館，1936）。

24 屈大均，〈菜人哀〉，《翁山詩外》（北京大學圖書館藏）。紀曉嵐，《閱微草堂筆記．卷二．灤陽消夏錄二》（北京大學圖書館藏）。

25 Sugg R, "The art of medicine. Corpse medicine: mummies, cannibals, and vampires", *Lancet* 371(9630)(2008/06/21):2078-9. Owen Davies, Francesca Matteoni, *Executing Magic in the Modern Era: Criminal Bodies and the Gallows in Popular Medicine* (London (UK): Palgrave Macmillan; 2017).

26 番膏，維基百科：https://zh.wikipedia.org/wiki/%E7%95%AA%E8%86%8F。

27 徐鵬，〈誰之身體，誰之孝?——對明清浙江方志記載女性「割股療親」現象的考察〉，《婦女研究論叢》（2015/ 05）：72-79、95。

28 Ragir S, Rosenberg M,Tierno P, "Gut Morphology and the Avoidance of Carrion among Chimpanzees, Baboons, and Early Hominids", *Journal of Anthropological Research* Volume 56, Number 4: 477-512.

29 Fraser JG, *Myths of the Origin of Fire* (London: McMillan, 1930).

30 Carmody RN, Wrangham RW, "The energetic significance of cooking", *J Hum Evol* 57(4)(2009/10):379-91.

31 Blanco G, Sánchez-Marco A, Negro JJ, "Night Capture of Roosting Cave Birds by Neanderthals: An Actualistic Approach", *Frontiers in Ecology and Evolution* (2021/09): 583-594.

32 Budka J, Geiger C, Heindl P , Hinterhuber V and Reschreiter H, "The Question of Fuel for Cooking in Ancient Egypt and Sudan", *EXARC Journal Issue* (2019/1): 1-11.

33 宋翊，《宋氏養生部》，《竹嶼山房雜部》卷三，《欽定四庫全書》（浙江大學圖書館藏）。

34 Sasaki Y, Tsujiyama Y, Asai T, Noda Y, Katayama S, Yamada Y Salmonella, "Prevalence in commercial raw shell eggs in Japan: a survey", *Epidemiol Infect* 139(7)(2011/07):1060-4.Kingsbury JM, Thom K, Soboleva T, "Effect of Storage Temperature on the Survival of New Zealand Egg-Associated Salmonella Isolates in and on Eggs", *J Food Prot* 82(12) (2019/12):2161-2168. 含生或輕度烹製雞蛋的食物沙門氏菌的情況，https://www.cfs.gov.hk/tc_chi/programme/programme_rafs/programme_rafs_fm_01_22_CHOICE_457.html.

第二章　請伊尹食什麼好？

1 巫其祥，〈中國古代的廚神〉，《烹調知識》201/1: 8-9。

2 夏大兆、黃德寬，〈關於清華簡《尹至》《尹誥》的形成和性質——從伊尹傳說在先秦傳世和出土文獻中的流變考察〉，《文史》（2014/03）：213-224。

3 《禮記．檀弓下》，《仿宋相台五經》本。

4 Metcalf JS, Codd GA, "Co-Occurrence of Cyanobacteria and Cyanotoxins with Other Environmental Health Hazards: Impacts and Implications", Toxins (Basel). 2020 Oct 1;12(10):629. doi: 10.3390/toxins12100629.

5 宋鎮豪，《夏商社會生活史》（北京：中國社會科學出版社，2004）。

6 倪莉，〈關於「醯」、「酢」、「醋」、「苦酒」的考譯〉，《中國釀造》（1996/03）：12-13+16。

7 俞為洁，《中國食料史》，（上海：上海古籍出版社，2011）。

8 Barjamovic G, Gonzales PJ, Graham C et al "Cooking the Yale Babylonian recipe" in A.W. Lassen, E. Frahm and K. Wagensonner (eds) *Ancient Mesopotamia Speaks. Highlights from the Yale Babylonian Collection* (New Haven, CT: Yale Peabody Museum of Natural History, 2019), 108-125,.

9 Houyuan Lu¨, Yumei Li , Jianping Zhang et al "Component and simulation of the 4,000-year-old noodles excavated from the archaeological site of Lajia" in *Qinghai, China Chin*. Sci. Bull. 59(35) (2014):5136–5152.

10 韓非子，《韓非子．難言第三》，《十子全書．韓非子卷一》，姑蘇聚文堂版，谷歌圖書。

11 Hannah Woolley, *The Queen-like Closet OR RICH CABINET Scored with all manner of RARE RECEIPTS FOR Preserving, Candying and Cookery* (London: R. Lowndes at the White Lion in Duck-Lane, near West-Smithfield, 1670).
12 于林、陳義倫、吳澎、李洪濤，〈我國史籍記載的醬及醬油歷史起源研究〉，《山東農業大學學報》（社會科學版）（2015/01）：14-17+22+113。
13 蘆苗 Lu Di, "Ancient Chinese People's Knowledge of Macrofungi to 220 AD", *Studies In the History of Biology* Volume 3. No. 1(2011).
14 賈身茂，〈《四時纂要》「三月・種菌子」篇幾個問題的探討〉，《食藥用菌》（2019/05）：351-356。

第三章　請克麗奧佩脫拉食什麼好？

1 段成式，《酉陽雜俎・續》，《欽定四庫全書》（浙江大學圖書館藏）。
2 趙榮光，〈「滿漢全席」名實考辨〉，《歷史研究》（1995/3）：61-78。
3 薛福成，〈河工奢侈之風〉，《庸盦筆記卷之三》，《易經樓校本》（北京大學圖書館藏）。
4 Jones PJ, "Cleopatra's cocktail", *Class World*, 103(2) (2010 Winter) :207-20.
5 Jones PJ. "Solution to Cleopatra's cocktail challenge", *Anal Bioanal Chem* 399(7) (2011/03):2307.
6 李昉，《太平廣記・奢侈二》，《欽定四庫全書》（浙江大學圖書館藏）。
7 淩善清，《太平天國野史》（上海：上海文明書店鉛印本，1923）。
8 Walker S, "Cleopatra in Pompeii?" *Papers of the British School at Rome* 76 (2008), 35-46 and 345-8.
9 Tsoucalas G, Kousoulis AA, Poulakou-Rebelakou E, Karamanou M, Papagrigoriou-Theodoridou M, Androutsos G. "Queen Cleopatra and the other 'Cleopatras': their medical legacy", *J Med Biogr,* 22(2) (2014/5):115-21.
10 Burgdorf WH, Hoenig LJ, "Cleopatra, queen of dermatology", JAMA Dermatol, 151(2)(2015/2):236.
11 Crawford DJ, "Food: tradition and change in Hellenistic Egypt", *World Archaeol* 11(2)(1979/10):136-46.
12 Antonella Pasqualone, "Traditional flat breads spread from the Fertile Crescent: Production process and history of baking systems", *Journal of Ethnic Foods* 5 (2018) :10-19.
13 Mehdawy M, and Hussein A, *The Pharaoh's Kitchen: Recipes From Ancient Egypt's Enduring Food Traditions* (Cairo: The American university of Cairo Press, 2010).
14 同注9。
15 Spengler, R.N., Stark, S., Zhou, X. et al. "A Journey to the West: The Ancient Dispersal of Rice Out of East Asia". *Rice* 14, 83 (2021).

第四章　請許慎食什麼好？

1 Huang CY, "The graphabet and bujian approach at acquiring Hanzi (Chinese character) writing skill", *L1-Educational Studies in Language and Literature*, 1-35 DOI: 10.17239/L1ESLL-2017.17.03.07.

2 劉義慶，〈夙惠篇〉，《世說新語》（新北市，布拉格文創社出版，2019）。

3 郭偉民、張春龍，〈沅陵虎溪山一號漢墓發掘簡報〉，《文物》（2003/01）：36-55+2+1。

4 徐珂，《清稗類抄》飲食三，卷五十（上海：商務印書館，1916）。

5 劉妍妍，〈「蛋」字演變析論〉，《文教資料》35（2019）：60-61+21。

第五章　請諸葛亮食什麼好？

1 羅貫中，〈上方谷司馬受困，五丈原諸葛禳星〉，《三國演義》第一〇三回。

2 彭浩，〈秦和西漢早期簡牘中的糧食計量〉，《出土文獻研究》（2012）：194-204。

3 汪婕，〈三國時代軍隊後勤保障研究〉，安徽師範大學碩士論文，2011。

4 高啟安，〈《太白陰經》的飲食史料價值——兼論「餢飳」名實的變異〉，《飲食文化研究》（2009年上）（杭州：浙江工商大學中國飲食文化研究所專題資料匯編，2009）。

5 沈括，《夢溪筆談》卷十一官政一（北京：中華書局，2015）。

6 徐夢莘，《三朝北盟會編》卷一百八十，《欽定四庫全書》（浙江大學圖書館藏）。

7 上官緒智，〈秦漢軍隊后勤保障問題研究〉，華中師範大學博士論文，2004。

8 陳壽，《三國志．魏書五．武宣卞皇后》，《武英殿二十四史》本。

9 桓寬，《鹽鐵論．散不足》。

10 葛洪，《西京雜記》（西安：三秦出版社，2006）。

11 圓仁，《入唐求法巡禮行記．卷四》，藍吉富（主編）《大藏經補編》（台北：華宇出版社，1985）。

12 Dunne J, Chapman A et al, "Reconciling organic residue analysis, faunal, archaeobotanical and historical records: Diet and the medieval peasant at West Cotton, Raunds, Northamptonshire",*Journal of Archaeological Science*, 107 (2019): 58-70.

13 Richardson G, "The Field of Cloth of Gold", Yale UP 2014.

14 周貽謀，〈從馬王堆漢墓食品竹笥談起〉，《東方食療與保健》（2004/07）：21。

15 趙敏敏，〈西漢遣冊所記食物整理與研究〉，武漢大學碩士論文，2017。

16 趙寧，《散見漢晉簡牘的蒐集與整理（上）》，吉林大學碩士論文，2014。

17 彭衛，〈漢代食飲雜考〉，《史學月刊》（2008/1）：19-33。

18 俞為潔，《中國食料史》第三章（上海：上海古籍出版社，2011）。

19 苕溪漁隱叢話《卷第二十八》引《上庠錄》（哈佛燕京圖書館藏）。

20 Fuchsia Dunlop, "Barbarian heads and turkish dumplings: the Chinese word mantou", *Wrapped & Stuffed Foods: Proceedings of the Oxford Symposium on Food and Cookery*, Mark McWilliam ed. (London: Oxford Symposium, 2013), p128-143.

第六章　請玄奘大師食什麼好？

1 慧立，《大唐大慈恩寺三藏法師傳》，卷二。

2 孟元老撰，鄧之誠注，《東京夢華人錄注》（北京：商務印書館，1961），頁 77。

3 同注 1。

4 李正宇，〈晚唐至宋敦煌伴人聽食淨肉〉，《敦煌學》，第 25 輯（2004）：177-194。

5 C.B. Varma, *The Illustrated Jataka : Other Stories of the Buddha*. http://ignca.gov.in/online-digital-resources/jataka-stories/

6 S.C. Lim, N.F. Foster, B. Elliott and T.V. Riley ,"High prevalence of Clostridium difficile on retail root vegetables", *Western Australia Journal of applied microbiology,* Volume124, Issue2 (2018:2): 585-590. Catherine Eckert, Béatrice Burghoffer and Frédéric Barbutt, "Contamination of ready-to-eat raw vegetables with Clostridium difficile", in *France Journal of Medical Microbiology* 62 (2013) :1435–1438.

7 林洪，〈假煎肉〉，《山家清供》，《夷門廣牘》本。

8 全國宗教資訊網 https://religion.moi.gov.tw/Knowledge/Content?ci=2&cid=571。

9 Fialová J, Roberts SC, Havlí ek J, "Consumption of garlic positively affects hedonic perception of axillary body odour", *Appetite*, 97(2016/02) :8-15.

10 普潤大師法雲，《翻譯名義集．引》（上海：商務印書館，1936）。

11 李時珍，〈菜篇：蒜〉，《本草綱木》，《欽定四庫全書》，浙江大學圖書館。

12 Mitani T, Horinishi A, Kishida K, et al "Phenolics profile of mume, Japanese apricot (Prunus mume Sieb. et Zucc.) fruit". *Biosci Biotechnol Biochem*77(8) (2013):1623-7.

13 Negishi O, Negishi Y, "Enzymatic deordorization with raw fruits vegetables and mushrooms", *Food Sci Technol* res 5/2(1999): 176-180. Mirondo R, Barringer S. "Deodorization of Garlic Breath by Foods, and the Role of Polyphenol Oxidase and Phenolic Compounds". J *Food Sci*. 2016 Oct;81(10):C2425-C2430. doi: 10.1111/1750-3841.13439.

14 錢易，《南部新書第七卷庚》，《欽定四庫全書》（浙江大學圖書館藏）。

15 賈鴻源，〈唐代佛教中的龍畏醋觀念〉，《尋根》（2016/ 05）：10-15。
16 焦尤傑，〈洛陽聖善寺對白居易的影響〉，《天水師範學院學報》36/4（2016）：82-84。
17 《三論玄義》，《大正新脩大正藏經》Vol. 45, No. 1852 中華電子佛典協會（CBETA）https://www.cbeta.org/。
18 黃夏年，〈黃瓜的傳入及其經典寓意〉，《社會科學戰線》（2013/04）：114-121。

第七章　請楊玉環食什麼好？

1 任文嶺，〈華喦《楊妃病齒圖》及相關問題研究〉、《古代美術史研究》（2020/02）：61-67。
2 樂史，《楊太真外傳》上海古藉出版社排印本。
3 孫蕾，〈鄭州漢唐宋墓葬出土人骨研究——以滎陽薛村遺址和新鄭多處遺址為例〉，吉林大學博士論文，2013。
4 白居易，〈清明日送韋侍禦貶虔州〉、〈會昌元年春五絕句〉、〈歲日家宴戲示弟侄等兼呈張侍禦二十八丈殷判官二十三兄〉。
5 魯迅，《華蓋集續編・送灶日漫筆》（桂林：漓江出版社，2001）。
6 沈既濟，《任氏傳・唐人小說》（上海：上海古典文學出版社，1955）。
7 淡海三船，《唐大和上東征傳》，維基文庫，https://zh.m.wikisource.org/zh-hant/%E5%94%90%E5%A4%A7%E5%92%8C%E4%B8%8A%E6%9D% B1 %E5%BE%81%E5%82%B3。
8 賈俊俠，〈漢唐長安「餅食」綜論〉，《唐都學刊》25/4（2009）：13-20。
9 圓仁，《入唐求法巡禮行記》卷二，藍吉富主編，《大藏經補編》（台北：華宇出版社，1985）。
10 段公路，《北戶錄》，《學海類編》册九十五。
11 司馬光，《資治通鑑》（四庫全書本）卷二一八（浙江大學圖書館藏）。
12 高啟安、索黛，〈唐五代敦煌飲食中的餅淺探〉，《敦煌研究》（1998/4）：76-184。
13 李昉，〈尚食令〉，《太平廣記》卷二三四，《欽定四庫全書》（浙江大學圖書館藏）。
14 洪邁，《容齋三筆》第十六卷（十則），《四部叢刊續編》
15 王讜，《唐語林》，《欽定四庫全書》（浙江大學圖書館藏）。
16 陳磊，〈唐人飲食中的石蜜、甘蔗和飴糖〉，《史林》（2016/03）：56-63+220。
17 Ge L, Sadeghirad B, Ball GDC, da Costa BR, Hitchcock CL, Svendrovski A, Kiflen R, Quadri K, Kwon HY, Karamouzian M, Adams-Webber T, Ahmed W, Damanhoury S, Zeraatkar D, Nikolakopoulou A, Tsuyuki RT, Tian J, Yang K, Guyatt GH, Johnston BC, "Comparison of dietary macronutrient patterns of 14 popular named dietary programmes for weight and cardiovascular risk factor reduction in adults: systematic review and network meta-analysis of randomised trials". BMJ. 2020 Apr 1;369:m696. Kim JY, "Optimal Diet Strategies for Weight Loss and

Weight Loss Maintenance". *J Obes Metab Syndr*. 2021 Mar 30;30(1):20-31.
18 Muscogiuri G, Barrea L, Laudisio D, Pugliese G, Salzano C, Savastano S, Colao A, "The management of very low-calorie ketogenic diet in obesity outpatient clinic: a practical guide", *J Transl Med*. 2019 Oct 29;17(1):356.
19 Swift DL, McGee JE, Earnest CP, Carlisle E, Nygard M, Johannsen NM, "The Effects of Exercise and Physical Activity on Weight Loss and Maintenance", *Prog Cardiovasc Dis*. 2018 Jul-Aug;61(2):206-213.
20 陳程、劉喜平，〈敦煌古醫方中石蜜應用探析〉，《亞太傳統醫藥》（2020/05）：168-170。
21 賈思勰，《齊民要術・卷十・異物志》，《乾隆御覽四庫全書薈要》（浙江大學圖書館藏）。
22 孫英剛，〈兩個長安：唐代寺院的宗教信仰與日常飲食〉，《文史哲》（2019/04）：38-59+166。

第八章　請白居易食什麼好？

1 龍成松，〈新出墓誌與白居易家族譜系、婚姻問題考論〉，《新疆大學學報》（哲學・人文社會科學版）48/2（2020）：94-99。
2 《舊唐書》一七七卷，維基文庫。
3 馮贄，〈蛙臺〉《雲仙雜記》引《承平舊纂》（四庫全書本），維基文庫。
4 《唐六典》卷四，《四庫全書》（浙江大學圖書館藏）。
5 惠媛，〈唐代北方羊肉飲食探微〉，陝西師範大學碩士論文，2011。
6 《雲仙雜記》引方德遠《金陵記》（四庫全書本），維基文庫。
7 陸璣，《毛詩草木鳥獸蟲魚疏》，賈思勰，《齊民要術》引《乾隆御覽四庫全書薈要》（浙江大學圖書館藏）。
8 Yulin Wang, Jia Chen, et al, "A systematic review on the composition, storage, processing of bamboo shoots: Focusing the nutritional and functional benefits", *Journal of Functional Foods*, 71 (2020/08): 1-16
9 《雲仙雜記》引《豐年編》（四庫全書本），維基文庫。
10 蔣愛花，〈唐人壽命水準及死亡原因試探〉，《中國史研究》（2006/4）：59-76。
11 張燕波，〈唐代科舉出生者年壽問題研究〉，陝西師範大學碩士論文，2003。
12 English LK, Ard JD, Bailey RL, ei al. "Evaluation of Dietary Patterns and All-Cause Mortality: A Systematic Review", JAMA Netw Open. 2021 Aug 2;4(8):e2122277. doi: 10.1001.
13 白居易，〈輕肥〉，《白居易詩集》（北京：中國國際廣播出版社，2011）。
14 白居易，〈鹽商婦〉，《白居易詩集》（北京：中國國際廣播出版社，2011）。
15 葉夢得，《避暑錄話》卷下，《四庫全書》（浙江大學圖書館藏）。

16 《四時寶鏡》、《類腋・天部・正月》（北京大學圖書館藏）。
17 秦春艷，〈歷史時期中國豆腐的生產發展與地域空間分布〉，西南大學碩士論文，2016。
18 陶穀，《清異錄 卷上》《四庫全書》（浙江大學圖書館藏）。
19 宮崎正勝著，陳心慧譯，《你不可不知的日本飲食史》（新北：遠足文化事業股份有限公司，2012）。
20 白居易，〈與沈、楊二舍人閣老同食敕賜櫻桃玩物感恩因成十四韻〉，《白居易詩集》（北京：中國國際廣播出版社，2011）。

第九章　請蘇東坡食什麼好？

1 蘇軾，《仇池筆記》卷上，《仇池筆記、東坡志林》（上海：上海書局，1990）。
2 張耒，《明道雜志》（鄭州市：大象出版社，2006）。
3 陳宣諭，〈蘇軾〈鰒魚行〉之內容意蘊與章法結構探析〉，《高雄師大學報》37（2014）：17-35。
4 《墨子・非儒下》：「然則今之鮑、函、車、匠皆君子也，而羿、伃、奚仲、巧垂皆小人邪？」
5 王子今，〈居延漢簡鮑魚考〉，《湖南大學學報》33/02（2019）：19-24。
6 徐珂，《清稗類抄》，飲食類三（上海：商務印書館，1916）（國立台灣大學圖書館藏）。
7 徐媛，〈漢語植物異名研究〉，華中師範大學博士論文，2018。
8 陳夢因，〈東坡菜〉，《食經》（台北：商務印書館，2020）。
9 劉樸兵，〈略論唐宋麵食烹飪的差異——以中原地區為考察中心〉，《揚州大學烹飪學報》（2009/02）：11-15+47。
10 陳光良，〈海南「薯糧」考〉，《農業考古》（2005/01）：110-114。

第十章　請魯智深食什麼好？

1 林韻柔，〈時危聊作將——中古佛教僧團武力的形成與功能〉，《成大歷史學報》，43（2012）：127-176。
2 陸容，《菽園雜記》卷三，張海鵬輯，《墨海金壺》（上海：博古齋，1921）。
3 李賢，〈清代江南地區工匠生活狀況研究〉，天津師范大學研究生論文，2020。
4 Lahtinen M, Clinnick D, et al., "Excess protein enabled dog domestication during severe Ice Age winters". *Sci Rep*. 2021 Jan 7;11(1):7. doi: 10.1038/s41598-020-78214-4.
5 鄭玄，孔穎達注，《禮記正義》（上海書店據商務印書館 1935 年版重印）。
6 孟元老，《東京夢華錄》第八卷（香港：商務印書館，1961）。

7 孟元老，《東京夢華錄》第二卷（香港：商務印書館，1961）。
8 吳自牧，《夢粱錄》卷五（長沙：商務印書館，1939）。
9 馮夢龍，《古今譚概・儇弄部》（天津古籍出版社，1995）。
10 Wesoly R, Jungbluth I, Stefanski V, Weiler U, "Pre-slaughter conditions influence skatole and androstenone in adipose tissue of boars", *Meat Sci* 99(2015/01) :60-67.
11 Astrup A, Magkos F, Bier DM, Brenna JT, de Oliveira Otto MC, Hill JO, King JC, Mente A, Ordovas JM, Volek JS, Yusuf S, Krauss RM, "Saturated Fats and Health: A Reassessment and Proposal for Food-Based Recommendations: JACC State-of-the-Art Review". *J Am Coll Cardiol* 18;76(7)(2020/08):844-857.

第十一章　請岳飛食什麼好？

1 李華川，〈「西人掠食小兒」傳說在中國的起源及流播〉，《歷史研究》（2010/03）：48-59+189-190。
2 Murphy EM,Mallory JP, "Herodotus and the cannibals", *Antiquity* 4 / 284(2000/06) :388 – 394.
3 illiam D. Piersen, "White Cannibals, Black Martyrs: Fear, Depression, and Religious Faith as Causes of Suicide Among New Slaves", *Source: The Journal of Negro History* 62/ 2 (1977/04) : 147-159.
4 Au S, "Cutting the Flesh: Surgery, Autopsy and Cannibalism in the Belgian Congo". *Med Hist*. 61(2)(2017/04) :295-312.
5 徐夢莘，《三朝北盟會編》卷五十七，《欽定四庫全書》（浙江大學圖書館藏）。
6 徐夢莘，《三朝北盟會編》炎興下帙八十，《欽定四庫全書》（浙江大學圖書館藏）。
7 徐夢莘，《三朝北盟會編》炎興下帙五十四，《欽定四庫全書》（浙江大學圖書館藏）。
8 Eamon W, "Cannibalism and Contagion: Framing Syphilis in Counter-Reformation Italy" *Early Science and Medicine* 3/1(1998): 1-31.
9 Elbert T, Hinkel H, Maedl A, Hermenau K, Hecker T, Schauer M, et al., *Sexual and gender-based violence in the Kivu provinces of the Democratic Republic of Congo: Insights from former combatants*(Washington, DC: The World Bank, 2013).
10 張岱，《石匱書》（北京大學圖書館藏）。
11 Sutton Donald S, "Consuming Counterrevolution: The Ritual and Culture of Cannibalism in Wuxuan, Guangxi, China, May to July 1968", *Comparative Studies in Society and History* 37/ 1(1995): 136-172.
12 周密《武林舊事》，（清）鮑廷博輯《知不足齋叢書》卷九（京都：中文出版社，1980）。
13 宋人無名氏，《呻吟語》，（宋）確庵、耐庵編《靖康稗史箋證》（台北：中華書局，1988）。
14 〈昏德公表〉，《大金弔伐錄》卷4，文殿閣書莊，尚儀近代華文書籍暨圖像資料庫。張明華，〈宋徽宗宋欽宗金國攀親考〉，《南京林業大學學報》

（人文社會科學版）5/1（2005）：54-57。
15 陸游，《老學庵筆記》卷一（上海：商務印書館，1936）。
16 周密，《浩然齋雅談》卷下（廣雅書局，光緒 25 年）。
17 徐夢莘，《三朝北盟會編》卷三，《欽定四庫全書》（浙江大學圖書館藏）。

第十二章　請忽思慧食什麼好？

1 鄒賀，〈《飲膳正要》作者忽思慧、常普蘭奚新考訂〉，《版本目錄學研究》（2020）：189-203。
2 那木吉拉，〈元代漢人蒙古姓名考〉，《中央民族學院學報》（1992/02）：10-14。
3 Smith, Jr., John Masson, "Dietary Decadence and Dynastic Decline in the Mongol Empire," *Journal of Asian History*, vol. 34, no. 1, (2000).
4 Wilkin S, Ventresca Miller A, Taylor WTT, Miller BK, Hagan RW, Bleasdale M, Scott A, Gankhuyg S, Ramsøe A,Uliziibayar S, Trachsel C, Nanni P, Grossmann J, Orlando L, Horton M, Tockhammer PW, Myagmar E,Boivin N, Warinner C, Hendy J. "Dairy pastoralism sustained eastern Eurasian steppe populations for 5,000 years", *Nat Ecol Evol*. 4(3)(2020/03):346-355.
5 Gerbault P, Roffet-Salque M, Evershed RP, Thomas MG, "How long have adult humans been consuming milk?" *IUBMB Life* 65(12)(2013/12) :983-90.
6 Anguita-Ruiz A, Aguilera CM, Gil Á, "Genetics of Lactose Intolerance: An Updated Review and Online Interactive World Maps of Phenotype and Genotype Frequencies", *Nutrients*. 12(9) (2020) :2689. Published 2020 Sep 3. doi:10.3390/nu12092689. 齊木德道爾吉，〈蒙古族傳統飲食文化〉，《內蒙古社會科學》（漢文版）（2002/04）：37-39。
7 Lu GD, Needham J, "A Contribution to the History of Chinese Dietetics." *Isis*, Vol. 42, No. 1 (1951/04):13-20.
8 周星惠萌，〈麵食之路與「禿禿麻食」〉，《青海民族大學學報》（2018/4）：136-151。
9 Altimari F., "Italian-Balkan Linguistic Interactions in the Italian-Albanian Food Lexicon: A Short History of Tumacë 'Home-made Pasta' from the Caucasus to the Apennines", *Balkan and South Slavic Enclaves in Italy: Languages, Dialects and Identities*, edited by Thede Kahl, Iliana Krapova, Giuseppina Turano(London: Cambridge Scholars Publishing, 2018), 2-31.
10 Ayling Öney Tan, "Manti and mantou dumplings across the silk road from central asia to turkey", *Wrapped & Stuffed Foods: Proceedings of the Oxford Symposium on Food and Cookery* 2012, Mark McWilliam ed.(London: Oxford Symposium, 2013), 144-165.
11 新疆維吾爾自治區博物館，〈新疆吐魯番阿斯塔那北區墓葬發掘簡報〉，《文物》（1960/06）：13-21+2+1-4。柳洪亮，〈一九八六年新疆吐魯番阿斯塔那古墓群發掘簡報〉，《考古》（1992/02）：143-156+197-199。

第十三章　請倪瓚食什麼好？

1 姚之駰，〈匾額〉，《元明事類鈔》，《四庫全書》。
2 顧嗣立，《元詩選》；雲林先生倪瓚《清閟閣稿》。
3 倪瓚，〈高逸〉，《清閟閣遺稿》，《欽定四庫全書》清閟閣全集卷十一卷。
4 劉璐，〈西園精舍本事林廣記研究〉，暨南大學碩士論文，2018。
5 郭明友，〈倪瓚《獅子林圖》及蘇州獅子林早期興廢考〉，《藝術百家》（2015/04）：185-188+209。
6 趙琰哲，〈藝循清閟——倪瓚（款）《獅子林圖》及其清宮仿畫研究〉，《中國書畫》（2019/02）：37-70。

第十四章　請鄭和食什麼好？

1 Tan Yao Sua & Kamarudin Ngah, "Identity maintenance and identity shift: the case of the Tirok Chinese Peranakan in Terengganu", *Asian Ethnicity* 14/1 (2013): 52-79.
2 Wong DTK, "Early Chinese Presence in Malaysia as Reflected by three Cemeteries (17th-19th c.)", *archipel* (2016): 92.
3 李錦綉，〈唐與波斯海交史小考——從波斯胡伊娑郝銀鋌談起〉，*Journal of Sino - Western Communications*; Fremont Vol. 5, Iss. 1, (Jul 2013): 103-112.
4 鄭自海，〈南京《鄭和家譜首序》的發現及南京《鄭和家譜》的續修〉，《江蘇地方志》，2005年03期：12-14。
5 陳侃，《使琉球錄》（北京大學圖書館藏）。
6 徐葆光，《中山傳信錄》，卷一。《四庫全書存目叢書》（濟南：齊魯書社，1996）。
7 Kodicek EH, Young FG, "Captain Cook and Scurvy", *Notes and Records of the Royal Society of London* , Jun., 1969, Vol. 24, No. 1 (Jun., 1969): 43-63.
8 Baron JH, "Sailors' scurvy before and after James Lind--a reassessment", *Nutr Rev*. 67(6) (2009/06):315-32.
9 Mathieu Torck, "Maritime Travel and the Question of Provisions and Scurvy in a Chinese Context", *EASTM* 23 (2005): 54-78.
10 王讜，《唐語林》卷八補遺，《守山閣叢書》。
11 蕭崇業，《使琉球錄》，維基文庫 https://zh.wikisource.org/zh-hans/%E4%BD%BF%E7%90%89%E7%90%83%E9%8C%84_(%E8%95%AD%E5%B4%87%E6%A5%AD)。
12 同注6。
13 同注6。
14 汪楫，《使琉球雜錄》，維基文庫 https://zh.wikisource.org/wiki/%E4%BD%BF%E7%90%89%E7%90%83%E9%9B%9C%E9%8C%84。

15 夏子陽，王士禎，《使琉球錄》，維基文庫 https://zh.wikisource.org/wiki/%E4%BD%BF%E7%90%89%E7%90%83%E9%8C%84_(%E5%A4%8F%E5%AD%90%E9%99%BD)。

16 大庭修，〈明清的中國商船畫圖——日本平戶松浦史科博物館藏《唐船圖》考證〉，《海交史研究叢書（一）》（泉州：海軍出版社，2013），頁 19-71。

17 Alexis Soyer, *The Pantropheon Or History Of Food, And Its Preparation: From The Earliest Ages Of The World* (London: Simpkin, Marshall, & Co., 1853).

18 Simon Spalding, *Food at Sea: Shipboard Cuisine from Ancient to Modern Times* (Lanham: Rowman & Littlefield Publisher, 2014).

19 Meet the Cook, https://maryrose.org/meet-the-cook/.

20 高澄，《操舟記》，維基文庫 https://zh.m.wikisource.org/wiki/%E6%93%8D%E8%88%9F%E8%A8%98。

21 謝傑，《琉球錄撮要補遺》，維基文庫 https://zh.wikisource.org/wiki/%E7%90%89%E7%90%83%E9%8C%84%E6%92%AE%E8%A6%81%E8%A3%9C%E9%81%BA。

第十五章　請達文西食什麼好？

1 Vezzosi A Sabato, "A The New Genealogical Tree of the Da Vinci Family for Leonardo's DNA", *Ancestors and descendants in direct male line down to the present XXI generation Human Evolution* 36 No. 1-2 (2021):1-79.

2 Varriano J, "At supper with Leonardo", *Gastronomica J Food Culture,* 8(2008):75-78.

3 Bauer O, & Labonté, N., "Le Cenacolo de Leonardo da Vinci. Un trompe-la-bouche", *Théologiques*,23/1(2015):39-65.

4 Wansink B, Wansink CS, "The largest Last Supper: depictions of food portions and plate size increased over the millennium", Int J Obes (Lond). 34/5 (2010/05) :943-4.

5 Palmer AL, "The Last Supper by Marcos Zapata (c. 1753): a meal of bread, wine, and guinea pig", *Aurora* (2008/1): 54-73.

6 同注 4。

7 Rich SK, "Reply to Wansink B, Wansink CS", *Int J Obes* (Lond). 35/3(2011/03): 462.

8 Boyarskaya E, Sebastian A, Bauermann T, Hecht H, Tüscher O., "The Mona Lisa effect: neural correlates of centered and off-centered gaze", *Hum Brain Mapp* 36/2(2015/02) :619-32.

9 Marsili L, Ricciardi L, Bologna M, "Unraveling the asymmetry of Mona Lisa smile", *Cortex* 120(2019/11) :607-610.

10 Soranzo A, Newberry M, "The uncatchable smile in Leonardo da Vinci's La Bella Principessa portrait", *Vision Res*(2015/08);113.

11 Sicilian macaroni *the art of cooking* (Maestro Martino da Como Libro de arte coquinaria 1450) translated Jeremy Parzen, University of California,

2005, p70.
12 Vermicelli the art of cooking (Maestro Martino da Como Libro de arte coquinaria 1450) translated Jeremy Parzen, University of California, 2005, p70.

第十六章　請徐渭食什麼好？

1 維基百科，〈馬鈴薯〉。<https://zh.wikipedia.org/zh-tw/%E9%A9%AC%E9%93%83%E8%96%AF>（2022/6/8）.
2 Nunn N., Qian N., "Columbus's Contribution to World Population and Urbanization: A Natural Experiment Examining the Introduction of Potatoes"。（北京大學光華管理學院應用經濟學報告，2008/6/3）。
3 McNeill W.H., "How potato change the world", *Social Research* 1999 66(1): 67–83.
4 葉靜淵，〈「香芋」與「落花生」名實考〉，《古今農業》（1989 /01）：49-51。
5 何炳棣，〈美洲作物的引進，傳播及其對中國糧食生產的影響〉，《世界農業》（1979/6）：25-31。
6 阮衛、林春萍、姚立農等人，〈一起肺吸蟲病群體暴發的調查報告疾病監測〉（2009/12）：978-979
7 李漁，〈飲饌部：筍〉，《閑情偶寄》（北京大學圖書館藏）。
8 抱陽生，〈崇禎宮辭〉，《甲申朝事小記》（北京：書目文獻出版社，1987）。

第十七章　請高濂食什麼好？

1 朱璟，〈明代戲曲家高濂的生卒問題新考〉，《浙江藝術職業學院學報》（15/1）：44-49。李欣玉，〈明代戲曲作家高濂研究〉，山西師範大學碩士論文，2018。曾芳，〈高濂研究〉，漳州師範學院碩士論文，2008。
2 Alfred C. Andrews, "The Opium Poppy as a Food and Spice in the Classical Period", *Agricultural History* , Vol. 26, No. 4 (Oct., 1952): 152-155.
3 Paluch AE, Gabriel KP, et al., "Steps per Day and All-Cause Mortality in Middle-aged Adults in the Coronary Artery Risk Development in Young Adults Study", JAMA Netw Open. 2021 Sep 1;4(9):e2124516.
4 Jenkins DJA, Dehghan M, et al, "PURE Study Investigators. Glycemic Index, Glycemic Load, and Cardiovascular Disease and Mortality", N Engl J Med. 2021 Apr 8;384(14):1312-1322.
5 陳壽，〈魏書二十九．華佗傳〉，《三國志》，《武英殿二十四史》本。
6 蘇東坡，《東坡志林》卷一（西安：三秦出版社，2003）。
7 蘇東坡，〈食檳榔〉，《東坡詩集註》卷三十，《欽定四庫全書》（浙江大學圖書館藏）。
8 范成大，〈古風送南卿〉。

第十八章　請莎士比亞食什麼好？

1 *Holinshed chronicles 1557* Of the foode and diet of the Engli he. Cap. 1.

2 Bell I, "'A Honey of Roses' The Culture of Food in Shakespeare's Day", *Gastronomica* , Vol. 1, No. 3 (Summer 2001), pp. 100-103.

3 Borlik TA 'The Chameleon's Dish': Shakespeare and the Omnivore's Dilemma *Early English Studies (now Early Modern Studies Journal), 2.* 2009.

4 宋明帝紀，《南史》，《摛藻堂四庫全書薈要》（浙江大學圖書館藏）。

5 錢泳，《履園叢話》（北京：中華書店，1979）。

6 Fitzpatrick J, *Food in Shakespeare: modern dietaries and the plays*(London: Routledge, 2016).

7 Hawkes J G & Francisco-Ortega J, "The early history of the potato in Europe", *Euphytica* 70, (1993): 1–7.

8 Hannah Woolley, *The Queen-like Closet OR RICH CABINET Scored with all manner of RARE RECEIPTS FOR Preserving, Candying and Cookery*, London: White Lion in Duck-Lane, near West-Smithfield, 1672).

9 Att DC, *Dictionary of Plant Lore Academic Press*; 1st edition 2007.

10 Alexander Schmidt, *Shakespeare Lexicon and Quotation Dictionary*.

11 Appelbaum R, "Aguecheek's beef", *Textual Practice* 14(2)(2000):327–341.

12 Billings TJ, "Caterwaulting Shakespeare: the genealogy of a gloss", *Shakespeare quarterly*, Vol.54 (1)(2003/04/01): 1-28.

13 *The good Huswifes Handmaide for the Kitchin*, 1594.

14 Augaman E, "A Reassessment of the French Influence in Shakespeare", *The Oxfordian* 21 (2019):155-175.

第十九章　請董小宛食什麼好？

1 溫家斌，〈中晚明時期江南名妓群體研究〉，江西師範大學碩士論文，2017。

2 袁枚，〈廚者王小余傳〉，《小倉山房文集》卷七（北京大學圖書館藏）。

3 Wang M, Kong WJ, Feng Y, Lu JJ, Hui WJ, Liu WD, Li ZQ, Shi T, Cui M, Sun ZZ, Gao F, "Epidemiological, Clinical, and Histological Presentation of Celiac Disease in Northwest China", *World J Gastroenterol*, 28(12)(2022/03/28):1272-1283.

4 鄧小軍，〈董小宛入清宮考〉，《中國文化》，（2015/02）：1-48。

5 陳汝衡，〈董小宛研究〉，《戲劇藝術》，（1986/04）：151-154。

第二十章　請屈大均食什麼好？

1 何宏，〈《美味求真》研究〉，《揚州大學烹飪學報》（2009/03）：7-11。

2 王將克、呂烈丹，〈廣州象崗南越王墓出土動物遺髓的研究〉，《中山大學學報（自然科學版）》（1988/ 01）：13-20。李妍，〈食在廣州有淵源——從南越王墓出土炊具及食材說起〉，《收藏家》（2018/07）：47-52。

3 Marcus Gavius Apicius, *Apicus*, translated by Joseph Dommers, *Vehling bookVIII* chaper IX.

4 李時珍，〈魚鱠〉《本草綱目》卷四十四，鱗之四，《欽定四庫全書》（浙江大學圖書館藏）。

5 陳夢因，《食經》（香港：商務印書館，2020）。

6 蕭璠，〈中國古代的生食肉類餚饌——膾生〉，《中央研究院歷史語言研究所集刊》，七十一本第二分（2000）：247-365。

7 林宜蓉，〈世界秩序、家國認同與南方偏霸——屈大均《廣東新語》之文化隱喻與子題開展〉，《漢學研究》38 /4（2020）：169-215。

8 Sayadabdi, Amir ; Howland, Peter J,"Foodways, Iranianness, and national identity habitus: the Iranian diaspora in Aotearoa New Zealand", *Food & foodways*, 2021-10-18, Vol.29 (4), p.331-354.

9 Virginia Allen-terry Sherman, "Diaspora and displacement: The evocation of traditions, origins and identity culinary in memoirs, an emerging literary genre", *Literature*, Université Grenoble Alpes , 2020.

10 Genevieve Ko, "The Smoky Taste of Wok Hei, Without a Wok", *New York Times*, Oct. 15, 2021.

11 Johannes V, "Consuming the nation food and national identity in catalonia", *Journal of the Anthropological Society of Oxford*, Online ISSN: 2040-1876 New Series, Volume XI, no. 1 (2019) 1-24.

12 Chau ML, Chen SL, Yap M,et al., "Group B Streptococcus Infections Caused by Improper Sourcing and Handling of Fish for Raw Consumption, Singapore,2015-2016", Emerg Infect Dis. 2017 Dec;23(12):2002–10.

13 Nawa Y, Hatz C, Blum J, "Sushi delights and parasites: the risk of fishborneand foodborne parasitic zoonoses in Asia", *Clin Infect Dis*. 2005 Nov1;41(9):1297-303.

14 Suzuki J, Murata R., Kodo Y, "Current Status of Anisakiasis and Anisakis Larvae in Tokyo, Japan", *Food Saf* (Tokyo). 2021 Dec 7;9(4):89-100.

15 屈彊，《嘉興乙酉兵事記》（上海：世界書局，1947）。

第二十一章　請陳芸食什麼好？

1 林語堂，〈浮生六記序〉，原版 *Six Records of a Floating Life* 1936（外語教學與研究出版社，1999）。

2 劉曉康，〈乾隆御饍與京師食風〉，吉林大學碩士論文，2016；引托津等，《欽定大清會典》卷七十七（臺北：文海出版社，1960）。

3 RC Allen, JP Bassino, D Ma, C Moll - Murata, JL Van Zanden, "Wages, prices, and living standards in China, 1738–1925: in comparison with

Europe, Japan, and India", *The Economic History Review*,64, 8-38.

4 Aeneas Anderson, *A narrative of the British embassy to China in the years 1792, 1793, and 1794 containing the various circumstances of the embassy, with accounts of customs and manners of the Chinese and a description of the country, towns, cities &c. &c.* (London: J. Debrett, 1795).

5 Barrow J, *Travels in China: Containing Descriptions, Observations, and Comparisons, Made and Collected in the Course of a Short Residence at the Imperial Palace of Yuen-Min-Yuen, and on a Subsequent Journey Through the Country from Pekin to Canton*, W. F. M'Laughlin, no. 28 North second-street, 1805.

6 Hao G, "The Amherst Embassy and British Discoveries in China", *History*, 99 (337). pp. 568-587.

7 Clayton P, Rowbotham J, "An unsuitable and degraded diet? Part two: realities of the mid-Victorian diet", *J R Soc Med*. 2008 Jul;101(7):350-7.

8 路彩霞，〈飲食衛生與晚清防疫——以京津地區肉類飲食習俗為主的考察〉，《民俗研究》，(2006，04): 235-243。

9 巫仁恕，《優遊坊廂：明清江南城市的休閒消費與空間變遷》（台北：中華書局，2017）。

10 A Brittingham , M T. Hren, G Hartman, KN. Wilkinson, C Mallol, B Gasparyan & DS. Adler, "Geochemical Evidence for the Control of Fire by Middle Palaeolithic Hominins", *Scientific Reports*, 2019.

11 Liu Y, Miao Z, Guan W, Sun B, "Analysis of organic volatile flavor compounds in fermented stinky tofu using SPME with different fiber coatings", *Molecules*. 2012 Mar 26;17(4):3708-22. Li P, Xie J, Tang H, Shi C, Xie Y, He J, Zeng Y, Zhou H, Xia B, Zhang C, Jiang L., "Fingerprints of volatile flavor compounds from southern stinky tofu brine with headspace solid-phase microextraction/gas chromatography-mass spectrometry and chemometric methods", *Food Sci Nutr*. 2019 Jan 30;7(2):890-896.

12 Peng JSM, "Volatile esters and sulfur compounds in durians & a suggested approach to enhancing economic value of durians", *Malaysian Journal of Sustainable Agriculture* (MJSA) 3(2) (2019) 05-15.

13 高明乾、王鳳產、劉坤、劉素婷，〈糧食作物古漢名訓詁（二）〉，《河南師範大學學報（自然科學版）》，33/3，（2005）：102-105。

14 周文華，《汝南圃史》卷十二，《四庫全書存目叢書子部》（濟南：齊魯書社，1995）。

15 李家瑞編，《北平風俗類徵》（上海：商務印書館，1937）。

第二十二章　請瑪姐・高第不食什麼好？

1 鄒振環，〈西餐引入與近代上海城市文化空間的開拓〉，《史林》（2007.4）：137-149。

2 蔣建國，〈晚清消費文化中的西方元素——晚清時期報刊廣告與西餐消費的變遷〉，《學術月刊》45/12，（2013）：152-159。

3 Foster LS, *Fifty years in China : An Eventful Memoir of Tarleton Perry Crawford, D.D*, 1909 Bayless-fuller Co, Nashville.

4 Taylor I, "The Great Missionary Failure", *Fortnightly review*, Vol. 44, Iss. 262, Oct 1888: 488-500.

5 Hunter W. C, *Bits of old China* (London, K. Paul, Trench, & co., 1885).

6 Reinders E, "Blessed Are the Meat Eaters: Christian Anti-vegetarianism and the Missionary Encounter with Chinese Buddhism", *Positions* (2004) 12 (2): 509–537.

7 Sir John Barrow, *Travels in China: containing descriptions, observations, and comparisons, made and collected in the course of a short residence at the Imperial Palace of Yuen-Min-Yuen, and on a subsequent journey through the country from Pekin to Canton*(London: Printed for T. Cadell and W. Davies, 1806).

8 Domestic Manners of The Chinese Church Missionary Gleaner, 1859 May, 61-68.

9 伊凡著，張小貴，楊向艷譯，《廣州城內》（廣州：廣東人民出版社，2008）；據英譯本 Melchier Yvan, *Inside Canton*(London: Henry Vizertelly, 1858).

10 J.A.G. Roberts, *China to Chinatown: Chinese Food in the West*(London: Reaktion Books, 2002).

11 同注8。

12 吳瑞淑，〈《造洋飯書》的版本身世與文化效應〉，《出版科學》23（2015）：99-103。

13 同注3。

14 Parloa M., *Miss Parloa's new cook book : a guide to marketing and cooking*(Boston: Estes and Lauriat), 1881.

15 Yue I, "Recipe Writing and Cultural Dialogue: Martha Crawford and the Composition of Foreign Cookery", *Journal of Chinese Dietary Culture,* 15.1 (2019): 1-34.

16 Sanderson, J. M., of Philadelphia. *The Complete Cook: Plain And Practical Directions for Cooking And Housekeeping; With Upwards of Seven Hundred Receipts: Consisting of Directions for the Choice of Meat And Poultry; Preparations for Cooking, Making of Broths And Soups; Boiling, Roasting, Baking, And Frying of Meats, Fish, &c., Seasonings, Colourings, Cooking Vegetables; Preparing Salads, Clarifying; Making of Pastry, Puddings, Gruels, Gravies, Garnishes, &c., And, With General Directions for Making Wines. With Additions And Alteratons* (Philadelphia: Lea and Blanchard, 1846).

17 Sarah J Buell Hale, *The ladies' new book of cookery : a practical system for private families in town and country; with directions for carving, and arranging the table for parties, etc. Also, preparations of food for invalids and for children 1852*.

18 Ellet, E. F. (Elizabeth Fries), *The practical housekeeper : a cyclopædia of domestic enconomy ... comprising five thousand practical receipts and maxims*. Illustrated with five hundred wood engravings 1857 stringer and townsend new York.

19 Ahn YY, Ahnert SE, Bagrow JP, Barabási AL, "Flavor network and the principles of food pairing". Sci Rep. 2011;1:196. doi: 10.1038/srep00196. Epub 2011 Dec 15. PMID: 22355711; PMCID: PMC3240947.

20 Beecher, *Catharine Esther Miss Beecher's domestic receipt book : designed as a supplement to her treatise on domestic economy*(New York: Harper &

Bros, 1850), p128.

21 Pengxiang Chen, Zhongxing Li , Dehui Zhang, et al., "Insights into the effect of human civilization on Malus evolution and domestication Plant", *Biotechnology Journal* (2021) 19, pp. 2206–2220.

第二十三章　請法蘭茲・約瑟夫一世食什麼好？

1 Janick J, Caneva G, "The first images of maize in Europe", *Maydica* 50 (2005), 71–80.

2 Zhang Z, Tian H, Cazelles B, Kausrud K L, Bräuning A, Guo F, Stenseth NC , "Periodic climate cooling enhanced natural disasters and wars in China during AD 10-1900". *Proc Biol Sci*. 2010 Dec 22;277(1701):3745-53.

3 羅麗馨，〈明代災荒時期之民生：以長江中下流為中心〉，《史學集刊》，2000：1: 37-48。

4 《中國歷代糧食畝產研究》（北京：中國農業出版社，1985），185-187，由郭松義，〈明清時期的糧食生產與農民生活水平〉，《歷史研究所學刊》第一集所引。

5 汪茂和、成嘉玲，〈清代皇家財政支出之研究〉，《南開史學》，1992/1: 36-66。

6 Joseph Wechsberg, *The Couneilor's Boiled Beef Gourmet*, 1953.

第二十四章　請王清福食什麼好？

1 Seligman SD, *The First Chinese American: The Remarkable Life of Wong Chin Foo*, Hong Kong university press, 2013.

2 彭守業，〈兩傳教士墓驚現荒島，隱藏 160 多年的謎底揭開〉，每日頭條，2019-08-20，原文網址：https://kknews.cc/history/qlbjyrg.html。

3 Williams C, "A history gold mine: Excavations from Utah ghost town uncover important artifacts", Oct. 16, 2021, https://www.ksl.com/article/50263094/a-history-gold-mine-excavations-from-utah-ghost-town-uncover-important-artifacts.

4 Hildebrand, Evelyn, "The Chinese in California: Archaeology and Railroads at the Turn of the Century" (2020). *Electronic Theses, Projects, and Dissertations*, 1136.

5 Liu H, "Chop suey as imagined authentic Chinese food the culinary identity of Chinese restaurants in America Journal of transnational", *American studies* 2009 1(1), http://dx.doi.org/10.5070/T811006946.

6 吳正格，《乾隆皇帝御膳考述：仿製乾隆禦膳 127 例》（北京：中國食品出版社，1990）：引乾隆元年至三年（1736-1738）的《節次照常膳底檔》。為乾隆元年二月初一日（一七三六年四月十一日），在乾清宮時所食。

7 雲里萬餐牌。

8 徐珂，《清稗類抄》飲食類二，（上海：商務印書館，1916，國立台灣大學圖書館藏）。

9 Hsu L. H., "A Connecticut Yankee in the Court of Wu Chih Tien: Mark Twain and Wong Chin Foo", *Common Place*, 11.1 2010.
10 Hsu LH, "Wong Chin Foo's Periodical Writing and Chinese Exclusion", *Genre: Forms of Discourse and Culture*, Volume 39 (3) -Sep 1, 2006.
11 hitehead J, *The steward's handbook and guide to party catering* ,1923, 225.
12 同注3。
13 Branch M A, "Neither here nor there", *Yale Alumni Magazine*, 2021 may/June.
14 Benz LM, Braje TJ, "Chinese Abalone Merchants and Fishermen in Nineteenth-Century Santa Barbara, California（十九世紀加州聖芭芭拉的華裔鮑魚商人和漁民：出口貿易網路的個案研究）", *Journal of Chinese Overseas*, 14(1), 2018, 88-113.

第二十五章　請曾懿食什麼好？

1 陳暢涌，〈晚清女作家曾懿（1853-1927）及其作品研究〉，國立中央大學碩士論文，2016。
2 蕭京，〈女醫〉，《軒岐救正論》卷六：醫鑒（1644）（北京：中醫古籍出版社，1983）。
3 鐘微、楊奕望，〈清代女醫顧德華及其《花韻樓醫案》考〉，《中醫藥文化》13/5，（2018）：75-79。
4 黃子天、李禾，〈清末民國初期揭陽女醫家孫西台及其《書星樓醫案》〉，《廣州中醫藥大學學報》30/1，（2013）：125-128。
5 胡翹式、胡國俊，〈曾豁女醫晚年醫學軼事〉，《四川中醫》10，（1985）：6-7。
6 吳自牧，《夢梁錄》（知不足齋本）。
7 高濂，〈燕閑清賞箋·四時花紀〉，《遵生八箋、茶經、飲饍正要、食物本草精譯》（北京：科學技術文獻出版社，2000）。
8 張毅，〈清代天津城內居民購買食鹽方式初探〉，《西北師大學報》（社會科學版）（2009/ 01）：68-70。
9 陳然，〈清代前期四川的人口與鹽業〉，《鹽業史研究》，1990/ 04，17-25。
10 Li Q, Cui Y, Jin R, Lang H, Yu H, Sun F, He C, Ma T, Li Y, Zhou X, Liu D, Jia H, Chen X, Zhu Z, "Enjoyment of Spicy Flavor Enhances Central Salty-Taste Perception and Reduces Salt Intake and Blood Pressure". Hypertension. 2017 Dec;70(6):1291-1299.
11 en Q, Wei Y, Du H, Lv J, Guo Y, Bian Z, Yang L, Chen Y, Chen Y, Shi L, Chen J, Yu C, Chen Z, Li L, "Characteristics of spicy food consumption and itsrelation to lifestyle behaviours: results from 0.5 million adults". Int J Food Sci Nutr. 2021 Jun;72(4):569-576.
12 張茜，〈郫縣豆瓣的辨析及使史價值〉，《中國調味品》，2017/10，176-180。
13 Bolarinwa IF, Orfila C, Morgan MR, "Amygdalin content of seeds, kernels and food products commercially-available in the UK". Food Chem. 2014;152:133-9.
14 高家鑒、金茶琴，〈苦杏仁不同炮製品常規貯存一年后苦杏仁甙含量比較〉，《中國中藥雜志》，（1992/ 11）：658-659+702。

第二十六章　請維吉尼亞・吳爾芙食什麼好？

1 Lowe A, "'A Certain Hold on Haddock and Sausage'": Dining Well in Virginia Woolf's Life and Work in Virginia Woolf and the Natural World", *Virginia Woolf and the Natural World* , pp. 157 – 162, Liverpool University Press, 2011.
2 Angelella L, "The meat of the movement: food and feminism in Woolf", *oolf Studies Annual*(Vol. 17) 2011.
3 唐魯孫，《酸甜苦辣鹹》，《萬卷文庫》，1980。
4 宋翊，《宋氏養生部》，《竹嶼山房雜部》卷三。
5 同注2。

第二十七章　請鐵達尼號的華工食什麼好？

1 Feng Z, Wang Y, *Titanic Searching for the missing Chine survivors*, BBC, 16 April 2018.
2 Wang A, "Why you've never hear of the six Chinese men who survived the Titanic", *Washington Post*, 19th Apil 2018.
3 Maritine Archaelogical Trust, *Black and Asian Seaman of the forgotten wrecks of the first world war*, https://maritimearchaeologytrust.org/wp-content/uploads/2020/05/BME_booklet_v2.pdf.
4 〈範岱克（Peter van Dyke）滿載中國乘客的船隻 1816-17 年阿米呢亞號從倫敦到中國的旅行〉，《海洋史研究》15 輯，2020，165-195。
5 "Urban A Restricted cargo, chinese sailors, shore leaves and the evolution of American immigration act 1882-1941", https://t2m.org (Oct 29 2018).
6 Grider J.T., "'I Espied a Chinaman': Chinese Sailors and the Fracturing of the Nineteenth Century Pacific Maritime Labour Force", *Slavery and Abolition*, 2010, 31/3, 461-483.
7 同注3。
8 Broomfield A, "The Night the Good Ship Went Down: Three Fateful Dinners Aboard the Titanic", *Gastronomica* Vol. 9, No. 4 2009, 32-42.
9 同注3。
10 Fictum D, "Salt Pork, Ship's Biscuit, and Burgoo: Sea Provisions for Common Sailors and Pirates", https://csphistorical.com/2016/01/24/.
11 Kodicek EH, Young FG, "Captain Cook and Scurvy", *Notes and Records of the Royal Society of London*, Jun, 1969, Vol. 24, No. 1 (Jun., 1969), pp. 43-63.
12 Copeland A, "Salt beef, tinned carrots and haggis – the 19th century ships diet", September 28, 2012, https://blogs.slv.vic.gov.au/family-matters/collections/.

第二十八章　請張愛玲食什麼好？

1 劉以鬯，《酒徒》（香港：獲益出版事業有限公司，2003修訂版）。
2 小思，《香港文化散步》（香港：商務印書館，2007增訂版）。
3 張愛玲，〈談吃與畫餅充饑〉，《惘然記，散文集二1950～80年代》（台北：皇冠，2020）。
4 張愛玲，〈公寓生活記趣〉，《華麗緣 散文集一 1940年代》（台北：皇冠，2020）。
5 張愛玲，〈童言無忌〉，《華麗緣 散文集一 1940年代》皇冠有限公司 2020。
6 胡蘭成，〈民國女子〉、《今生今世》（台北：遠景出版事業公司，1986）。
7 張愛玲，〈雙聲〉《華麗緣 散文集一 1940年代》（台北：皇冠，2020）。
8 同注3。
9 同注3。
10 同注3。

索引（按漢字字母次序及筆順排序，號碼指章碼）